Vorwort

Dieses Buch entstand aus der Erkenntnis, dass es bei einer jungen Disziplin, wie der Medienbetriebslehre schwierig ist, Studierenden ausreichend Material für den Lehrbetrieb an Hochschulen zur Verfügung zu stellen. Studierende mit betriebswirtschaftlicher Vorbildung, mit Vorkenntnissen aus dem Bereich der Medien- und Kommunikationswissenschaft oder auch Teilnehmer an interdisziplinären Studienprogrammen sollen mit diesem Buch die Möglichkeit haben, sich in die Diskussionsfelder der Medienbetriebslehre als spezielle Betriebswirtschaftslehre einzuarbeiten. Aus diesem Grund mögen einige Inhaltes des Buchs – je nach Vorbildung – bekannt sein. User Ziel war es den Komplex umfassend darzustellen, ohne dass wird den Anspruch auf Vollständigkeit erheben. Das Handbuch Medienbetriebslehre soll den schnellen und einführenden Überblick in die verschiedenen behandelten Themenkomplexe ermöglichen.

Sollten Sie das Buch in der Lehre verwenden und die Grafiken sowie Tabellen für Ihre Unterrichtsmaterialien benötigen, so können Sie die Daten gerne bei uns anfordern. Eine E-Mail an [mbwl@werner-smc.de] genügt. Ebenso freuen wir uns über Feedback zu unserer Arbeit. Lob und Tadel richten Sie bitte auch an die eben genannte Adresse

An dieser Stelle möchten wir auch die Gelegenheit nutzen und uns bei allen bedanken, die mit zu dem gelingen dieses Buches beigetragen haben. Dies ist zunächst Christiane Preston, die mit mühsamer Kleinarbeit aus vielen unserer schiefen Pfeile und Textfetzen ordentliche Grafiken erstellt hat, sowie Herrn Martin Weigert für die Betreuung dieses Werks von Verlagsseite. Ebenfalls bedanken möchten wir uns bei den Kollegen und Studierenden aus dem Fachbereich Medien und Informationswesen der Fachhochschule Offenburg, sowie den Studienden der Medien- und Kommunikationswissenschaft der Universität Mannheim, die die Entstehung dieses Buches positiv begleitet haben und auch weiter begleiten werden.

Dann gilt unser besonderer Dank unseren Frauen Franzi und Coco für die Geduld, während der Entstehungsphase. Danken möchten wir auch Sophie und Johanna, dafür dass sie nicht alle Manuskripte als Malpapier zweckentfremdet haben. Ihnen allen sei dieses Buch gewidmet.

Thomas Breyer-Mayländer und Andreas Werner

Inhalt

Abbildungen

Tabellen

1. Medienbetriebs- lehre als spezielle Betriebswirtschaftslehre

1.1 Einleitung

Dieses Handbuch der Medienbetriebslehre ist sowohl für die Zielgruppe derjenigen bestimmt, die ihre fachlichen Wurzeln im Bereich der Wirtschaftswissenschaften, insbesondere der Betriebswirtschaftslehre haben und sich in den Themenbereich der Medien einarbeiten als auch für diejenigen, denen der Mediensektor vertraut ist und für die die wirtschaftlichen Aspekte des Medienwesens das Feld des Interesses darstellen. Bereits an dieser Zielgruppenbeschreibung wird deutlich, wo die Besonderheiten der Medienbetriebslehre liegen, einer Disziplin, die sich im direkten Schnittfeld der großen Themenblöcke Medien und Betriebswirtschaftslehre befindet. Darüber hinaus wird hier bereits die Notwendigkeit offensichtlich, zum Beginn der Darstellung eine Einordnung des Themenbereichs der Medienbetriebslehre vorzunehmen, damit die Stellung dieser noch jungen Disziplin gegenüber anderen Disziplinen und Themenbereichen transparent wird.

Zielgruppe: Betriebswirtschaftlich & medienwissenschaftlich Interessierte

1.1.1 Betriebswirtschaftslehre im System der Wissenschaften

Wenn wir im Folgenden die Rolle der Medienbetriebslehre als spezielle Betriebswirtschaftslehre diskutieren wollen, müssen wir zunächst klären, zu welchen Disziplinen die Betriebswirtschaftslehre selbst in einer besonderen Beziehung steht. Die Wissenschaften werden gemeinhin in die beiden großen Hauptrubriken Formal- und Realwissenschaften eingeteilt. Während sich die Realwissenschaften mit Phänomenen der unmittelbar erfahrbaren Welt befassen, d.h. deren Erkenntnisse durch praktische Anschauung überprüft werden können, sind die Disziplinen der Formalwissenschaften im Wesentlichen ein Konstrukt des menschlichen Intellekts wie zum Beispiel die Wissenschaftsdisziplin der Logik. Der Bereich der Realwissenschaften wird wiederum in die Kultur- und Naturwissenschaften unterteilt. Die Naturwissenschaften befassen sich mit der gesamten Natur soweit es sich dabei um Sachverhalte handelt, die ohne menschlichen Einfluss existieren. Im Wesentlichen geht es um die Teildisziplinen Biolo-

BWL als Teil der Kulturwissenschaften

gie, Chemie und Physik. Die Kulturwissenschaften bzw. Geisteswissenschaften befassen sich mit Sachverhalten, die von Mesnchen für Menschen erdacht und entwickelt wurden. Neben den Bereichen Recht, Kunst und Sprachen geht es dabei auch um die für unsere Untersuchung relevanten Themengebiete der Sozial- und Wirtschaftswissenschaften. Die Wirtschaftswissenschaften wiederum werden je nachdem, ob primär die gesamtwirtschaftlichen Zusammenhänge untersucht werden oder die einzelwirtschaftlichen Elemente auf Ebene der einzelnen Wirtschaftseinheiten betrachtet werden, in Volkswirtschaftslehre und Betriebswirtschafslehre unterteilt.

Ökonomisches Prinzip   Dabei greifen beide Disziplinen der Wirtschaftswissenschaft auf die selben grundlegenden Prinzipien und Zielsysteme zurück. Einer der bekanntesten Grundsätze ist das ökonomische Prinzip. Da den Wirtschaftssubjekten mit grundsätzlich unbgrenzten Bedürfnissen des Wirtschaftslebens stets begrenzte Ressourcen z.b. in Form finanzieller Mittel, zur Verfügung stehen, handelt ein Wirtschaftssubjekt dann rational, wenn es versucht, mit gegebenen Ressourcen den maximalen Output zu erzielen (Maximalprinzip) bzw. ein vorgegebenes Output-Ziel mit minimalem Ressourceneinsatz zu erreichen (Minimalprinzip). Beide Prinzipien unterliegen einem gemeinsamen Grundsatz – das Ziel, ein möglichst günstiges Verhältnis zwischen Aufwand und Ertrag zu realisieren. Der Bereich der Wirtschaftswissenschaften lässt sich dabei zunächst in drei Unterbereiche gliedern [vgl. Schierenbeck 2000, S. 7].

1.1.1.1 Wirtschaftstheorie

Allgemeingültige Aussagen   In der Wirtschaftstheorie wird versucht, in erster Linie allgemein gültige Aussagen über Gesetzmäßigkeiten des Wirtschaftslebens zu machen. Wegen der Komplexität des Wirtschaftslebens kommt es jedoch meist nicht zu abgeschlossenen Modellen mit Erklärungen und Prognosen, sondern häufig lediglich zu Beschreibungen der Realität.

1.1.1.2 Wirtschaftstechnologie

Hier werden Ziele und Instrumente wirtschaftlichen Handelns untersucht, um nach Möglichkeit ein empirisches Regelwerk abzuleiten, das sich jedoch bereits bei den Fragestellungen im Unterschied zur Wirtschaftstheorie sehr stark an der Praxis orientiert.

1.1.1.3 Wirtschaftsphilosophie

Die Wirtschaftsphilosophie untersucht die ethischen Folgen und Bedingungen wirtschaftlichen Handelns, d.h. im Unterschied zur Wirtschaftstechnologie werden neben den rein ökonomisch orientierten Zielsystemen übergeordnete Werte mit in die Überlegungen einbezogen.

Alle drei Dimensionen der Wirtschaftswissenschaft können sowohl auf der Ebene der gesamtwirtschaftlichen Analyse als auch für die Untersuchung der einzelnen Wirtschaftseinheiten herangezogen werden. Die Betriebswirtschaftslehre greift in den meisten Fällen vor allem auf die Wirtschaftstechnologie zurück, um die Problemfälle der Praxis von Einzelbetrieben zu analysieren.

1.2 Allgemeine und spezielle BWL

Die Betriebswirtschaftslehre lässt sich in drei Teilbereiche gliedern [vgl. Wöhe 1996, S. 19]:

- Betriebswirtschaftliche Verfahrenstechnik
- Allgemeine Betriebswirtschaftslehre
- Spezielle Betriebswirtschaftslehre

Die betriebswirtschaftliche Verfahrenstechnik besteht aus einer Verrechnungs- und Organisationslehre, die sich mit Buchhaltung, Kostenrechnung, betriebswirtschaftlicher Statistik, sowie Büro- und Organisationstechnik befasst, d.h. sekundäre Methoden und Verfahren für die Betriebswirtschafslehre zur Verfügung stellt. In einigen Bereichen gibt es Überlappungen mit dem allgemeineren Aufgabengebiet der Allgemeinen Betriebswirtschaftlehre (z.B. Themenbereich Kostenrechnung und Bilanz).

Verfahrenstechnik: sekundäre Methoden

Die Allgemeine Betriebswirtschaftslehre umfasst die Beschreibung der betrieblichen Probleme und Erscheinungen, die branchenunabhängig für alle Betrieben Gültigkeit besitzen. Dabei lässt sich die Allgemeine Betriebwirtschaftslehre gemäß unserer zuvor durchgeführten Unterteilung in Wirtschafstheorie und Wirtschaftstechnologie in theoretische Allgemeine BWL und angewandte Allgemeine BWL unterteilen. Während die theoretische Ausrichtung sich in erster Linie um die Entwicklung allgemeiner Gesetzmäßigkeiten und Ursache-Wirkungsbeziehungen bemüht, hat die angewandte Betriebswirtschaftslehre ihre Haupt-aufgabe darin, die Erkenntnisse der Theorie bei der Umsetzung betrieblicher Zielsetzungen anzuwenden.

ABWL: branchenunabhängig

Die speziellen Betriebswirtschaftslehren befassen sich in Abgrenzung zur Allgemeinen BWL mit betriebwirtschaftlichen Besonderheiten, die durch die spezifischen Besonderheiten einzelner Wirtschaftszweige geprägt sind. Die bekanntesten unter diesen speziellen Betriebswirtschaftslehren sind die Handelsbetriebslehre, die Bankbetriebslehre und die Industriebetriebslehre. Während in Deutschland die Handelsbetriebslehre in vielen Bereichen gegenüber der Allgemeinen Betriebswirtschaftslehre sogar früher entwickelt war, steht die Diskussion der speziellen Betriebswirt-

Spezielle BWL: branchenspezifisch

schaftslehre in vielen Bereichen vor allem unter dem Leitbild der Industriebetriebslehre, das in den meisten Darstellungen der Allgemeinen Betriebwirtschaftslehre bemüht wird. Medienbetriebslehre als spezielle Betriebswirtschaftslehre ist eine vergleichsweise junge Disziplin. Sie umfasst einerseits die Darstellung der Besonderheiten der Medienbranche bezogen auf die Märkte und Produkte und beschreibt andererseits die branchenspezifischen Besonderheiten der klassischen betriebswirtschaftlichen Funktionen, deren Probleme in generalisierender Form bereits Gegenstand der Allgemeinen Betriebswirtschaftslehre sind. Dies ist der Grund für die Gliederung dieses Handbuchs, das in Kapitel drei in die markt- und produktspezifischen Besonderheiten einführt – die Märkte einzelner Medien beschreibt –, während die spezifischen Ausprägungen der klassischen betriebswirtschaftlichen Funktionen Gegenstand des vierten Kapitels dieses Handbuchs sind.

1.2.1 Medienbetriebslehre und Nachbardisziplinen

Schnittfeld: BWL & Medien- und Kommunikationswissenschaft

Bei der Analyse der Bedeutung der Medienbetriebslehre als Disziplin im Schnittfeld zwischen Medienwissenschaften und Betriebswirtschaftslehre ist es für das Verständnis der jungen Disziplin wichtig, die unterschiedlichen Nachbardisziplinen und deren Bedeutung für die Medienbetriebslehre aufzuzeigen und nachzuvollziehen.

1.2.1.1 Medienökonomie

Volkswirtschaftliche Perspektive

Die Disziplin, die aufgrund der Vereinigung von ökonomischen und medienspezifischen Apsekten die größte Ähnlichkeit mit dem Themen- und Methodenspektrum der Medienbetriebslehre aufweist, ist die Medienökonomie. »Medienökonomie untersucht, wie die Güter Information, Unterhaltung und Verbreitung von Werbebotschaften in aktuell berichtenden Massenmedien produziert, verteilt und konsumiert werden.« [Heinrich 1994, S. 19]. Diese Definition deutet auch bereits den Hauptunterschied zwischen Medienökonomie und Medienbetriebslehre an. Während die Medienökonomie sich vorwiegend mit dem Instrumentarium der Volkswirtschaftslehre und den Erkenntnissen der Publizistik (s.u.) bemüht, die Marktbedingungen für unterschiedliche Medientypen aufzuzeigen, nimmt die Medienbetriebslehre diese Erkenntnisse als Ausgangspunkt, der die Unternehmensumwelt determiniert und versucht darüber hinaus Regeln für die Betriebsführung in seiner solchen Marktumgebung zu entwickeln.

Damit ähnelt das Verhältnis von Medienökonomie und Medienbetriebslehre der Aufteilung zwischen Volks- und Betriebswirtschaftslehre. Natürgemäß gibt es eine Reihe von Überschneidungen der Themengebiete. Dies sind vor allem die Beschreibungen der Märkte mit ihren Kosten- und Erlösstrukturen, die Gegenstand beider Disziplinen sind.[1]

1.2.1.2 Publizistik, Medien- und Kommunikationswissenschaft

Diese Disziplin fällt vor allem durch ihre Begriffsverwirrung auf. Mit ähnlichen Inhalten werden die Disziplinen Publizistikwissenschaft, Kommunikationswissenschaft, Journalistik und Medienwissenschaften geführt, die trotz spezifischer Unterschiede (z.B. umfasst die Kommunikationswissenschaft auch nichtmediale interpersonale Kommunikation) das gleiche Kerngebiet umfasst. »Im Zentrum des Fachs steht die indirekte, durch Massenmedien vermittelte, öffentliche Kommunikation.« [DGPuK 2001, S. 3]. Dabei handelt es sich im Kern um eine empirische Wissenschaft. Die Publizistik hat im Verhältnis zur Medienbetriebslehre in erster Linie eine Komplementärfunktion, d.h. es werden Zusammenhänge aus dem Medienbereich untersucht, die meist nicht primär mit betriebswirtschaftlichen Fragestellungen zusammenhängen und dadurch Erkenntnisse der Medienbetriebslehre ergänzen und in einen größeren Gesamtzusammenhang stellen. Dabei darf jedoch nicht vergessen werden, dass es in einzelnen Bereichen, wie etwa der Medienwirkungsforschung bzw. insbesondere der Werbewirkungsforschung auch zu Überschneidungen zwischen Themengebieten der Medienbetriebslehre und der Publizistik kommt.

Unterschiedliche
Schwerpunkte

1.2.1.3 Medienrecht

Bei dem unter dem Begriff »Medienrecht« zusammengefassten Rechtsgebiet handelt es sich keineswegs um ein abgeschlossenes Rechtsgebiet oder gar die Rechtsfolgen eines einzigen Gesetzes. Es beschreibt lediglich ein Sammelsurium von Rechtsbereichen, die mit dem Themenbereich Medien in Verbindung stehen und umfasst daher eine ganze Reihe unterschiedlicher Gesetze vom Grundgesetz über Pressegesetze, Rundfunkstaatsvertrag Mediendienstestaatsvertrag, Urhebergesetz bis hin zum Betriebsverfas-

Heterogenes
Rechtsgebiet

---

1. In Kapitel »Medienökonomie & Medienbetriebslehre«, S. 17, gehen wir ausführlich auf das Selbstverständnis von »Medienökonomie« und »Medienbetriebslehere« ein.

sungsgesetz. Für die Medienbetriebslehre stellt das Medienrecht ein wichtiger Umweltfaktor dar, der die Randbedingungen für die Märkte und Unternehmensaktivitäten im Medienbereich definiert. Damit kommt dem Medienrecht eine zentrale Funktion als Nachbardisziplin der Medienbetriebslehre zu. Die Inhalte des Medienrechts sind damit im engeren Sinne keine Inhalte der Medienbetriebslehre, wenngleich bei vielen Analysen (z.B. Marktanalysen) die Rechtslage den Ausgangspunkt der Untersuchungen bilden kann, wenn beispielsweise bei Werbemöglichkeiten im TV-Sektor die Gesetzgebung die Gegebenheiten entscheidend prägt.

1.2.1.4 Werbe- und Wettbewerbsrecht

Wettbewerbsrahmen Das allgemeine Werbe- und Wettbewerbsrecht stellt für alle Bereiche des betrieblichen Wirtschaftens eine wichtige Nachbardisziplin dar, da sie die Spielräume und die Vorgehensweise in den einzelnen Märkten definiert. Der Medienbereich mit zahlreichen Sonderregelungen z.B. in der Kartellgesetzgebung bildet hier keine Ausnahme.

1.2.1.5 Medientechnik

Steigende Bedeutung der Digitaltechnik Medientechnik bzw. Medientechnologie ist eine wichtige Nachbardisziplin der Medienbetriebslehre. Die Technologie selbst ist nicht Gegenstand der betriebswirtschaftlichen Diskussion sie beeinflusst jedoch im Regelfall die Prozess- und Produktinnovationen in Märkten und ist damit auch für die Kostenstrukturen verantwortlich. Alle genannten Felder sind selbstverständlich Gegenstand der betriebswirtschaftlichen Diskussion und insbesondere im Mediensektor einem starken Wandel unterworfen, weshalb wir den Themenbereich des Technologiemanagements in Kapitel 4.8 nochmals gesondert diskutieren. Neben sehr einschneidenden Veränderungen in der Prozesstechnologie und damit in der kompletten Wertschöpfungskette der etablierten Medien hat die Digitalisierung auch zu einer Reihe von Produktinnovationen geführt, die in Kombination mit der Vernetzung von Anbietern und Nutzern zu komplett neuen Marktstrukturen geführt haben und noch eine Reihe weiterer Veränderungen nach sich ziehen wird.

1.2.1.6 Randgebiete der BWL

Neben den medienspezifischen Nachbardisziplinen spielen für die Medienbetriebslehre selbstverständlich auch die Randgebiete und Nachbardisziplinen der Allgemeinen Betriebswirtschaftslehre eine Rolle. So sind viele Sozialwissenschaften wie z.b. die Soziologie von zentraler Bedeutung, wenn es um die Erklärungen für das Verhalten von Konsumenten oder anderen Marktteilnehmern geht. Die Psychologie liefert die Ursachen für Nutzerbedürfnisse und damit entscheidende Impulse für die Produktpolitik in Medienunternehmen und hilft bei der Begründung von Werbewirkungsunterschieden, die wiederum die Verkaufbarkeit der Medien im Werbemarkt determinieren. Dass durch die Sonderrolle der Medien als Branche mit zentraler gesellschaftlicher Funktion, die insbesondere im Rahmen der politischen Willensbildung ihren Ausdruck findet, auch die Politikwissenschaft wichtige Randimpulse für die Medienmärkte liefert, wird bei unserer Darstellung auch in Kapitel 2.4 nochmals verdeutlicht.

Randgebiete: Soziologie, Psychologie, Politikwissenschaft

1.2.2 Weiterentwicklung der Disziplin im Zeichen der Konvergenz

Wie wir bereits eingangs festgestellt haben, handelt es sich bei der Medienbetriebslehre um eine noch vergleichsweise junge Disziplin, da dem Medienbereich in der Vergangenheit im Vergleich zu den Branchen Industrie, Handel und Banken eine eher nachrangige Bedeutung im Rahmen der betriebswirtschaftlichen Forschung zukam. Mit dem Aufschwung der dazugehörigen Themen und Branchen konnten in den neunziger Jahren die Bereiche Tourismusbetriebslehre und Medienbetriebslehre erste Fortschritte machen. Dabei zeigt sich jedoch, dass die Komplexität der Medienbetriebslehre kaum in einheitlichen Darstellungen abgehandelt wird. Derzeit überwiegen Darstellungen zu einzelnen Produkten und deren Unternehmungen im Mediensektor, wie z.B. Darstellungen über betriebswirtschaftliche Probleme in Verlagen oder TV-Sendern. Ebenfalls bereits etabliert sind Darstellungen über betriebswirtschaftliche Teilfunktionen in Medienunternehmen wie z.B. über Marketing oder Controlling in Medienunternehmen generell oder Verlagen und Sendern etc.

Komplexität der heterogenen Einzelprodukte

   In der Hochschullehre spiegelt sich das Bild der Literatursituation wieder. Neben einigen wenigen Studiengängen, die sich unter den Begriffen Medienmanagement oder Medienwirtschaft ausschließlich mit den wirtschaftlichen bzw. betriebswirtschaftlichen Aspekten des Medienwesens befassen, dominieren Studiengänge, die entweder interdisziplinär angelegt sind oder in ihrer zentralen Ausrichtung auf andere Bereiche spezialisiert sind und

Medienbetriebslehre als zentrales Fach im interdisziplinären Kontext

deshalb den Themenbereich der Medienbetriebslehre nur als Neben- oder Vertiefungsfach integriert haben.

Einen neuen Ansatz verfolgt die Hochschule St. Gallen am Institut für Medien- und Kommunikationsmanagement. Hier wird das Management von Medienunternehmen und das Kommunikationsmanagement insbesondere mit neuen Medien innerhalb von Unternehmen anderer Branchen parallel analysiert und erforscht.

Neue Marktpartner im Medienmarkt

Dies trägt auch der Tatsache Rechnung, dass mit dem Aufkommen des Internet eine Reihe traditioneller Unternehmen anderer Branchen beispielsweise durch den Aufbau von Online-Plattformen in den Markt der Medien eingetreten sind, ohne die Vermarktung der Medien als ihre Kerngeschäft zu betrachten. Insgesamt haben in den neunziger Jahren die Studiengänge, die sich mit den betriebswirtschaftlichen und organisatorischen Bedingungen der Medienbranche befassen sprunghaft zugenommen. Dies liegt einerseits an der Debatte um die Informationsgesellschaft und ist andererseits ein Ergebnis der Erkenntnis, dass ohne wirtschaftliche Steuerungsfähigkeit medienspezifisches Wissen nicht für die betriebswirtschaftlichen Bereiche der Vermarktung und des Marketings geeignet ist. So gibt es mittlerweile eine Reihe universitärer Studiengänge von Flensburg bis Konstanz, die zumindest in Teilbereichen auch mit dem Gegenstand der Medienbetriebslehre befasst sind. Darüber hinaus gibt es eine ganze Reihe von praxisorientierten Studiengängen an Fachhochschulen, in denen entweder Medienwirtschaft / Medienbetriebslehre oder Medienmanagement einer der Schwerpunkte innerhalb interdisziplinärer Angebote darstellt, oder ohnehin das ganze Studium auf den Themenbereich Medienwirtschaft focussiert ist. Trotz aller Unterschiede und Nuancen innerhalb der Studienkonzeption zeigt sich doch, dass eines der Kernfächer in diesem Bereich die Medienbetriebslehre darstellt, da sie dazu dient, unter betriebswirtschaftlichem Blickwinkel die Funktiosweise der Medienbranche zu analysieren. Ein Blickwinkel, der auch für die Medienwissenschaft von zunehmender Bedeutung ist.

Heterogenität und Aktualisierungsproblem

Dass es bislang noch wenig umfassende Darstellungen zum Themenbereich der Medienbetriebslehre gibt, liegt unter anderem auch daran, dass die Heterogenität und Komplexität eine Reihe von Nachteilen nach sich zieht. So führt die Tatsache, dass die Erfahrungsbereiche unterschiedlicher Mediengattungen in der Medienbetriebslehre ihren Niederschlag finden, dazu, dass bei vielen Fachleuten, die Theorie und Praxis zu vereinen suchen, allein deshalb ein Kompetenzproblem entsteht, weil es kaum möglich ist, alle Mediengattungen gleich intensiv aus Theorie und Praxis zu analysieren. Somit besteht die Gefahr, dass eine theoretisch fundierte Analyse nur auf einzelne Mediengattungen beschränkt bleibt. Gleichzeitig besteht bei der Praxisorientierung der Gesamtdisziplin die Tendenz ein Gerüst praxisrelevanter Anleitungen ohne theoretische Fundierung oder Untermauerung zu liefern und damit statt einer wissenschaftlich abgesicherten Medienbetriebslehre den Status einer Medienbetriebskunde zu repräsentieren. Zudem führt die Komplexität des Themenbereichs nicht nur zu einem Kompetenzproblem sondern auch zu einem Aktualitätsproblem. Die Vielzahl unterschiedlicher Medienbereiche führt zu einer Schwerfälligkeit bei der Aktualisierung des Wissens und der Erkenntnisse.

Trotz dieser Reihe von Nachteilen besitzt die Medienbetriebslehre auch eine ganze Reihe interessanter Aspekte und Optionen. Die Digitalisierung aller Medienformen hat zu einer völlig neuen Dimension der Konvergenz, d.h. dem Zusammenwachsen von Produkten und Märkten geführt. In diesem Umfeld hilft eine Medienbetriebslehre, die alle Mediengattungen umfasst, darzustellen, wie viele Bereiche z.B. in der Werbevermarktung der Medien gattungsübergreifend ähnlich oder gleich ausgeprägt sind. Diese Gemeinsamkeiten herauszuarbeiten und sichtbar zu machen, ist eines der Hauptanliegen dieses Buches. Darüber hinaus gibt die Konvergenz in der ganzheitlichen Darstellung im Rahmen der umfassenden Definition von Medienbetriebslehre die Möglichkeit, die Synergieeffekte aufzuzeigen, die heutzutage und in Zukunft durch den Medienverbund z.B. Crossmedia-Publishing oder Crossmarketing von Produkten möglich werden. Diese Synergieeffekte und Netzeffekte werden die betriebswirtschatliche Situation der Medien auch in der nahen Zukunft noch entscheidend prägen. Gleichzeitig stellt die umfassende Betrachtung der Medienbetriebslehre unter Einbeziehung aller derzeitigen und potenziellen Medienformen die Zukunftssicherheit der Disziplin sicher. Neue Medienformen und deren substituiver oder komplementärer Charakter werden frühzeitig analysiert, da sich neue Medienformen wie z.B. die künftige Bedeutung neuer Anwendungen auf mobilen Endgeräten sehr rasch in das Schema der Analyse integrieren lassen.

Beschreibung von Synergien der Konvergenz

1.2.3 Aufbau des Buchs

Mit dem Aufbau dieses Buches wird versucht, der Stellung der Medienbetriebslehre im System der Wissenschaften Rechnung zu tragen. Nach der Einführung in das generelle Themengebiet in diesem Kapitel wird im zweiten Kapitel die grundlegende Funktion von Medien und Märkten analysiert und somit das medienökonomische Fundament für die weiteren Darstellungen gelegt.

Kapitel drei bildet einen der Schwerpunkte dieses Handbuchs, indem alle Mediengattungen vorgestellt und auf ihre betriebswirtschaftlichen Besonderheiten hin untersucht werden. Dabei werden neun Einzelmedien unterschieden. Zusätzlich zu den klassisch der Medienwirtschaft zugerechneten Einzelmedien – zu denen neuerdings auch Online-Medien gehören –, führen wir auch Musik auf, die immer mehr zu einem integralen Bestandteil von Wertschöpfunksketten im Mediensektor wird. Ebenfalls von großem Gewicht ist Kapitel vier, das die klassischen betriebswirtschaftlichen Funktionsbereiche auf medienspezifische Besonderheiten hin untersucht und diese erläutert. Die besondere Bedeutung der Medien im Rahmen der Diskussion über Informationsgesellschaft und zunehmende Vernetzung wird in Kapitel fünf dargestellt, indem insbesondere die Besonderheiten bei der Marktdurchdringung aufgrund der Netzeffekte nochmals dargestellt werden. Dieser Exkurs mit Schwerpunkt neue Medien wird durch eine Darstellung der Erlösquellen im Internetsektor abgerundet, so dass sichergestellt werden kann, dass der Themenbereich neue Medien und Internet im Vergleich zu den klassischen Medien eine ausreichende Gewichtung erfährt.

1.2.4 Literatur

Beck, Hanno (2002): Medienökonomie: Print, Fernsehen und Multimedia. Berlin: Springer

DGPuK (2001): Die Mediengesellschaft und ihre Wissenschaft. Herausforderungen für die Kommunikations- und Medienwissenschaft als akademische Disziplin. München: DGPuK

Heinrich, Jürgen (1994): Medienökonomie. Band 1: Mediensystem Zeitung, Zeitschrift, Anzeigenblatt. Opladen: Westdeutscher Verlag [vgl. auch 2. Aufl. 2001]

Karmasin, Matthias / Winter, Carsten (Hrsg.) (2000): Grundlagen des Medienmanagements. München: UTB

Noelle-Neumann, Elisabeth / Schulz, Wilfried / Wilke Jürgen (2000): Publizisitk Massenkommunikation – Das Fischer Lexikon. Frankfurt: Fischer

Schierenbeck, Henner (2000): Grundzüge der Betriebswirtschaftslehre. München: Oldenbourg

Schumann, Matthias / Hess, Thomas (2000): Grundfragen der Medienwirtschaft. Berlin: Springer

Wöhe, Günter (1996): Einführung in die Allgemeine Betriebswirtschaftslehre. Münche: Vahlen

Wirtz, Bernd W. (2000): Medien- und Internetmanagement. Wiesbaden: Gabler

2. Medienformen und Medienmärkte aus medienökonomischer Sicht

2.1 Medienökonomie & Medienbetriebslehre

In Deutschland wurden Medien als Bestandteil des Wirtschafts-systems bereits relativ früh erwähnt. Selbst Karl Marx bezog sich in seinen Schriften auf die Presse und Pressefreiheit. Auch in Max Webers Hauptwerk »Wirtschaft und Gesellschaft« [1972] spielte das Wirtschaftssystem der Medien eine wengleich eher geringe Rolle. Ausführlicher ging Karl Bücher auf die wirtschaftlichen Zusammenhänge der Medien ein (z.B. in »Der Deutsche Buchhandel und die Wissenschaft«, 1903).[1] In der Folge entwickelte sich die Zeitungskunde oder auch Zeitungswissenschaft weg von den wirtschaftlichen Zusammenhängen hin zur Publizistik, also der journalistischen Erstellung einer Zeitung und der Rolle der Zeitung in der Gesellschaft und deren Wirkung auf den einzelnen.

Lange und unheitliche Fachgeschichte

Wirtschaftliche Zusammenhänge wurden erst wieder seit den 80er Jahren untersucht. Die Privatisierung des Rundfunk war anscheinend ausschlaggebend für diese Entwicklung. Peter Eichhorn [1983] beschäftigte sich mit der Ökonomie öffentlich-rechtlicher Rundfunksender.[2] An den Universitäten etablierte sich nach und nach die Forschung und Lehre zur Ökonomie der Medien, ohne dass ein eindeutiger Ursprung ausgemacht werden konnte. Es gibt sowohl Ökonomen, wie Jürgen Heinrich [1999, 2001], die sich mit der Ökonomie der Medien beschäftigen als auch Medien- und Kommunikationswissenschaftler, die sich mehr und mehr für die Ökonomie der Medien interessieren. Carten Winter ist ein solcher [z.B. Karmasin / Winter 2000]. Dabei gibt es unterschiedliche Herangehensweisen innerhalb der Medienökonomie. Heinrich pflegt einen tendenziell mikroökonomischen Zugang zur Medienökonomie:

Entwicklungsschub mit der Privatisierung des Rundfunks

---

1. Karl Bücher war von 1883 bis 1890 an der Universität Basel Professor für Nationalökonomie, Finanzwissenschaft, Statistik und Zeitungswesen. Er gündete 1916 in Leipzig das erste Institut für Zeitungskunde an einer deutschen Universität.
2. Eichhorn ist Professor für die Betriebswirtschaftslehre öffentlicher Unternehmen.

»Medienökonomie untersucht, wie die Güter Information, Unterhaltung und Verbreitung von Werbebotschaften in aktuell berichtenden Massenmedien produziert, verteilt und konsumiert werden. Sie untersucht also die ökonomischen Bedingungen des Journalismus.« [Heinrich 1994, S. 19]

Verschiedene Zugangsweisen: Reine Ökonomie oder Ökonomie mit gesellschaftlicher Verantwortung

Die Definitionen von Schenk / Hensel [1987] und Kiefer [2001] sind ähnlich gelagert, jedoch etwas weiter gefasst. Sie berücksichtigen stärker die Tradion der Medien- und Kommunikations- bzw. Publizistikwissenschaft. Gesellschaftliche Faktoren spielen also ebenso eine wichtige Rolle:

»Zum Forschungsgegenstand der Medienökonomie gehören die ökonomischen Aspekte des Mediensystems und deren Bedeutung für die Struktur und Funktion des gesamten Informationssystems. [...] Die Medienökonomie beschränkt sich damit nicht nur auf die Betrachtung ökonomischer Aspekte des Mediensystems, sondern betrachtet auch die Konsequenzen der Ökonomisierung für das gesamte Kommunikations- und Informationssystem einer Gesellschaft.« [Schenk / Hensel 1987, S. 536]

Medienökonomie ist »eine Teildisziplin der PKW[3], die wirtschaftliche und publizistische Phänomene des Mediensystems kapitalistischer Marktwirtschaften mit Hilfe ökonomischer Theorien untersucht. Bei der Aufgabenbeschreibung ist [...] zwischen einer positiven und einer normativen Version von Medienökonomie zu unterscheiden. Positive Medienökonomie analysiert und erklärt die die wirtschaftlichen und publizistischen Phänomene des Mediensystems, normative Medienökonomie etwickelt Gestaltungsoptionen mit Blick auf gesellschaftlich konzentrierte Ziele des Mediensystems.« [Kiefer 2001, S. 41]

Eine etwas andere Herangehensweise pflegen Karmasin / Winter [2001]. Sie beschäftigen sich mit der Führung – dem Management – von Medienunternehmen. Dabei unterstreichen sie allerdings, und im Gegensatz zur allgemeinen Managmenttheorie [z.B. Staehle 1999], besonders den besonderen Verantwortungscharakter, der im besonderen Charakter von Mediengütern als Kulturgüter begründet wird [Karmasin / Winter 2000a, S. 30 ff.]. Sie begründen:

Traditionelle Betriebswirtschaftslehre nicht vollständig umsetzbar...

»Es wird erforderlich, die Spezifika von Medien, Medienangeboten und Medienunternehmen aufzuzeigen, die eine umstandslose Anwendung traditioneller betriebswirtschaftlicher Axiome und Theorien auf den Gegenstandsbereich von Me-

---

3. Mit PKW kürzt Kiefer [2001] »Publizistik- und Kommunikationswissenschaft« ab.

dienmanagment als problematisch erscheinen lassen.«
[Karmasin / Winter 2000a, S. 30]

Schuhmann / Hess [2000] pflegen wiederum einen etwas anderen Zugang. Ihre Arbeit wurde wohl durch den starken Schub der Internet-Ökonomie gegen Ende der 90er Jahre initiiert. Die Wirtschaftsinformatiker wählen den Begriff »Medienwirtschaft« und kennzeichnen Medienwirtschaft als spezielle Betriebswirtschaftslehre. Sie verfolgen wertfrei das ökonomische Prinzip:

> »In dem hier zu Grunde gelegten Grundverständnis kommen der Betriebswirtschaftlehre zwei Aufgaben zu: Erklären und Gestalten. Erklären bedeutet Erklärungsmuster für real feststellbare Phänomene zu finden, z.b. den Verkaufserfolg von Büchern auf Merkmale wie Genre, Thema, Autor etc. zurückzuführen. Gestalten bedeutet, Vorschläge für die betriebliche Realität zu entwickeln, so z.b. zur Ausgestaltung eines Online-Angebots für eine bestimmte Zielgruppe. Sowohl beim Erklären als auch beim Gestalten sind unter Umständen Erkenntnisse von Nachbardisziplinen zu berücksichtigen, so z.b. Verhalten von Konsumenten beim Bücherkauf oder den technischen Möglichkeiten zur Nutzung des Internet. Immer müssen ökonomische Ziele der Bezugspunkt sein. Im Kontext der Medienwirtschaft war dies nicht immer der Fall.« [Schumann / Hess 2000, S. 12 f.]

... oder wird das ökonomische Prinzip unzureichend verfolgt?

Insgesamt sollte durch diese Ausführungen deutlich geworden sein, dass es sich bei der Medienökonomie keineswegs um ein einheitliches homogenes Fach handelt, in dem lediglich verschiedene Ausrichtungen und Teildiziplinen vertreten werden.

Wir können uns beispielsweise nur schwerlich mit der rein ökonomischen Herangehensweise von Schuhmann / Hess [2000] anfreunden. Gerade bei Medienunternehmen spielen außerökonomische Ziele eine große Rolle. Sie ist nach unserer Einschätzung weitaus größer als in den anderen Bereichen der Privatwirtschaft. Freilich agieren Medienunternehmen nach ökonomischen Prinzipien und sie unterliegen einem Gewinnstreben. Das Ziel der Gewinnmaximierung tritt jedoch mitunter gegenüber außerökonomischen Zielen in den Hintergrund. So deutet beispielsweise schon die übliche strikte Trennung von Redaktion von Werbeverkauf in vielen Medienhäusern an, dass nicht vollständig optimiert werden kann. Zudem möchten wir uns hier Karmasin / Winter [2000a] anschließen. Medienunternehmen produzieren Kulturgüter und haben auch deshalb eine besondere gesellschaftliche Verantwortung. Wir kennzeichen Medienbetriebslehre deshalb als spezielle Betriebswirtschaftslehre mit besonderer gesellschaftlicher Verantwortung.

Zudem möchten wir an dieser Stelle noch auf eine Besonderheit der Medienbetriebslehre hinweisen auf die wir in diesem Kapitel noch häufiger hinweisen werden. Medienunternehmen haben vielfach zwei völlig verschiedene Kundengruppen. Auf der einen Seite die Mediennnutzer und auf der anderen Seite Werbekunden. Aus dieser Struktur entsteht eine Stutation, die es erforderlich macht Güter nicht nur abzusetzen, sondern auch noch deren Verwendung zu kontrollieren. In dieser Bewertung unterscheiden wir uns von Kiefer, da sie davon ausgeht, dass sich die Ökonomie nicht mit den Wirkungen der Mediennutzung auf Rezipientenseite befasst. »Für den Ökonomen ist der Austauschprozess mit dem Kauf einer Zeitung oder einer Zeitschrift vollzogen, für den Kommunikationswissenschaftler erst dann, wenn das Printmedium auch tatsächlich genutzt wurde« [Kiefer 2001, S. 144]. Würde die Medienökonomie, besonders die Medienbetriebslehre diese Trennung so scharf ziehen, so könnte sie keine Belege für die Nutzung der Mediengewinnen und folglich nur schwerlich Erfolge auf dem Werbemarkt erzielen. Medienökonomie und besonders die Medienbetriebslehre hat jedoch alle Märkte auf denen Medienunternehmen agieren als Gegenstandsbereich. Im folgenden Abschnitt werden daher Medienärkte einer genaueren Analyse unterzogen.

2.2 Marktstrukturen im Mediensektor

2.2.1 Markt und Märkte

»Ein Markt ist die Gesamtheit der Angebots- und Nachfragebeziehungen für ein Gut bzw. ein Güterbündel. Der Markt organisiert den Tausch. Der Markt ist zunächst ein abstraktes Konzept, erfassbar durch seine Funktion und seine Funktionsweise. Im Zusammenspiel von Angebot und Nachfrage bilden sich Preise, die in der Regel Produktionskosten, Knappheiten und Nachfragepräferenzen refelktieren.« So definiert Heinrich [2001, S. 53] Markt. Indes fällt die Anwendung dieses Begriffs auf den Medienmarkt bzw. auf Medienmärkte nicht ganz leicht. Auf einem Markt treffen Angebot und Nachfrage aufeinander. Aus dieser Sicht agieren Medienunternehmen in den meisten Fällen auf zwei verschiedenen Märkten mit unterschiedlichen Güterklassen. Sie agieren auf dem Werbemarkt und bieten Werbekunden Werberaum an. Sie agieren aber auch auf dem Markt für Medieninhalte und bieten diese Lesern, Hörern und Zuschauern an. In vielen Fällen erfolgt auch die Bezahlung dieser Inhalte. Allerdings wird besonders dann, wenn keine Rivalität der Nutzung von Medieninhalten vorliegt, auf die Bezahlung durch den Inhaltekonsumenten verzichtet.

Medienunternehmen agieren häufig auf dem Nutzer- und dem Werbemarkt.

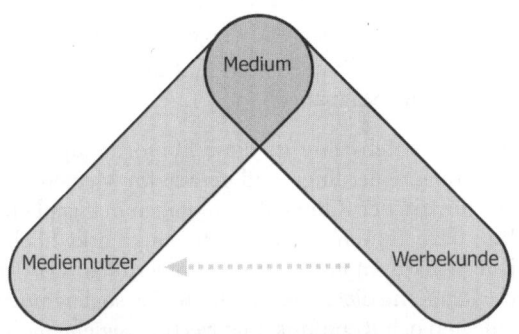

Abbildung 1: Die beiden Absatzmärkte von Medienunternehmen

Medienunternehmen agieren auf zwei Märkten, auf denen in Abhängigkeit das Gesamtoptimum erreicht werden soll.

Der Grund für diesen Verzicht auf Verkauf von Inhalten – besonders auf Rundfunk- und Online-Märkten – hängt traditionell einerseits mit Schwierigkeiten im Verkauf selbst zusammen. Andrerseits verfolgen Medienunternehmen bei der Gewinnmaximierung ein Ziel, das über beide Dimensionen – Medienkonsumenten und Werbekunden – optimiert werden muss. Der Markt der Medienkosumenten ist in diesem Sinne ein Beschaffungsmarkt, mit dem Werbekunden gewonnen werden können. Um dieses Ziel zu erreichen, entwickeln und beschaffen Medienunternehmen Inhalte, die sie an Medienkonsumenten (Leser, Hörer, Zuschauer, Nutzer) verkaufen oder kostenlos abgeben. Wenn Medienprodukte eines Medienunternehmens zumindest teilweise durch Werbung Einnahmen generieren müssen, wird der Preis für dieses betreffende Produkt (z.B. der Copypreis einer Zeitschrift) also in Abhängigkeit der erzielbaren Werbeeinnahmen gesetzt. Die Preise für Werberaum wiederum orientieren sich an der Zahl der Medienkonsumenten. In Abbildung 1 wird das Agieren von Medienunternehmen auf dem Nutzer- und dem Werbemarkt verdeutlicht. Beide Märkte müssen in gegenseitiger Abhängigkeit optimiert werden.

2.2.2 Strukturdimensionen

In der Medienökonomie, die weitgehend mikroökonomische Untersuchungsschema anwendet, dienen die Schemata von Marktstrukturen der systematischen Analyse. Heinrich [2001, S. 58 f.] kennzeichnet folgende – für den Medeinsektor und für alle Wirtschaftsbereiche gültige – Faktoren:

Hilfe bei der Situationsalayse

- Zahl und Größe der Anbieter und Nachfrager als Indikatoren für Konzentration
- Ausmaß der Produktdifferenzierung
- Höhe der Marktzutrittsschranken
- Ausmaß der vertikalen und diagonalen Integration
- Marktphase (z.B. Eingeteilt in Einführung, Expansion, Sättigung und Stagnation)

In der Medienbetriebslehre ist diese Einnordnung von strategischer Bedeutung. Allerdings sind gerade im Mediensektor noch eine Reihe juristischer Rahmenbedingungen maßgeblich, die beispielsweise dazu führen, dass der Hörfunkmarkt höchst unterschiedliche Strukturen in den Bundesländern hat. Der Rundfunk ist durch Landesmediengesetze, durch die sogenannten Rundfunkurteile und den Rundfunkstaatsvertrag reglementiert. Zudem müssen Medien – sofern sie sich zumindest zum Teil über Werbung finanzieren – andere Verfahren der Optimierung anwenden als beispielsweise Industriebetriebe.

2.2.2.1 Medienkonzentration

In Deutschland wird – auch im Hinblick auf die Ereignisse von 1933 und später – besonders auf die Vielfalt im Medienbereich geachtet. Das schlug sich in der Lizenzierung von Medienunternehmen nach dem Ende des zweiten Weltkriegs und natürlich in der Mediengesetzgebung nieder. Der Begriff der »Vielfalt« wurde derart prominent, dass der in der Kommunikationswissenschaft auch in der englischsprachigen Literarur benutzt wird [z.B. von McQuail 1994]. Das darf aber nicht darüber hinwegtäuschen, dass der Wunsch nach Vielfalt auch wirtschaftlichen Restriktionenen unterworfen ist. So gibt es in vielen Regionen nur noch eine Regional- bzw. Lokalzeitung, weil zwei oder mehr Zeitungen nicht mehr effizient zu führen waren. In den sechziger und siebziger Jahren wurde dann vielfach vom Zeitungssterben gesprochen und der Begriff des »Ein-Zeitungs-Kreis« geboren. Nach einer Phase der Beruhigung stetzte in den vergangenen Jahren erneut eine Konzentrationswelle ein. Jährlich wird von Schütz [z.B. 2001] eine Analyse zur Zeitungskonzentration in Deutschland durchgeführt. Die sich daraus ergebende einfache Regel lautet: Je größer ein Ballungsraum, um so mehr Zeitungen können gleichzeitig existieren. In ländlich geprägten Regionen oder in Klein- und Mittelstädten existieren hingegen in der Regel Angebotsmonopole (Lediglich ein Anbieter) mit alleiniger Marktmacht. Diese Marktmacht betrifft allerdings weitgehend einen speziellen Aspekt des publizistischen Bereichs: Es gibt keine weitere Lokal- oder Regionalzeitung, aus der sich die Leser informieren können. Die Konkurrenz im Lesermarkt spielt sich daher intramedial im Wettbewerb mit überregionalen Abonnementzeitungen und Kaufzeitungen und intermedial mit lokalen Hörfunksendern, Anzeigenblättern, Online-Medien und teilweise Ballungsraum-TV ab. Im Werbemarkt treten die genannten Konkurrenzmedien noch sehr viel klarer als Wettbewerber um den regionalen Werbekuchen auf, als dies in publizistischer Hinsicht der Fall ist. Die Konkurrenzsituation und Konzentration ist also keinesfalls auf Einzelmedien beschränkt.

Konzentrationsbegrenzung durch die Gesetzgebung

Konzentrationsschub auf dem Zeitungsmarkt

2.2.2.2 Produktdiffenzierung

Auf den Konsumgütermärkten kommt es vor allem in den Phasen der Marktsättigung [vgl. 2.2.2.5] zu Produktdiffenzierungen. Durch Varianten eines Produkts oder erneuerte Ausführungen wird versucht, die Konsumenten zu erneuten Käufen bzw. zur Er-

Neue Käuferschichten sollen angesprochen werden

höhung der Kauffrequenz zu veranlassen. Bei Medienunternehmen ist die Strategie der Produktdiffenzierung mit erheblichen Risiken verbunden, da die Kostendegression bei der Produktion verschiedener Varianten erheblich stärker zu Buche schlägt als in anderen Branchen. Möchte eine Zeitung beispielsweise eine Variante seines eigenen Produkts auf den Markt bringen, so muss in der Regel dafür eine völlig eigene Redaktion aufgebaut werden. Daneben entstünde ein erhebliche zusätzlicher Aufwand im Vertrieb. So versuchte beispielsweise der Axel Springer Verlag 2001 eine für eine jüngere Zielgruppe als BILD konzipierte Kaufzeitung im Rhein-Neckar-Raum auf den Markt zu bringen. Nach vier Wochen wurde die Pubikation von EXTRA wegen mangelnder Nachfrage eingestellt. In der Regel versuchen Zeitungsverleger deshalb die oben angesprochenen Ziele durch eine Veränderung des bestehenden Produkts zu erreichen. Das Verfahren wird als Relaunch bezeichnet. Dabei wird das Layout und das redaktionelle Konzept an die jeweils aktuellen Ansprüche der Leserschaft angepasst.

Markenstrategien

Aus dem Zeitschriftenmarkt gibt es eine Reihe von Beispielen bei denen Markenstrategien im Zuge der Produktdiffenzierung zum Erfolg geführt werden konnten. Auch hier ist der Axel Springer Verlag mit BILD ein gutes Beispiel. Neben der Kaufzeitung wurden Zeitschriften für Sport, Autos und Computer etabliert. Der Heinrich Bauer Verlag siedelte um sein Jugendprodukt BRAVO eine Zeitschrift für Mädchen, für das Computerumfeld und für Sport an. Die Produktdiffenzierung scheint also bei starken Zeitschriftenmarken als Markenstrategie zu funktionieren.

Technischer Fortschritt

Vor allem im Bereich des Hörfunks erlaubte die bessere Ausnutzung des Frequenzspektrums in den vergangenen zehn Jahren die Lizenzierung vieler neuer Hörfunksender, die in den meisten Fällen aus der Diffenzierung der Hauptprogramme der Sender hervorgingen.

2.2.2.3 Marktzutrittsschranken

Hohe Schranken auf bestehenden Märkten

Die Marktzutrittsschranken im Medienbereich sind je nach Sektor höchst verschieden. Tendenziell ist es jedoch so, dass für die bestehenden Medien die Plätze verteilt sind. In seltenen Fällen schaffen es Neugründungen sich neben den etablierten Medien gleichberechtig zu etablieren, wenn nicht ein komplett neues Marktsegment oder eine eigene Nische entwickelt wird. Beispielhaft ist hier die Titeldiversifikation des Zeitschriftenmarktes. Eines der wenigen Beispiele auf dem Zeitschriftenmarkt, wo ein als bereits aufgeteilt geltender Markt Platz für einen Neueintritt bot, ist die Neugründung von FOCUS zum Beginn der neunziger Jahre. Darüber hinaus führte die Ausweitung des Fernsehprogramms seit den achziger Jahren zu einem vermehrten Bedarf an Orientierungshilfen für den Fernsehkonsum. Hier schaffte die Verlagsgruppe Milchstraße durch die Innovation einer vierzehntäglichen spielfilmorientierten Zeitschrift den Marktzutritt. Auf dem Rundfunkmarkt ist der Marktzutritt für Unternehmen meist nur dann möglich, wenn diese schon in anderen Mediensektoren tätig sind. Ein Beispiel für diese Form des Marktzutritts ist das F.A.Z. Business-Radio. Alternativ ist auch der Marktzutritt ausländischer Unternehmen auf dem deutschen Markt denkbar und möglich, auch wenn dieser nicht zwingend von Erfolg gekrönt sein muss. So versuchte der Norwegische Schibsted Verlag 1999 deutsche Boulevard-Zeitungen mit kostenlosen Äquivalenten anzugreifen (»20 Minuten«). Dieses Vorgehen scheiterte unter anderem auch deshalb, weil die jeweils ortsansässigen Verlange mit eigenen Alternativen konterten. Die Angelegenheit wurde in der Presse sogar mit der Vokabel »Zeitungskrieg« tituliert [vgl. Vogel 2001]. Allerdings handelt es sich um ein Segment mit einer für Zeitungen interessanten Zielgruppe, so dass durchaus mit anderen Formen des Marktzutritts von deutschen Verlagen gerechnet werden darf [vgl. Kapitel 3.4]. Demgegenüber kommt es auf dem Buch- oder Musikmarkt immer wieder zu Neugründungen von Unternehmen die die Vertriebsstrukturen des Marktes nutzen können.

Bereits platzierte Medien wehren ab.

Hauptgründe für den weitgehend beschränkten Marktzutritt bestehen also hauptsächlich in strukturellen und strategischen Gründen [vgl. auch Heinrich 2001, S. 59 f.]. Der Kapitalbedarf für Neugründungen ist hoch, die Plätze sind verteilt und es gibt mitunter etablierte Marktteilnehmer, die den Marktzutritt – teilweise mit großem Kapitalaufwand – verhindern, wird durch das Beispiel des Zeitungskriegs deutlich. Die Tatsache, dass die parallele Vermarktung im Nutzer- und Werbemarkt eine bestimmte Mindestschwelle an Rezeption erfordert und die Fixkostendegression den größeren Anbieter in der Kostenstruktur begünstigt führt ebenfalls zu einer vorteilhaften Position des bereits etablierten Anbieters. Daneben gibt es noch rechtliche Beschränkungen, die vor allem den Marktzutritt auf dem Rundfunkmarkt reglementieren.

2.2.2.4 Vertikale und diagonale Integration

Medienunternehmen produzieren Inhalte und verwalten diese. Die Inhalte moderner Medienunternehmen lassen sich speichern. Kostenvorteile entstehen vor allem dann, wenn ein bereits erarbeiteter Inhalt mehrfach verwertet werden kann. Vertikale Integration meint dabei die Integration vor- und nachgelagerter

Größeneffekte und Synergien nutzen

Produktions- oder Vertriebsstufen. Beispiel hierfür ist ein Buchverlag, der sich an einer Buchhandelskette beteiligt. Diagonale Integration meint die integration nicht direkt verbundener, aber zu einem übergeordneten Markt gehörenden Unternehmen. Beispiele hierfür sind Zeitungsverlage, die sich an Hörfunk- oder Fernsehsendern beteiligen. Diese gehören auch zum Medienmarkt, sind jedoch keine vor oder nachgelagerte Produktionsstufen. Zudem lassen sich Inhalte nicht nur gemeinsam verwerten. Es ist auch möglich koordiniert, mit erheblich geringerem Marketingaufwand, Produkte verschiedener Mediengattungen am Markt zu platzieren. Ein wirklich anschauliches Beispiel ist das Produktangebot der Unternehmen des Bertelsmannkonzerns anläßlich des 25. Todestages von Elvis Presley. Das Musikunternehmen BMG verpackte dessen Hits in zwei neuen Musikalben. Die TV-Tochter RTL sendete ein »Elvis Special«, Random House brachte drei Bücher heraus, Arvato einen Kalender und Gruner + Jahr Spezialzeitschriften. Mit dieser Verzahnung erwartete Bertelsmann für 2002 einen Umsatz von 80 bis 100 Mio. Euro [Clark 2002].

Datenhaltung erleichtert diagonale Integration

Der größte deutsche Medienkonzern Bertelsmann hat seine Integrationsbemühungen (nach dem Weggang von Thomas Middelhoff) gestoppt und aufgrund seiner gewissen Leitfunktion für den deutschen Markt, werden wohl auch die Integrationsbemühungen anderer Medienhäuser zurückgenommen. Anzeichen hierfür ist auch der gewisse Rückzug der Holtzbrinck-Gruppe aus dem Fernsehgeschäft.[4] Allerdings gibt es neben dieser, die Unternehmenspolitik betreffenden Ebene noch technische Tendenzen in Medienhäusern, die auf weiterhin eine stärkere Tendenz zur Integration oder deren abgemilderten Form der Kooperation andeuten. Inhalte werden in modernen Redaktionssystemen mehr und mehr plattformumabhängig gehalten. Dabei sind die Systeme, anders als früher, in der Lage verschiedenste Medieninhalte zu verwalten (beispielsweise Texte, Bilder und Videos).

2.2.2.5 Marktphase

Produkte verschwinden auch wieder vom Markt

Produkte unterliegen einem Lebenszyklus der meist Glockenkurvenförmig verläuft. Dabei werden häufig folgende Phasen unterschieden: Einführung, Expansion, Reife, Sättigung und

---

4. Anteile am Fernsehsender n-tv wurden im August 2002 von der RTL-Gruppe übernommen, während Holtzbrinck davor vom auch zum Bertelsmann gehörenden Verlag Gruner + Jahr Tageszeitungen übernahm.

Schrupfung. Im Marketing geht man davon aus, dass Produkte auch wieder verschwinden können [vgl. Becker 1998, S. 894 ff.]., was bedeutet, dass trotz weiterem Fortbestand einer Mediengattung einzelne Produkte vom Markt genommen werden. Wolfgang Riepl hat bereits 1913, als die Zeitung in Konkurrenz zum Buch trat, festgestellt und prophezeigt, daß Medien einander nicht substituieren, sondern ergänzen. Diese Diagnose findet man noch heute als Rieplsches Gesetz in der Medien- und Kommunikationswissenschaft. Der Kommunikationswissenschaftler Klaus Merten [1977] schloß sich der These an und erweiterte sie ein wenig. Ältere Medien verschwinden nicht, sie dienen (vereinfacht gesagt) zur Überprüfung (bzw. Kontrolle) der jeweils jüngeren Medien und Kommunikationsformen.

Diese medien- und kommunikationswissenschaftlichen Thesen sind jedoch keine Unbedenklichkeitsbescheinigung für das unternehmerische Handeln. Sie besagen zwar, dass Medien nicht vollständig verschwinden, es also auch weiterhin ein Medium das Zeitung heißt, geben wird. Allerdings können diese – vornehmlich älteren Medien – der Stagnation und sogar einem absoluten Rückgang ihrer Verbreitung unterworfen sein. Dabei ist die Position im Lebenszyklus einer Mediengattung (also z.B. »Zeitung«) und einem einzelnen Produkt aus dieser Gattung (also z.B. den »Weinheimer Nachrichten« oder der »Rheinischen Post«) zu unterscheiden, wobei diese Gattung mitunter noch zu unterteilen ist. In den Beispielen wurde die Lokalzeitung »Weinheimer Nachrichten« und die Regionalzeitung »Rheinische Post« genannt. Beide Häuser haben aufgrund ihrer unterschiedlichen Unternehmensgröße verschiedene Möglichkeiten zur Reaktion auf ihre Position bezüglich der Marktphase. Deshalb ist es unter-

Verschiedene Handlungsoptionen

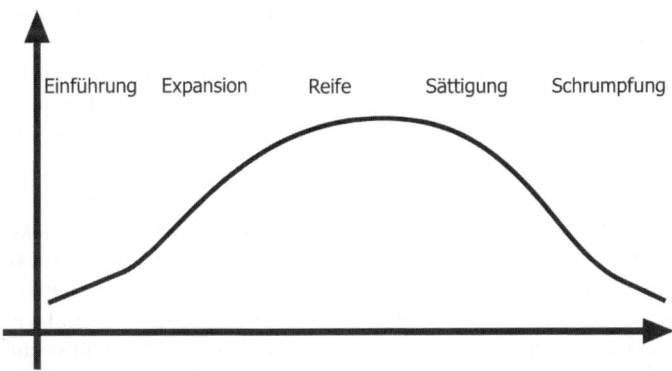

Einführung   Expansion   Reife   Sättigung   Schrumpfung

Abbildung 2: Marktphasen & Lebenszyklus

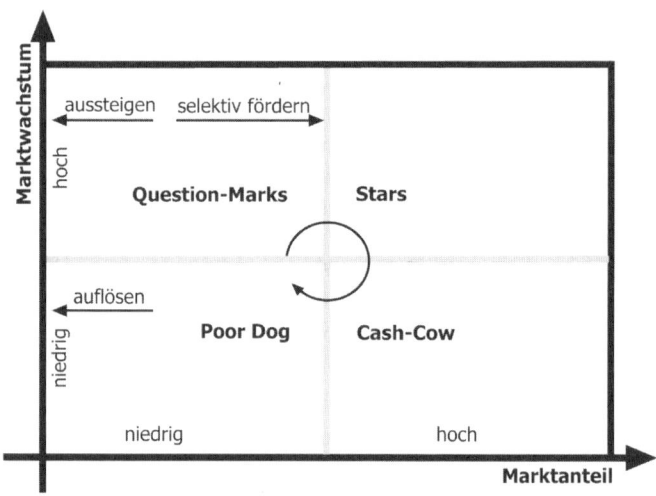

Abbildung 3: BCG-Matrix

nehmerische Aufgabe, für die positive Entwicklung des eigenen Mediums zu sorgen.

Der Relaunch   Die primäre Reaktion in den Printmedien ist der Relaunch des Mediums. Vor allem auf dem Zeitschriftenmarkt sind Titel erheblich stärker Marktzyklen unterworfen (besonders Produktkomplementärmedien, wie Zeitschriften zu Spielekonsolen oder Programmiersprachen). Hier kann der Verleger durch die geschickte Anlage des verlegten Zeitschriftenspektrums gegensteuern. Er muss also Zeitschriften in verschiedenen Lebenszyklusphasen im Programm haben und somit ein ausgewogenes Portfoliomanagement betreiben. Beim Fernsehen bezieht sich das Phänomen des Markt- oder Lebenszykluses vor allem auf sequenzielle Programmformen, sowohl im fiktionalen als auch im nonfiktionalen Bereich. So gibt es immer wieder Programmgenres, die neu sind und Zuschauer zum einschalten motivieren. Allerdings kann das Interesse an solchen neuen Programmformen auch schnell wieder nachlassen, wie der sehr kurze Marktzyklus der Reality-Formate (wie »Big Brother«) zeigt.

Die Boston Consulting Group veranschaulichte daneben die Position von Gütern in einer »Vier-Felder-Matrix« – der sogenannten BCG-Matrix –, einem Marktanteils-Marktwachstums-Portfolio. In der Regel finden sich Neuprodukte im oberen linken Quadranten. Es sind die »Question-Marks«, Fragezeichen. Es ist die Phase großen Marktwachstums. Das Unternehmen muss entscheiden, ob es in der Lage ist, einen hohen Marktanteil zu erreichen. Wenn dies nicht möglich ist, sollten Produkte in der Regel eliminiert werden, das Unternehmen sollte aus diesem Markt aussteigen. Das Beispiel wäre hier ein Fernsehsender, der eine Reality-Sendung auflegt, aber keinen großen Marktanteil erreicht (z.B. SAT1 mit »Girlscamp«). Anfangs war beispielsweise »Wer wird Millionär?« ein typischer »Star«. Das Marktwachstum war gewaltig, und die Sendung mit Günter Jauch hatte einen enorm hohen Marktanteil. Im Herbst 2002 gab es kein Marktwachstum im Genre der Wissensshows mehr. Die Sendung ist folglich in das Segment der »Cash-Cow« gewandert. Der Sender kann ernten. Geht der Markt insgesamt zurück, so muss sich das Unternehmen entscheiden, ob durch einen Relaunch der Lebenszyklus verlängert werden kann oder ob keine Gewinne mehr zu erwarten sind. Ist dies der Fall, so befindet sich das Format im linken unteren Quadranten. Es ist ein armer Hund, dem die Elimination droht.

Um einen Überblick seiner aktuellen Produkte zu erhalten trägt das Unternehmen diese in der Matrix ab. Wichtig für den langfristigen Erfolg ist es genügend Nachschub im Bereich der Fragezeichen zu haben und genügend Objekte, die Gewinne abwerfen.

2.3 Medien als »Güter«

2.3.1 Güter und Güterformen

Güter sind Bündel nutzbringender Eigenschaften in Form eines dinglichen oder organisatorischen Ganzen. Diese Definition hat deshalb einen hohen Abstraktionsgrad, weil – wie in diesem Kapitel noch gezeigt wird – Güter unterschiedlichste Formen haben. Medien wird dabei in der Literatur zur Medienökonomie der Gütercharakter zugestanden [z.B. Kiefer 2001, S. 142 f.]. Im Folgenden werden die allgemeinen Dimensionen der Beurteilung von Gütern überprüft:

- Materialität
- Marktfähigkeit
- Verbundenheit
- Nutzungsbewertung [Kiefer 2001, S. 140]

2.3.2 Materialität

Güter können materiell sein, wie Autos oder Lebensmittel, sie können aber auch immateriell sein, wie die Führung eines Girokontos oder eine Versicherung. Es gibt auch noch verschiedene Abstufungen zwischen materiellen und immateriellen Gütern – Mischformen wie das Essen in einem schönen Restaurant. Dabei gibt es zwar auch ein materielles Gut, nämlich das Essen. Der Besucher des Restaurants kauft jedoch nicht nur das Essen. Daneben bekommt er noch Bedienung und die Atmosphäre des Restaurants für die Rechnung, die er bezahlen muss. Neben diesen Unterscheidungen wird häufig auch noch in Gebrauchsgüter (das Auto) und Verbrauchgüter (die Lebensmittel) eingeteilt.

Anders als Weigand [1988] siedelt Kiefer [2001] Mediengüter allerdings nicht alleine im Bereich der Dienstleistungen an. Neben den »vollständigen Dienstleistungen« Theater- und Konzertaufführungen wird bei den vielen anderen Medienprodukten Materie mitgekauft und sie stellt zumindest einen Teil des nutzenbringenden Ganzen dar. Bei der Zeitung ist es das Papier, das neben dem Dientleistungsnutzen der Information oder Unterhaltung noch weitere nicht-mediale Eigenschaften (z.B. Einwickeln

Materialität bedingt Transport

von Gemüse) hat. Allerdings gibt es bei zwei Klassen von Medienprodukten eine Besonderheit, die sich ausgesprochen stark auf das wirtschaftliche agieren von Medienunternehmen auswirkt. Beim Rundfunk – wir trennen den Rundfunk in die Medien Hörfunk und Fernsehen – liegt Immaterialität vor, wenngleich der Nutzer ein gewisses Maß an Materialität durch die Aufzeichnung der ansonsten flüchtigen Signale herstellen kann. Gleichzeitig liegt Nicht-Rivalität im Konsum vor. Ein Fernsehprogramm das über Satellit ausgestrahlt wird, kann von quasi beliebig vielen Menschen im Abstrahlradius des Satelliten angeschaut werden, ohne dass die Nutzung der andern Menschen beeinträchtigt wird. Bei Printmedien – also Büchern, Zeitungen, Zeitschriften etc. – liegt ein gewisses Mass an Rivalität vor. Ein Exemplar kann nur von einem kleinen Kreis von Menschen, normalerweise immer nur von einem, gleichzeitig genutzt werden. Der nächste Nutzer muss warten. Die Form der Rivalität ähnelt also der von Gebrauchgütern, wie einer Waschmaschine und nicht den Verbrauchgütern wie einem Brot. Diese Form der Rivalität im Konsum von aktuellen Printmedien wirkt sich auf deren Wert und die Zahl ihrer Käufer aus.

2.3.3 Marktfähigkeit

Einer muss dafür bezahlen – nicht zwingend der Mediennutzer

Implizit wurde noch ein weiteres Kriterium für Medien als Wirtschaftsgüter im Sinne der Medienbetriebslehre genannt: Der Preis. Für Güter muss gezahlt werden, sonst lassen sie sich kaum von Unternehmen produzieren und verbreiten. Anders als auf vielen anderen Märkten, ist es nicht zwingend der Konsument (Mediennutzer), der den Preis dafür bezahlen muss. Die Besonderheit von Medien als Güter ist, dass Werbekunden einen Preis dafür entrichten, so dass der Mediennutzer in vielen Fällen in den Genus eines Preises kommt, der unter den Produktionskosten des Gutes liegt oder sogar gleich Null ist, wenn er über ein entsprechendes Empfangsgerät verfügt.[5]

Die Unabhängigkeit von direkten Nutzungsentgelten und weitgehende Einnahmegenerierung durch Werbung befreit viele privatwirtschaftliche Medienunternehmen von einer Notwendigkeit, die Unternehmen beim Güterverkauf normalerweise haben: Sie müssen Menschen, die den Preis nicht entrichten möchten von der Nutzung des Gutes ausschließen können. Bei Hörfunk-

---

5. Letztlich muss der Mediennutzer indirekt für diese Reduktion des Preises bezahlen. Die Kommunikationsbudgets im Rahmen des Marketings werden natürlich bei der Preiskalkulation der beworbenen Produkte berücksichtigt.

und Fernsehprogrammen war dies zur Anfangszeit des privaten Rundfunks in Deutschland kaum möglich gewesen. Noch jetzt fällt es – nicht nur in Deutschland – Bezahlsendern schwer, die notwendigen Abonnentenzahlen (bzw. Pay-per-view-Kunden) für das Erreichen der Gewinnzone zu generieren.

Bei gedruckten Gütern können Einnahmen über den Einzelverkauf und durch Abonnenten erreicht werden. Was nach der Übergabe der Exemplare an den Käufer geschieht, wird zwar durch das Urheberschutzrecht geregelt, es ist jedoch nur begrenzt kontrollierbar. Ähnliche Probleme wie in der Musikindustrie mit CD-Kopien, die privat und kommerziell durchgeführt werden, hatten Fachbuchverleger mit der Einführung und Verbreitung von Fotokopierern. Diese werden schon seit 1965 mit einer Geräteabgabe für den Verkauf an die VG Wort belegt. Zusätzlich hierzu haben Großkopierer wie Schulen, Hochschulen, Bildungseinrichtungen, Forschungseinrichtungen, Bibliotheken oder Copyshops eine Abgabe pro angefertigter Kopie zu bezahlen. CD-Brenner werden entsprechend einer Einigung vom Juli 2002 mit einer Verkaufsabgabe von 7,50 Euro belegt. In diesen Fällen erfolgt die Internalisierung von Einnahmen über eine Verwertungsgesellschaft. Aber auch diese muss Möglichkeiten zur Kontrolle und damit zur Wahrnehmung der Rechte haben.

Einnahmen auf verschiedenen Wegen: Copypreis, Kopierabgabe, GEMA etc.

Ist diese Internalisierung auf keinem Weg möglich und werden Güter von der Gesellschaft dennoch zur allgemeinen Nutzung für sinnvoll erachtet, so werden diese normalerweise als öffentliche Güter angeboten. Beim Rundfunk kamen noch weitere Faktoren hinzu, die im Nachkriegsdeutschland zunächst eine öffentliche Organisation des Rundfunks nahe legten. Durch die Frequenzknappheit hätten nur wenige privatwirtschaftliche Sender existieren können und die Meinungsvielfalt im Rundfunk hätte nicht gesichert werden können. Das Gut Rundfunk war also aus verschiedenen Gesichtspunkten zunächst nicht marktfähig. Privatwirtschaftlichen Unternehmen wäre es nicht gelungen anstelle des Gebührenmodells Abonnements zu verkaufen, oder sich über Abgaben auf verkaufte Fernseher zu finanzieren. Im Falle des Abonnementmodells wären sie zweifellos Opfer des »Free Riding« geworden. Weil privatwirtschaftlich keine Kontrolle möglich gewesen wäre, wären die Sender Opfer des »Schwarzsehens« geworden.

Fernsehen: Probleme bei der Internalisierung

2.3.4 Verbundenheit

Es gibt Güter im Medienbereich, die gekauft und genutzt werden können, ohne dass noch eine weitere Technologie zum Tragen kommt. Das sind (noch) alle Güter aus dem Printbereich, wie

Zeitungen, Bücher, Anzeigenblätter. Andere Güter, wie Musik oder Fernsehen benötigen jedoch eine Empfangstechnologie, also ein Verbundgut. Nur damit kann das Gut Fernsehen oder das Gut Musik genutzt werden. In der Medienwissenschaft wurde eine analytische Einteilung der Medien von Pross [1972] vorgenommen. Er teilt in primäre, sekundäre und tertiäre Medien ein. Primäre Medien werden auch Mensch-Medien genannt, weil keine Technik eingesetzt wird. Dies ist beispielsweise bei der persönlichen Kommunikation der Fall. Bei sekundären Medien wird eine Produktionstechnologie eingesetzt, beispielsweise ein Kugelschreiber beim Schreiben von Briefen oder eine Druckmaschine zur Produktion von Zeitungen. Der Empfänger benötigt keine technische Ausrüstung, um die Kommunikate nutzen zu können.[6] Bei tertiären Medien wird sowohl für die Produktion der Kommunikate wie auch für den Empfang derselben eine technische Ausrüstung benötigt. Der Rundfunk oder das Telefon sind Beispiele. In diesem Sinne ist der Computer ein tertiäres Medium. Die Medien des Internet sollten also auch in diese Klasse gehören. Natürlich könnte man auf die Idee kommen, dem Computer und dem Internet eine neue Klasse zu widmen, die man quartiäre Medien nennen könnte, weil der Empfänger in den Inhalt eingreifen kann: interaktive Medien.

Die Analyse der Verbundenheit von Mediengütern, bzw. Medienprodukten, erlaubt es, Diffusionsprozesse zu analysieren. Ein Beispiel: Wenn Unternehmen gleichzeitig DVD-Spieler und Inhalte verkaufen, mag es durchaus sinnvoll sein, Player relativ preiswert am Markt zu platzieren, um anschließend mit dem Verkauf der Inhalte zu verdienen.

2.3.5 Nutzungsbewertung

Wann kaufen Menschen ein Gut? Im allgemeinen wird davon ausgegangen – besonders bei der Vorstellung eines »homo ökonomicus« –, dass Menschen nur dann ein Gut kaufen, wenn der durch den Kauf erhaltene Nutzen größer ist als der Nutzenentgang durch die Weggabe von Geld. Nun gibt es hinsichtlich der Nutzungsbewertung Güter verschiedenen Charakters. Es gibt solche, bei denen der Konsument ex ante – also im vorhinein – den Nutzen eines Gutes beurteilen kann. Beim Kauf einer CD ist dies beispielsweise der Fall. Der Konsument kann sich das Gut

---

6. Es wird weitgehend eine Einseitigkeit des Kommunikationsprozesses unterstellt. Will ein Briefempfänger per Brief antworten, so benötigt er ebenfalls eine technische Ausstattung – wenigstens eine Bleistift oder einen Kugelschreiber.

vollständig inspizieren und damit den vermutlichen Gesamtnutzen antizipieren. Das Produkt CD wird dadurch nicht verbraucht oder beschädigt. Andere Güter werden dagegen aufgrund von Erfahrung konsumiert. Bei einer Tageszeitung kennt der Leser ex ante zwar nicht den Inhalt. Es ist ihm jedoch bekannt, wie die Zeitung berichtet und in welcher Qualität sie es tut, wenn der Leser sie bereits mehrfach gekauft und gelesen hat. Zudem gibt es Fälle, in denen der Konsum des Produkts keine (oder kaum) direkte Kosten verursacht, wie beim anschauen einer Fernsehsendung. Wenn es sich nicht um ein seriales Produkt handelt, muss der Nutzen aufgrund von Vorabinformationen, beispielsweise aus der Programmpresse, abgeschätzt werden. Allerdings ist die Gefahr eines negativen Nettonutzens recht gering, da wie gesagt keine direkten Kosten anfallen.

2.4 Rechtliche Besonderheiten

Bereits in den vorausgehenden Abschnitten wurde deutlich, dass der Staat als ökonomischer Akteur, sowie die Rechtsordnung als wichtiger Umweltfaktor die Entwicklung von Märkten beeinflussen, im Extremfall sogar dominieren können. Wir wollen daher – bevor wir die betriebswirtschaftlichen Besonderheiten und Marktgegebenheiten der einzelnen Medienformen im Detail diskutieren – auf einige wichtige Grundzüge der politisch-rechtlichen Rahmenbedingungen eingehen, damit für diejenigen, denen die Sonderrolle der Medien in diesem Umfeld nicht bereits bekannt ist, deutlich wird, welche Erwartungen von Seiten der Gesellschaft an die Medienbranche herangetragen werden. Gerade in der jüngsten Zeit, in der in der betriebswirtschaftlichen Forschung und Praxis immer stärker Wert gelegt wird auf die Integration aller am Unternehmen interessierten, d.h. die Berücksichtigung der Stakeholder gegenüber reinem Shareholder-Denken an Bedeutung gewinnt, sind diese Kenntnisse für das Management im Medienbereich unerlässlich. Damit wird auch deutlich, dass wir lediglich eine Reihe von Besonderheiten auswählen und keinesfalls eine komplette Abdeckung des Themenbereichs Medienrecht anstreben.

Sonderrolle der Medienbranche erfordert eigene rechtliche und politische Rahmenbedingungen

2.4.1 Kommunikationsfreiheit

Unter Medien im rechtlichen Sinne versteht man Institutionen, die Inhalte an eine Vielzahl von Personen distribuieren.[7] Der Bereich Medienrecht ist jedoch kein in sich abgeschlossenes Rechtsgebiet, sondern berührt eine Reihe von Rechtsgebieten und Gesetzen. Um die rechtlichen Regelungen nachvollziehen zu können, muss man sich zunächst die Bedeutung der Medien vergegenwärtigen.

Kommunikationsfreiheit als Grundrecht

---

7. Vielfach ist auch der Begriff Massenmedien gebräuchlich, der im Lichte der Individualisierung der Kommunikate in Online-Medien zunehmend problematisch erscheint.

In unserer Betrachtungsweise sind Medien zunächst einmal eine Wirtschaftsbranche (Medienbetriebslehre als spezielle, branchenspezifische BWL s.o.) und Medien damit ein Wirtschaftsfaktor. Die Zunahme der Mediengattungen und Angebote innerhalb der Gattungen – unabhängig ob es sich um Print- oder elektronische Medien handelt – hat dazu geführt, dass Medien mittlerweile auch als Wirtschaftsfaktor ein erhebliches Gewicht besitzen. Wie wir in Kapitel 5 und 6 zeigen, führt die Entwicklung der neuen interaktiven Digitalmedien dazu, dass wir für die Branche insgesamt einen weiteren Bedeutungszuwachs verzeichnen können, der sich beispielsweise auch in der Zahl der unmittelbar oder mittelbar (z.B. als Zulieferer) in der Medienbranche Beschäftigten ausdrückt. Gleichzeitig führt das steigende Engagement und die Zunahme der Angebotsvielfalt in den einzelnen Medienmärkten und Teilmärkten dazu, dass aufgrund der intensiven Wettbewerbsbeziehung die Markt- und Wettbewerbsordnung hier eine entscheidende Bedeutung besitzt. Da sich die meisten Medien zu einem großen Teil (oder gar ausschließlich) durch Werbung finanzieren, kommt der Behandlung des Werberechts als einer der Hauptrahmenfaktoren für den Hauptabsatzmarkt der Medien eine entscheidende Bedeutung zu, da das Werberecht gewissermaßen die Finanzgrundlage der Medien regelt, ohne dass dies in der Diskussion um Gesetzgebungsvorhaben allen Beteiligten so bewusst ist.

Rolle der Medien innerhalb der Gesellschaft und der politischen Willensbildung

Die wichtigste Funktion der Medien in der Gesellschaft ist jedoch nicht die in unserer Abhandlung dominierende wirtschaftliche Funktion, sondern die Rolle in der politischen Willensbildung, indem die Freiheit der Medien ein pluralistisches Meinungsbild ermöglichen soll, das wiederum das Fundament für den politischen Diskurs bildet. Häufig wird in der politischen Literatur den Medien hier aufgrund der Kontroll- und Transparenzfunktion gegenüber den drei klassischen Staatsgewalten Legislative (Parlament / Gesetzgebung), Judikative (Gerichtsbarkeit) und Exekutive (Regierung / Verwaltung) die Rolle einer vierten Gewalt zugesprochen. Neben der politisch bedeutsamen Rolle der Medien, spielt für die rechtliche Behandlung der Medien auch deren Eigenschaft als Kulturträger bei der Verbreitung von kulturellen Informationen eine Rolle, wie auch die Bildungsfunktion, d.h. die Verbreitung bildender Informationen von der Erwachsenenbildung bis hin zu Themen, die speziell für Kinder und Jugendliche aufbereitet wurden. Wirtschaftlich sicherlich bedeutsamer – aber aus Sicht der Politik und Gesetzgebung sicherlich weniger schutzbedürftig – ist die Unterhaltungsfunktion der Medien. Es gibt im Gegenteil immer wieder Stimmen, die die Dominanz der Unterhaltungsfunktion in der privatwirtschaftlichen

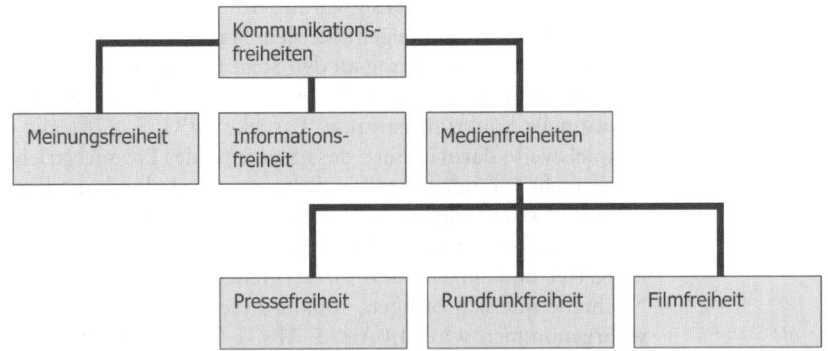

Abbildung 1: Teilaspekte der Kommunikationsfreiheit [Fechner 2001, S. 16]

Medienordnung beklagen und eine politisch gewollte beruhigende und verdummende Wirkung der Massenmedien unterstellen. Hier zeigt sich, dass die zuvor genannten Güter der politischen Information und Transparenz, die Kultur- und Bildungsfunktion als meritorische Güter begünstigt und gefördert werden, während das Gut der Unterhaltung aufgrund seiner Attraktivität im Markt ausreichend Absatzmöglichkeiten findet und von manchen bereits als ameritorisches Gut empfunden wird.[8] Alle bisher genannten Funktionen lassen sich auch in der Informationsfunktion der Medien zusammenfassen. Die Information kann in sensiblen Bereichen das Handeln der Menschen in der Gesellschaft positiv oder negativ beeinflussen, so dass aus Sicht der Gesetzgebung hier wiederum die besondere Verantwortung der Medienschaffenden geregelt werden muss.

2.4.2 Ökonomischen Auswirkungen auf die Kommunikationsfreiheit

Ausgehend von der oben dargestellten Sonderrolle der Medien hat sich in der deutschen Verfassungsgeschichte das Grundrecht auf Kommunikationsfreiheit etabliert, das in Art. 5 Abs. 1 GG geregelt ist und die Meinungs- und Informationsfreiheit sowie die Freiheit der Massenmedien Presse, Rundfunk, Film (Medienfreiheit) regelt.

Grundrecht der Meinungs- und Informationsfreiheit schließt Funktionsgarantie mit ein

---

8. Meritorische Güter, sind solche, bei denen private Nachfrage und / oder Angebot aber hinter dem sozial gewünschten Umfang zurückbleiben.

Dieses verfassungsmäßig garantierte Grundrecht stellt einerseits ein Abwehrrecht gegenüber dem Staat dar und ist gleichzeitig jedoch auch ein Auftrag an den Staat für eine funktionierende Medienordnung zu sorgen, dieser Auftrag ist die sogenannte institutionelle Funktionsgarantie [Paschke 1993, S. 87f.], die sich beispielsweise darin äußert, dass Elemente des Pressevertriebssystems nicht verändert werden dürfen, wenn dadurch die Funktion eines frei zugänglichen Pressevertriebs beeinträchtigt werden könnte [Kübler 1992, S. 49]. Das Recht aller Bürger ihre Meinung frei und ungehindert zu verbreiten, kann natürlich auch Nachteile mit sich bringen, sobald dieses Recht missbräuchlich wahrgenommen wird. In Art. 5 Abs. 2 GG ist daher festgelegt, dass dieses Grundrecht beim Verletzen wichtiger konkurrierender Rechtsgüter Einschränkungen erfährt (»Diese Rechte finden ihre Schranken in den Vorschriften der allgemeinen Gesetze, den gesetzlichen Bestimmungen zum Schutz der Jugend und in dem Recht der persönlichen Ehre.«).

Rechtsschranken:
Persönlichkeitsrechte,
Jugendschutz

Damit ist bereits vorgezeichnet, dass zum Beispiel die Persönlichkeitsrechte oder der Jugendschutz nicht in jedem Fall hinter dem Recht der Kommunikationsfreiheit zurückstehen müssen. Das Grundrecht prägt jedoch auch wesentliche Teile des Rechtsrahmens unserer Medienlandschaft. So ist beispielsweise im Bereich des Pressevertriebs das Bestreben bei der Ausgestaltung des Pressevertriebssystems über Groß- (Presse-Grosso) und Einzelhandel (Kioske und andere Einzelverkaufsstellen) vorhanden allen Presseprodukten den Zugang zum Leser zu ermöglichen. Dies hat dazu geführt, dass eine Reihe von Sonderrechten im deutschen Pressevertriebssystem etabliert wurden, die ein gutes Beispiel für betriebswirtschaftlich interessante Sonderrahmenbedingungen im Mediensektor darstellen.

- *Dispositionsrecht:* Üblicherweise steht es dem Handel zu, Ware in dem Umfang und der Qualität zu ordern, wie es gemäß der eigenen Einschätzung wirtschaftlich vorteilhaft ist. Da Presserzeugnisse ungehinderten Zugang zum Leser haben sollen, steht beim Pressevertrieb dieses Recht grundsätzlich dem Verlag zu, der dem Grossisten das abgeleitete Dispositionsrecht gegenüber den Einzelverkaufsstellen überlässt.

- *Remissionsrecht:* Da das Dispositionsrecht der Verlage den Handel in eine unvorteilhafte Position bringen würde, wenn Teile der Ware unverkäuflich ist (was bei Presseprodukten immer in einem gewissen Anteil der Fall ist), haben die Händler das Recht die Ware zurückzusenden (remittieren).

- *Gebietsmonopol des Großhandels:* Um eine klare Zuordnung der Remission zu ermöglichen und eine ausreichende Stabilität des Vertriebssystems zu erreichen, besitzen die deutschen Presse-Großhändler in der Regel Gebietsmonopole mit klarer Zuordnung der zu beliefernden Einzelverkaufsstellen.

- *Erstverkaufstag:* Die Verlage als Hersteller geben vor, an welchem Tag das Produkt (z.B. die Zeitschrift) zum ersten Mal den Kunden angeboten werden darf, um einen Wettbewerb zwischen den Handelsorganisationen auf Basis unterschiedlicher Erstverkaufstermine zu vermeiden. Damit soll die Bestrebung zum Erhalt eines möglichst breiten Verkaufsnetzes unterstützt werden. Die Tatsache, dass Presseprodukte jederzeit und überall erhältlich sein sollen, um der wichtigen gesellschaftlichen Funktion der Presse gerecht zu werden, führt dazu, dass kein intensiver Wettbewerb zwischen den Vertriebskanälen und Verkaufsschienen gewünscht ist.

- *Vertriebs- und Verwendungsbindung:* Damit die Presseprodukte nicht aufgrund unterschiedlicher Konditionen zwischen den einzelnen Handelsstufen verschoben werden und für den Verlag keine Transparenz über Erfolg und Misserfolg einzelner Vertriebskanäle besteht, wird dem Händler vorgegeben, die Presseprodukte nur zu dem vorgegebenen Zweck (Weitergabe an Einzelhändler o.ä.) zu verwenden.

- *Handelsspanne:* In diesem Zusammenhang kommt auch der gemeinsam zwischen Verlag und Handel vereinbarten Handelsspanne auf Basis der Preisbindung der zweiten Hand eine besondere Bedeutung zu.

- *Neutralität:* Zu guter letzt ist es angesichts der hohen Anforderungen an ein funktionsfähiges Medienwesen einsichtig, dass sich der Handel neutral gegenüber den Verlagen verhalten soll, d.h. keine Bevorzugung der einzelnen Medienproduzenten stattfinden soll.

Ein weiteres Beispiel, bei dem versucht wird, den Anspruch der Kommunikationsfreiheit auf der Ebene von medienrechtlichen Einzelregelungen umzusetzen, ist das duale System von öffentlich-rechtlichem und privatem Rundfunk. Ursprünglich galt es im Rahmen der beschränkten technischen Kapazitäten ein Hörfunk- und TV-System zu etablieren, dass aus der Erfahrung mit staatlich kontrollierten Medien während der Nazizeit heraus einerseits staatsfern war, d.h. nicht Propagandaorgan der Regierung sein konnte, gleichzeitig jedoch alle Strömungen innerhalb der Gesellschaft ausreichend repräsentiert. Dieser öffentlich-

Dualer Rundfunk im Kontext der Kommunikationsfreiheit

rechtliche Rundfunk unterliegt einer eigenen Regulierung durch die entsprechenden Gremien, in die alle gesellschaftlich relevanten Gruppen eingebunden werden. Um eine Zentralisierung in diesem Bereich zu erschweren, liegen Medien- und Kulturangelegenheiten grundsätzlich in der Hoheit der Bundesländer, so dass für Grundsatzentscheidungen wie z.b. die Weiterentwicklung des öffentlich-rechtlichen Systems zum dualen Rundfunk mit privaten Anbietern nur auf einer breiten Konsensebene mit Hilfe von Rundfunkstaatsverträgen möglich sind. Während die öffentlich-rechtlichen Anstalten im Rahmen des gebührenfinanzierten Fernsehens ihrem Programmauftrag nachkommen und eine binnenpluralistische Struktur und Ausgewogenheit repräsentieren müssen, wird von den privaten Anbietern lediglich in der Summe eine Ausgewogenheit erwartet (Außenpluralismus), die über die staatliche Lizenzvergabe und Aufsicht gewährleistet werden soll. Grundsätzlich handelt es sich ökonomisch betrachtet beim Lizenzsystem des Rundfunks um die Bewirtschaftung der knappen Ressource Frequenz. Waren bedingt durch die Technologie früher drei Sender (ARD, ZDF, ARD-Landesrundfunkanstalten) das Maximum, das im Rahmen des Frequenzspektrums organisierbar war, so ist mittlerweile durch Kabel- und Satellitenfernsehen sowie die Digitalisierung eine Vielzahl von Sendern möglich, die in wenigen Jahren nach Umstellung auf vollständig digitalisierten Rundfunk keinerlei Begrenzung mehr darstellt. Das heißt ökonomisch betrachtet wird die Finanzierbarkeit im Rahmen der sinkenden Marktanteile der TV-Sender in Zukunft die wirtschaftliche Obergrenze für die Sendervielfalt in Deutschland darstellen. D.h. die Bewirtschaftung der knappen Ressource Frequenz wird ihre Berechtigung verlieren und der intermediale Wettbewerb statt dessen die Marktstruktur prägen. Eine Besonderheit, die in diesem Zusammenhang noch erwähnt werden muss, ist die Beschränkung der Werbemöglichkeit im TV, die bei den öffentlich-rechtlichen Rundfunkanstalten engere Grenzen vorsieht als bei den privaten Sendern. Beide Beschränkungen führen jedoch zu einer künstlichen Verknappung des Gutes qualitativ hochwertige TV-Zielgruppe, was aus ökonomischer Sicht zu einer künstlichen Stabilisierung der Spot-Preise während der Prime-Time führt, insgesamt die Rentabilität der TV-Sender jedoch erschwert.

Sonderrolle der Medien im Kartellrecht   Der Wettbewerb wird sonst durch die Rechtsordnung in allen Wirtschaftsbranchen von staatlicher Stelle geschützt und so hat beispielsweise die Untersagung des Verkauf des TV-Kabelnetzes der Telekom an den amerikanischen Konzern Liberty Media die Bedeutung des Kartellrechts für den Medienmarkt im Jahr 2002 erneut demonstriert. Im Rahmen der Kartellgesetzgebung gelten im Gesetz gegen Wettbewerbsbeschränkungen (GWB) einige Besonderheiten für Medienunternehmen. So dürfen zum Schutz des Kulturgutes Buch und Presse nach § 16 Verlagserzeugnisse preisgebunden verkauft werden, solange es sich um ein lückenloses System der Preisbindung handelt. In § 35 wird dagegen der Wettbewerb im Medienmarkt an strengere Kriterien gebunden als bei normalen Unternehmen, so dass bereits bei kleineren Firmenzusammenschlüssen im Medienmarkt eine Benachrichtigung (Anzeigepflicht) beim Kartellamt bzw. eine Genehmigung durch das Kartellamt (Genehmigungspflicht) erforderlich ist.

Weitere ökonomisch interessante Besonderheiten im Medienmarkt sind der freie Zugang zum Beruf des Medienschaffenden. Während bei den sogenannten »freien Berufen« (Anwälte, Ärzte, Architekten etc.) staatliche Reglements vorhanden sind, d.h. ohne staatliche Prüfung und Zulassung keine Berufsausübung möglich ist, ist der Beruf des Journalisten oder des Medienunternehmers an keine formalen Voraussetzungen geknüpft. Zwar haben sich in der Wirtschaftspraxis im Bereich des Journalismus klare Laufbahnwege, die klassischerweise zu diesem Berufsziel führen, etabliert, dies ist jedoch keine rechtliche Vorgabe. Auch hier zeigt sich die Erfahrung, die man in Deutschland mit der staatlichen Zulassung von Journalisten während des Nationalsozialismus machte, die dazu geführt hat, dass man hier den freien Zugang zur Berufsausübung bevorzugt, da das Berufsverbot als Ausschluss aus der Reichspressekammer eines der einfachsten Druckmittel war, um die Gleichschaltung der Medienlandschaft zu forcieren.

Freier Zugang zu Medienberufen

Der Wunsch nach Staatsferne bei der Ausgestaltung der Medienpraxis ist auch der Hintergrund für die zahlreichen Institutionen der Selbstkontrolle, die die deutsche Medienlandschaft prägen. Selbstkontrolle bedeutet den Zusammenschluss aller Marktpartner, um Fehlentwicklungen zu beobachten, zu rügen und zu ahnden und damit staatlichen Eingriffen zur Vermeidung von Fehlentwicklungen vorzubeugen. Eine der bekanntesten Institutionen dieser Art ist der Deutsche Presserat, der von den Verlegerverbänden und Journalistengewerkschaften gemeinsam getragen wird und darauf achtet, dass sich die deutschen Presseverlage an das Gebot der journalistischen Sorgfalt halten. Auf ähnlicher Basis arbeiten der Deutsche Werberat, mit Zuständigkeit für die Werbung in Deutschland, die Freiwillige Selbstkontrolle Multimedia (FSM) zur Kontrolle der Internet-Dienste, die Freiwillige Selbstkontrolle Filmwirtschaft (FSK) der Spielfilmproduzenten oder die Freiwillige Selbstkontrolle Fernsehen (FSF) der TV-Veranstalter.

Selbstkontrolle zur Sicherung der Staatsferne

Tendenzschutz für
publizistische
Grundausrichtung   Die besondere Verantwortung der Medienunternehmen für die von ihnen verbreiteten Inhalte spiegelt sich auch in der Sonderregelung des Tendenzschutzes wieder, die in § 118, Abs. 1, Ziff. 2 BetrVG vorsieht, dass in Presseverlagen, d.h. Unternehmen, die überwiegend den Zwecken der Berichterstattung oder Meinungsäußerung im Sinne der Presse- und Meinungsfreiheit dienen, der Verleger die Tendenz des Unternehmens, d.h. die politische und publizistische Grundausrichtung des Unternehmens bestimmen kann und bei einigen unternehmenspolitischen Fragen nicht auf die Einbeziehung des Betriebsrates angewiesen ist. D.h. im Gegensatz zu medienfernen Unternehmen werden hier die Mitbestimmungsrechte der Mitarbeiter beschränkt, um dem für die Grundausrichtung des Unternehmens verantwortlichen Verleger / Herausgeber den Spielraum zur Festlegung dieser »Tendenz« zu geben.

2.4.3 Urheberrecht

Urheberrecht als Teil
des gewerblichen
Rechtsschutzes   Für die betriebswirtschaftliche Beurteilung des Medienwesens ist die Veräußerbarkeit der erbrachten Leistung eine der zentralen Voraussetzungen, um überhaupt wirtschaftlich tätig werden zu können. Die Grundfunktion für den Wirtschaftssektor Medien, die die Urheberrechte besitzen, wird bereits durch die Einordnung des Rechtsbereichs in den Themenbereich des gewerblichen Rechtsschutzes deutlich. So wie Patentrechte, Markenschutzrechte, Geschmacksmuster üblicherweise dafür sorgen, dass die Entwicklungskosten, die ein Unternehmen in die Nutzbarmachung neuer Forschungsergebnisse (Patente) oder in den Aufbau von Marken oder die Entwicklung und Etablierung typischer Produktmerkmale investiert haben, auch allein dem innovativen Unternehmen über die Vermarktung seiner Ergebnisse zu fallen, so hat das Medienunternehmen ein Interesse daran, dass die geleistete Recherchearbeit oder redaktionelle und künstlerische Arbeit ihm zu Gute kommt. Diese Funktion übernimmt das Urheberrecht, das im deutschen Urheberrecht im Gegensatz zum amerikanischen Copyright jedoch nicht ein formelles Recht darstellt und damit wie die zuvor geschilderten gewerblichen Schutzrechte erst dann entsteht, wenn eine formelle Anmeldung (z.B. Patentanmeldung) erfolgt ist, sondern bereits allein durch das Werk an sich, das heißt die »persönlich geistige Schöpfung« entsteht und zunächst dem Urheber selbst zusteht.

Der Urheber wiederum hat die Möglichkeit mit Hilfe entsprechender vertraglicher Vereinbarungen seine Verwertungsrechte als ausschließliche oder einfache Nutzungsrechte unbeschränkt oder inhaltlich, zeitlich oder räumlich beschränkt an einen Nut-

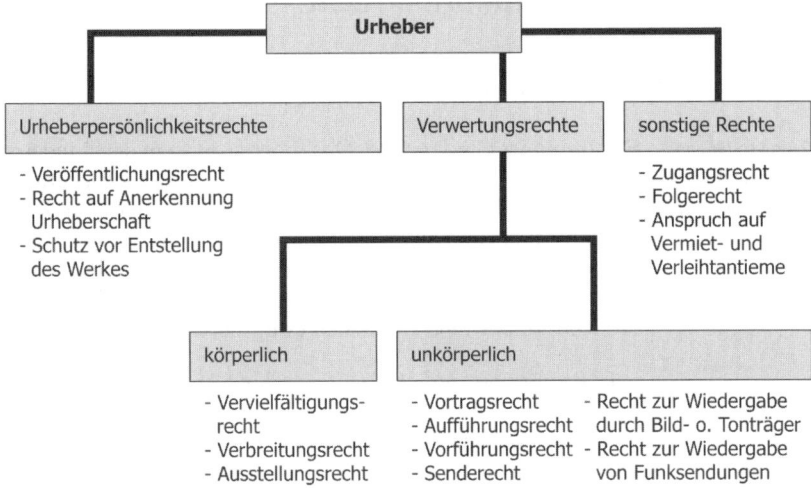

Abbildung 2: Inhalt des Urheberrechts im Überblick [Breyer-Mayländer et al. 2001, S. 80]

zer (Medienunternehmen oder Verwertungsgesellschaft) zu übertragen. Diese Verfügbarkeit über Nutzungsrechte bildet wiederum das Kernelement des Lizenzgeschäfts, dass die Medienwirtschaft prägt. Daher sind Beschränkungen des Urheberrechts auf
rechtlicher Ebene von den Medienunternehmen ebenso gefürch-
tet, wie die faktische Missachtung der Urheberrechte durch
Raubkopien. Hier hat die digitale Datenbasis die bei allen Mediengattungen mittlerweile die Grundlage bildet, dazu geführt,
dass mit Hilfe des Internet eine einfache Umgehung und Missachtung von Urheberrechten möglich wird. Diese Missachtung der
Urheberrechte kann aufgrund der dezentralen Vertriebsstrukturen z.B. bei Peer-to-Peer-Tauschbörsen im Musikmarkt dazu führen, dass mittel- bzw. langfristig die Funktionsweise kompletter
Märkte gefährdet ist. Hier sind neben technologischen Ansätzen
zur Urheberrechtssicherung in digitalen Netzen und internationalen Vereinbarungen sicherlich auch betriebswirtschaftlich
neue Ansätze gefragt, um der rechtlichen Unsicherheit als neue
Marktbedingung in der Wirtschaftsweise gerecht zu werden. Abbildung 2 gibt einen Überblick über den Regelungskomplex des
Urheberrechts.

2.4.4 Rundfunkrecht

2.4.4.1 Rundfunkurteile

Rundfunk ist Ländersache. Das föderale System der Bundesrepublik Deutschland war für die Entstehung dieser konzeption von Rundfunkordnung verantwortlich. Zunächst gab es Landesrundfunkanstalten und dann wurde die ARD (Arbeitsgemeinschaft der Rundfunkanstalten Deutschlands) gegründet. Leitlinien für die (rechtliche) Entwicklung des Rundfunks gaben die sogenannten Rundfunkurteile von denen es mittlerweile zehn gibt:

1. *Rundfunkurteil 1961*: Gründung und Existenz der Deutschland-Fernsehen-GmbH verstoßen gegen Art. 5 Grundgesetz – aber »duale« Rundfunkordnung (öffentlich-rechtlich und privat) ist grundsätzlich zulässig.[9]

2. *Rundfunkurteil 1971*: Die Rundfunkgebühren unterliegen nicht der Umsatzsteuer.

3. *Rundfunkurteil 1981*: Privater Rundfunk ist zulässig, notwendig ist eine besonder Gesetzesgrundlage.

4. *Rundfunkurteil 1986*: Grundversorgung wird durch die öffentlich-rechtlichen Sender gewährleistet. Deshalb gelten für private Veranstalter geringere Anforderungen.

5. *Rundfunkurteil 1987*: Der öffentlich-rechtliche Rundfunk hat nicht nur eine Bestands- sondern auch eine Entwicklungsgarantie.[10]

6. *Rundfunkurteil 1991*: Zwei-Säulen-Modell ist verfassungsgemäß; zulässig ist auch die Kooperation des WDR mit Privatsendern; Bestätigung, dass Rundfunkräte nicht die Interessen des entsendenden Verbands vertreten, Vertiefung der dienenden Funktion der Rundfunkfreiheit.

7. *Rundfunkurteil 1992*: Der Bund muss die Finanzierung des öffentlich-rechtlichen Rundfunks sicherstellen. Andere Finanzierungsquellen als die Rundfunkgebühr müssen nachrangig bleiben. In den dritten Fernsehprogrammen darf keine Werbung gesendet werden.

---

9. Diese Rundfunkurteil war Ausgangspunkt für die Gründung des ZDF.
10. Die Entwicklungsgarantie betrifft alleine den Rundfunk, nicht etwa den teilweise damit verbundenen Koplex »Multimedia«.

8. *Rundfunkurteil 1994*: Das Verfahren der Gebühren-
festsetzung muss die Einflußnahme des Staates auf das
Programm ausschließen.
9. *Rundfunkurteil 1995*: Der Bund durfte der EG-Fern-
sehrichtlinie gegen das Votum der Länder zustimmen.
10.*Rundfunkurteil 1998*: Nachrichtliche Kurzberichter-
stattung muss auch bei kommerziellen Veranstaltungen grundsätzlich allen Fernsehveranstaltern möglich
sein, auch wenn Geld dafür verlangt werden darf.

In den Rundfunkurteilen wurden und werden die rechtlichen
Entwicklungsmöglichkeiten der rechtlichen Rahmenbedingenun-
gen vorgegeben. Da aber Rundfunk – das ist der Überbegriff für
Hörfunk und Fernsehen – Ländersache ist, wurden in der Nachfolge des 3. Rundfunkurteils von 1981 für die Einführung und
die Regulierung des dualen Rundfunksystems Landesmediengesetze und Landesmedienanstalten geschaffen.

2.4.4.2 Landesmedienanstalten

Die Hauptaufgaben der Landesmedienanstalten bestehen in der
die Zulassung und Kontrolle (v.a. Programmkontrolle) der privaten Rundfunkveranstalter sowie die Verwaltung der Hörfunk-
und Fernsehfrequenzen. Daneben sind die Landesmedienanstalten für die Förderung der technischen Infrastruktur für den privaten Rundfunk zuständig. Zudem unterstützen sie medien-
pädagogische Projekte und führen diese durch. Auch die Forschung im Bereich neuer Übertragungstechnologien fällt in ihren
Aufgabenbereich. Finanziert werden die Landesmedienanstalten
aus den Rundfunkgebühren und aus Verwaltungsgebühren. Landesmedienanstalten gibt es grundsätzlich in allen Bundesländern.
Lediglich Berlin und Brandenburg haben eine gemeinsame Lan-
desmedienanstalt.

Aufgaben: Kontrolle, Förderung technischer Infrastruktur, medien-pädagogische Projekte

2.4.4.3 Rundfunkstaatsvertrag

Der Staatsvertrag (aller Bundesländer) über den Rundfunk im
vereinten Deutschland 1991, ist die wichtigste rechtliche Grundlage für das duale Rundfunksystem in Deutschland. Er wurde zuletzt geändert durch den sechsten Rundfunkänderungsstaats-
vertrag, der zum 1.7.2002 in Kraft getreten ist.
    In der Präambel des Rundfunkstaatsvertrags in folgendes zu le-
sen:

Wichtigste rechtliche Grundlage für das duale Rundfunksystem

> Dieser Staatsvertrag enthält grundlegende Regelungen für
> den öffentlich-rechtlichen und den privaten Rundfunk in ei-

nem dualen Rundfunksystem der Länder des vereinten Deutschlands. Er trägt der europäischen Entwicklung des Rundfunks Rechnung.

Öffentlich-rechtlicher Rundfunk und privater Rundfunk sind der freien individuellen und öffentlichen Meinungsbildung sowie der Meinungsvielfalt verpflichtet. Beide Rundfunksysteme müssen in der Lage sein, den Anforderungen des nationalen und des internationalen Wettbewerbs zu entsprechen.

Im Staatsvertrag wurde eine gewisse Einheitlichkeit der Landesmediengesetze erreicht. Geregelt sind unter anderem die möglichen Beteiligungsverhältnisse an Rundfunksendern. Geregelt werden im Rundfunkstaatsvortrag v.a.:

- Jugendschutz
- die Übertragung von Großereignissen
- Europäische Produktionen
- Werbung, Sponsoring und Teleshopping
- spezielle Regelungen für das öffentlich-rechtliche Fernsehen (Beispielsweise Finanzierung, Werberegelungen)
- spezielle Regelungen für das private Fernsehen (Beispielsweise Zulassung, Sicherung der Meinungsvielfalt, Finanzierung, Datenschutz)

Jugendschutz

Ob und ab welcher Urzeit dürfen Sendungen gezeigt werden? Der Jugendschutz im Rundfunk lehnt sich an die im Jugendschutzgesetz vorhandenen Vorschriften und den Einsatz der FSK (Freiwillige Selbstkontrolle der Filmwirtschaft, Wiesbaden) [www.fsk-online.de] an. Die FSK legt fest, ob ein Film ab 6, ab 12, ab 16 oder ab 18 Jahren freigegeben ist. Kino- und Videothekenbetreiber müssen für die Durchsetzung dieser Vorschriften Sorge tragen. Grundsätzlich sind Medienunternehmen an einem möglichst großen potenziellen Publikum interessiert. Mitunter werden Filme deshalb in einer entschärften (geschnittenen) Fassung im Fernsehen präsentiert:

- Filme mit FSK 18 dürfen im Fernsehen ab 23 Uhr gezeigt werden.
- Filme mit FSK 16 dürfen im Fernsehen ab 22 Uhr gezeigt werden.
- Bei Filmen mit FSK 12 bleibt es den Sendern überlassen diese nach oder vor 20 Uhr zu senden.

Die gleichen Regelungen betreffen Trailer für die entsprechenden Programme. Der Rundfunkstaatsvertrag sieht zudem einen Jugendschutzbeauftragten mit entsprechenden Kompetenzen für Rundfunksender vor. Dieser darf beispielsweise eine jugendgefährdende Sendung unterbinden. Da naturgemäß nicht alle Sendungen des Rundfunks Filme sind, die von der FSK geprüft wurden und den Jugendschutzbeauftragten die Arbeit erleichtert werden sollte, wurde 1993 die FSF (Freiwillige Selbstkontrolle Fernsehen, Berlin) [www.fsf.de] gegründet. Die Jugendschutzbeauftragten der Sender reichen bei der FSF Programme zur Prüfung ein. Dabei werden bestimmte Sendezeiten beantragt. Die FSF unterscheidet in Sendungen im Tagesprogramm (06.00 - 20.00 Uhr), im Hauptabendprogramm (20.00 - 22.00 Uhr), im Spätabendprogramm (22.00 - 23.00 Uhr) und im Nachtprogramm (23.00 - 06.00 Uhr). Wenn keine Zustimmung zum Antrag erteilt wird kann eine

- Zustimmung unter Schnittauflagen,

- Empfehlung für eine spätere Sendezeit (als der beantragten),

- Empfehlung für eine spätere (als der beantragten) Sendezeit unter Schnittauflagen oder

- Empfehlung zum Verzicht der Ausstrahlung

Wenn keine Zustimmung erteilt wird

ausgesprochen werden. Die beteiligten Sender sind laut Satzung verpflichtet die Empfehlungen einzuhalten. Bei Verstößen drohen Sanktionen — von einer einmaligen öffentlichen Rüge beim erstmaligen Verstoß, bis zum Ausschluss aus der FSK beim vierten Vergehen.

Großereignisse

Großereignisse sind entsprechend des Rundfunkstaatsvertrags vor allem sportliche Großereignisse. Die verschlüsselte Ausstrahlung solcher Großereignisse ist nach §5a RStV nur dann erlaubt, »wenn der Fernsehveranstalter selbst oder ein Dritter zu angemessenen Bedingungen ermöglicht, dass das Ereignis zumindest in einem frei empfangbaren und allgemein zugänglichen Fernsehprogramm in der Bundesrepublik Deutschland zeitgleich oder, sofern wegen parallel laufender Einzelereignisse nicht möglich, geringfügig zeitversetzt ausgestrahlt werden kann.« Solche Ereignisse sind beispielsweise Olympische Sommer- und Winterspiele oder Spiele der deutschen Fußballnationalmannschaft.

Geregelt wird, was unverschlüsselt ausgestrahlt werden sollte

Europäische Produktionen

Der §6 RStV behandelt unter anderem europäische Produktionen. Er ist kurz gehalten. Zusammengefasst lautet seine Kernaussage: »Fernsehsender sollen hauptsächlich europäische Produktionen senden«.

Öffentlich-rechtlicher Rundfunk

Bestands- und Entwick-
lungsgarantie

Im zweiten Abschnitt des Rundfunkstaatsvertrags und dort in dem §§ 11 bis 19 wird der öffentlich-rechtliche Rundfunk geregelt. Wichtiger Aspekt ist dabei die Finanzierung. Darin wird die bereits im 6. Rundfunkurteil von 1991 beschiedene Bestands- und Entwicklungsgarantie niedergelegt. Zur Ermittlung diese Finanzbedarfs wird die »Kommission zur Überprüfung und Ermittlung des Finanzbedarfs der Rundfunkanstalten (KEF)« [www.kef-online.de] eingesetzt. Diese prüft und ermittelt den Finanzbedarf. Die Gebühren werden dann durch den Staatsvertrag festgesetzt.

§ 15(1) nennt die wichtigste Regeln für Werbung im öffentlich rechtlichen Fernsehen: »Die Gesamtdauer der Werbung beträgt im Ersten Fernsehprogramm der ARD und im Programm › Zweites Deutschen Fernsehen‹ jeweils höchstens 20 Minuten werktäglich im Jahresdurchschnitt. Nicht vollständig genutzte Werbezeit darf höchstens bis zu 5 Minuten werktäglich nachgeholt werden. Nach 20.00 Uhr sowie an Sonntagen und im ganzen Bundesgebiet anerkannten Feiertagen dürfen Werbesendungen nicht ausgestrahlt werden...«. Weitere Regionale oder nationale öffentlich-rechtliche Fernsehprogramme dürfen keine Werbung enthalten. Der Werbeanteil pro Stunde darf 20 Prozent nicht überstreigen.

Für den öffentlich rechrichen Hörfunk gibt es eine Sondergegelung. Die Länder sind berechtigt den Landesrundfunkanstalten (also nicht den einzelnen Programmen!) eine maximale Werbezeit von werktäglich 90 Minuten im Jahresdurchschnitt einzuräumen. Dieser Wert kann also auch – je nach Bundesland – niedriger sein.

Privater Rundfunk

Meinungsvielfalt soll
gesichert werden

Im Abschnitt drei und dort in den §§ 20 bis 49a wird der private Rundfunk geregelt. Neben der Zulassung (§§ 20 bis 24) ist die Sicherung der Meinungsvielfalt hoch relevant für Rundfunkunternehmen. Daher wird in den §§ 25 bis 34 geregelt, welchen maximalen Marktanteil Rundfunkunternehmen haben dürfen. Die ersten beiden Sätzen des § 26 »Sicherung der Meinungsvielfalt im Fernsehen« stellen die Regelung klar dar:

> (1) Ein Unternehmen (natürliche oder juristische Person oder Personenvereinigung) darf in der Bundesrepublik Deutschland selbst oder durch ihm zurechenbare Unternehmen bundesweit im Fernsehen eine unbegrenzte Anzahl von Programmen veranstalten, es sei denn, es erlangt dadurch vorherrschende Meinungsmacht nach Maßgabe der nachfolgenden Bestimmungen.

(2) Erreichen die einem Unternehmen zurechenbaren Programme im Durchschnitt eines Jahres einen Zuschaueranteil von 30 von Hundert, so wird vermutet, dass vorherrschende Meinungsmacht gegeben ist. Gleiches gilt bei einer geringfügigen Unterschreitung des Zuschaueranteils, sofern das Unternehmen auf einem medienrelevanten verwandten Markt eine marktbeherrschende Stellung hat oder eine Gesamtbeurteilung seiner Aktivitäten im Fernsehen und auf medienrelevanten verwandten Märkten ergibt, dass der dadurch erzielte Meinungseinfluß dem einem Unternehmen mit einem Zuschaueranteil von 30 von Hundert im Fernsehen entspricht.

Die Überprüfung der Marktanteile wird durch die »Kommission zur Ermittlung der Konzentration im Medienbereich (KEK)« durchgeführt [www.kek-online.de]. Momentan wird als Messlatte die Gesamtsehdauer aller Zuschauer angelegt. Damit gehen Vielseher – als Personen mit besonders langer Sehdauer – erheblich stärker in die Berechnung des Marktanteils ein als Wenigseher oder Nichtseher.

Für die Finanzierung des Rundfunks ist die Werbung ein besonders wichtiger Teil. Deshalb nimmt das Thema hier einen etwas größeren Raum ein – auch wenn es »nur« in den §§ 44 bis 45b behandelt wird. Für regionale und lokale Sender sind jedoch Ausnahmen möglich. Daneben finden sich allegemeine Regelungen in den §§ 7 und 8. Der Rundfunkstaatsvertrag unterscheidet in

Verschiedene Typen von Werbung werden unterschieden

- Spotwerbung (Werbefilme, die kürzer sind als 90 Sekunden)
- Dauerwerbesendungen (Werbefilme, die länger sind als 90 Sekunden)
- Teleshopping (Werbesendungen, bei denen zum sofortigen Kauf bzw. zur sofortigen Bestellung aufgerufen wird. Dabei wird nochmals in Teleshopping-Spots und Teleshopping-Fenster von mindestens 15 Minuten Länge unterschieden.)
- Sponsoring (Wenn ein Werbekunde eine Sendung unterstützt hat er das Recht am Anfang und am Ende genannt zu werden.)

Werbung muß immer als solche erkennbar sein. Dafür muß der Sender ein eigenes Logo einführen (Bewegt- oder Standbild), das mindestens drei Sekunden vor dem Beginn der Werbung zu sehen sein und den Schriftzug »Werbung« enthalten. Davon kann abgesehen werden wenn das Logo über einen längeren Zeitraum eingesetzt wird. Allerdings darf das Werbelogo keine Bestandteile von Sendungen enthalten. Auch das Ende der Werbung muß gekennzeichnet werden. Neuerdings ist es auch möglich ein Bild zum Teil mit Werbung zu belegen (Split Screen). Sie muss als Werbung kenntlich gemacht werden. Die dabei entstehende Werbezeit wird auf die zulässige Gesamtwerbezeit angerechnet. Auch virtuelle – also durch Computer beispielsweise in ein Fußballfeld eingebundene Werbung – ist auch erlaubt wenn daurauf hingewiesen wird und am Ort der übertragung befindliche Werbung dardurch überdeckt wird. Besondere Regelungen gibt es für folgende Produkte bzw. Präsentationen:

Besondere Werberegeln

- Tabakwerbung ist im Rundfunk untersagt (jegliche Form)
- Alkoholwerbung ist grundsätzlich gestattet. Es müssen aber die »Verhaltensregeln des deutschen Werberats über die Werbung für alkoholische Getränke« eingehalten werden.
- Arzeneimittelwerbung ist mit Einschränkungen gestattet. Um den vielfältigen Ansprüchen der Gesetzgebung gerecht zu werden, wird ein Spot überlicherweise mit der Formel »Zu Risiken und Nebenwirkungen fragen sie ihren Arzt oder Apotheker« beendet.
- Werbung mit oder für Kinder bzw. Jugendliche ist gestattet. Weder Leichtgläubigkeit und Unerfahrenheit dürfen ausgenutz werden noch darf Werbung die an Kinder oder Jugendliche gerichtet ist direkt zum Kauf auffordern.[11]
- Politische, religiöse oder weltanschauliche Werbung ist nicht erlaubt (§ 6 VII RStV). Ausnahmen bilden Wahlwerbung und Werbung für wohltätige Zwecke.[12]
- In Werbesendungen dürfen keine Personen auftreten, die regelmäßig Nachrichtensendungen oder Sendungen zum politischen Zeitgeschehen präsentieren oder darin auftreten.

Formale Regelungen hinsichtlich der Einbindung von Werbung

Neben diesen inhaltlichen Regelungen gibt es noch formale Regelungen hinsichtlich der Länge von Werbung und der Unterbrechung von Sendungen durch Werbung. Spotwerbung ist auf 15

---

11. In der Sendung, die sich primär an jüngere Kinder richtete, veranstaltete RTL 2 ein Gewinnspiel, bei dem der Zuschauer eines von 100 Kuscheltieren gewinnen konnte. Das Gewinnspiel wurde von »HASBRO« gesponsert und in Form eines Laufbandes in die laufende Sendung eingeblendet. Es wurde aufgefordert eine 0190er-Nummer anzurufen. Der Fall wurde von der LPR Hessen rechtskräftig abgemahnt.

12. Deshalb wurde beispielsweise die Werbespots für das Buch »Kraft zum Leben« von der »Direktorenkonferenz der Landesmedienanstalten (DLM)« im Januar 2002 für unzulässig erklärt.

Prozent der gesamten täglichen Sendezeit begrenzt. Das sind maximal 216 Minuten Spotwerbung täglich. Pro Stunde darf die Werbung maximal 12 Minuten einnehmen, also 20 Prozent der Sendezeit. Damit darf also der Durchschnitt von 15 Prozent – gleich durchschnittlich 9 Minuten – überschritten werden und Werbung auf besonders zuschauerstarke bzw. einnahmestarke Zeiten konzentriert werden. Bei Programmen, die nicht ausschließlich dem Teleshopping bestimmt sind, darf diese Werbeform maximal 180 Minuten einnehmen. Insgesamt 20 Prozent der täglichen Sendezeit dürfen mit Werbung gefüllt werden, also 288 Minuten. Hinzu dürfen die Zeiten für Teleshopping-Fenster kommen. Trailer, sonstige Eigenwerbung des Senders und Werbung für wohltätige Zwecke werden bei der Berechnung Werbezeit nicht angerechnet.

Im RStV werden folgende Kategorien von Sendungen bzw. Sendeformen genannt:

- Gottesdienste
- Sendungen für Kinder[13]
- Fernsehsendungen die aus eigenständigen Teilen bestehen (beispielsweise Magazine), Sportsendungen oder Sendungen mit ähnlich gegliederten Ereignissen
- Nachrichtensendungen, Sendungen zum politischen Zeitgeschehen, Dokumentarfilme und Sendungen religiösen Inhalts
- Kinospielfilme und Fernsehfilme
- Serien, Reihen, leichten Unterhaltungssendungen

Gottesdienste und Sendungen für Kinder dürfen nicht von Werbung unterbrochen werden. Sportereignisse und ähnlich gegliederte Ereignisse dürfen nur zu den natürlichen Pausen – also beispielsweise in der Halbzeitpause eines Fußballspiels – unterbrochen werden. Dabei ist es irrelevant ob die Sportveranstaltung live ausgestrahlt oder zeitversetzt gesendet wird. Haben Sportereignisse keine natürliche Pausen – wie beispielsweise ein Radrennen – dann sind die Regelungen für Serien und Reihen bindend (siehe weiter unten).

Wann darf welcher Typ unterbrochen werden

Nachrichtensendungen, Sendungen zum politischen Zeitgeschehen, Dokumentarfilme und Sendungen religiösen Inhalts, die kürzer als 30 Minuten sind, dürfen nicht durch Werbung unterbrochen werden. Aus diesem Grund wird beispielsweise der Wetterbericht von vielen Nachrichtensendungen getrennt und als eigene Sendung deklariert. Übrigens gilt hier wie bei allen ande-

---

13. Darunter werden Sendungen verstanden deren überwiegender Zuschaueranteil jünger als 14 Jahre ist.

ren Unterbrechungs- und Werbezeitregeln das Bruttoprinzip. Die Sendezeit bestimmt sich aus der gesamten Laufzeit der Sendung zuzüglich Werbezeit, Trailern, Sponsorenhinweisen etc. Vereinfacht wird die Laufzeit ab dem ersten Sponsorenhinweis oder der Anmoderation (so es eine gibt) bis zum letzten Sponsorenhinweis bzw. der Abmoderation gemessen. Werbeblöcke zwischen zwei Sendungen gehören also nicht zur Bruttolaufzeit.

Regelungen für Filme Bei Kinospielfilmen und Fernsehfilmen ist die Regelung etwas komplizierter. Sie dürfen jeweils einmal je vollständigen 45 Minuten Laufzeit unterbrochen werden. Bei einem 90-minütigen Film also zwei Mal. Ist der Film aber mindestens 20 Minuten länger als zwei volle 45 Minuten Zeiträume (also länger als 110 Minuten brutto), ist eine weitere Unterbrechung zulässig. Ab 110 Mitunten geht es wieder in 45 Minuten-Schritten weiter. Die nächste Unterbrechung ist ab 155 Minuten zulässig. Aufgrund dieser Regelung kann es zu ausgesprochen langen Werbeinseln von mehr als 10 Minuten kommen. Damit den Sendern eine weitere Werbeunterbrechung erlaubt ist, versuchen diese durch zusätzliche Trailer oder Wiederholung von Szenen kritische Zeitmarken zu Überschreiten (beispielsweise die Marke von 110 Minuten bei Spielfilmen mit einer Nettospielzeit von etwas weniger als 90 Minuten).

Regelungen für Serien, Reihen, leichten Unterhaltungssendungen Für Serien, Reihen, leichten Unterhaltungssendungen gelten die geringsten Einschränkungen hinsichtlich deren Unterbrechung durch Werbung. Der Abstand zwischen zwei aufeinanderfolgenden Unterbrechungen innerhalb dieser Sendung soll mindestens 20 Minuten betragen. Eine Sendung, die etwas länger ist als Brutto 40 Minuten kann also theoretisch drei mal durch Werbung unterbrochen werden. Reihen oder Serien sind für die Sender also durchaus attraktiver als Spielfilme, da diese durch mehr und dardurch kürzere Werbeinseln unterbrochen werden können. Verschiedene Sender haben deshalb versucht, Spielfilmen oder Fernsehfilmen eine formale Klammer zu geben. Würde ein Sender beispielsweise zehn Filme von Arnold Alois Schwarzenegger zu einem bestimmten Sendezeitpunkt wiederholen ist das im Sinne des Gesetzgebers weder eine Serie noch eine Reihe. Serien müssen aus mindestens drei Teilen bestehen und eine inhaltliche Klammer, die sich in der Regel durch eine fortlaufende Handlung auszeichnet, haben. Die »Arbeitsgemeinschaft der Landesmedienanstalten (ALM)« [www.alm.de] definiert Reihen wie folgt: »Reihen bestehen aus mehreren Sendungen, die durch gemeinsame thematische, inhaltliche und formale Schwerpunkte ein gemeinsames Konzept aufweisen und in einem zeitlichen Zusammenhang ausgestrahlt werden.« Entsprechende Versuche von Sendern wurden deshalb von den zuständigen Landesmedienanstalten moniert (beispielsweise die Reihe »Schicksalhafte Begegnungen« auf RTL, die von den Zuschauern zweifellos als solche akzeptiert wurde).

2.4.5 Literatur

Becker, Jochen (1998): Marketing-Konzeption. Grundlagen des strategischen und operativen Marketing-Managements. München: Vahlen (6. Aufl.)

Breyer-Mayländer, Thomas et al. (2001): Wirtschaftsunternehmen Verlag. Frankfurt: Bramann

Clark, Thomas (2002): Bertelsmann verzichtet auf Großeinkäufe. In: Financial Times Deutschland vom 13.9.2002

Eichhorn, Peter (Hrsg.): Managment und Marketing von Rundfunkanstalten. Baden-Baden: Nomos

Fechner, Frank (2001): Medienrecht. Tübingen: UTB

Heinrich, Jürgen (1999): Medienökonomie: Band 2: Hörfunk und Fernsehen. Opladen/Wiesbaden: Westdeutscher Verlag (2. Aufl. 2001)

Heinrich, Jürgen (1994): Medienökonomie. Band 1: Mediensystem Zeitung, Zeitschrift, Anzeigenblatt. Opladen: Westdeutscher Verlag

Karmasin, Matthias / Winter, Carsten (2000a): Kontexte und Aufgabenfelder von Medienmanagement. In: Karmasin, Matthias / Winter, Carsten (Hrsg.): Grundlagen des Medienmanagments. München: Fink, S. 15 - 39

Kiefer, Marie Luise (2001): Medienökonomik. Einführung in eine ökonomische Theorie der Medien. München Oldenbourg

Kübler, Friedrich (1992): Postzeitungsdienst und Verfassung: Schriften zum öffentlichen Recht. Bd. 623. Berlin: Ducker & Humblodt

McQuail, Denis (1994): Mass Communication Theory. An Introduction. London: Sage (3rd Ed.)

Paschke, Marian (1993): Medienrecht. Berlin: Springer

Pross, Harry (1972): Medienforschung: Film, Funk, Presse, Fernsehen. Darmsadt: Habel

Schenk, Michael / Hensel, Matthias (1987): Medienökonomie – Forschungsgegenstand und Aufgabe. In: Rundfunk und Fernsehen 35 / 4, S. 535-547

Schumann, Matthias / Hess, Thomas (2000): Grundfragen der Medienwirtschaft. Berlin: Springer

Schütz, Walter J. (2001): Deutsche Tagespresse 2001. In: Media Perspektiven 12 / 2001, S. 602 - 632

Vogel, Andreas (2001): Die tägliche Gratispresse. In: Media Perspektiven 11/2001, S. 576 - 584

Weber, Max (1972): Wirtschaft und Gesellschaft: Grundriss der verstehenden Soziologie. Tübingen: Mohr (5. Aufl.)

Weigand, Karl-Heinz (1988): Aspekte einer Medienökonomie. In: Langenbucher, Wolfgang (Hrsg.): Publizistik- und Kommunikationswissenschaft: Ein Textbuch zur Einführung in ihre Teildisziplinen. Wien: Braumüller, S. 164 - 177

3. Medien und Unternehmensformen

3.1 Buch

Bei einer etwas genaueren Beschäftigung mit dem Thema Medien, kommt man rasch zu der Erkenntnis, dass Bücher als eine der ältesten Formen der Medien viele wirtschaftliche Strukturen des Medienmarktes geprägt haben. Obwohl sie im Vergleich zu aktuell berichtenden Massenmedien eher wie ein statisches Kulturgut wirken, haben die Bücher den Umgang der Menschen mit Medien beeinflusst und häufig auch in ökonomischen Detailfunktionen wie z.B. dem Vertrieb die Voraussetzungen für die Massenmedien wie z.B. Zeitungen und Zeitschriften geschaffen. Zudem gibt es bei der Marktbearbeitung zwischen dem »alten« Medium Buch und neueren Medien wie z.B. CD-ROM, DVD, zahlreiche Parallelen, so dass wir unsere Darstellungen der einzelnen Medienformen und -unternehmen mit dem Bereich der Bücher beginnen.

3.1.1 Definition des Mediums

Bücher sind im Alltag so gut verankert, dass es schwer fällt, hierfür eine exakte und nachvollziehbare Definition zu finden. Erst wenn man sich etwas genauer mit der Abgrenzung zwischen Buch und Zeitschrift z.B. befasst, wird deutlich, dass Faktoren der Form und des Inhalts hier ergänzend herangezogen werden müssen. Eine international gültige Definition versucht die UNESCO zu geben:

»The United Nations Educational Scientific and Cultural Organization (UNESCO) has defined a › book‹ as being › a nonperiodical printed publication of at least 49 pages excluding covers‹. This may be the best definition we have.« [UNESCO zitiert nach Schönstedt 1999, S. 9].

Buch: nicht-periodisches Druckproduckt mit mehr als 3 Druckbögen

Nach dieser Definition haben wir als erstes Abgrenzungskriterium gegenüber dem Bereich der Zeitschriften die Erfordernis, dass es sich hierbei nicht um ein periodisches Druckwerk handeln darf, während dies eine der Voraussetzungen für die Eigenschaft einer Zeitschrift (vgl. 3.5) darstellt. So unkritisch diese Unterscheidung auf den ersten Blick sein mag, so zeigt doch ein Blick auf den Themenbereich der sogenannten »Jahrbücher«, d.h. der meist von Institutionen herausgegebenen jährlichen Rückblicke und Zusammenfassungen, dass hier sowohl der Buchcharakter als auch die periodische Erscheinungsweise gegeben ist. Dass es sich in diesem Fall tatsächlich um eine Zwischenform handelt, zeigt die Tatsache, dass derartige Bücher sich meist in das Nummernklassifikationssystem der Bücher und der Zeitschriften einreihen, also eine ISBN- (International Standard Book Number) als auch eine ISSN- (International Standard Serial Number) Nummer tragen.

Produktnutzen im Vordergrund – nicht nur Druckwerk

Die weitere Anforderungen der UNESCO-Definition ist die gedruckte Herstellung, die den Umfang von drei Druckbogen zu je 16 Seiten überschreiten soll. Während die Umfangsfestlegung allenfalls die Kinderbücher mit geringerem Umfang und dickeren Seiten negativ abgrenzt und damit der Marktrealität widerspricht, ist hier unter dem Aspekt der Zukunftssicherheit einer Definition die Erfordernis der gedruckten Publikation zu hinterfragen. Wie wir im Folgenden noch darstellen werden, ist die Eigenschaft des Buches in erster Linie durch den Produktnutzen gegeben, der im Regelfall durch den Inhalt oder die Aufmachung (Prestigewert) entsteht, so dass die Frage nach dem technischen Vervielfältigungs- oder Aufbereitungsverfahren zweitrangig ist. Wir werden daher im Folgenden auch die elektronischen Bücher mit in die Diskussion einbeziehen.

3.1.2 Formen von Büchern

Bibliografische Klassifikation

In der offiziellen Statistik [Börsenverein; Buch und Buchhandel in Zahlen, lfd. Jahrgänge] wird die Bücherproduktion nach dem Klassifikationssystem der deutschen Bibliografie in die in Tabelle 1 genannten Themengebiete (einschließlich der Anteile an der Gesamtproduktion 2001) eingeteilt.

Diese Klassifikation zeigt v.a. in ihren jeweiligen Untergliederungen die thematische Vielfalt der Bücherproduktion und des Buchhandels, wobei die Kategorien 3, 6 und 8 die größte Bedeutung beisitzen, da bei den Sozialwissenschaften die beruflich relevanten Wirtschaftsthemen mit abgedeckt werden, Kategorie 6 den expandierenden Bereich Technik beinhaltet und in der Kategorie 8 der Sektor Belletristik zahlenmäßig zu Buche schlägt. Die Bedeutung der Kategorien 3 und 6 als beruflich relevante Themenstellungen deckt sich auch mit den Ergebnissen von Leserbefragungen, wonach in den letzten Jahren die Bedeutung der Sach- und Fachbücher für die Aus- und Weiterbildung zugenommen hat [vgl. Stiftung Lesen 2000, S. 12]. Eine weitere Unterteilung der Bücher bzw. Verlagstypen bietet sich nach Produktgegebenheiten an.

Klasse	Bezeichnung	Anteil
DK0	Allgemein	8,1 %
DK1	Philosophie, Psychologie	4,6 %
DK2	Religion, Theologie	5,6 %
DK3	Sozialwissenschaften	25,4 %
DK5	Mathematik, Naturwissenschaften	7,9 %
DK6	Angewandte Wissenschaften, Medizin, Technik	15,6 %
DK7	Kunst, Kunstgewerbe, Fotografie, Musik, Spiel, Sport	7,5 %
DK8	Sprach- und Literaturwissenschaft, Belletristik	16,4 %
DK9	Geografie, Geschichte	8,9 %

Tabelle 1: Bücherproduktion nach dem Klassifikationssystem der deutschen Bibliografie (Eine Kategorie 4 ist im System nicht enthalten) [Börsenverein des Deutschen Buchhandels 2001]

Neben der reinen Zuordnung der Titelproduktion zu Themen ist für die Gliederung der Verlage der vorherrschende Programmbereich ausschlaggebend, um die wirtschaftlichen Strukturen zu verdeutlichen. Fachbuchverlage werben mit anderen Budgets und Argumenten in anderen Werbeträgern (z.b. Fachzeitschriften) als belletristische Verlage (Publikumszeitschriften, Wochenzeitungen). Lexika-Verlage können sich aufgrund des hohen Umsatzvolumens pro Verkaufsvorgang den Direktvertrieb leisten. Kinder- und Jugendbücher müssen neben den Endverbrauchern auch deren Eltern überzeugen und im Reisesegment ist man häufig mit einer abgeleiteten Nachfrage konfrontiert, die mit dem Tourismusmarkt verknüpft ist.

Programmstruktur des Verlags

Eine weitere marktrelevante Unterscheidung der Bücher ist die Trennung in Hardcover- (Bücher mit festem Einband) und Taschenbücher. Während früher mit dieser Unterteilung bereits wesentliche wirtschaftliche Parameter wie Auflagenhöhe und Preisklasse (Taschenbuch als preiswertes Buch in hoher Auflage) verbunden waren, hat in den letzten Jahren eine Marktausweitung zugunsten teurerer Taschenbücher stattgefunden. Dennoch bleiben in den typischen Fällen die unterschiedliche Relevanz einzelner Vertriebskanäle (Grosso-belieferte Kioske, Bahnhofs- und Warenhausbuchhandel bei Taschenbüchern) bestehen.

Buchausstattung

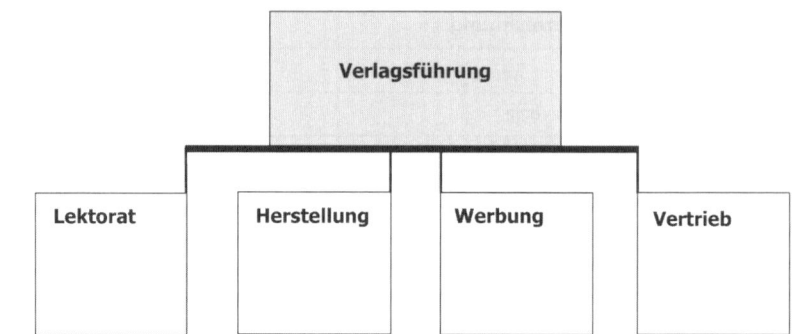

Abbildung 1: Typischer Organsiationsaufbau eines Buchverlags

3.1.3 Unternehmensaufbau im Buchverlag

Der Unternehmensaufbau im Buchverlag wird heute meist immer noch durch eine vertikale funktionale Gliederung geprägt. Dabei unterscheidet sich die Komplexität der Organisation entscheidend nach Unternehmensgröße und den dadurch bedingten innerbetrieblich vorhandenen Funktionsbereichen bzw. den lediglich als Dienstleister integrierten Funktionen. Wie wir bei der Marktbeschreibung in Abschnitt 3.1.4 noch ausführen werden, reicht das Spektrum der Unternehmensgrößen im Bereich der Buchverlage von der One-Man-Show bis zum Großunternehmen. Klassisch für mittelgroße Häuser ist wie in Abbildung 1 dargestellt eine Organisation nach dem Prinzip der Verrichtung. Sie umfasst alle verlagstypischen Funktionsbereiche, die wir im Folgenden kurz charakterisieren werden [vgl. Schönstedt 1999, S. 113].

3.1.3.1 Unternehmensführung / Verleger

Verleger als programmatische und kaufmännische Instanz

Welches Aufgabengebiet die Unternehmensführung im Buchverlag wahrnimmt, hängt sehr stark von der Art des Verlags ab (z.B. Fachbuch oder Belletristik) sowie von der Tatsache, ob es sich um einen inhabergeführten Familienverlag oder ein Managementunternehmen handelt. Beim Inhaberverlag wird der Verlag nicht nur in seiner wirtschaftlichen, sondern auch in seiner inhaltlichen Prägung vom Verleger dominiert, was sich auch in der Rechtsordnung in Deutschland im Rahmen des Tendenzschutzes widerspiegelt, der die Mitbestimmungsrechte der Arbeitnehmer für Verlagsunternehmen einschränkt [vgl. Kapitel 2.4]. Generell wird unabhängig von der Frage, ob die Führung durch die Inhaberfamilie oder einen extern bestellten Geschäftsführer wahrgenommen wird im belletristischen Verlag von der Verlagsführung eine größere Nähe zu den Inhalten und insbesondere den Autoren von der Verlagsführung gefordert, während im Fachverlag die Führungsarbeit stärker unter dem Aspekt der wirtschaftlichen Kompetenz der Geschäftsführung steht und die Auswahl der Inhalte weniger unter dem Aspekt der Autorennähe und persönlicher Bindungen von Autoren als unter reinen produktpolitischen Erwägungen im Rahmen des Marketings stattfindet. Ein Kennzeichen vieler Verlage, die sich mittlerweile im Konzernbesitz befinden ist es, dass die Führung der Verlage möglichst eigenständig agieren kann und sich im wesentlichen gegenüber der Konzernzentrale für ihr wirtschaftliches Ergebnis verantworten muss. Dadurch versucht man, die selbe Flexibilität und Motivation der Verlagsleitung in Konzerntochterunternehmen zu erzielen, wie es für kleinere Inhaberverlage typisch ist.

3.1.3.2 Lektorat

Das Lektorat ist die Fachabteilung mit der Verantwortung für die Buchinhalte bzw. das Buchprogramm. Im belletristischen Verlag geht es um die Bewertung von Manuskripten, die Akquise von Autoren und ihrer Werke und nur zu einem geringen Teil um das lektorieren und redigieren von Texten. In diesem Zusammenhang hat sich das Qualifikationsprofil der Lektoren gewandelt, da neben inhaltlichen Kompetenzen, Kommunikationsfähigkeit und betriebswirtschaftliche Fähigkeiten wie etwa die Grundlagen der Verlagskalkulation in den Vordergrund rücken, da vom Lektor im Sinne eines Produktmanagers erwartet wird, dass er ein Projekt komplett beurteilen kann und auch die Schnittstellenfunktion gegenüber den Nachbarabteilungen (Herstellung, Marketing und Vertrieb) wahrnehmen kann. Vom Lektorat abgegrenzt ist der Bereich der Redaktion. Dabei handelt es sich im Schulbuchverlag um die Lektoratsfunktion, die jedoch eine stärkere inhaltliche Beteiligung der festangestellten Verlagsmitarbeiter gegenüber den Autoren zum Ausdruck bringen soll, ähnliches gilt für Redaktion im Bereich der Lexika und Nachschlagewerke. Im allgemeinen charakterisiert jedoch Redaktionsarbeit im Buchverlag die formale Überarbeitung von Texten.

Lektorat auf dem Weg zum Produktmanagement

3.1.3.3 Herstellung

Die Herstellung umfasst die andere Seite der Produktionsarbeit, d.h. die fachmännische Aufbereitung der Manuskripte, die Kalkulation der dafür notwendigen Produktionsschritte und die Kontaktierung und Überwachung der hierfür notwendigen Dienstleister. Dabei umfasst die Tätigkeit auf der einen Seite eher künstlerische Komponenten (Typographie, Buchdesign) und auf

Herstellung: technische & kaufmännische Produktplanung

der anderen Seite jedoch auch betriebswirtschaftlich organisatorisch-technische Aufgaben. Je nach Unternehmensgröße findet daher innerhalb des Funktionsbereichs eine Spezialisierung statt, die statt der im Lektoratsbereich üblichen Gliederung nach Produkten im Herstellungsbereich eine Konzentration auf einzelne Tätigkeitsbereich (Buchgestaltung, Buchkalkulation etc.) umfassen kann.

3.1.3.4 Werbung

Werbung: handels- und kundenorientierte Kommunikation

Aufgabenbereich der Werbeabteilung in Buchverlagen ist die Planung und Umsetzung der kommunikationspolitischen Maßnahmen, die in den meisten Fällen sich sowohl an die Ebene der Mittler (den Sortimentsbuchhandel und das Barsortiment, den Großbuchhandel) als auch an den Endverbraucher (Leser) richtet. In einigen Fällen können noch besonders wichtige Kommunikatoren (Journalisten bei Rezensionen oder Lehrer bei Schulbüchern) gesondert in die Zielgruppendefinition der Buchwerbung aufgenommen werden. Teilweise werden Werbung und Vertrieb auch in die übergreifende Funktion Marketing im Organisationsaufbau der Buchverlage integriert, häufig ist jedoch eine eigenständige Definition des Marketings nicht vorhanden. Je nach Umfang der Werbemaßnahmen und Größe des Unternehmens gibt es integrierte Werbeabteilungen, die alle relevanten Arbeitsschritte zur Werbedurchführung bis zur letztendlichen Produktion der Werbemittel im eigenen Haus durchführen und lediglich die Produktion der Werbemittel mit Hilfe einer eigenen Werbemittelherstellung nach Außen geben, oder es handelt sich um lediglich planerisch konzeptionell tätige Werbeabteilungen, die für die Durchführung mit externen Agenturen zusammenarbeiten. Sehr eng sind in allen Fällen die Verbindungen zum Lektorat im Sinne eines Produktmanagements bzw. zum Vertrieb als nächste Stufe im Rahmen der Absatzfunktion.

3.1.3.5 Vertrieb

Vertrieb: Innen-, Außendienst und Auslieferung

Der Buchvertrieb hat die Aufgabe, die Beziehung zum Buchhandel bzw. den jeweiligen Partnern der einzelnen Vertriebskanäle zu gestalten und die physische Distribution der Ware Buch sowie die Abrechnung und konditionspolitische Marktgestaltung zu organisieren. Hierfür wird der Vertriebsbereich meist in die in vielen Fällen übliche Trennung von Innen- und Außendienst, sowie als Spezifikum in die Verlagsauslieferung unterteilt. Der Außendienst verkauft die Ware in Richtung Mittler (Barsortiment und Sortimentsbuchhandel). Im Innendienst erfolgt die Organisation der Rechnungsstellung über den Informationsverbund Buchhan-

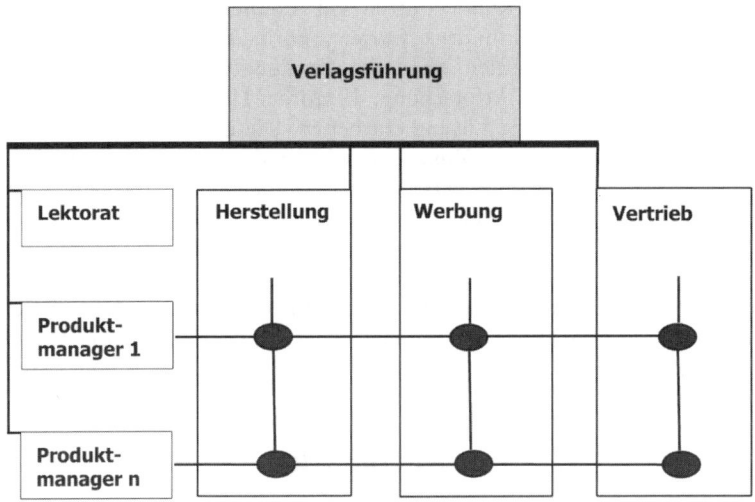

Abbildung 2: Produktmanagement im Buchverlag

del (IBU) in Form von EDI (Electronic Data Interchange)-Daten-
sätzen sowie die Organisation der Zahlungsabwicklung, in die
häufig die Buchhändler Abrechnungsgesellschaft (BAG) als zentrale Clearingstelle eingebunden ist. In diesen Bereich gehört
ebenfalls die verlagsindividuelle Pflege der ISBN-Nummernregi-
strierung sowie die Verbuchung und das Handling der vom Handel remittierten Ware. Die Verlagsauslieferung kann je nach
Größe und Struktur des Verlages als Eigen- oder Fremdauslieferung organisiert sein. Fremdauslieferung kann dabei Zeitnachtei-
le mit sich bringen, jedoch ist auch hier die Dienstleistung
skalierbar. Vom Einkauf der Transportleistung bis zu Transport,
Lagerhaltung, Lagerstatistik und Entscheidungsvorbereitung
(z.B. Eliminierung von Restbeständen) reicht hier das angebotene
Leistungsspektrum.

Die oben skizzierte vertikal funktionale Gliederung hat einige *Vom Abteilungsprinzip*
Nachteile, die sich auch bei ihrer Anwendung im Buchverlag be- *zum Produktmanage-*
merkbar machen. Zwar bringt die Gruppierung von Spezialisten *ment*
in Fachabteilungen den Vorteil, dass die Sacharbeit auf Basis der
größten Fachkompetenz erledigt werden kann und eine Spezialisierung sehr einfach innerhalb der Abteilung möglich wird. Jedoch führt diese Strukturierung der Arbeitsorganisation auch
dazu, dass der abteilungsspezifische Blickwinkel dominiert und
das Wohl des Gesamtunternehmens aus den Augen verloren
wird. Das Lektorat stellt andere Anforderungen an die Umsetzung des Buches, als die Herstellung, die das Buch unter Design-
und Kostengesichtspunkten gleichermaßen optimiert. Letztlich

kann der Kundennutzen (gut gestaltetes, preisgünstiges Buch, das den Inhalt in der erwarteten Form zum Nutzer bringt) nur dann erzielt werden, wenn alle Abteilungen (im Beispiel etwa, Marketing / Marktforschung, Lektorat, Herstellung) gemeinsam eine marktnahe Lösung erarbeiten. Diese Anforderung an ein interdisziplinäres Zusammenwirken der einzelnen Fachabteilungen aus Marktgesichtspunkten wird in einigen Verlagen damit eingelöst, dass dem Lektorat neben der Produktakquise und inhaltlichen Beurteilung und Betreuung die Funktion eines Produktmanagements zukommt, dass quer zur funktionalen Gliederung als Verantwortliche Instanz für das Einzelprodukt die Kundenperspektive im Rahmen einer Matrixorganisation sicherstellen soll.

3.1.4 Der Buchmarkt

Vielfalt der Buchproduktion

Über 80.000 Titel werden in Deutschland pro Jahr produziert [Börsenverein 2001, S. 69], d.h. statistisch gesehen, kommen jeden Kalendertag eines Jahres 220 Titel auf den deutschen Markt und warten gemeinsam mit den bereits in den Vorperioden produzierten Titeln (Backlist) auf Käufer. Allein dieses simple Zahlenspiel deutet bereits an, dass es sich im Buchmarkt um eine Käufermarkt handelt, der den Verlagen als Herstellern eine starke Marktorientierung abfordert. Die wertmäßige Angebotsstruktur des deutschen Verlags-Buchhandels stellte sich im Jahr 2000 wie in Tabelle 2 dar.

Leseinteresse im Zeitvergleich

Wichtig bei der Betrachtung des Buchmarktes ist nicht nur die Angebotsseite, sondern vor allem die Nachfragesituation. Hierzu gehört vor allem die Frage nach dem Stellenwert des Bücherlesens innerhalb einer zunehmend von der Diskussion um neue (Online-)Medien bestimmten Gesellschaft. Die Stiftung Lesen hat hierzu bereits 1992 eine erste Studie durchgeführt und im Jahr 2000 im Rahmen einer zweiten Welle aktuelle Vergleichsdaten erhoben [Stiftung Lesen 2000]. Hierbei konnte im Vergleich vor allem ein Rückgang der täglichen Buchlektüre (von 16 % auf 6 % der Befragten) festgestellt werden, die geringere Häufigkeit der Buchlektüre zeigte sich auch im Anstieg der Befragten, die angaben, »nie« ein Buch zu lesen (von 20 % auf 28 %). Gerade bei Jugendlichen zeichnete sich eine Abnahme der Leseintensität ab, die Zahl der Bücher im Haushalt hat dagegen im Vergleich zur Vorperiode geringfügig zugenommen. Dabei zeigt sich bei den Jugendlichen, dass vor allem die Leseintensität des Elternhauses darüber entscheidet, mit welcher Wahrscheinlichkeit ein Jugendlicher den Weg zu Lesemedien, insbesondere dem Buch findet.

Warengruppe	Wert [Euro]	Menge	Wert / Exempl. [Euro]
Belletristik, Sachbücher	1.449.329	253.602	5,71
Bilderbücher, Zeichen- und Malbücher	31.501	12.879	2,45
Kinderbücher	197.392	56.223	3,51
Geistes- und Sozialwissenschaften	204.137	18.197	11,22
Naturwissenschaften, Technik	294.639	14.587	20,20
Schulbücher	499.778	55.327	9,03
Adressbücher	764.267	102.820	7,43
Loseblattwerke	514.011	51.521	9,98
Gesamt	3.955.053	565.156	7,00

Tabelle 2: Produktion von Büchern 2000 [Börsenverein 2001, S. 55]

Bei der Frage nach dem Marktüberblick hat sich die Orientierung der (potenziellen) Leser deutlich verschlechtert.

3.1.5 Kosten- und Erlösstrukturen im Buchmarkt

Die Kosten- und Erlösstrukturen im Buchmarkt werden am einfachsten anhand der im Rahmen einer Standardbuchkalkulation eingesetzten Werte deutlich. Die Kosten entstehen in den Bereichen Verlagsaußendienst (Vertreterprovision), Handelsrabatt, Autorenhonorar bzw. Lizenzentgelte, Herstellung, Werbung und zuletzt nicht zu vergessen die nicht-zuschlüsselbaren Gemeinkosten. Dabei werden bei den meisten Kalkulationen folgende prozentualen Spannen zu Grunde gelegt:

Kostenstruktur der Standardkalkulation

- *Handelsrabatt:* Der kartellrechtlich zulässiger Höchstrabatt von 50 % findet lediglich für den Bahnhofsbuchhandel Anwendung. Grundsätzlich ist die Rabatthöhe abhängig vom Vertriebskanal, der Marktstellung des Buches (Schnelldreher im Bereich Belletristik oder Fachbuch), sowie der Bezugsform (Festbezug ohne Remissionsrecht, Remissionsrecht, Kommission).
- *Verlagsaußendienst:* Grundsätzlich hängt die Kostenstruktur davon ab, ob hier Verlagsangestellt als Reisende (Fixgehalt dominiert) oder Handelsvertreter (Provision dominiert) zum Einsatz kommen, d.h. der

Fixkostenanteil oder der Anteil variabler Kosten dominiert. Übliche Kalkulationsgrößenordnungen liegen z.b. bei 8 % des Nettopreises (Ladenpreis abzüglich MwSt. und Handelsspanne).

- *Auslieferung:* Die Kosten für die Auslieferung unterscheiden sich in ihrer Struktur ebenfalls je nach organisatorischer Lösung (Eigen- bzw. Fremdauslieferung) und können z.b. in einer Größenordnung von 12 % vom Nettopreis in einer Kalkulation angesetzt werden.

- *Honorar / Lizenz:* Der klassische Wert für das Autorenhonorar liegt bei 10 % vom Nettoverkaufspreis, bei Taschenbüchern beträgt er rund 5 - 7 %, dabei können im Einzelfall je nach Marktstellung des Autors auch andere Größenordnungen realistisch sein. Für den Verlag ist in diesem Zusammenhang auch die Frage interessant, wie hoch der Vorschussbetrag für den Autor, d.h. die Fixkostenbelastung für den Verlag ausfällt (häufig rund 50 %). Bei der Herausgabe ausländischer Werke fallen zudem Übersetzerhonorare an, die bei ca. 15 Euro pro Normseite (1.800 Anschläge) liegen, jedoch im Einzelfall stark variieren können. Die Lizenzentgelte liegen meist in einer Größenordnung, die dem Wert des Autorenhonorars ähnelt und fallen an, wenn z.B. Werke ausländischer Autoren akquiriert werden, oder beispielsweise die Rechte für eine Taschenbuch- oder Buchclubausgabe von einem Fremdverlag erworben wird.

- *Herstellkosten:* In ihrer absoluten Höhe hängen die Herstellkosten natürlich von der Auflagenhöhe ab, die sich auch bei den Stückkosten in Form von Fixkostendegressionseffekten bemerkbar macht. Sonst sind die Herstellkosten in erster Linie von den Produktionsmethoden und der Ausstattung des Buches (z.B. Hardcover oder Taschenbuch) abhängig. Ihre Größenordnung liegt gemäß der leider nicht-repräsentativen Blitzumfrage des Börsenvereins des Deutschen Buchhandels bei ca. 28,4 % [Börsenverein 2001, S. 30].

- *Werbung:* Hier wird in der Regel 5-10 % des Planumsatzes veranschlagt (der Richtwert aus der Blitzumfrage liegt hier bei 4,8 % [Börsenverein 2001]), was sich sehr leicht in das Kalkulationsschema für Auflagen oder Einzeltitel integrieren lässt. Entscheidend ist hier die Zielgruppe der Werbung (Endverbraucher oder Fachpublikum), was die Struktur der Werbekosten stark beeinflusst. Empfehlenswert ist die Berücksichtigung von Werten zwischen 6 und 10 % [vgl. Wantzen 2002, S. 47]

■ *Gemeinkosten:* Dies sind die in allen Branchen vorhandenen nicht direkt zuschlüsselbaren Kosten, die im Buchverlag für klassische Gemeinkostenfunktionen wie etwa Lektorat oder Geschäftsleitung anfallen und bei der Betreuung durch Fachspezialisten (z.b. in Herstellung, Werbung, Vertriebsinnendienst oder Produktmanagement im Lektorat) eigentlich zugeschlüsselt werden könnten, wenn nicht der Verrechnungsaufwand einerseits und die Furcht vor internen Diskussionen andererseits die meisten Verlage veranlassen würde, von dieser Verrechnung Abstand zu nehmen. Ein solch aufwändiges Verfahren würde auch nur dann Sinn machen, wenn hausintern die entsprechenden Konsequenzen aus den ermittelten Ergebnissen gezogen werden. Allein die Personalkosten liegen laut der Blitzumfrage des Börsenvereins bei ca. 23,2 % [Börsenverein 2001]. Da die prozentuale Einberechung von Gemeinkosten in die Verlagskalkulation nicht dem tatsächlichen Kostenverlauf entspricht (die Miete der Gebäude ist unabhängig von der geplanten Auflage eines Titels), verzichten viele Verlage auf ihre Berücksichtigung im Rahmen der Auflagenkalkulation auf Vollkostenbasis und wählen statt dessen eine Teilkostenbetrachtung im Rahmen einer Deckungsbeitragsrechnung.

Bei einer Analyse der Erlösseite lassen sich aufgrund der beschränkten Datenbasis kaum aussagekräftige Schlussfolgerungen ziehen. Im Jahr 2000 erzielten die Verlage gemäß der Blitzumfrage des Börsenvereins einen Umsatzzuwachs von 5,1 % gegenüber dem Vorjahr. Betrachtet man die aus der Steuerstatistik zugänglichen Werte für 1999 von 12,77 Mrd. Euro so erhält man zumindest eine grobe Vorstellung über die Umsatzbedeutung der Branche.

3.1.6 Künftige Entwicklungen im Buchmarkt

Wie die meisten Medienmärkte so ist auch der Buchmarkt in jüngster Zeit in starke Bewegung geraten. Die Ausdehnung des internationalen Buchgeschäfts hat bei der Vermarktung über Grenzen hinweg die unterschiedlichen gebundenen Ladenpreise transparent gemacht, was zu einer verstärkten Diskussion um die

Preisbindung, Online-Buchvertrieb, Printing-On-Demand, elektronische Bücher

gebundenen Ladenpreise geführt hat, so dass trotz der neuen gesetzlichen Regelung durch das Buchpreisbindungsgesetz mittelfristig mit einem Wegfall dieser rechtlichen Sonderstellung gerechnet werden muss. Erste Veränderungen der vertriebspolitischen Landschaft haben sich durch den Internet-Buchhandel ergeben. Zwar ist die Online-Vermarktung von Büchern noch kein dominierender Vertriebskanal, jedoch ergibt sich durch die kalkulatorischen Vorteile der Direktvermarktung und die tiefergehenden kommunikationspolitischen Möglichkeiten ein Spektrum an Vorteilen aus der Internet-Vermarktung und -Distribution von Büchern. Dies beeinflusst wiederum das Machtgefüge zwischen Handel und Herstellern im Buchsektor zu Lasten des Handels. Im Handel selbst haben die Konzentrationsprozesse auf Seiten der Kaufhausketten aufgrund der begrenzten Bedeutung dieses Ver-triebskanals noch keinen direkten Einfluss auf die Vermarktung der Bücher bekommen können. Der Anteil der via Internet verkauften Bücher hat sich von 1999 auf 2000 von 0,9 % auf 2 % zwar verdoppelt, ist jedoch zumindest nach den Darstellungen des Börsenvereins des Deutschen Buchhandels mengenmäßig noch nicht von zentraler Bedeutung [vgl. Börsenverein 2001, S. 27 ff.].

Eine weitere Veränderung ist im klassischen Aufgabenspektrum des Verlages sichtbar. Verlegen als Begrifflichkeit kommt ursprünglich von »Vorlegen« und beschreibt die Tatsache, dass Verleger an den Erfolg eines bestimmten Buchprojektes glauben und dieses Projekt durch das Vorlegen d.h. Vorstrecken der notwendigen Kosten (v.a. Herstellungskosten) realisieren. Mit der Einführung digitaler Druckverfahren mit denen ein Printing-On-Demand Buch hergestellt werden kann, dass auch kleine Auflagen zulässt, da die Fixkosten für die Herstellung gegen Null tendieren und lediglich Fixkosten für die Aufbereitung des Manuskripts notwendig sind, geht es nicht mehr um die Vorfinanzierung einer Auflage, sondern um die inhaltliche und marketingtechnische Betreuung von Produkten. Das bedeutet, die Selektion marktfähiger Inhalte und die Vermarktung der Produkte werden die künftigen Kernaufgaben der Verlage sein, die in Einzelfällen mit Hilfe digitaler Druckverfahren ihr eigenes Risiko begrenzen werden [vgl. Seckendorff 2001, S. 14]. Als künftige Hauptanwendungsfelder des Books-on-Demand-Prinzips lassen sich folgende Märkte identifizieren [vgl. Hess / Tzouvaras 2001, S. 243]:

- Bestellvorgangsabhängiger Druck
  [a] Individuelle passende Auflagenhöhe (z.b. schwergängige Titel)
- Zeitgerechter Druck
  [a] Überregionale zeitgerechte Distribution (z.b. Produkte an der Grenze zwischen Presse und Buch)
  [b] Aktuelle Versionen (z.b. Inhalte mit starker Veraltungsgefahr: Gesetzestexte, Ratgeber Online-Marketing)
  [c] Permanent verfügbare Versionen (z.b. technische Dokumentationen)
- Individualisierbarer Druck
  [a] Skalierbare Qualität (herstellerische Ausstattung wie Bindung etc.)
  [b] Individuelle Inhalte (z.b. individualisierte Reiseführer entlang der Reiseroute)

Die vor einiger Zeit dominierende Diskussion über die Substitution der Bücher im Spektrum der Medien durch digitale Medienformen hat mittlerweile an Grundsätzlichkeit und Dynamik eingebüßt und ist einer differenzierten Bewertung gewichen. So ist klar, dass einige Bücher wie z.b. Lexika verstärkt durch digitale Produktformen ersetzt werden, die entweder online oder offline abrufbar sind. Die Recherche auf Basis einer Datenbanklösung ist allein aufgrund der Funktionalität besser und die immens hohen Herstellkosten dauerhafter Lexika-Bände führt im Vergleich zu elektronischen Varianten zu einer Verteuerung des Endprodukts. Darüber hinaus zeigen Studien der Stiftung Lesen, dass für das Buch und das Bücherlesen selbst keine Gefahr durch das Internet im Verzuge ist, da es gerade die Haushalte mit PC und Online-Zugang sind, in denen überdurchschnittlich viele Bücher gekauft und gelesen werden [Stiftung Lesen 2000, 41 ff.]. Auch die Substitution des gedruckten Buchs durch elektronische Buchformen, die andere Vertriebs- und Kostenstrukturen bedingen würden, hat sich noch nicht in der vor einigen Jahren prognostizierten rasanten Form entwickelt, so dass künftig zwar mit weiteren Marktveränderungen und im Einzelfall auch mit einer Verschiebung der Marktgewichte durch neue Trends und Medienformen zu rechnen ist, das Buch in seiner Grundform jedoch noch einige Zeit den Medienmarkt mit prägen wird.

3.1.7 Literatur

Börsenverein des Deutschen Buchhandels (Hrsg.) (2001): Buch und Buchhandel in Zahlen 2001 (fortl. Jg.). Frankfurt: Buchhändler-Vereinigung

Breyer-Mayländer, Thomas u.a. (2001): Wirtschaftsunternehmen Verlag: Buch-, Zeitschriften- und Zeitungsverlage. Frankfurt: Bramann (2. Aufl.)

Gent, Siegrid (1992): Die Taschenbuchfibel. Frankfurt: Buchhändler-Vereinigung

Heinold, Erhardt (Hrsg.) (2001): Bücher und Büchermacher; Heidelberg: UTB

Hess, Thomas / Tzouvaras, Antonios (2001): Books-on-Demand: Ansatz und strategische Implikationen. In: zfo 4/2001, S. 239 - 246

Menche, Birgit (2002): Das neue Buchpreisbindungsgesetz. Leitfaden für Verlage und den verbreitenden Buchhandel. Frankfurt am Main: Börsenverein des Deutschen Buchhandels

Michalowski, Bernhard (1993): Stichwort: Buchhandel und Verlage. München: Heyne

Riehm, Ulrich / Orwat, Carsten / Wingert, Bernd (2001): Online-Buchhandel in Deutschland: Die Buchhandelsbranche vor der Herausforderung des Internet. Karlsruhe: Forschungszentrum Karlsruhe

Schönstedt, Eduard (1999): Der Buchverlag: Geschichte, Aufbau, Wirtschaftsprinzipien, Kalkulation und Marketing. Stuttgart: J. B. Metzler

Seckendorff, Klaus von (2001): Bücher ohne Ballast. In: Print Process 15 / 2001, S. 14

Stiftung Lesen (Hrsg.) (2000): Leseverhalten in Deutschland im neuen Jahrtausend. Mainz: Stiftung Lesen

Stiftung Lesen (Hrsg.) (2001): Leseverhalten in Deutschland im neuen Jahrtausend. Mainz: Stiftung Lesen (Schriftenreihe »Lesewelten« Band 3)

Wantzen, Stephan (2002): Betriebswirtschaft für Verlagspraktiker. Jahresabschluss. Kalkulation. Erfolgssteuerung. Frankfurt: Bramann

3.2 Musik

Musik ist ein wichtiges Element in der Medienwirtschaft. Das zeigt die Zugehörigkeit von Musikunternehmen wie BMG, die zu Bertelsmann gehört oder Universal Music, die zu Universal Vivendi gehört. Allerdings wird Musik, vor allem in der kommunikationswissenschaftlichen und medienökonomischen Literatur [z.B. bei Kiefer 2001 oder bei Heinrich 1999 und 2001] kaum beachtet. Relevant ist Musik jedoch vor allem deshalb, weil sie mittlerweile fest in die Wertschöpfungsketten der Medienkonzerne eingebunden ist.

3.2.1 Definition des Mediums

Die Definition von Musik als Medium kann auf viele Weisen erfolgen. Das hängt zum einen damit zusammen, dass die Produktion von Musik relativ weit verbreitet ist. Ein großer Teil der Bevölkerung beherrscht ein Instrument, spielt damit oder singt wenigstens ab und an. Entsprechend der gängigen medienwissenschaftlichen Definitionen ist für die Konstitution des Mediums jedoch noch die Fremdrezeption des Inhalts notwendig. Dies ist bei einer Musikdarbietung, einem öffentlichen Auftritt der Fall. Auf der Rezeptionsseite – also beim Publikum – gibt es viele möglichkeiten zur Rezeption von Musik. Neben der öffentlichen Darbietung erfolgt der Musikkonsum häufig durch den Hörfunk, der sich seinerseits in den meisten Fällen durch die »Farbe« seines Musikprogramms definiert [vgl. »Hörfunk«, S. 121 ff.].

Fremdrezeption notwendig für die Konstitution des Mediums

Im Zentrum des wirtschaftlich relevanten Mediums Musik steht jedoch die sogenannte »Musikindustrie«, die das Medium nach außen über seine Produkte und Produktausprägungen (CD, DVD, Vinyl, Musikcassette, Video etc.) definiert. Intern versteht sich das Medium im wirtschaftlichen Sinne als Geflecht von Rechten und Verträgen. Krasilovsky und Shemel [2000] zeigen dies in ihrem mittlerweile in der achten Auflage erschienenen Buch »This Business of Music« deutlich. Sie zeichnen die Musikindustrie als Geflecht von Industrieverträgen (beispielsweise mit Künstlern, unabhängigen Produzenten, internationalen Vertriebsrechten, Copyright-Verträgen) und den Möglichkeiten zum

Rechte und Rechteverwaltung sind wichtige Bestandteile

Schutz von Rechten sowie dem wichten Part der Lizenzierung von Musik (beispielsweise für Filme oder Theateraufführungen).

3.2.2 Produkte

Produktdimensionen:

Die Produkte der Musikindustrie lassen sich entsprechende einiger weniger Merkmale unterscheiden. Die inhaltlich wichtigste Unterscheidung betrifft den formalen Inhalt des Tonträgers. Es gibt Singles – also Tonträger die nur ein oder zwei Stücke mitunter auch in mehreren Versionen – enthalten und Alben, die wesentlich länger sind als Singles und in den meisten Fällen erheblich mehr Stücke oder längere Stücke als Singles enthalten. Daneben etabliert sich mehr und mehr das Musikvideo als eigenes Produkt.

Alben und Singles

Art des Tonträgers: CD, Vinyl, Kassette, Mini Disc, DVD, SACD

Eine zweite wichtige Unterscheidung betrifft die Art des Tonträgers. Der wichtigste Tonträger ist die CD, die sich nach ihrer Einführung vor etwa 20 Jahren überraschend schnell durchgesetzt hat. Noch immer spielt die Musikkassette eine verhältnismäßig wichtige Rolle im Absatz auch wenn diese in Deutschland beispielsweise deutlich geringer ist als in den USA. Die Vinyl-Schalplatte als Single und LP gibt es noch immer. Die Verkaufszahlen der vergangenen Jahre sind relativ stabil geblieben. Vor allem für den mobilen Einsatz hat die Mini Disc ihren Platz gefunden. Ihre Verkaufszahlen sind allerdings selbst im Verhältnis zur Musikkassette verschwindend gering. Wie lange das VHS-Video noch als Träger von Musikvideo fungieren wird ist indes ungewiss. Die DVD ist als Träger von Musikvideos sichtlich besser geeignet. Es gibt auch erste DVDs, die als neuer Tonträger und Ersatz für die herkömmliche CD genutzt werden. Der Vorteil dieses Tonträgers ist der mögliche mehrkanalige Ton. Als Alternative zur DVD als Tonträger gibt es seit kurzem die Super Audio CD (SACD). Auf diesem Tonträger können Töne mit einer erheblich höheren Genauigkeit gespeichert werden als auf herkömmlichen CDs. Welches der beiden Medien – DVD-Audio oder SACD – sich durchsetzen wird, ist noch nicht klar. Neben diesen materiellen Tonträgern gibt es eine Reihe von Datenformaten, die für den Verkauf von Musik im Internet vorgesehen sind.

Verteilung der Genres relativ stabil

Neben diesen mehr oder weniger formalen Kriterien zur Unterscheidung der Produkte gibt es natürlich noch inhaltliche Kriterien. Im folgenden werden die Umsatzanteile der einzelnen Genre- bzw. Repertoiresegmente zwischen 1997 und 2001 entsprechend der Angaben des Bundesverbands der Phonographischen Wirtschaft aufgeführt.

- Pop: 42,7%
- Rock:15,6%
- Schlager: 7,3%
- Volksmusik: 2,5%
- Dance: 7,9%
- Klassik: 7,5%
- Kinderprodukte: 6,3%
- Jazz: 1,4%
- Sonstige: 8,8%

Die genannten Genres bedürfen keiner gesonderten Erläuterung. Die Verteilung der Genres im Verlauf der analysierten fünf Jahre war relativ stabil.

Für eine Klasse musikalischer Produkte ist Bundesverband der Phonographischen Wirtschaft nicht zuständig. Es handelt sich um Live-Auftritte von Künstlern. Diese sind nicht nur für die Künstler eine wichtige Einnahmequelle. Sie spielen auch im Rahmen des Marketing für Tonträger eine ernstzunehmende Rolle. Sie erzeugen zudem Medienpräsenz, die die Verkäufe von Tonträgern erleichtern kann.

Live-Auftritte

3.2.3 Unternehmensaufbau

Der Unternehmensaufbau von Musikunternehmen ist relativ verschieden. Es gibt einige wenige weltweit agierende Konzerne, die alle bereiche des Geschäfts abdecken und über mehrere dem Konzern angehörende Labels verfügen. Neben diesen Labels übernehmen die Konzerne auch noch den Vertrieb für unabhängige Labels. Daneben existieren noch Musikunternehmen, die den Vertrieb der Musik selbst übernehmen. Aufgrund der gesunkenen Kosten der Musikproduktion übernehmen – wenn die Kosten tatsächlich gering sind – die Künstler die gesamte Produktion und das Marketing selbst. Lediglich der Vertrieb wird aus der Hand gegeben.

Orientierung an Marktstruktur

Insgesamt orientiert sich der Unternehmensaufbau von Musikunternehmen an den Marktstrukturen, wie sie in Abbildung 1 [siehe nächste Seite] gezeigt werden. Auf der einen Seite gibt es die Künstler, die auch Rechteinhalber an Musik und Text sein können. Die Künstler arbeiten mit einem Produzenten zusammen, der die Musikstücke zusammen mit Tontechnikern zum Produkt formt, das hinterher auf CD gekauft werden kann. Zum Einspielen der Musik benutzen Musiker, Produzenten und Tontechniker in der Regel ein Aufnahmestudio. Für besondere Produktionen (beispielsweise Live-Aufnahmen) gibt es Ausnahmen von dieser Regel. Dies trifft übrigens auch auf bestimmte Formen

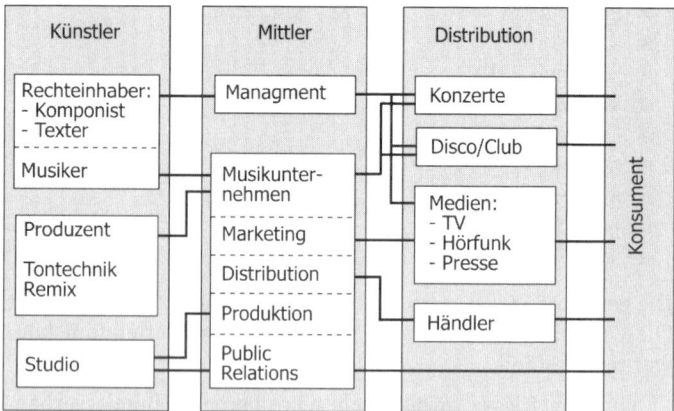

Abbildung 1: Schematische Struktur der Musikindustrie

elektronischer Musik zu, die vollständig und ohne Studio am Computer entsteht.

Zwischen den Kreativen und den Konsumenten steht das Musikunternehmen. Es ist für den Vertrieb der Ware Musik zuständig. Es muss zunächst die Musik aussuchen, die es vertreiben möchte. Dafür unterhält es je nach Größe unterschiedliche Abteilungen, die einzelne Genres bearbeiten. Unterschieden wird in der Regel die Sichtung von Künstlern ohne Plattenvertrag und die Verhandlung mit Künstlern anderer Unternehmen.

Wichtige Anlaufstellen für die Distribution sind Konzerte und der Einsatz der Musik in Diskotheken etc. Daneben spielen die Massenmedien, vor allem der Hörfunk und das Musikfernsehen eine wichtige Rolle bei der Erreichung des Konsumenten.

Ein Beispiel für ein kleines, allerdings durchaus renomiertes Label ist die deutsche Niedelassung von Mole (Neckargmünd). Auf der Werbsite des auf elektronische Musik spezialisierten Unternehmens werden alle Mitarbeiter (inkl. Hund) mit ihrer Funktion gennant:

- Alexander Hendorf: General Manager of Mole / UCMG Germany
- Torsten Martens: A&R and Labelmanagement of Mole Listening Pearls
- Thorsten Scholl: Press / Mediapromotion
- Tom Pigl: Radio / TV -Communication
- Babak Shayan: DJ-Promotion
- Emma: Lookin For Some Food In Our Trashcans [www.mole.de, Stand: Oktober 2002][1]

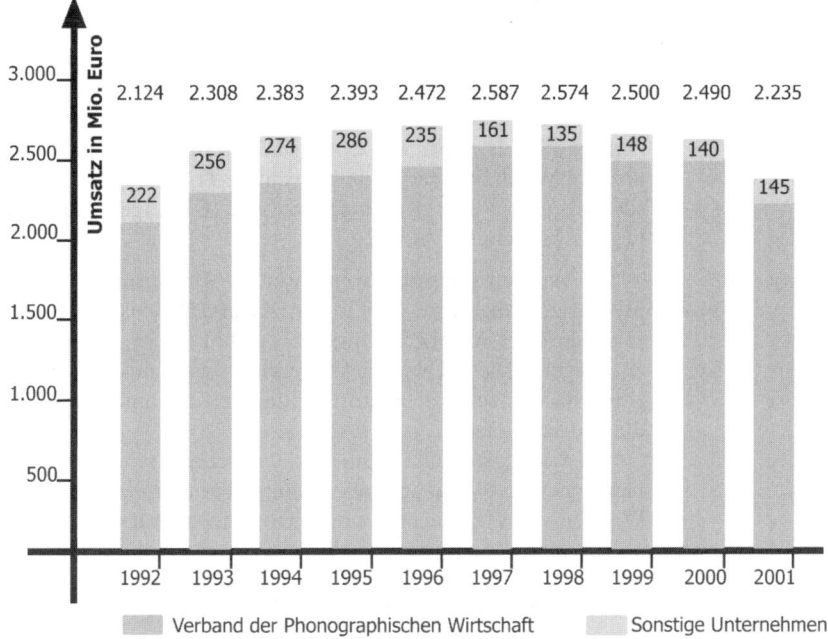

Abbildung 2: Umsatz in der Musikwirtschaft in Verbraucherpreisen Mio. Euro inkl. MwSt.
[Bundesverband der Phonographischen Wirtschaft 2002]

3.2.4 Markt

Der Bundesverband der Phonographischen Wirtschaft erfasst re- *Rückläufige Verkäufe*
gelmäßig die Verkaufszahlen auf dem Musikmarkt. 2001 war
kein Jahr in dem die Musikindustrie euphorisch war. Der Jahresumsatz ging im Vergleich zum Jahr 2001 10,2 % zurück. Während noch 2000 266,4 Millionen Tonträger verkauft wurden,
waren es 2001 nur noch 244,1 Millionen. Die Musikindustrie
führt dies hauptsächlich auf die Verbreitung von CD-Brennern
zurück. 2001 wurden entsprechend Ergebnissen der GfK erst- *Probleme durch*
mals mehr m CD-Rohlinge privat mit Musik bespielt (182 Mio.) *kopierte CDs und*
als CD-Alben verkauft (173,4 Mio.). Dieser Umfang ist gewaltig. *Internet*
Allerdings wäre es trotz der vielfältigen Copyright-Verletzung
verfehlt, daran zu glauben, dass der Musikindustrie ein Gewinn
entsprechend der Gesamtzahl der Kopien entgangen sei. Die Budgets der privaten Haushalte hätten wahrscheinlich ohne die Mög-

---

1. Interessant ist auch der internationale Überbau und die Funktionen,
   die die Mitarbeiter in der organistortisch darüberliegenden UCMG
   ausüben [vgl.www.ucmg.com/contact.php]

lichkeit zur Kopie ohne Qualitätsverlust, etwas mehr in Musik investiert aber sicher nicht doppelt so viele Alben gekauft. Allerdings baut sich neben der Bedrohung durch CD-Kopien noch eine weitere ökonomische Gefahr für die Musikindustrie auf. Im Jahr 2001 wurden weltweit fast 500 Millionen Downloads aus zumeist illegalen über Tauschbörsen durchgeführt. Die dort verbreitete Musik hat meist eine schlechtere Tonqualität als die Musik auf CDs.[2] Der Kopierschutz von Tonträgern bietet nur begrenzten Schutz [vgl. 3.2.6].

Kernzielgruppe: 20 bis 39 Jahre

Die meisten Tonträger werden in der Altersgruppe der 20 bis 39-jährigen abgesetzt. Die Tendenz von 1999 bis 2001 hat gezeigt, dass der Absatz, je jünger das Publikum ist, um so stärker zurückgeht. Diese Tatsache verdeutlicht nach unserer Einschätzung, dass es sich vor allem um jüngere Konsumenten handelt, die Musik kopieren.

Die wichtigste Zeit im Jahr für den Verkauf von Musik ist der Herbst, die drei Monate vor Weihnachten und insbesondere die Wochen vor Weihnachten sind enorm umsatzstark.

3.2.5 Kosten- und Erlösstruktur

Die Kosten- und Erlösstruktur von Musikunternehmen ist sehr verschieden. Neben den sogenannten Majors gibt es noch viele kleine und Kleinstunternehmen. Auf der Kostenseite fällt das Honorar für die Künstler an. Dieses kann von wenigen Prozenten bis zu einem a priori vereinbarten Fixhonorar und entsprechenden Kombinationen dazwischen reichen. Künstler und Produzent liefern die Musik an das Unternehmen, das für die Produktion der Materie zuständig ist. Auch das dingliche Produkt kann – je nach Ausstattung – höchst unterschiedliche Kosten verursachen.

Musik ist zum überwiegenden teil ein vom Marketing getriebenes Geschäft. Deshalb sind die Marketingkosten nicht unerheblich. Hinzu kommen Kosten für den Vertrieb von Tonträgern. Es müssen Handelsvertreter bezahlt werden.

3.2.6 Künftige Entwicklungen

Seit die Breitbandnutzung des Internet zunimmt und im Internet Tauschbörsen für Musik aufkamen setzte die Diskussion über die

---

2. 2002 fanden sich in den Tauschbörsen vermehrt Viren und verstümmelte Musikstücke, so dass damit zu rechnen ist, dass Tauschbörsen zwar eine Bedrohung bleiben, wenn auch weniger dramatisch als in den offiziellen Verlautbarungen der Verbände und der Industrie.

Zukunft der Musikindustrie verstärkt ein. Die Kopierbarkeit von digitalisierter Musik ist deshalb verantwortlich für mehre Trends beziehungsweise für Trends die verschiedene Ebenen des Musikgeschäfts betreffen. Hauptsächlich betreffen diese

- den Vertrieb über das Internet,
- die dingliche Gestaltung von Tonträgern,
- die Repertoires und Zielgruppen
- und die Einbindung von Musik in die Wertschöpfungskette von Medienhäusern.

3.2.6.1 Internet-Vertrieb

Beim Vertrieb von Musik über das Internet sind zwei wesentliche Aspekte zu unterscheiden. Über das Internet können ganz traditionelle Tonträger – wie CDs oder Vinyl-Schallplatten – vertrieben werden und der direkte Vertrieb von Musik als Daten.

Sowohl der Vertrieb von materiellen Tonträgern als auch der Vertrieb von »Daten«

Der Vertrieb von Tonträgern über das Internet funktioniert ganz ähnlich wie der Online-Buchhandel. Der Käufer kann das Produkt per Datenbankanfrage finden und – in reduzierter Qualität – probehören.[3] Ein Service der durch den stationären Handel nur begrenzt zur Verfügung steht. Durch die damit leichter mögliche Überprüfbarkeit der Qualität eines Tonträgers mag einerseits der Absatz qualitativ problematischer Produkte schwieriger werden, andererseits wird die Hemmung vor dem Kauf unbekannterer Produkte reduziert, da diese leichter in ihrer Qualität beurteilt werden können.

Den Vertrieb von Musik als Daten über das Internet gibt es zwar. Doch werden wohl mehr Stücke über Tauschbörsen getauscht als auf den Plattformen der Musikkonzerne gekauft. Hierzu gibt es einige Faktoren größter Relevanz, die zwar erkannt wurden aber noch nicht umgesetzt wurden.

Noch unzureichende Voraussetzungen für den Vertrieb von »Musikdaten«

- Den Kunden interessiert es kaum, bei welchem Musikkonzern ein Künstler oder das Label eines Künstlers unter Vertrag ist. Deshalb wird – ähnlich wie im Vertrieb von materiellen Tonträgern – nur ein Vollsortimenter oder eine auf spezielle Stilrichtungen spezialisierter Vertrieb Erfolg haben.
- Das Argument des vollständigen Sortiments und dessen ständiger Verfügbarkeit ist das wichtigste Unterscheidungskriterium zu den illegalen Tauschbörsen. Daneben spielen Faktoren wie die bessere Tonqualität

---

3. Beim Buch werden häufig Probekapitel oder Inhaltsverzeichnisse angeboten.

der Daten und die Virenfreiheit etc. eine wichtige Rolle.

■ Digitale Produkte werden – gleich wie gut der Kopierschutz ist – immer kopiert werden können, weil der Kunde sie nur analog (als Musik) wahrnehmen kann. Spätestens durch die Verwandlung von Daten in Töne sind diese wieder – mit einem geringen Qualitätsverlust – kopierbar [Werner 2003]. Ein Kopierschutz sollte deshalb vor allem die Funktion der Erschwernis der Verbreitung und der Reduzierung der Musikqualität bei Kopien haben. Verhindern kann er sie nicht.

3.2.6.2 Dingliche Gestaltung von Tonträgern

Schaffen von Zusatznutzen

Musik wird von den Konsumenten in den meisten Fällen als Tonträger gekauft. Dieser Tonträger – momentan größtenteils CDs – wird gestaltet und bietet dem Musikkonsumenten, dem Fan, einen Zusatznutzen und Kaufanreiz. Zwar sind Cover-Fotos und Titellisten genauso kopierbar wie die Musikstücke selbst. Doch bieten sich erheblich mehr Möglichkeiten, die in den nächsten Jahren ausgeschöpft werden müssen, als eine billige Plastikschachtel mit einem vierseitigen Booklet zu versehen. So haben Papphüllen für den Käufer ein ganz eigenes Gefühl beim Berühren des Produkts. Besondere Druckverfahren lassen sich einsetzen und neben den Texten der Musik lassen sich qualitativ hochwertige Fotos etc. einarbeiten. Diese können nur unter größtem Aufwand kopiert werden und bieten somit für den Käufer einen Mehrwert. Daneben kann an Dienstleistungen gedacht werden, die zusätzlich zum Tonträger angeboten werden. Diese können je nach Musikrichtung in der Möglichkeit eines Rabatts auf Konzertbesuche bestehen oder im Angebot von Remixen, wenn der Tonträger online registriert wird.

Anreicherung von Klassikern durch Archivmaterial, Fotos, Texte etc.

Entsprechend ist der mittlerweile schon recht lange anhaltende Trend zur Wiederveröffentlichung von Archivmaterial zu verstehen. Dabei werden in der Regel besonders bekannte und vor vielen Jahren erfolgreiche Tonträger neu aufgelegt. Damit es sich für die Fans lohnt, den Tonträger zu kaufen, wird die Musik digital nachbearbeitet. Hinzu kommt weiteres mitunter unveröffentlichtes Archivmaterial (verschiedene Versionen eines Titels, Live-Material oder Remixe) sowie Text- und Bildmaterial in einem aufwendigen Booklet. Beispiele hierfür sind die Delux Edition von Universal Music und Verves Master Edition.

3.2.6.3 Repertoires und Zielgruppen

Auch die Repertoires der Musikkonzerne werden sich unter dem *Verbreiterung*
Einfluss des Internet verändern. Musik ist in vielen Fällen ein
vom Marketing getriebenes Geschäft. Eine häufig genutzte Strategie bestand darin, einige wenige Top Acts im Repertoire zu haben und die Veröffentlichungen dieser Künstler mit großen
Marketing-Budgets zu pushen. Nicht nur dass dieses Verfahren
große Risiken in sich birgt, wie Veröffentlichungen von Michael
Jackson, Mariah Carey und Mick Jagger belegen. Es kommt
nicht nur zu Schwierigkeiten, wenn die Musik die Konsumenten
nicht anspricht. Die Konzentration des Repertoires erleichtert
das Kopieren der Produkte, weil diese von den kopierwilligen
leichter zu beschaffen sind. Besonders gefährdet sind Tonträger
mit jungen Zielgruppen, da diese über die notwendige Zeit zum
Umgehen von Kopierschützen und dem Auffinden von kopierba-
rem Material haben.

Im Gegenzug macht eine Verbreiterung der Repertoires mehr *Problem Formatradio*
Sinn, auch wenn sich breitere Repertoires durch die stark konzentrierte Radioformate weniger leicht promoten lassen als konzentrierte Repertoires. Hier bietet aber das Internet ausge-
zeichnete Möglichkeiten. Den Käufern auf Amazon wird beispielsweise neben den gekauften CDs auch noch ähnliche Musik
angeboten. Mit den entsprechend breiten Programmen lassen
sich auch ältere Käuferschichten, die über ein höheres Einkom-
men verfügen als jugendliche Käufer, erreichen.

Bezüglich der eingeschränkten Bandbreite der Radioprogram-
me riefen die Dachorganisationen der deutschen Musikwirtschaft anläßlich der Popkom 2002 zur Quotierung der Hörfunkprogramme auf, so dass Neuheiten eine größere Chance auf den
Einsatz im Programm bekommen und somit natürlich bessere
Gelegenheiten zur Verbreiterung der Repertoires bestünden.

Breite Repertoires ermöglichen zudem die Veröffentlichung
von themengebundenen Samplern und größere Einnahmen durch
Lizenzen. Es kann Musik zum Autofahren, Wohlfühlen zu Hause
zum Launchen etc. geben. Diese Sampler dienen dann gleichzeitig
der Promotion des eigenen Programms.

3.2.6.4 Integration in Wertschöpfungsketten

In Medienkonzernen, die auch Kinofilme produzieren, ist der
Aufwand für das Marketing mittlerweile so groß, dass ein inte-
griertes Marketing für verschiedene Medienformen und
Merchandising betrieben werden muss, um eine Produktion si-
cher in die schwarzen Zahlen zu führen. Ein Teil dieser weiteren
Medienformen ist der zum Film gehörige Tonträger. Mit solchen

Tonträgern lassen sich nicht nur die Einnahmen der Produktion nach oben treiben. Es ist zudem möglich – durch eine veröffentlichung des Tonträgers vor dem jeweiligen Filmstart – den Film durch das abspielen der Musik im Hörfunk zu promoten und gleichzeitig unbekannteren Künstlern etwas mehr Promotion zu verschaffen. Der genaue Umgang mit Wertschöpfungsketten wird im Kapitel »Vom Workflow zum Newsflow«, S. 343 ff., genau erläutert.

3.2.7 Literatur

Bundesverband der Phonographischen Wirtschaft (2002): Jahreswirtschaftsbericht 2001. Hamburg: Bundesverband Phono [Daten auch unter www.ifpi.de]

Heinrich, Jürgen (2001): Medienökonomie Band 1: Mediensystem, Zeitung, Zeitschrift, Anzeigenblatt. Wiesbaden: Westdeutscher Verlag (2. Aufl.)

Heinrich, Jürgen (1999): Medienökonomie: Band 2: Hörfunk und Fernsehen. Opladen/Wiesbaden: Westdeutscher Verlag

Kiefer, Marie Luise (2001): Medienökonomik. Einführung in eine ökonomische Theorie der Medien. München: Oldenbourg

Krasilovsky, M. William / Shemel, Sidney (2000): This business of music: the definitive guide to the music industry. New York: Billboard Books (8th ed.)

Werner, Andreas (2003): Marketing-Instrument Internet. Heiderberg: dpunkt (3. Aufl.)

3.3 Anzeigen- und Offertenblätter

Der Markt der Anzeigenblätter ist noch recht jung. Zwar gibt es bereits seit bestehen der Werbevermarktung von Zeitungen immer wieder Diskussionen über die Auswirkungen der Werbung auf das Produkt, jedoch war der Schritt zu einem rein werbefinanzierten Produkt ohne Copy-Preis, das überwiegend aus Anzeigen besteht eine Entwicklung, die in Deutschland im Wesentlichen in den 80er Jahren stattfand.

Nach einem raschen Wachstum entstand so ein etablierter Werbeträger, der durch die regionale Steuerbarkeit in direkter Konkurrenz zur Direktverteilung von Prospektmaterial auf der einen Seite und zur Tagezeitung auf der anderen Seite der Preis- und Qualitätsskala steht.

3.3.1 Definition des Mediums

Unter einem Anzeigenblatt versteht man »periodisch erscheinende Werbedrucksachen, die unentgeltlich und unbestellt allen Haushalten eines lokal begrenzten Bezirks zugestellt werden. Neben einem Annoncenteil enthalten sie häufig auch redaktionelle meist ortsbezogene Beiträge« [Breyer-Mayländer 2001, S. 30]. Beispielhafte Titel hierfür sind das Singener Wochenblatt, Blitztipp, Marktplatz etc. Neben den in dieser Definition beschriebenen dominierenden regional und lokal orientierten Anzeigenblättern, existieren derzeit keine nationalen Anzeigenblätter. Offertenblätter sind im Gegensatz zu Anzeigenblättern »periodische Druckwerke, die Werbung – überwiegend in Form von Kleinanzeigen – Inserenten kostenlos zur Verfügung stellen. Diese Werbebotschaften werden den Lesern als Informationen verkauft. Offertenblätter finanzieren sich aus dem Vertriebserlös durch den Verkauf der Exemplare am Kiosk und aus dem Anzeigenerlös, der durch den Verkauf gewerblicher Anzeigen erzielt wird.« [Breyer-Mayländer 2001]. Diese gewerblichen Anzeigenerlöse bilden den Hauptteil des Umsatzes, sie können aufgrund des mit Hilfe der kostenlosen Kleinanzeigen generierten Werbeumfeldes

Regionales Werbemedium

gezielt vermarktet werden. So ist es für einen Autohändler beispielsweise attraktiv, im Umfeld von Kfz-Anzeigen von Privatleuten seine Gebraucht- und Neuwagen anzubieten. Beispielhafte Titel hierfür sind »Zweite Hand«, »SperrMüll«, »Annonce«. Wegen der größeren zahlen- und umsatzmäßigen Bedeutung werden wir uns im Folgenden im Wesentlichen auf die Marktentwicklung der Anzeigenblätter konzentrieren und lediglich an einigen ausgewählten Stellen die Problematik der Offertenblätter ansprechen.

3.3.2 Produkte

Meist wöchentliche regionale, lokale oder sublokale Berichterstattung

Der Großteil der Anzeigenblätter (über 96 %) erscheint wöchentlich, die restlichen Anzeigenblätter werden mit 14-täglicher oder monatlicher Erscheinungsweise herausgegeben. Dabei haben sich diese wöchentlichen kostenlosen Produkte in den vergangenen Jahren vor allem im Umfang und der Qualität der lokalen und regionalen Berichterstattung meist positiv entwickelt. Es wurden hierfür entweder neue Redaktionen aufgebaut oder bei den Tochtergesellschaften von Zeitungsverlagen die redaktionellen Ressourcen des Zeitungsbereichs verstärkt genutzt. Damit besteht in einzelnen Bereichen z.B. aufgrund des besseren sublokalen Zuschnitts der Anzeigenblätter in größeren Städten ein ernsthaftes Konkurrenzverhältnis zur Tageszeitung im Lesermarkt. Im Werbemarkt besteht ohnehin eine weitgehende Übereinstimmung der Kundenklientel, da durch die regionale Steuerbarkeit in erster Linie die Handels- und Dienstleistungsunternehmen vor Ort als Werbekunden in Frage kommen.

3.3.3 Unternehmensaufbau

Der Unternehmensaufbau der Anzeigenblattverlage wird entscheidend davon geprägt, ob sie als Tochterunternehmen von Zeitungsverlagen in einen größeren Kontext integriert sind, oder ob sie als freier Anzeigenblattverlag mit eigenen oder fremden Druckkapazitäten organisiert sind.

Im Grundsatz ähnelt dieser Unternehmensaufbau der Aufbauorganisation des klassischen Presseverlags mit funktionaler Gliederung. Dies darf jedoch nicht darüber hinwegtäuschen, dass die Hauptfunktion im Anzeigenblattverlag im Bereich der Werbevermarktung liegt. Innerhalb der funktionalen Gliederung ist die Anzeigenabteilung die dominierende Einheit, die auch von der Geschäftsführung die stärkste Unterstützung erfährt. Der Geschäftsführer ist meist in einer Nebenfunktion Ansprechpartner für die wichtigsten Werbekunden der Region und hat die Aufga-

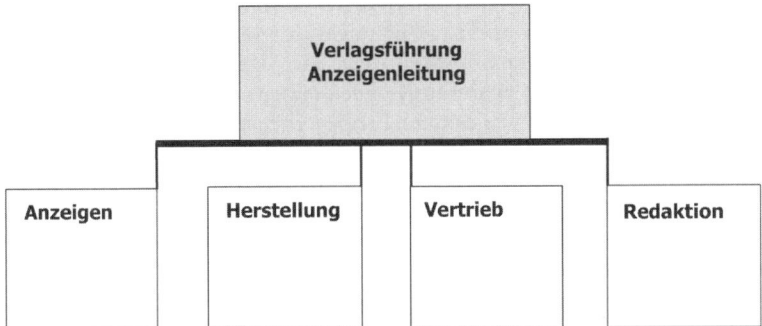

Abbildung 1: Aufbauorganisation eines Anzeigenblattverlages

be den Kontakt zu den führenden Persönlichkeiten der lokalen Wirtschaft auf- und auszubauen. Untergliedert wird die Anzeigenabteilung in die Unterfunktionen: Innendienst und Außendienst. Ersterer ist mit der internen Abwicklung (Anzeigenplanung für jede einzelne Ausgabe, Abrechnungen etc.) befasst, während der Außendienst für die Akquise und Kundenbetreuung eingesetzt wird. Dabei wird das Geschäft der Rubrik- und Kleinanzeigen hauptsächlich durch die telefonische Anzeigenannahme (TAA) abgewickelt, die seit einigen Jahren auch durch firmeneigene oder externe Call-Center durchgeführt wird.

3.3.3.1 Vertrieb

Der Vertrieb ist im Regelfall eigenständig organisiert, so dass in Wettbewerbsgebieten konkurrierende Anzeigenblätter mit unterschiedlichen Trägern zugestellt werden, wenngleich die Dominanz von Titeln, die Mittwochs oder Donnerstags erscheinen, dazu führt, dass häufig am selben Tag nachmittags parallele Zustellgänge durchgeführt werden. Die wöchentliche nachmittägliche Zustellung erfolgt meist durch Schüler, wobei sich auch die Anzeigenblattbranche als besonderes Opfer der Änderung der Sozialgesetzgebung sieht, die durch die Änderung der Sozialversicherungsfreiheit geringfügiger Beschäftigungsverhätlnisse (sogenanntes 630 DM-Gesetz) hervorgerufen wurde. Die Genauigkeit der Zustellung ist unkritisch, da die Verteilung an alle Haushalte sehr einfach zu leisten ist. Auch Haushalte mit sogenannten Werbestoppaufklebern dürfen bedient werden, da Werbeverweigerung keine Übermittlung von grundgesetzlich geschützter Informationen, d.h. der redaktionellen Inhalte der Anzeigenblätter ausschließt. Auch ist die Zustellgenauigkeit deshalb weniger erfolgskritisch, weil sich die Bezieher kostenloser Presse-

Einfache Zustellkenntnisse

produkte nicht automatisch schlecht behandelt fühlen, wenn das ohnehin nicht aktiv angeforderte Anzeigenblatt, zu spät, in schlechtem Zustand oder gar nicht im heimischen Briefkasten landet. Organisatorisch leidet der Anzeigenblattvertrieb jedoch – ähnlich wie andere Pressevertriebsbereiche – unter der hohen Fluktuation, die in Verbindung mit den begrenzten Stückentgelten für die Träger interpretiert werden müssen. Die Träger werden zwar nach Stücklohn bezahlt (z.b. 3 Cent pro zugestelltem Exemplar), der dabei innerhalb einer Stunde erzielte Gesamtlohn wird jedoch von den Zustellern mit den Studenlöhnen alternativer Beschäftigungsformen verglichen. Hier zeigt sich, dass insbesondere nach Einschränkung der sozialversicherungsfreien Beschäftigungsverhältnisse für viele Zusteller die Konditionen der Anzeigenblattverlage und Distributionsfirmen nicht attraktiv genug sind. Als klassicher »Nebenjob« besteht ohnehin die Gefahr einer hohen, kosteninstensiven Fluktuation in diesem Bereich. Die engen finanziellen Spielräume lassen hier auch künftig keine besonders enge Personalbindung erwarten.

3.3.3.2 Redaktion

Begrenzte Ressourcen

In den vergangenen Jahren wurden von den Verlegern zwar eigenständige Redaktionen aufgebaut, diese können jedoch in den nächsten Jahren durch die enge Marktsituation und die geringen Zuwächse kaum ausgebaut werden. Da der Werbemarkt als einzige Refinanzierungsquelle der Anzeigenblätter dient, ist die in den letzten Jahren verstärkte intermediale Konkurrenz in der Position zwischen Direktwerbung und Tageszeitung eine Entwicklung, die die Möglichkeiten kostenintensiver Erweiterungen der Redaktion erschweren. Nach wie vor ist der Bezug fertiger Inhalte von eigens dafür konzipierten Agenturen, die Inhalt und Gestaltung anzeigenblattgerecht aufbereiten, von großer Bedeutung für die redaktionelle Gesamtarbeit der Branche. Dabei werden – ähnlich wie beim Bezug fertig gestalteter Sonderseiten der Zeitungsverlage – die anzeigenaffinen Themen der Saison (Heiraten, Weihnachten, Auto im Frühling etc.) komplett mit Text und Bildern aufbereitet, so dass der Verlag lediglich die Akquise der Anzeigen in Eigenregie durchführt.

3.3.3.3 Technik

Druckqualität für Werbekundschaft

In einigen Verlagen ist der Anzeigenblattbereich wenn nicht an eine Zeitung, so doch an eine Druckerei angegliedert. In diesen Fällen ist neben den techniknahen Funktionen der Anzeigenabteilung auch der Bereich Druck im Verlag selbst angesiedelt. Da Anzeigenblätter mit in der Regel wöchentlicher Erscheinungsweise in der Produktion nicht so zeitkritisch sind, wie z.B. Tageszeitungen oder kostenlose Zeitungen, ist bei Anzeigenblättern eine Fremdproduktion ohne Nachteile im Markt möglich, so dass für viele Anzeigenblattverlage auch ein Zukauf der Produktionsfunktion in Frage kommen kann. Unabhängig von der Frage von Fremdbezug oder Eigenproduktion spielt im intra- und intermedialen Wettbewerb zunehmend die Qualität der Drucktechnologie eine Rolle. Hierbei geht es im Markt der Anzeigenblätter nicht in erster Linie um die Bedürfnisse und Ansprüche der Leser gegenüber der Druckqualität, als vielmehr um die Ansprüche der Anzeigenkundschaft gegenüber der Darstellungsqualität ihrer Werbung. Ebenso wie im Zeitungsmarkt hat sich hier der Trend zu Farbanzeigen und der Darstellungsmöglichkeit eigener Schmuckfarben durchgesetzt.

3.3.4 Markt

Im Jahr 2002 sind in Deutschland 1.312 Anzeigenblätter im Rahmen der Erhebungen des Bundesverbands Deutscher Anzeigenblätter (BVDA) registriert worden [ZAW 2002, S. 257]. Davon erscheint der größte Teil am Mittwoch (53 %), als die darüber hinaus stark nachgefragten Erscheinungstage haben sich der Donnerstag (17 %) und der Sonntag (16 %) etabliert. Die mittelständische Struktur der Branche zeigt sich anhand der Schwer-

Mittelständische Struktur

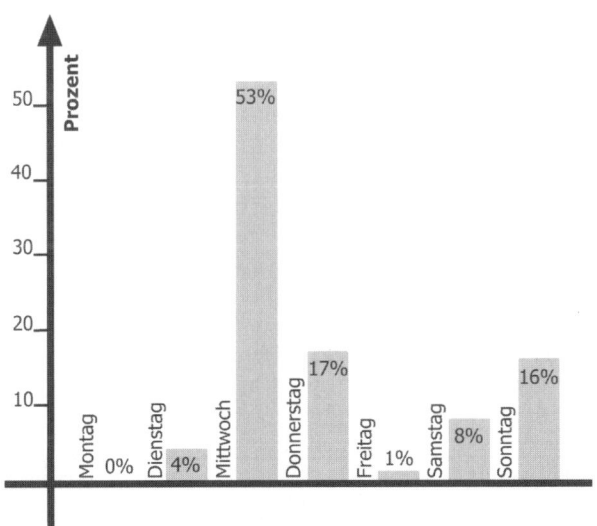

Abbildung 2: Anzeigenblattmarkt in Deutschland nach Erscheinungstagen [ZAW 2002, S. 257]

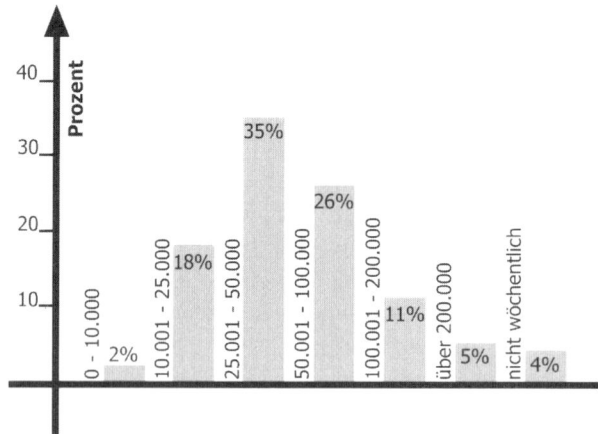

Abbildung 3: Anzeigenblattmarkt in Deutschland nach Größenklassen [ZAW 2002, S. 257]

punktbildung in den Auflagengrößenklassen. Die mittleren Auflagenkategorien dominieren, wie etwa 25.001 bis 50.000 Exemplare mit 35 % und 50.001 bis 100.000 Exemplare mit 26 %.

Großer weitester Leserkreis

Die Reichweitenwerte der Anzeigenblätter sind des öfteren Gegenstand der Auseinandersetzung mit konkurrierenden Werbeträgern. Sie liegen nach den aktuellen Daten bei durchschnittlich 65 % Reichweite (Leser-pro-Ausgabe) und einem weitesten Leserkreis von 92 % [BVDA 2001]. Dabei darf jedoch nicht übersehen werden, dass durch die allgemeine Formulierung der Fragestellung hier auch Amts- und Gemeindeblätter und Center-Zeitungen Eingang in die Reichweitenwerte finden. Seit 1996 findet sich in der im Rahmen der Allensbacher-Werbeträger-Analyse (AWA) erhobenen Daten folgende Fragestellung:

»Es gibt ja auch › Anzeigenblätter‹, die kostenlos an die Haushalte verteilt werden. Darin stehen Berichte hier vom Ort und aus der Gegend und natürlich auch Anzeigen und Werbung. Haben Sie so ein Anzeigenblatt schon mal gesehen?«

Reichweitenermittlung in der Diskussion

Diese Fragestellung hat zu einem Anstieg der Reichweiten geführt, da die oben angedeuteten Unschärfen sich bei den Ergebnissen auswirken. Hingegen wird bei der Reichweitenerhebung der Zeitungs- und Zeitschriftentitel im Rahmen der Media-Analyse mit Titelkarten im persönlich mündlichen Interview gearbeitet. Das bedeutet, die Befragten bekommen die Titelschriftzüge der Zeitungen und Zeitschriften ihrer Region vorgelegt und werden anhand der Wiedererkennung der Titelkarten als Leser dem Einzeltitel zugeordnet. Die somit ermittelte Reichweite jedes Einzeltitels wird anschließend zu einer durchschnittlichen Gesamtreichsweite aufaddiert, was eine methodisch sehr präzise Bestimmung der Gesamtreichweite ermöglicht.

Die Reichweite der Anzeigenblätter liegt wie bereits erwähnt im Bereich von 65 % [AWA 2000], wobei es einen Reichweitenvorsprung im Osten Deutschlands gibt, wo Anzeigenblätter intensivere Beachtung finden. Als Werbeträger eignen sich Anzeigenblätter vor allem zur regionalen Steuerung von Werbung. Die regionale Verteil- und Verbreitungsstruktur führt dazu, dass dies als Hauptsteuerungskrieterium der Kunden benutzt wird. Die Soziodemografie der Leserstruktur weicht nur geringfügig von der Gesamtbevölkerung ab, indem mehr Frauen als Männer Anzeigenblätter konsumieren (56 % Anteil weiblicher Leser im Vergleich zu 52 % Anteil in der Gesamtbevölkerung) und die mittleren Einkommensgruppen (1.000-2.000 Euro Haushalts-Nettoeinkommen) leicht über- und die hohen Einkommensgruppen (über 2.000 Euro HH-Nettoeinkommen) unterdurchschnittlich vorhanden sind. Damit korrespondiert auch die Nutzanwendung der Suche nach Sonderangeboten, ein Nutzungsmotiv, dass immerhin von 42 % der Leser angegeben wird [BVDA 1998, S. 13].

Regionale Steuerbarkeit

Über die Offertenblätter steht nur begrenzt statistisches Material zur Verfügung. So waren nach Austritten im Jahr 2001 nur noch 24 Titel mit 69 Anzeigenbelegungseinheiten in der Auflagenkontrollorganisation IVW vertreten, die eine verkaufte Auflage von 0,7 Mio. Exemplaren repräsentieren [ZAW 2002, S. 286].

3.3.5 Kosten- und Erlösstrukturen

Mit einem Gesamtnettowerbeumsatz von 1,74 Mrd. Euro im Werbejahr 2001, was einem Rückgang von 2,8 % gegenüber einem Gesamtrückgang von -7,3 % des gesamten deutschen Werbemarktes entspricht, zeigt sich, dass sich die Anzeigenblätter insgesamt im Lebenszyklus des Produkts im Sättigungsbereich befinden, jedoch gegenüber den starken Rückgängen den Zeitungen und Fachzeitschriften noch recht stabil behaupten konnten.

Umsätze stagnieren

Da Anzeigenblätter als einzige Erlösquelle vom Werbemarkt abhängen zeigen sich Konjunkturbewegungen direkt im Betriebsergebnis der Häuser, zumal negative Entwicklungen auf dem Markt für Zeitungspapier, wie sie aufgrund der knappen Kapazitäten der Papierhersteller im Jahr 2000 auftraten, sich auch direkt in der Kostenstruktur der Anzeigenblätter bemerkbar machen. Anzeigen werden – ähnlich wie bei den übrigen Print-Produkten – je nach Auflage des Titels, Größe, Art und Platzierung der Anzeige vermarktet.

- *Auflage*: Basis der Preisentwicklung ist die Auflage bzw. die damit verbundene Reichweite, da sie bestimmt, wieviel Leser mit der Werbung in Kontakt kommen können. Diese Betrachtungsweise führt zum Errechnen von Tausend-Kontakt-Preisen (TKP), mit der die Preis-Leistungsrelation intra- und intermedial zwischen unterschiedlichen Anzeigenblättern oder z.b. zwischen Anzeigenblatt XY und Zeitung Z vergleichbar wird.

- *Größe*: Da die Wirksamkeit einer Anzeige durch deren Größe bestimmt wird und größere Anzeigen generell mehr Aufmerksamkeit und Werbewirkung erzeugen als kleinere Anzeigen, wird die Werbung im Tageszeitungs- und Anzeigenblattmarkt nach Millimetern abgerechnet.

- *Art / Platzierung*: Die preiswerteste Anzeige ist meist die »Amtliche Bekanntmachung«, gefolgt von der »PR Anzeige«, die keine Preisangebote enthalten darf und an formelle Auflagen geknüpft ist. Die »Text-Anzeige« (Platzierung im Text) kostet mitunter bereits das doppelte der PR-Anzeige und wird im Preis jedoch durch die »Titelkopfanzeige« (Platzierung im sehr auffälligen Titelbereich) bei weitem übertroffen. Neben diesen Grundversionen gibt es zahlreiche Varianten (z.B. »Fundgrube«), die mit speziellen Sonderpreisen abgerechnet werden.

3.3.6 Künftige Entwicklungen

Substitution in Teilbereichen durch Internet

Auch im Bereich der Anzeigenblattverlage sind erste Substitutionseffekte durch die Konkurrenz mit dem neuen Werbeträger Internet abzusehen. Sehr problematisch sind hier nicht etwa Substitutionseffekte im Leser-/Nutzermarkt, sondern substitutive Angebote im Bereich des Werbemarktes. Besonders betroffen ist hier wiederum der Bereich der Klein- und Rubrikanzeigen (z.B. Stellen-, Immobilien-, Kfz-Anzeigen). Aus diesem Grund haben die Anzeigenblattverlage in Deutschland mit »Anonza« versucht eine eigene Internet-Marke zu etablieren, die eine gleichzeitige Suche nach unterschiedlichen mehrdimensionalen Kriterien in einer verlagsübergreifenden Datenbank sicherstellen soll. Trotz der vom Verband vermeldeten Wachstumszahlen, zeigt sich, dass die Plattform in der derzeitigen Funktionalität (Fehlzuordnung von Orten etc.) noch ausbaufähig ist. Auch die Offertenblätter haben ihre Anzeigen im Rahmen einer Gemeinschaftsinitative unter dem Namen »Quoka« im Netz veröffentlicht. In beiden Fällen zeigt sich, dass die künftig angewandten Business-Modelle (Zahlung des Inserenten oder des Abrufenden) noch nicht in der geplanten Form im Markt etabliert werden konnten.

Ein weiterer Faktor für eine gegebenenfalls stattfindende Marktverengung für Anzeigenblätter ist die Konkurrenz mit der Direktwerbung insbesondere im Bereich der Handelskunden. Während von Seiten der Fachleute im Handel die Direktwerbung als gleichbedeutend mit der Anzeige in der Zeitung eingeschätzt wird [ZAW 2001, S. 194 f.], zeigt eine Befragung unter Endverbrauchern, dass die »Handzettelwerbung« mit 68 % noch vor der »Anzeigenwerbung« 63 % rangiert. Da der Handel insbesondere im Bereich des Lebensmitteleinzelhandels (LEH) sehr stark unter einem Preiskampf mit entsprechend knappen Margen leidet, wird hier verstärkt nach einer Optimierung des Ressourceneinsatzes im Werbebereich gefahndet. Eine Möglichkeit, Einsparungen vorzunehmen, wäre der Wechsel von der Zeitungswerbung in die preiswertere Anzeigenblattwerbung unter »In-Kauf-Nahme« der schlechteren umfeldbedingten Werbewirkung. Vielen Handelskunden ist dieser Schritt jedoch nicht weitreichend genug. Durch einen Wechsel zur Direktwerbung versprechen sie sich nicht nur günstigere TKP-Strukturen, sondern durch eine Optimierung der Streukreise (Verteilgebiet = Einzugsgebiet der Filiale) können darüber hinaus die Streuverluste minimiert werden, was im Bereich der Verteilkosten, sowie der Material- und Druckkosten für die entsprechenden Prospekte erhebliche Ersparnis bringt.

Direktwerbung mit »besserem« Verteilzuschnitt?

Ein weiterer Trend, der die Marktstellung der Anzeigenblätter beeinflussen kann, ist die Diskussion um die Marktbedeutung von kostenlosen Zeitungen. Im Unterschied zu Anzeigenblättern handelt es sich dabei um täglich erscheinende Presseprodukte, die auch mit einer noch umfangreicheren Redaktion ausgestattet sind, so dass sie zwar – ähnlich wie die Anzeigenblätter – nur durch Werbumsätze finanziert werden, im Bereich des Lesermarktes jedoch in erster Linie mit den »normalen« Tageszeitungen konkurrieren. Sollte sich diese Produktvariante durchsetzen (erste Tests ergaben noch keine ökonomisch erfolgreichen Projekte in Deutschland, da die Abwehrreaktionen der betroffenen Zeitungsverlage die geplanten Business-Modelle in Frage stellten), wird es Aufgabe der Anzeigenblätter sein, ein Downgrading von Seiten des Werbekunden zu verhindern, der nach der Tageszeitung noch einen zweiten preiswerteren Werbeträger zur regionalen Steuerung von Kampagnen besitzt, der jedoch in der Flexibilität des Buchens (tägliche Erscheinungsweise) und der Kontaktqualität (Frequenz und »Güte« der Berichterstattung) dem Werbeträger Anzeigenblatt überlegen ist.

Der enge Zusammenhang der Märkte Anzeigenblätter und kostenlose Tageszeitung zeigt sich einerseits an der Wahrnehmung aus dem Blickwinkel des Lesermarktes (kostenlose Informationen, meist mit lokalem oder regionalem Bezug), andererseits ergibt sich die enge Verbindung der Märkte auch durch die Tatsache, dass entsprechende Substitutionseffekte auf Seiten der Werbekundschaft auftreten. In der Vertriebskonzeption unterscheiden sich die kostenlosen Zeitungen ebenfalls von den Anzeigenblättern. Während die Vertriebsorganisation der Anzeigenblätter überwiegend eine kostenlose Zustellung beinhaltet und damit in ihrer Struktur die Kernelemente des Abonnementvertriebs übernommen hat, haben sich die meisten kostenlosen Zeitungen auf Verteilungen im Stadtgebiet konzentriert. Insbesondere die nach dem Vorbild der Stockholmer Metro-Zeitung konzipierten Titel des norwegischen Schibsted Verlags mit ihrer Verteilung im Bereich des öffentlichen Personennahverkehrs und der Auslage in Verteilkästen oder die Straßenverteilung des Titels »15 Uhr aktuell« in Berlin und München erwiesen sich allein durch die Vertriebsstruktur als eine unmittelbare Konkurrenz für die Boulevardzeitungen [vgl. Vogel 2001]. Alle genannten Projekt wurden zwar wegen mittelfristig fehlender wirtschaftlicher Perspektiven beendet, dies bedeutet angesichts des Erfolgs der Gratispresse im Ausland jedoch nicht, dass im deutschen Markt keine kostenlosen Zeitungen als neuer Werbeträger zwischen Anzeigenblatt und verkaufter Tageszeitung etabliert werden kann.

3.3.7 Literatur

Breyer-Mayländer, Thomas u.a. (2001): Wirtschaftsunternehmen Verlag: Buch-, Zeitschriften- und Zeitungsverlage. Frankfurt: Bramann (2. Aufl.)

BVDA (Hrsg.) (1998): AQ 98: *Anzeigenblatt-Qualität: Eine repräsentative Studie zur Medialeistung der Anzeigenblätter in Deutschland.* Bonn: BVDA

BVDA (Hrsg.) (2001): *Daten und Fakten: Wissenswertes rund um ein marktgerechtes Medium.* Bonn: BVDA

Heinrich, Jürgen (2001): *Medienökonomie Band 1: Mediensystem, Zeitung, Zeitschrift, Anzeigenblatt.* Wiebaden: Westdeutscher Verlag (2. Aufl.)

Vogel, Andreas (2001): *Die tägliche Gratispresse.* In: Media Perspektiven 11/2001, S. 576 - 584

ZAW (Hrsg.) (2002): *Werbung in Deutschland 2002.* Bonn: edition ZAW (fortlaufende Jahrgänge)

ZMG (Hrsg.) (1998): *Zeitungen und Anzeigenblätter – Ein Intermediavergleich*. Frankfurt a.M.: ZMG (2. Aufl.)

3.4 Zeitungen

Während der letzten Jahre war die wirtschaftliche Diskussion in der Medienbranche sehr stark davon geprägt, dass verschiedene Seiten versucht hatten, den Zeitungsverlagen deutlich zu machen, dass im neuen Jahrtausend kein Platz für ihre Produkte sein wird, da das Internet die Kernfunktion der Zeitungen übernehmen werde. Gerade das Jahr 2000 wurde, bedingt durch externe Effekte jedoch zum Boomjahr für viele Zeitungsverlage. Die Abschwächung der Werbekonjunktur 2001 zeigte jedoch, dass der Zeitungsbranche eine Zeit voller Herausforderungen bevorsteht. Wir werden im Folgenden auf die Kernsubstanz der Zeitungsprodukte und die wirtschaftlichen Rahmenbedingungen der Zeitungsverlage eingehen, so dass diese eingangs geschilderten Fragestellungen nach der Zukunft dieses – neben dem Buch – sehr alten Mediums leichter beantwortet werden können.

3.4.1 Definition des Mediums

Für das Medium Zeitung existieren ein Vielzahl von Definitionen und Definitionsversuche. Ursprünglich handelte es sich bei dem Begriff allgemein um ein Synonym für Neuigkeiten [vgl. Goslich 1987].

Nach der Definition des Statistischen Bundesamts versteht man unter dem Begriff der Zeitung »alle periodischen Veröffentlichungen, die in ihrem redaktionellen Teil der kontinuierlichen, aktuellen und thematisch nicht auf bestimmte Stoff- oder Lebensgebiet begrenzten Nachrichtenübermittlung dienen, also in der Regel mindestens die Sparten Politik, Wirtschaft, Zeitgeschehen, Kultur, Unterhaltung sowie Sport umfassen und im allgemeinen mindestens zweimal wöchentlich erscheinen« [Statistisches Bundesamt 1996, S. 6]. Damit wird zunächst deutlich, dass es sich aus publizistischer Sicht um ein Massenmedium handelt, dass aufgrund seiner aktuellen Berichterstattung und hohen Periodizität eine wichtige Rolle bei der politischen Willensbildung spielt. Entsprechend wird die Struktur der Tageszeitungen und der einzelnen Ausgaben auch regelmäßig auf Konzentrationstendenzen untersucht, um rechtzeitig eine gefährliche Verengung in der po-

Vielzahl von Definitionen

litischen Willensbildung ausmachen zu können [vgl. dazu Schütz 2001]. Die wirtschaftliche Bedeutung der Zeitungen kommt in der Definition nicht zur Geltung, da die beiden Finanzierungsquellen (Leser- und Anzeigenmarkt) nicht einbezogen werden und somit insbesondere die Funktion im Werbemarkt nicht deutlich wird. Ebenfalls ergänzungsbedürftig ist bei der amtlichen Definition die Rolle der Wochenzeitungen, die aufgrund des wöchentlichen Erscheinens die dargestellten Lebensbereiche ohne direkten Aktualitätsbezug darstellen und sich damit auf die Darstellung von Zusammenhängen konzentrieren und somit in direkter Konkurrenz zu den ebenfalls wöchentlich erscheinenden Nachrichtenmagazinen stehen.

3.4.2 Produkte

Das Produkt Zeitung ist in der Regel ein im Offsetdruck hergestelltes mehrseitiges Printprodukt, bei dem die Bogen ohne Bindung lediglich ineinander gesteckt werden. Inhaltlich deckt es entsprechend der obigen Definition alle Lebensbereiche ab (Kriterium der Universalität), was eine Gliederung in entsprechende Ressorts erforderlich macht.[1]

Drei Kriterien: Periodizität, Verbreitungsgebiet, Vertriebsform

Die in Deutschland dominierenden Kategorien lassen sich nach drei Kriterien unterscheiden [vgl. Breyer-Mayländer u.a. 2001, S. 29][2]:

---

1. Das Kriterium der Universalität hat dazu geführt, dass in der Fortschreibung der Zeitungsstatistik in Deutschland durch Walter J. Schütz, die primär auf Finanz- und Wirtschaftsthemen ausgerichtete Zeitung »Handelsblatt« als täglich erscheinende Fachzeitschrift geführt wurde (vergleichbar mit der »Ärztezeitung«). Durch die neue Wettbewerbssituation im Zuge der Markteinführung der »Financial Times Deutschland« hat das Handelsblatt jedoch sein Spektrum erweitert, so dass es nun ebenfalls als Zeitung gewertet wird [vgl. Schütz 2002, S. 605].
2. Eine ähnliche Untergliederung wird in der Literatur recht häufig vorgenommen [vgl. Brand / Schulze 1993, S. 39], allerdings sollte vermieden werden aus den Kriterien eine Begriffshierarchie zu bilden, wonach beispielsweise das Verbreitungsgebiet nur für eine weitere Untergliederung von Abonnementzeitungen geeignet scheint [vgl. Erdmann / Fritsch 1990, S. 16]. Angesichts der unterschiedlichen Marktposition von regionalen Kaufzeitungen wie dem Kölner »Express« im Vergleich zur national operierenden Marke »Bild« führt eine solche hierarchische Kategorisierung zu zahlreichen Problemen.

- Periodizität:
  [a] Tageszeitungen wie z.b. »Frankfurter Rundschau«
  [b] Wochen- (z.b. »Die Zeit«) und Sonntagszeitungen
  (z.b. »Welt am Sonntag«)
- Verbreitungsgebiet:
  [a] Lokal z.b. »Mühlacker Tagblatt«, »Lahrer Zeitung«
  [b] Regional z.b. »Südkurier«
  [c] Überregional z.b. »Frankfurter Allgemeine Zeitung«
- Vertriebsform:
  [a] Abonnement (z.b. »Süddeutsche Zeitung«, »Stuttgarter Zeitung«)
  [b] Kauf- oder Boulevardzeitung (z.b. »Bild«, »Express«)

Diese Untergliederung ist keinesfalls lediglich von statistischem oder akademisch theoretischem Interesse. Die Periodizität bestimmt den Organisationsaufbau in den zeitungstypischen Funktionsbereichen (Redaktion, Vertrieb, Anzeigen, Druck), da die Produktion und Distribution der Produkte im Leser- und Werbemarkt im entsprechenden Rhythmus gewährleistet werden muss. Das Verbreitungsgebiet bestimmt die redaktionelle Orientierung, die erreichbare Auflagenhöhe sowie die Distribution im Lesermarkt und die Verkaufsstrategie im Anzeigensektor. Wie stark die Vertriebsform nicht nur den Distributionsbereich sondern auch die redaktionelle Aufbereitung der Themen und die Produktaufmachung dominiert, wird schnell deutlich, wenn man sich die unterschiedlichen Titelgestaltungen von »Frankfurter Allgemeine Zeitung« und »Bild« vergegenwärtigt. Hier zeigt sich, dass die Kaufzeitungen durch ihre Ausrichtung auf den Ver-

Ausrichtung der Titel prägt Produkt und Marktauftritt

	Anzahl	Auflage [Mio.]
lokale und regionale Abozeitungen	331	16,1
überregionale Zeitungen	10	1,7
Straßenverkaufszeitungen	8	5,4
Tageszeitungen gesamt	**349**	**23,2**
Wochenzeitungen	24	1,8
Sonntagszeitungen	7	4,5
Gesamtauflage der Zeitungen	**380**	**29,6**

Tabelle 1: Gliederung der deutschen Zeitungen im Jahr 2002 [BDZV 2002, S. 482]

kauf am Kiosk (präziser Einzelverkauf) jeden Tag einen neuen Kaufanreiz für den Leser schaffen müssen. Aus Tabelle 1 geht hervor, dass die deutsche Zeitungslandschaft vorwiegend durch die lokale bzw. regionale Abonnement-tageszeitung geprägt ist, wenngleich die zahlenmäßig seltenen überregionalen Abonnementzeitungen und Kaufzeitungen aufgrund ihrer hohen Auflagen ein bedeutendes publizistisches und wirtschaftliches Gewicht besitzen.

3.4.3 Unternehmensaufbau

Integration neuer Medien in Zeitungsverlagen

Zeitungsverlage unterscheiden sich in ihrem Unternehmensaufbau naturgemäß in Abhängigkeit von der Größe des Verlagshauses. Ein Großverlag wie der Axel Springer Verlag in Hamburg, der ein auf allen Feldern agierender Medienkonzern ist, unterscheidet sich naturgemäß vom kleinen Lokalverlag, der als Hauptprodukt eine Zeitung mit 10.000 Exemplaren verkaufter Auflage herausgibt. Dennoch gibt es einige Gemeinsamkeiten, die sich anhand der Organisationsstruktur herausarbeiten lassen. Zunächst einmal kann festgestellt werden, dass in den vergangenen Jahrzehnten die meisten Zeitungsverlage versucht haben, im Rahmen ihrer Möglichkeiten neue Produkte, die sich in ihrem Markt als Faktor im Anzeigen- bzw. Werbemarkt zu etablieren begonnen hatten, ins eigene Haus zu integrieren. Bei den typischen Verlagstypen des lokalen oder regionalen Zeitungsverlags wurden so über die Jahre eigenständige Strukturen für die Herausgabe von Anzeigenblättern, Direktverteilung von Prospekten, privater lokaler Hörfunk, teilweise Ballungsraumfernsehen und Online-Medien geschaffen. Der Konkurrenz durch andere Medien in der Hand von anderen Anbietern zog man in den meisten

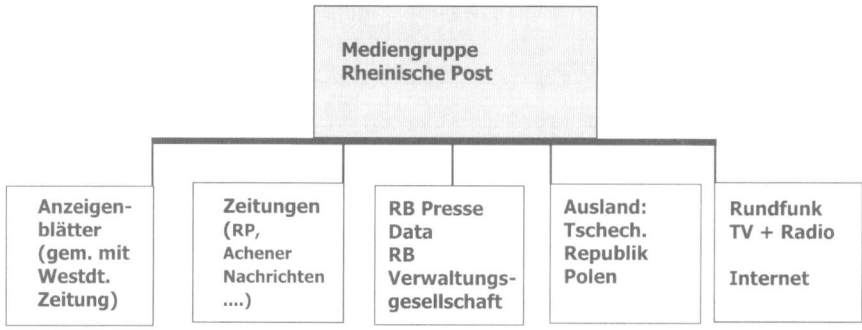

Abbildung 2: Geschäftsfelder der »Mediengruppe RP« [Daten auf Basis von www.rheinische-post.de, Stand: Oktober 2002]

Fällen die »Kannibalisierung« des eigenen Stammprodukts durch eigene Konkurrenzmedien vor. Entsprechend sind häufig zunächst divisionale Strukturen ausgerichtet an den unterschiedlichen Produktbereichen des Zeitungshauses anzutreffen, mit denen die einzelnen Medienformen in das Gesamtunternehmen integriert werden. Als Beispiel für ein großes regionales Zeitungshaus werden in der folgenden Abbildung die Hauptgeschäftsfelder des Verlags der »Rheinischen Post«, Düsseldorf dargestellt.[3]

Innerhalb der einzelnen Produktbereiche ist für unsere Aufgabenstellung v.a. die Aufbauorganisation des Zeitungsbereichs von Interesse. Hier ist in den meisten Häusern die funktionale Gliederung etabliert.

Dieses Prinzip der Gliederung nach der Verrichtung findet in vielen Branchen Anwendung und hat eine Reihe von Vor- und Nachteilen [vgl. z.B. Kasper / Mayrhofer 1993, S. 33 f.]. Vorteilhaft wirkt sich aus, dass die Spezialisten gemeinsam in einer Abteilung konzentriert sind und ihre Erfahrung z.B. im Bereich der Redaktion und des Anzeigenmarketings austauschen können, sowie eine tiefergehende Spezialisierung (z.B. innerhalb der Redaktion, Anzeigen- und Vertriebsabteilung) ermöglichen. Auch müssen die jeweiligen Funktionsbereiche nicht redundant vorgehalten werden. Nachteilig ist die im Regelfall gering ausgeprägte horizontale Kommunikation, die sich häufig in einer Abteilungsblindheit niederschlägt. Im Bereich der Zeitungsverlage ist diese Kluft zwischen den Abteilungen traditionell zwischen den Verlagsabteilungen (Vertrieb und Anzeigen) mit primär kaufmännischer Orientierung und der Redaktion mit in erster Linie

Vor- und Nachteile der funktionalen Organisation

Abbildung 3: Typische Aufbauorganisation im Zeitungsverlag

---

3. Einzelne Aktivitäten wie z.B. die Beteiligung am Fernsehproduzent DFA oder das Engagement im Ballungsraumfernsehen kommen in der Grobgliederung nicht zum Tragen, wobei alle Hauptgeschäftsfelder und Medienbereich sichtbar werden.

publizistischen Motivationen sichtbar. Damit Abteilungs- und Fachegoismen nicht die Erreichung des gemeinsamen Unternehmensziels gefährden werden häufig in anderen Branchen Matrixorganisationen installiert oder funktionsübergreifende Projektgruppen und Teams gebildet. Im Bereich der Zeitungsverlage wird letzteres sehr häufig für das sogenannte »integrierte Marketing« benutzt, indem dauerhafte Projektteams installiert werden, die neben der Verlagsleitung auch die Kompetenzen von Redaktion, Anzeigen-, Vertriebs- und Werbeabteilung umfassen. Nur dann, wenn alle Bereiche ihre Sichtweisen und Erfahrungen in die Marketingplanungen einbringen können, ist eine ausreichende Kundenorientierung möglich. Ähnlich verhält es sich auch mit zeitlich begrenzten Projektgruppen zur Einführung neuer Produkte oder zur Durchführung von Aktionen, wie etwa ein »Tag der offenen Tür« in einer regionalen Geschäftsstelle, der einerseits von Seiten der Redaktion durch eine Vor- und Nachberichterstattung begleitet wird und andererseits von den Verlagsabteilungen Vertrieb und Anzeigen mit der entsprechenden Geschäftsakquise (Sonderveröffentlichung für lokale Anzeigenkunden, Probeabonnements für interessierte Besucher) begleitet werden muss. Die Vertriebsabteilungen der Zeitungsverlage arbeiten meist mit eigenständigen Zustellgesellschaften, um Probleme bei der Interessenvertretung der Mitarbeiter zu vermeiden, die dadurch entstehen könnten, dass der Betriebsrat des Verlags durch die zahlenmäßig überlegenen Zusteller dominiert wird.

3.4.4 Markt

Zwei Drittel der Erlöse im Werbemarkt

Wie bei allen Medien-, die sich sowohl aus einem Erlös von Seiten der Endnutzer und einem Werbeerlös finanzieren, ist auch bei den Zeitungen eine gesonderte Betrachtung dieser zwei Teilmärkte notwendig. Dabei darf jedoch nicht übersehen werden, dass zwischen dem Erfolg in den beiden Teilmärkten ein Zusammenhang besteht, da Werbeleistung und redaktionelle Leistung als Verbundproduktion erstellt werden. In der Praxis wird dies meist mit der Anzeigen-Auflagenspirale beschrieben [vgl. z.B. Pürer / Raabe 1996, S. 216], wonach sich bei zwei konkurrierenden Medien in einem abgeschlossenen Markt, z.B. Lokalzeitungen, die Werbekundschaft bei ihrem Buchungsverhalten die auflagenstärkere Zeitung bevorzugt (Erstzeitung als Erstbelegung). Damit kann die im Lesermarkt erfolgreichere Zeitung den größeren Anzeigenerlös auf sich vereinen. Bei einem durchschnittlichen Umsatzverhältnis Anzeigen vs. Vertrieb bei lokalen und regionalen Abonnementzeitungen von ungefähr 2:1 (für 2000 betrug der Anteil der Anzeigen am Gesamtumsatz durchschnittlich 64,8% [BDZV 2001, S. 89]) bedeutet dies, dass aufgrund der besseren Erlössituation die führende Zeitung wiederum mehr Geld zur Verfügung hat, um in die Produktkonzeption (Layout, redaktionelle Inhalte etc.) zu investieren. Dieses verstärkte Engagement wird vom Lesermarkt in einem Zuwachs an Auflage und Reichweite honoriert, so dass sich der Abstand zwischen Erst- und Zweitzeitung zusehends vergrößert. Zur Einschränkung dieser Darstellung, die den Aufwärtstrend des einen und den Abwärtstrend des andern Titels erklärt, muss gesagt werden, dass diese modellhafte Entwicklung in Reinkultur nur ceteris paribus stattfindet, wo wie im dargestellten Beispiel, tatsächlich nur zwei Wettbewerber aufeinandertreffen. Zudem wird nicht immer der durch die vorteilhafte Marktposition erlangte Erlös in den Ausbau des Hauptprodukts investiert und selbst wenn die Investition in den Zeitungstitel erfolgt, ist nicht gewährleistet, dass dies auch vom Leser bzw. Neukunden in der gewünschten Form honoriert wird. Dennoch zeigt diese Spiraldarstellung anschaulich den Zusammenhang zwischen Nutzer- und Werbemarkt und gilt in ähnlicher Weise für alle anderen Medien, die sich zumindest teilweise aus dem Werbemarkt finanzieren. Auch die rein werbefinanzierten Medien, wie Anzeigenblätter, TV, Hörfunk oder Online hängen natürlich davon ab, dass sie eine geeignete Zielgruppe dem potenziellen Werbekunden anbieten können, was einen gewissen Erfolg im Nutzermarkt voraussetzt.

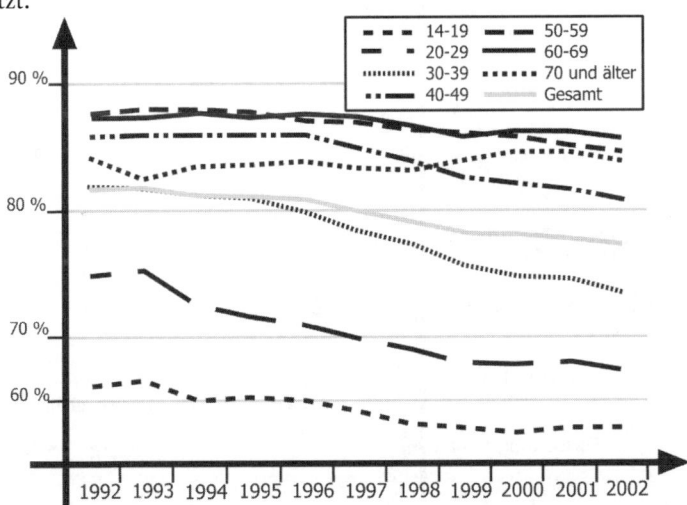

Abbildung 4: Reichweitenentwicklung der deutschen Zeitungen 1991-2001 nach Altersgruppen [Quelle: Quelle: AG.MA/BDZV/ZMG nach BDZV 2001, S. 107]

Reichweitenstarkes
Medium Im Lesermarkt sind die Zeitungen mit einer Reichweite von insgesamt 77,9 Prozent nach wie vor ein reichweitenstarkes Medium. Diese im Rahmen der im Rahmen der Arbeitsgemeinschaft Media-Analyse (AG.MA) erhobenen Daten bedeuten, dass knapp 8 von 10 Bundesbürgern über 14 Jahren Zeitung lesen. Interessant ist in diesem Zusammenhang eine Betrachtung dieser Werte in der Zeitreihe, sowie eine Aufspaltung nach Altersgruppen.

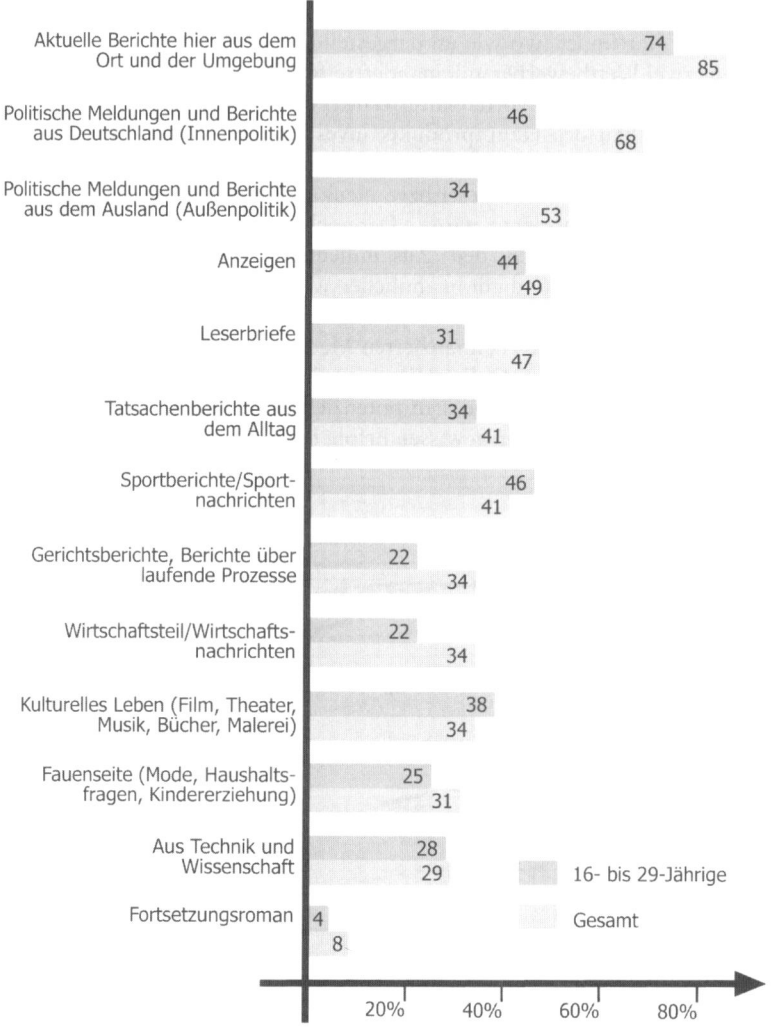

Abbildung 5: Themeninteresse von Jugendlichen und Gesamtbevölkerung [Quelle: BDZV 2001, S. 459]

Die Daten zeigen, dass die Reichweiten der Zeitungen einem *Reichweitenproblem*
stetigen Erosionsprozess unterliegen. Dieses Bild wird auch von *bei jüngeren Alters-*
der Auflagensituation bestärkt, wo die letzten Jahre nach den *gruppen*
Marktturbulenzen der Wiedervereinigung durch stagnierende
oder leicht zurückgehende Auflagen gekennzeichnet sind. Eine
große Rolle spielt in diesem Zusammenhang die Altersaufteilung
der Leserschaft [vgl. Abbildung 4]. Überdurchschnittliche Reichweiten werden in den Altersklassen über 40 Jahre verzeichnet,
während die Generation der 14-19-Jährigen mit 55,4 % Reichweite im Jahr 2001 sich zwar im Zeitvergleich stabilisiert hat, jedoch in der Gesamtbetrachtung das Reichweitenschlusslicht
bildet. Unter den Fachleuten herrscht seit längerem eine rege Diskussion, ob diese »Schwäche« bei den jugendlichen Zeitungsle-
sern ein Problem für die Zukunftsfähigkeit der Branche darstellt.
Es wird häufig damit argumentiert, dass eine Generation, die
nicht ausreichend in Kontakt mit dem Medium Zeitung komme,
in fortgeschrittenem Alter nur schwer als Zielgruppe von den
Zeitungen erschlossen werden könnte. Demgegenüber zeigen
Analysen der Zeitungsinhalte und Themeninteressen von Jugendlichen, dass viele Themen, die Kernkompetenzen der Zeitungen
darstellen von Jugendlichen nicht in der selben Priorität als relevant erachtet werden [vgl. Abbildung 5].

Diese Abweichung bestärkt die Gegenposition derjenigen, die *Einbindung von*
die Zielgruppe der Jugendlichen für nur bedingt zeitungsaffin *Jugendlichen schwierig*
halten und die Kernaufgabe des Marketings darin sehen, die Jugendlichen im Prozess des Erwachsenwerdens zu begleiten und
zu dem Zeitpunkt als Kunden zu gewinnen, zu dem die Kernkompetenz der Zeitung den Erwartungen der Leser entspricht. Unabhängig davon, ob man die Jugendlichen mit Zeitungsprojekten
in der Schule, Sonderprodukten (z.B. Jugendseiten oder -supple-
ments), Stärkung der jugendnahen Themen wie Veranstaltung-
skalender etc. versucht, stärker für das Zeitungslesen zu
gewinnen, oder den Marketingschwerpunkt auf junge Familien
setzt, gibt es für die Reichweitensituation insgesamt einige
Gründe, von denen die wichtigsten ausgeführt werden sollen.
Das Zeit- und Finanzbudget für Freizeit und Medien wird zunehmend aufgrund steigender intermedialer Konkurrenz aufgeteilt,
so dass vor allem reichweitenstarke Medien wie die Zeitungen
Rückgänge hinnehmen müssen.[4] Darüber hinaus hat sich die

---

4. Dies führt gerade bei Jugendlichen zu einer zunehmenden Marktfrag-
    mentierung, die zudem durch sehr unterschiedliche Trends und Inter-
    essen zwischen Jugendlichen geprägt sind, so dass in dieser zu-
    nehmend fragmentierten Zielgruppe eine Reichweite von über 50 %
    wiederum einen relativen Erfolg darstellt.

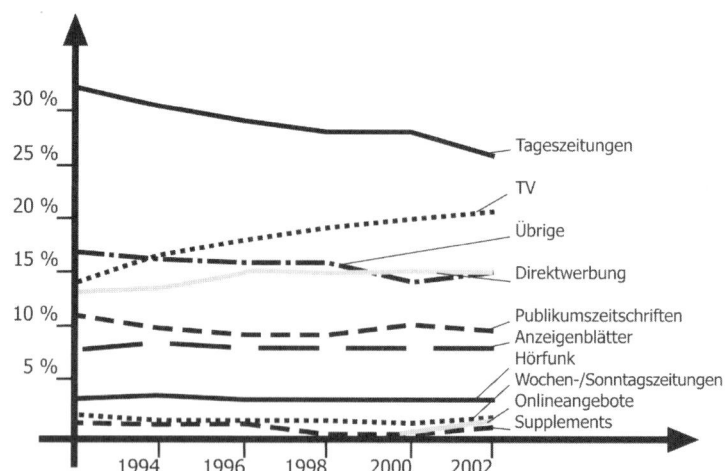

Abbildung 6: Nettowerbeinnahmen unterschiedlicher Werbeträger in Deutschland 1990-2001 [ZAW 2002, Darstellung nach BDZV 2002]

Intermediale Konkurrenz bemerkbar

Phase des Eintritts in die eigenständige Haushaltsgründung, die häufig als Zeitpunkt der verstärkten Zeitungsnutzung (z.b. Abonnement einer lokalen oder regionalen Tageszeitung) ausgemacht werden kann, in den letzten Jahren nach hinten verschoben (längere Ausbildungszeiten, Anstieg des Durchschnittsalters bei Eheschließungen etc.), so dass hier ebenfalls mit einem Rückgang der Aufmerksamkeit im Lesermarkt begründet liegt.

Die Situation im Werbemarkt wird ebenfalls durch zunehmende intermediale Konkurrenz und dadurch bedingte Marktanteilsrückgänge der großen Mediengattungen geprägt. Die Tageszeitungen sind mit 28 % Marktanteil bezüglich ihrer Nettowerbeeinnahmen[5] zwar nach wie vor Werbeträger Nummer eins, haben jedoch über die Jahre hinweg stetig an Marktanteil verloren, eine Entwicklung, von der vor allem das Fernsehen profitieren konnte. Online-Medien spielen hierbei noch keine besonders große Rolle; sie konnten mit 0,7 % Marktanteil 2001 erstmalig die Zeitungs-Supplements überholen, die in den vergangenen Jahren in den Bereich der Bedeutungslosigkeit gerutscht sind und liegen 2002 bei 0,9 % [vgl. Abbildung 6].

Die Argumente für den Werbeträger Zeitung liegen vor allem in der Informationsfunktion. Aufgrund der meist regionalen Ausrichtung des Werbeträgers dominieren die regionalen gewerblichen Kunden (Handel und Dienstleistung).

---

5. Nettowerbeeinnahmen beschreibt die Werbeeinnahmen nach Abzug sämtlicher Preisnachlässe (Boni, Skonti und Rabatte).

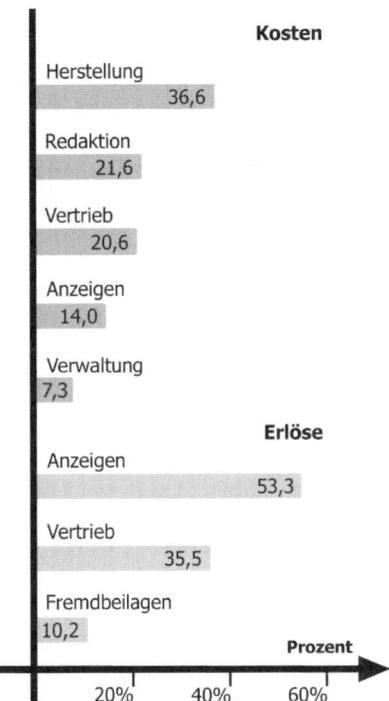

Abbildung 7: Kosten- und Erlösstruktur der Abonnementzeitungen in den alten Bundesländern 2000 [BDZV 2001, S. 45]

3.4.5 Kosten- und Erlösstruktur

Bei einer Analyse der Kosten- und Erlösstrukturen von Zeitungsverlagen fällt vor allem der hohe Anteil der Herstellkosten auf, von denen 8,3% wiederum auf das Druckpapier entfallen [vgl. BDZV 2001, S. 92]. Damit wird deutlich, wie stark der Papierpreis auf die Kosten- bzw. Gewinnsituation der Zeitungsverlage durchschlägt, weshalb Turbulenzen in diesem Markt der Zulieferer sich direkt auf die Marktsituation der Zeitungsverlage auswirken können. Obwohl die aufgeführt Gliederung einen hohen Anteil an variablen Kosten (v.a. in den Bereichen Herstellung und Vertrieb) nahe legt, sind Zeitungsverlage durch einen Anteil von über 50% Fixkosten geprägt [Heinrich 2001, S. 244]. Dies erklärt auch die Konzentrationstendenzen, die vielen Medienmärkten eigen sind, da die Betriebsgrößenvorteile (economies of scale) eine besondere Rolle spielen. Die auflagenfixen Kosten charakterisieren die Kosten, die auch bei der Erstellung von nur einem Zeitungsexemplar anfallen (z.B. Redaktion, Nachrichtenagenturen etc.). Dieser Kostenblock wird auf die gesamte Ver-

Hoher Fixkostenanteil

kaufsauflage umgerechnet, weshalb auflagenstarke Titel aufgrund der Fixkostendegression die bessere Kostenstruktur aufweisen. Dieser Zusammenhang gilt für sehr viele Mediengattungen. Bei der Analyse der Erlösseite im Zeitvergleich fällt auf, dass die Werbung in Fremdbeilagen mit mehr als 10% mittlerweile ein sehr großes Gewicht bekommen hat. Grundsätzlich stehen die Verlage dieser Nutzung ihres Produkts als einen Art Werbebriefumschlag skeptisch gegenüber, da die Herauslösung der Werbung aus dem unmittelbaren Produktkontext zu verstärktem Wettbewerb mit anderen Beilagenwerbeträgern (z.B. Anzeigenblättern) und der Haushaltsdirektwerbung von z.T. freien Prospektverteilfirmen führt.

3.4.6 Künftige Entwicklungen

Konkurrenz durch Online-Medien & kostenlose Zeitungen

Die letzten Jahre waren dadurch gekennzeichnet, dass neben dem bereits beschriebenen zunehmenden intermedialen Wettbewerb auch eine neue Ausdifferenzierung des Werbeträgers Zeitung europaweit an Bedeutung gewinnen konnte: kostenlos an den Leser distribuierte Zeitungen. Im Gegensatz zu den bereits seit den achtziger Jahren in Deutschland weit verbreiteten Anzeigenblättern handelt es sich dabei um tagesaktuelle Medien, mit einer eigenständigen Redaktion, die die volle publizistische Leistungspalette anbietet. Die unterschiedlichen Versuche, in Deutschland eine mit Hauszustellung oder Straßenverteilung distribuierte kostenlose Zeitung im Markt zu etablieren, sind zwar mit der Einstellung von »20 Minuten Köln« vorerst gescheitert. Grund war die wirtschaftlich schwierige Situation der neuen Wettbewerber, da das zögerliche Buchungsverhalten des Werbemarkts und die Gegenreaktion der betroffenen Verlage (Etablierung eigener Gratisblätter) für eine schwierige Marktsituation der neuen Konkurrenz sorgten. Dennoch haben die Erfolge dieser Titel gerade bei der schwierigen Zielgruppe der jungen Erwachsenen ein Defizit der Zeitungen deutlich gemacht und der Rückgang in den Verkaufszahlen hatte hierbei nicht nur die Boulevardtitel, sondern auch die Abonnementzeitungen betroffen, so dass mittelfristig mit der Etablierung des neuen Wettbewerbs gerechnet werden kann [vgl. Vogel 2001].

Die Konkurrenz durch kostenlosen Alternativprodukte beschränkt sich jedoch nicht nur auf den intermedialen Wettbewerb, sondern wird künftig zunehmend durch den Wettbewerb mit Online-Medien gekennzeichnet sein. Die Prognosen der baldigen Ablösung der gedruckten Zeitung haben sich zwar als falsch erwiesen, in einigen Segmenten muss jedoch von einem großen Substitutionspotential ausgegangen werden. Bei den Zeitungen eigenen sich vor allem die Rubrikanzeigen (Immobilien-, Stellen-, Kfz-, Reise-, Familienanzeigen) für die mehrdimensionale Recherche in Online-Medien, so dass sich hier mittlerweile ein reger Wettbewerbsmarkt entwickelt hat [vgl. Breyer-Mayländer 2000]. Da Zeitungen in diesem Bereich rund die Hälfte ihrer Anzeigenerlöse erwirtschaften [s.o. 3.4.4], kann eine Zunahme der Substitution existenzbedrohende Folgen für einzelne Verlage annehmen, ohne dass von einer generellen Substitution des Gesamtprodukts Zeitung die Rede sein muss.

Individualisierung der Produkte

Ein ebenfalls technologiegetriebener Trend sind neue Produktions- und Produktformen der Zeitungen auf Basis der Digitaltechnik. Dezentrale Druckstandorte führen bei überregionalen Zeitungen zu einer zunehmenden Chance mit späten Redaktionsschlusszeiten gegenüber den regionalen Wettbewerbern konkurrieren zu können. Printing-on-Demand-Technologien führen zu zeitnah produzierten Kleinstauflagen in Ferienhotels oder in der Lufthansa-Business-Class. In vielen Verlagen wird in diesem Zusammenhang bereits über eine Individualisierung der Zeitung bis hin zur Personalisierung diskutiert. Eine Entwicklung, die von der Beratungsgesellschaft »Boston Consulting Group« prognostiziert wird, liegt in der künftigen Konzentration der Zeitungsverlage auf ihre Kernkompetenz, die in der Vermarktung von Kundenbeziehungen im (regionalen) Leser- und Anzeigenmarkt liegt [vgl. Kebbel 2001].

Eine weitere Tendenz, der in jüngster Zeit verstärkt an Bedeutung gewonnen hat, ist die Marktkonzentration aufgrund schlechterer Rahmenbedingungen für kleinere Wettbewerber [vgl. s.o. 3.4.5]. Gerade die schlechte Werbekonjunktur im Jahr 2001 hat in einigen kleineren Verlagen zu signifikanten Ertragsproblemen geführt, die vor dem Hintergrund der kommenden Herausforderungen für die Zeitungsverlage, kombiniert mit Führungs- und Nachfolgeproblemen in einigen Häusern zu Umstrukturierungen, Gesellschafterwechsel und Verkauf führen dürften.

3.4.7 Literatur

BDZV (Hrsg.) (2002): Zeitungen 2002. Berlin: ZV GmbH
BDZV (Hrsg.) (2001): Zeitungen 2001. Berlin: ZV GmbH
Brand, Peter / Schulze, Volker (1993): Die Zeitung. Frankfurt: Hahner V.-G.
Breyer-Mayländer, Thomas (2000): Von der Rubrikanzeige zum E-Commerce: Neue Partner in der Wertschöpfungskette. In: BDZV (Hrsg.): Zeitungen 2000. Berlin: ZV GmbH, S. 187 - 189
Breyer-Mayländer, Thomas u.a. (2001): Wirtschaftsunterneh-

men Verlag: Buch-, Zeitschriften- und Zeitungsverlage. 2. Auflage. Frankfurt: Bramann

Erdmann, Georg / Fritsch, Bruno (1990): Zeitungsvielfalt im Vergleich: Das Angebot an Tageszeitungen in Europa. Mainz: v. Hase & Koehler

Goslich, Lorenz (1987): Zeitungs-Innovationen. München: K.G. Saur

Heinrich, Jürgen (2001): Medienökonomie Band 1: Mediensystem, Zeitung, Zeitschrift, Anzeigenblatt. 2. Auflage. Opladen: Westdeutscher Verlag

Kasper, Helmut / Mayrhofer, Wolfgang (Hrsg.) (1993): Organisation. Wien: Überreuter

Kebbel, Gerhard (2001): Die Kunden neu entdecken: CRM als Wachstumschance für Zeitungsverlage; BCG-Arbeitspapier Frankfurt Juni 2001

Pürer, Heinz / Raabe, Johannes (1996): Medien in Deutschland – Band 1: Presse. Konstanz: UVK

Statistisches Bundsamt (Hrsg.) (1996): Pressestatistik 1994. Wiesbaden, Stuttgart: Kohlhammer

Schütz, Walter J. (2002): Deutsche Tagespresse 2001. In: Media Perspektiven 12/2001, S. 602 - 632

Vogel, Andreas (2001): Die tägliche Gratispresse. In: Media Perspektiven 11/2001, S. 576 - 584

3.5 Publikums- und Fachzeitschriften

3.5.1 Definition des Mediums

Zeitschriften sind ein sehr heterogenes Medium, dass trotz vieler ehrgeiziger Definitionsversuche am besten mit Hilfe exemplarischer Aufzählungen beschrieben werden. kann. Das Statistische Bundesamt beschränkte sich daher bei seiner Definition auf die Abgrenzung zu den Zeitungen, so dass unter Zeitschriften »alle periodischen Druckwerken mit kontinuierlicher Stoffdarbietung (...), die mit der Absicht eines zeitlich unbegrenzten Erscheinens mindestens viermal jährlich herausgegeben werden« [Statistisches Bundesamt 1996, S. 6] zu verstehen sind, solange sie nicht in die Kategorie der Zeitungen [vgl. 3.4.1] gehören. Anschaulicher ist ein Verweis auf das Spektrum der Produkte, wie er in anderen Definitionen vorgenommen wird [vgl. Pürer / Raabe 1996, S. 30 f.].

Heterogenes Medium

3.5.2 Produkte

Durch die allgemeine Definition des Begriffs der Zeitschrift, umfasst er eine Reihe sehr heterogener Medien, die von höchst unterschiedlicher publizistischer und wirtschaftlicher Bedeutung sind:

Publikums-, Fach-, Special-Interest-, Verbands- und Kundenzeitschriften

- Publikumszeitschriften: Umfasst die klassischen Illustrierten sowie alle General-Interest-Zeitschriften und Nachrichtenmagazine (z.B. Spiegel, Stern, Bunte)
- Fachzeitschriften: Inhaltlich auf jeweilige Sachbereiche begrenzte Zeitschriften, die sich primär an (Berufs-) Spezialisten wenden. (z.B. Textilwirtschaft, Druckspiegel, Werben&Verkaufen, zfo, ZFB, ZFBF)
- Special-Interest-Zeitschriften: Inhaltlich sachbezogene Zeitschriften, deren Zielgruppe nicht nur Spezialisten, sondern alle Fachinteressierten umfasst. (z.B. Bike, Wild & Hund)

- Verbands- und Vereinszeitschriften: Zeitschriften für Mitglieder von Organisationen sowie Pfarrblätter etc. (z.B. ADAC-Motorwelt)
- Kunden- und Betriebszeitschriften: Zeitschriften für Kunden und/oder Mitarbeiter von Unternehmen (z.B. Lufthansa-Bordmagazin)
- Amtspublizistik: Alle periodischen Veröffentlichungen (kommunaler) Behörden, amtliche Mitteilungen und kostenlose kommunale Amtsblätte

Von den hier dargestellten Produkten sind unter wirtschaftlichen Gesichtspunkten die Publikumszeitschriften aufgrund ihrer hohen Auflagen am bedeutendsten. Die Fachzeitschriften mit der Unterteilung in wissenschaftliche und sonstige Fachzeitschriften besitzen in der Verlags- und Vertriebsstruktur bereits sehr starke Bezüge zum Buchgeschäft und sind etwas weniger umsatzstark. Wir werden uns in der folgenden Darstellung auf die Fach- und Publikumszeitschriften konzentrieren und in der Marktdarstellung lediglich kurz die Situation der konfessionellen Zeitschriften und der Kundenzeitschriften skizzieren.

3.5.3 Unternehmensaufbau

Aufbauorganisation in Abhängigkeit der Unternehmensgröße

Wie bei allen anderen Unternehmensformen unterscheidet sich die Aufbauorganisation eines Zeitschriftenverlags je nach Größe und Themenschwerpunkt des Verlags. Um einen Eindruck dieser Spannbreite zu vermitteln, werden wir im folgenden exemplarisch einen größeren Publikumszeitschriftenverlag mit den wichtigsten organisatorischen Strukturen und Geschäftsfeldern

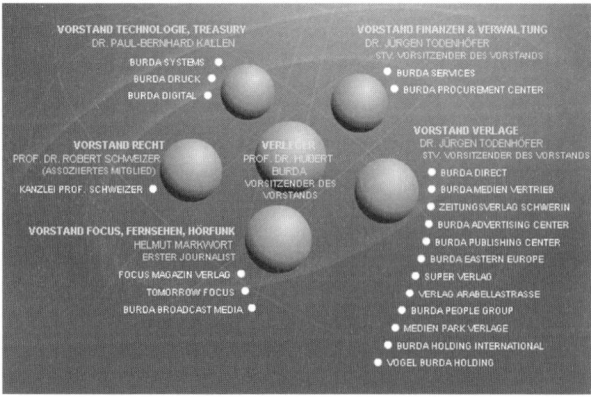

Abbildung 1: Organigramm der Hubert-Burda-Media [www.burda.com, Stand: Oktober 2002]

skizzieren und als Gegenstück hierzu den Organisationsaufbau eines kleineren Fachverlags vorstellen.

Das Organigramm der Hubert-Burda-Media [Abbildung 1] zeigt nicht nur die unterschiedlichen Geschäftsfelder, sondern demonstriert auch die Strategie der meisten Konzerne im Mediensektor durch dezentrale Strukturen (Tochterverlage) marktnahe Entscheidungen auf Managementebene im jeweiligen Verlagsbereich zu ermöglichen. Innerhalb der Tochtergesellschaften gibt es im Regelfall eine Unterteilung in Titelgruppen. Parallel zur Untergliederung in unterschiedliche Verlagsgeschäftsführungen mit Zuständigkeiten für die einzelnen Titel, die gewissermaßen als Bindeglied zwischen Redaktion und Verlag (Anzeigen, Vertrieb, Marketing, Controlling) die Managementgesamtverantwortung wahrnehmen, sind die zentralen Funktionsbereiche Anzeigen und Vertrieb gebündelt, womit auch im Zeitschriftenbereich die bereits in Kap. 3.4.3 vorgestellte funktionale Gliederung mit allen Vor- und Nachteilen greift.

Tochterunternehmen für flexible Großverlage

Der erheblich kleinere Ernst Reinhardt Verlag, München hat folgende Abteilungsstruktur:

- Geschäftsführung
- Vertrieb
- Werbung und Internet
- Rechte / Lizenzen und Presse
- Lektorat
- Herstellung
- Zeitschriften und Herstellung
- Finanz- und Rechnungswesen
  [http://www.ernst-reinhardt.de/deutsch/verlagundservice/ansprechpartner_komplett.htm (Stand: Oktober 2002)]

Diese organisatorische Gliederung dieses kleineren Verlags zeigt, dass es sich – wie bei vielen kleineren Fachverlagen – um einen Mischverlag mit einem gewichtigen Standbein im Buchgeschäft handelt, der neben unterschiedlichen Büchern zum Thema Pädagogik auch fünf Fachzeitschriften zum Themenkreis Pädagogik und Psychologie herausgibt. Die funktionale Gliederung lässt bei Unternehmen dieser Größenordnung eine Spezialisierung des jeweils für diese Funktion Verantwortlichen zu (Konzentration auf Lektoratsarbeit), wobei in der Regel aufgrund der kleinen Abteilungsgrößen keine tiefergehende Spezialisierung innerhalb der Funktionsbereiche erfolgen kann.

Unterschiedliche Bedeutung der Sparte Zeitschriften

3.5.4 Markt

Ähnlich wie bei den Zeitungen, muss auch im Fall der Zeitschriften zwischen der Situation im Leser- und Anzeigenmarkt unterschieden werden.

3.2.4.1 Publikumszeitschriften

Auflagenwachstum durch Titelzuwachs

Die Publikumszeitschriften in Deutschland besitzen eine Gesamtverkaufsauflage von 124,4 Mio. Exemplaren pro Erscheinungstag (IVW-geprüfte Auflage IV/2000 [ZAW 2001, S. 280]). Vergleicht man diesen Wert mit der Gesamtauflage von rund 80 Mio. 1980, wird deutlich, welches Wachstum diese Mediengattung in den achtziger Jahren verzeichnen konnte, wobei die neunziger Jahre keine nennenswerten Zuwächse brachten. Gleichzeitig wuchs von 1980 bis 2000 die Zahl der Titel von 271 auf 847 an [vgl. ZAW 2001, S. 280]. An diesen Zahlen wird bereits deutlich, dass die Auflagenzuwächse nicht durch höhere Auflagen der im Markt befindlichen Titel sondern nur durch die Einführung neuer Titel möglich waren. Gleichzeitig hat diese Fragmentierung des Marktes zum Sinken der durchschnittlichen Auflagen der Publikumszeitschriften geführt, was angesichts der Fixkostendegression bei der Zeitschriftenproduktion die Kosten- und Erlösrelation automatisch negativ beeinflusst.

Im Werbemarkt haben die Publikumszeitschriften – ähnlich wie die Zeitungen – Rückgänge am Anteil des Werbekuchens hinnehmen müssen; Sie konnten sich jedoch in den letzten Jahren bei knapp 10 % Marktanteil stabilisieren. Im Unterschied zu den Zeitungen, die durch das regionale Geschäft geprägt sind, spielen bei den Publikumszeitschriften die nationalen Werbungtreibenden die dominierende Rolle, weshalb sich im Zuge der Mediamix-Kampagnen die Zeitschriften bei den Kunden der Markenartikelindustrie um eine ausreichende Berücksichtigung im Buchungsverhalten bemühen müssen. Im Boom-Werbejahr 2000 haben die Medien die bis dato führenden Werbungtreibenden der Automobilindustrie überholt und Platz 1 der Werbungtreibenden in Publikumszeitschriften eingenommen.

Hohe Marktkonzentration

Der Markt der Zeitschriften gilt allgemein als ökonomisch hoch konzentriert [vgl. Heinrich 2001, S. 343], eine Feststellung, die für die Publikumszeitschriften besondere Gültigkeit besitzt. Die größten Verlage für Publikumszeitschriften in Deutschland [VDZ 2002]

- Gruner + Jahr
- Hubert Burda Media
- Axel Springer Verlag

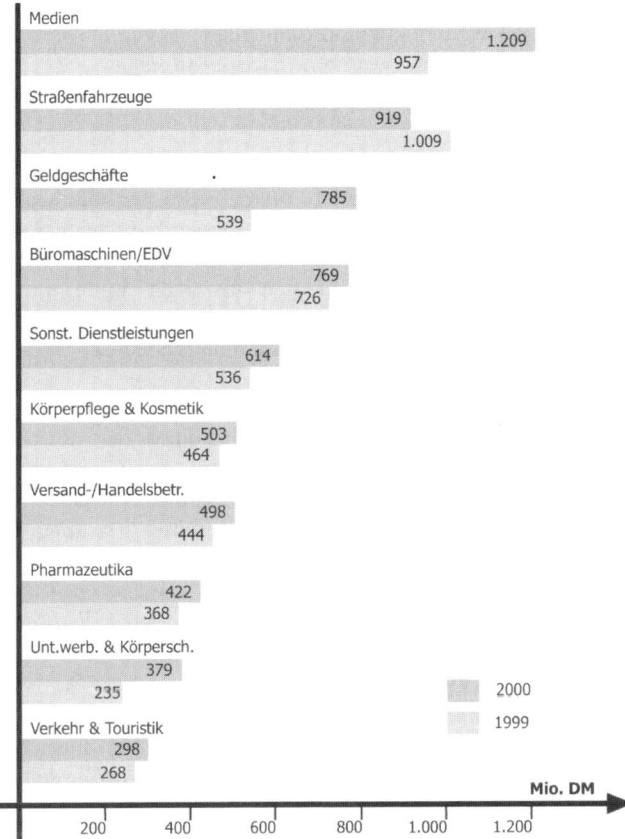

Abbildung 2: Werbeintensive Branchen bei Publikumszeitschriften [Nielsen Werbeforschung S+P (Brutto-Werbestatistik) nach: VDZ www.vdz.de (Stand: Oktober 2002)]

- Spiegel-Verlag
- Heinrich Bauer Verlag
- Verlagsgruppe Milchstraße [VDZ 2002]

3.2.4.2 Fachzeitschriften

Da die Fachzeitschriften sich häufig mit Zuordnungsproblemen konfrontiert sehen, haben Sie für ihre Belange ein eigenes Definitionsgerüst publiziert, das vom Verband Deutscher Zeitschriftenverleger veröffentlicht wurde.

Begriffsdefinition der
Fachpresse nach VDZ
[VDZ 2002]

Die Begriffe Fachpresse oder Fachzeitschriften sind vielschichtig und werden oft unterschiedlich verstanden und definiert. Wir fassen im weiteren Fachzeitungen und Fachzeitschriften unter dem Begriff Fachzeitschriften zusammen und verstehen darunter:

■ Als Fachzeitschriften (hierzu zählen auch alle wissenschaftlichen Zeitschriften) gelten alle periodischen Druckwerke, die mit der Absicht eines zeitlich unbegrenzten Erscheinens mindestens viermal jährlich herausgegeben werden und sich in erster Linie mit beruflich relevanten Inhalten befassen. Dabei ist es unerheblich, ob diese Zeitschriften unentgeltlich abgegeben werden oder nicht.

■ Als Fachzeitschriften gelten also nicht konfessionelle Zeitschriften, Kundenzeitschriften, Titel der Wirtschaftspresse sowie typische Special Interest-Zeitschriften (Hobby und Freizeit), Partworks, Loseblattsammlungen von Gesetzen, aus Remittenden aufgebundene Einzelbände und dergleichen.

■ Erscheint eine Zeitschrift in mehreren Ausgaben, die sich im Titel/Untertitel und/oder in einzelnen redaktionellen Wechselseiten oder Beilagen unterscheiden, so geht es nur um die Gesamtausgabe.

Moderates Wachstum
auf hohem Niveau

Nur um Fachzeitschriften in dieser Definition geht es im folgenden. Der Markt der Fachzeitschriften im Sinne der obigen Definition, die sich der Prüfung durch die Auflagenkontrolle der IVW unterziehen, hat in den vergangenen 10 Jahren von 16,6 Mio. verkaufter Auflage auf 17,9 Mio. (2000) zugenommen. Dieses moderate Wachstum in den neunziger Jahren ist die Fortsetzung eines kontinuierlichen Zuwachses ausgehend von einem Niveau von 12,2 Mio. verkaufter Auflage im Jahr 1955.

Anstieg der registrier-
ten Titel

Die den Markt prägende Veränderung rührt nicht von der Auflagenhöhe, sondern von der Titelzahl her, die allein bei den IVW-geprüften Titeln, im selben Zeitraum von 265 auf 1.094 angestiegen ist [ZAW 2001, S. 288]. Die Zahl der insgesamt im

	1999	**2000**	**Veränderung**
Gesamt	ca. 502 Mio.	ca. 502 Mio.	+/- 0
davon:			
Verkaufte Auflage	ca. 58 % (ca. 290 Mio.)	ca. 57 % (ca. 287 Mio.)	

Tabelle 3: Auflagenhöhe der Fachzeitschriften in Deutschland [VDZ, Stand: Oktober 2002]

	1999	2000	Veränderung
Gesamt	3.490	3.590	+ 3 %
davon:			
neu eingeführt	150	110	
relauncht	250	260	

Tabelle 4: Titelzahl der Fachzeitschriften insgesamt 1999 und 2000 [Quelle: VDZ, Stand: Oktober 2002]

Markt aktiven Fachzeitschriften liegt wesentlich höher und die Dynamik des Marktes zeigt sich auch anhand der Neueinführungen bzw. Relaunches, die jedoch im Vergleich zu den Publikumsmärkten oder anderen Mediengattungen (z.B. Online-Medien) eher als Indikator für Stabilität im Markt der Fachzeitschriften gewertet werden können.

Begrenzte Möglichkeiten der Marktforschung – Abhilfe durch Empfängrdatei-Analyse (EDA)

Da die geringe Auflagenhöhe pro Titel keine aufwändige Marktforschung im Rahmen von Markt-Media-Studien zulässt, haben die Fachzeitschriften, die eigene Stärke der Abonnementabhängigkeit dazu benutzt, um dem Werbekunden anhand der sogenannten »Empfängerdatei-Analyse (EDA)« über die Auslieferung an Geschäftskunden und deren Position zu informieren. Dieser Datensatz spiegelt auch den Erfolg der Fachzeitschriften insgesamt im Lesermarkt wieder. Die Fachzeitschriften beziehen ihre Position im Werbemarkt aus ihrer Bedeutung für das Business-to-Business-Marketing, indem sie eine Plattform für die berufliche Kommunikation bilden und daher aufgrund der eng umrissenen Zielgruppe auch höhere Tausend-Kontakte-Preise (TKP) rechtfertigen.

Steigende Marktkonzentration

Auch der Markt der Fachzeitschriften hat in der jüngsten Vergangenheit einige Verschiebungen des Marktgefüges aufgrund

Informationsquelle	Anteil
Außendienst	58 %
Direktwerbung	54 %
Messen	39 %
Fachzeitschriften	85 %
Wirtschaftspresse	34 %
Internet	61 %

Tabelle 5: Informationsquellen professioneller Entscheider [Deutsche Fachpresse 2001, S. 9]

von Auf- und Verkäufen erlebt und besitzt mittlerweile ebenfalls starke Konzentrationstendenzen. Die größten Verlage Fachzeitschriften in Deutschland sind

- BertelsmannSpringer Science + Business Media
- Verlagsgruppe von Holtzbrinck
- Süddeutscher Verlag Hüthig Fachinformationen
- Weka-Firmengruppe
- Vogel-Medien
- Wolters Kluwer Deutschland
- Rudolf-Haufe-Verlag
- Verlagsgruppe Deutscher Fachverlag
  [www.vdz.de, Stand: Oktober 2002]

3.2.4.3 Konfessionelle Zeitschriften

Wirtschaftlich schwieriges Umfeld

Der Markt der konfessionellen Presse hat sich in den vergangenen Jahren rückläufig entwickelt. Die Problematik christlicher Werte und deren Gültigkeit und Akzeptanz in der deutschen Gesellschaft trifft nicht nur die Kirchen in der »Marktakzeptanz« sondern auch die auf diesem Fundament aufbauenden Zeitschriften, die in der Regel von kirchlichen Organisationen (z.B. Bistümern) herausgegeben werden. In der Untergliederung sind in der Kategorie der konfessionellen Zeitschriften die Frauen-, Familien-, Jugendzeitschriften sowie die Kirchengebiets- und Bistumszeitschriften vertreten. Bei den überregionalen Titel der IVW-Liste konnte von 1999 auf 2000 ein Auflagenzuwachs von 2 %, bei den regionalen Zeitschriften ein Auflagenrückgang um 2 % festgestellt werden, so dass der Markt insgesamt stagnierte, im Anzeigenbereich aufgrund der guten Konjunktur jedoch positiv abschneiden konnte. Insgesamt handelt es sich um rund 60 Titel, die eine Gesamtauflage von rund 3,9 Mio. verkauften Exemplaren repräsentieren [vgl. ZAW 2001, S. 283 f.].

3.2.4.4 Kundenzeitschriften

Steigende Bedeutung des Dialogs zwischen Kunden und Herstellern

Kundenzeitschriften dienen dem Dialog von Handel und Hersteller bzw. Dienstleister mit bestehenden oder potenziellen Kunden. Sie haben in den vergangenen Jahren zunehmend an Bedeutung gewonnen. Die Herausgabe dieser zunehmend professionell gestalteten Informationen bildet häufig ein interessantes (Neben-) Geschäftsfeld der etablierten Zeitungs- und Zeitschriftenverlage. Im Jahr 2000 wurde in Deutschland rund 2640 Titel registriert, die eine Auflage von 370 Mio. Exemplaren verkörperte [ZAW 2001, S. 292]. Während früher Kundenzeitschriften in der Mehrzahl nicht bereit waren, Fremdwerbung aufzunehmen, sind mitt-

Zeitschriftentyp	Anzeigenumsatzanteil
Politische Zeitschriften	60,7 %
Konfesionelle Zeitschriften	10,4 %
Publikumszeitschriften	40,8 %
Wissenschaftliche Fachzeitschriften	44,7 %
Andere Zeitschriften	59,3 %
Zeitschriften insgesamt	54,7 %

Tabelle 6: Anzeigenumsatzanteil verschiedener Zeitschriftentypen [Heinrich 2001, S. 314]

lerweile rund 70 Prozent der Titel dieser Gattung für den Werbekunden buchbar und 93 Titel mit einer Verkaufsauflage von 46,2 Mio. Exemplaren lassen ihre Auflagenwerte von der IVW überprüfen [ZAW 2001, S. 295].

3.5.5 Kosten- und Erlösstruktur

Über die Kosten- und Erlösstruktur der Zeitschriften insgesamt gibt es nur im Rahmen der Pressestatistik Informationen, die aufgrund des in der Praxis umstrittenen Erhebungsmodus problematisch in der Aussagekraft sind und durch die Einstellung der Pressestatistik künftig auch nicht mehr zur Verfügung stehen werden. Durchschnittlich besteht im Zeitschriftenmarkt nahezu ein gleiches Kräfteverhältnis zwischen den Erlösen im Vertriebs- und Werbemarkt.

Schwierige Datenlage bei Branchengesamtsicht

Bei den Werbeerlösen zeigt sich eine starke Dominanz der drei Segmente Magazine, Programmpresse, Frauenzeitschriften. Von Seiten der Deutschen Fachpresse werden detaillierte Umsatzinformationen erhoben und in komprimierter Form an die Öffentlichkeit weitergegeben, so dass hier bezüglich der Umsatzentwicklung Transparenz besteht.

Fachpresseumsatz		2000	2001	Veränderung
Gesamt		2,290	1,987	-13 %
davon:	Vertrieb	0,929	0,847	-9 %
	Anzeige	1,267	1,074	-15 %
	Sonstiges	0,094	0,066	-30 %

Tabelle 8: Anzeigen- und Vertriebsumsätze der deutschen Fachpresse 2000/ 2001 in Mrd. Euro [VDZ 2002, Stand: Oktober 2002]

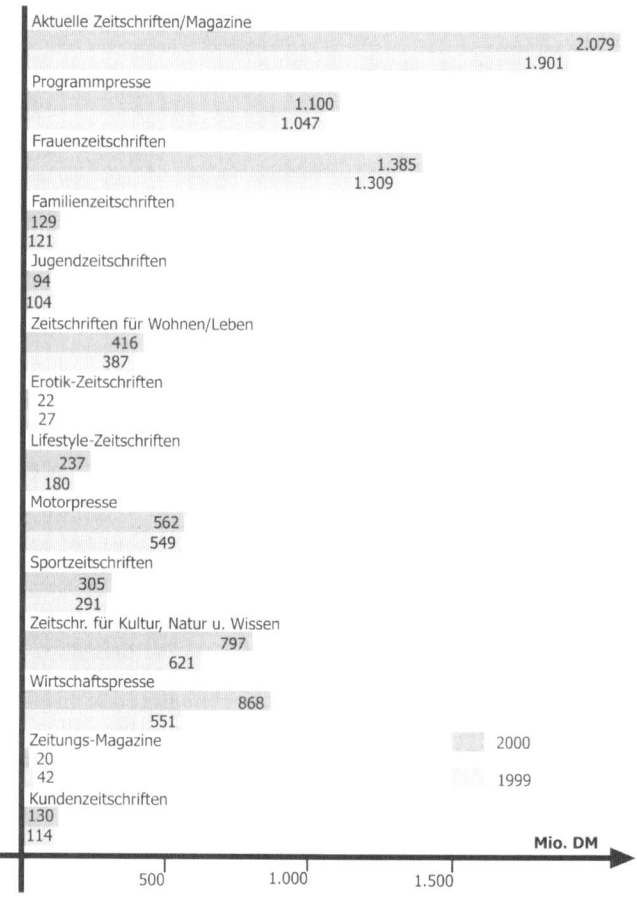

Abbildung 7: Entwicklung der Werbeunmsätze nach Zeitschriftengattungen [VDZ 2002, Stand: Oktober 2002]

3.5.6 Künftige Entwicklungen

Diversifikation des Marktes

In den nächsten Jahren ist damit zu rechnen, dass der Trend bei den Publikumszeitschriften hin zur Spezialisierung der Zielgruppen und damit zur Diversifikation des Marktes weiter anhält. In Verbindung mit der Verschärfung des intermedialen Wettbewerbs verschlechtern sich damit die Umfeldbedingungen für die Publikumspresse insgesamt. Strukturreformen innerhalb der Verlage und Titel werden daher nicht ausbleiben. Im Werbemarkt scheint die Publikumszeitschrift insgesamt bei der Werbekundschaft verankert zu sein, so dass der Selektionsmechanismus auch über den brancheninternen Wettbewerb gesteuert wird. Für die Markenbildung und Markenpflege wird die Integration der begleitenden Internet-Auftritte in das Gesamtkonzept eine steigende Bedeutung erlangen.

Die Entwicklungen auf dem Online-Sektor sorgen auch bei Fachzeitschriften für eine Veränderung der Marktumgebung. Aufgrund des teilweise starken Missverhältnis zwischen Bedeutung eine Fachzeitschrift und der dazugehörigen Auflage, empfiehlt sich unter Kostengesichtspunkten sicherlich ein Nachdenkprozess über die Herausgabe ausschließlich elektronischer Versionen; ein Weg, den bekannte Fachverlage bereits seit einiger Zeit beschreiten.

Online-Medien im Fachinformationssektor

3.5.7 Literatur

Deutsche Fachpresse (Hrsg.) (2001): *Leistungsanalyse Fachmedien 2001*. Berlin/Frankfurt am Main: Deutsche Fachpresse

Heinrich, Jürgen (2001): Medienökonomie Band 1: Mediensystem, Zeitung, Zeitschrift, Anzeigenblatt. Wiesbaden: Westdeutscher Verlag (2. Aufl.)

Orfey, Gerd (2001): *Mehr Daten, weniger Transparenz – dank VDZ-Studie*. In: IMPACT 3-4/2001: Research Newsletter der IP-Deutschland, S. 1 f.

Pürer, Heinz / Raabe, Johannes (1996): *Medien in Deutschland – Band 1: Presse*. Konstanz: UVK

Statistisches Bundsamt (Hrsg.) (1996): *Pressestatistik 1994*. Wiesbaden, Stuttgart Juli 1996: Kohlhammer

VDZ (Hrsg.) (2000): *Erfolgskonzept Media-Mix: Fallstudie Jacobs Krönung Light*. Berlin: VDZ

VDZ (Hrsg.) (2001): *Strategische Intermedia-Planung mit Print und TV: ACNielsen-TV-Panel fusioniert in VA und TdW*. Berlin: VDZ

VDZ (Hrsg.) (2002): *Definition Fachzeitschriften*. www.vdz.de (Stand: Oktober 2002)

ZAW (Hrsg.) (2001): *Werbung in Deutschland 2001*. Bonn: edition ZAW

3.6 Hörfunk

3.6.1 Definition des Mediums

Seit Oktober 1923 gibt es Hörfunk in Deutschland. Es war der Beginn des Rundfunks in Deutschland. Rundfunk heißt: Radiowellen werden »rund« um einen Sendemast abgestraht. Es gab noch kein Fernsehen. Deshalb wurde das was jetzt formal »Hörfunk« heißt, entsprechend der verwendeten Technik als »Radio« bezeichnet. Der Begriff »Radio« wird für die Empfangstechnik (das »Radio«, das »Autoradio«) oder auch für die Institution (der »Radiosender«, umgangssprachlich auch für Programm) verwendet werden. In der Legaldefinition des Rundfunksstaatsvertrags wird der Hörfunk nur marginal erwähnt – es wird von Rundfunk gesprochen. Der Hörfunk ist der Teil des Rundfunks ohne Bilder. Gemeint ist damit nicht mehr nur die Verbreitung von Programmen über Sendemasten. Hörfunkprogramme können, wie Fernsehprogramme, auch über Kabel und Satellit – bzw. neuerdings auch über das Internet – verbreitet werden.

Rein auditiver Teil des Rundfunks

3.6.2 Produkte

Hörfunk als Produkt ist in seiner Beschaffenheit dem Fernsehen nicht ganz unähnlich – zumindest was seine Basiseigenschaften im Vergleich zur Presse betrifft. Der Output des Hörfunks ist weitgehend immateriell und flüchtig[1]. Zudem ist Hörfunk – als terrestrischer Hörfunk (auch DAB), Sateliten- oder Kabelhörfunk – frei von Rivalität im Konsum. Das heißt, wenn ein Mensch mit seinem Hörfunkempfänger beispielsweise ein Satelitenprogramm mit seinem Receiver empfängt, kann ein anderen

Verschiedene Übermittlungstechniken

---

1. Während eine Zeitung als Material aufbewahrt werden kann, bleibt eine Hörfunksendung zwar materiell in den meisten Fällen beim Sender erhalten. Beim Zuschauer ist sie nach der Rezeption »verschwunden«. Wenn er keine gesonderten Vorkehrungen trifft und die Sendung mit einem Rekorder aufnimmt, kann er sie normalerweise nicht noch einmal rezipieren. Ausnahmen bilden die Archivierungen von Hörfunkprogrammen im Internet.

des Satelliten ohne Qualitätseinbusen hören. Jeder Mensch, der sich im Sendebereich des Satelliten aufhält und über ein entsprechend funktionierendes Emfangsgerät verfügt, kann dieses Programm hören. Genau dieser Sachverhalt ist von hoher Bedeutung für das Wirtschaftsunternehmen Hörfunk (die Radiostation). Das Senden einer Minute Musik oder Wortbeitrags über einen Satelliten kostet das selbe, gleich wie viele Menschen zuhören.

Wichtigste Einnahmen: Werbung und Bezahlung

Prinzipiell gibt es zwei Möglichkeiten das Produkt Hörfunk zu finanzieren – durch Werbung oder durch Entgelt für die Nutzung. Dabei gibt es zwei verschiedene Organisationsformen.

- Kostenpflichtig (hier gibt es in Deutschland kein Beispiel) oder werbefinanziert[2] (z.b. Radio Regenbogen)
- öffentlich-rechtlich (z.b. SWR1) oder privatwirtschaftlich (z.b. Radio Arabella)

Öffentlich-rechtliche oder privatwirtschaftliche Organisation

Zunächst zur Organisationsform: Seit der Einführung des dualen Rundfunksystems in Deutschland wird in öffentlich-rechtlichen und privaten Rundfunk unterschieden[vgl. Kapitel Fernsehen]. Öffentlicher Hörfunk kann sich über Steuern, Gebühren oder Beiträge (wie die deutsche Rundfunkgebühr), staatlich oder durch Spenden finanzieren [vgl. Heinrich 1999, S. 270 ff.]. Demgegenüber steht der private Hörfunk, desen Sender privatwirtschaftlich mit Gewinnabsicht agieren müssen. Besonders ist an dieser Stelle für den privaten Hörfunk allerdings, dass beim Entwurf der verschiedenen Landesmediengesetze unterschiedliche Vorstellungen hinsichtlich der Finanzierbarkeit von Hörfunkprogrammen gab. In Baden-Württemberg wurden bei der Einführung des dualen Systems derart eng begrenzte lokale Frequenzen und Lizenzen vergeben, dass sich Lokalsender kaum refinazieren konnten. Erst die Novelierung und die Einteilung in größere Einheiten brachte Erleichterung. Ganz anders war die Lage beispielsweise in Rheinland-Pfalz. Dort wurde nur ein landesweiter Sender (RPR) lizensiert, der natürlich sichtlich bessere Refinanzierungspotenziale hatte.

Kostenpflichtig oder werbefinanziert

In Japan gibt es einen recht erfolgreichen privatwirtschaftlichen »Bezahlhörfunk«. Dabei handelt es sich vor allem um Musikprogramme bestimmter Musikfarben [vgl. weiter unten], die in Bars oder Geschäften eingesetzt wird. Es sind völlig wort- und werbefreie Programme. Anzeichen für einen durchsetzungfähigen Bezahlhörfunk in Deutschland gibt es nicht. Letzlich geht es

---

2. Es gibt noch weitere, weniger wichtige Finanzierungsbestandteile. »Werbung« steht hier stellvertretend für »ohne zwingend direkte Kosten für das Anschauen des Programms, die Kosten für den Betrieb der Emfangsgerätschaften ausgenommen«.

gen Bezahlhörfunk in Deutschland gibt es nicht. Letzlich geht es beim privaten Hörfunk, wie auch in anderen Medienmärkten, darum, die Triangel des Werbemarkets im Sinne einer Gewinnmaximaierung auszugleichen [vgl. Heinrich 1999, S. 278 ff.]. Das Produkt Hörfunksendung muss Zuhörer auf sich vereinen. Diese Zuhörer müssen als Zielgruppe für Werbetreibende – in der Kummulation der Summe der in einen Sender investierten Werbegelder – mehr wert sein als das Programm kostet. Neben dem Produkt »Hörfunksendung«, das von den Zuhörer konsumiert wird, gibt es noch das Produkt »Zielgruppe«, das von den Werbungtreibenden konsumiert wird [vgl. Kapitel 2.3].

Anders als das Fernsehen, wird der Hörfunk nicht entsprechend der Katergorien Voll- oder Spartenprogramm eingeteilt. Der Hauptbestandteil eines Radioprogramms ist in der Regel Musik. Musik ist noch dazu ein Inhalt bei dem der Geschmack des Publikums recht heterogen ist. Über die Musikfarbe eines Hörfunkprogramms bestimmt sich die Zielgruppe. Entsprechend werden Hörfunkprogramme anhand ihres Musikprogramms eingeteilt:[3]

Musikfarben

- AC – Adult Contemporary
  Gespielt werden melodiegeprägte Popstandards der vergangenen Jahrzehnte ohne besondere Ausreiser. Die Zielgruppe des Programms ist von 25 bis 49 Jahre Die Moderation ist unaufdringlich, reduziert auf kurze Serviceansagen (z.B. Radio NRW oder Radio Regenbogen).

- CHR – Contemporary Hit Radio
  Gespielt werden aktuelle Top-Hits mit hoher Rotation (5 bis 8 mal pro Tag). Die Playlist besteht weitgehend aus 60 - 80 aktuellen Uptempo-Stücken und wenigen Hits des vergangen halben Jahres. Das Ganze zielt bei einer kurzen, jugendlich-witzigen Moderation auf eine 14 - 24 Jahre alte Zielgruppe (z.B. Hitradio FFH).

- AOR – Album Oriented Rock / Classic Rock
  Gespielt werden rockorientierte Titel von Alben auch noch unbekannter Künstler und mitunter abseits der Hitparaden. Die Sender haben eine Rotation von 300 bis 700 Titeln und versuchen mit einer ruhigen musikbezogenen Moderation eine mänliche Zielgruppe im

---

3. Eine gute Quelle ist [www.radioszene.de/liste.htm]. Die hier genannten Kategorien bezeichnen jeweils Hauptgruppen. Subformate gibt es meist auch noch.

Alter von 18 bis 34 Jahre anzusprechen (z.b. Rockland radio).

■ EZ – Easy Listening
Gespielt wid sanfte Instrumentalmusik und ruhige alt bekannte Evergreens. Erwachsen klingende Moderatoren präsentieren mit ruhiger Simme das Programm für 35 bis 60 Jährige (z.b. Radio Alpenwelle).

■ Melodie
Gespielt werden Deutsche Schlager von 1955 bis heute, internationale Oldies, Evergreens und Instrumentaltitel für eine Zielgruppe von 30 bis 60 Jahren. Die Moderation ist locker, witzig und unterhaltend (z.b. RPR2, Alster Radio).

■ MOR – Middle of the Road
Gespielt werden nationale und internationale Titel mit harmonischem und melodiösem Charakter. Immer alles schön in der Mitte – nicht alt, nicht jung; nicht langweilig aber auch nicht überdreht; für das Mittelalter von 40 bis 60 Jahren (z.b. Radio EINS).

■ UC – Urban Contemporary
Gespielt werden rhythmusbetonte schwarze Musiktitel, die auch länger als 4 Minuten dauern dürfen. Der Moderator – in diesem Fall vieleicht auch der »Dee Jay« – agiert dem Musikstil entsprechend. Die Zielgruppe ist 18-34 Jahre alt (z.b. JAM FM).

■ Jazz
Gespielt wird Jazz aus allen Bereichen. Eine genaue Altereingrenzung ist schwer möglich.[4] Tendenziell werden junge besser gebildete Personenkreise angestrebt. Meist musikbezogene Moderation (z.b. Jazz Radio 101.9).

■ Oldies
Gespielt werden die Hits aus den 60er, 70er und 80er Jahren. Die Kernzielgruppe ist zwischen 30 und 60 Jahren alt. Die Moderation ist musikbezogen (z.b. RTL Radio).

■ Klassik
Gespielt wird natürlich überwiegend klassische Musik, um damit eine höher gebildete Zuhörerschaft zu gewinnen. Bei Klassik Radio gibt es neben einer ruhigen, anspruchsvollen Moderation regelmäßig Börsennachrichten.

---

4. Das Jazz Radio 101.9 (Berlin) gibt seine Kernzielgruppe beispielsweise mit 20 bis 49 Jahre an.

- Info / All News
  An Stelle von Musik werden hier Nachrichten präsentiert und rotiert. Es gibt kaum Musik. Die Kernzielgruppe ist zwischen 25 und 50 Jahren. Die Moderation sachlich informierend (z.B. Info Radio oder B5).
- News / Talk
  Es gibt nur Nachrichten und Informationen, Talk und Wirtschaft und nochmal Informationen. Entprechend ist die Moderation und die Zielgruppe (z.B. FAZ Business Radio).

Neben diesen Formaten wird vor allem hinsichtlich Verbreitungsgebiet (national, regional und lokal) sowie hinsichtlich der Verbreitungstechnik (z.B. DAB) und dem Business Modell (z.B. Zulieferung von Programminhalten (z.B. Nachrichten, Musik) unterschieden.[5] Das Deutsche Institut für Wirtschaftsforschung [2002, S. 8 f.] ermittelte für das Jahr 2000 dementsprechend folgende Anbieterkonstellation für den privaten Hörfunk:

Unterscheidung hinsichtlich Verbreitungsgebiet

- »Mit 135 Veranstaltern war Ende 2000 die Gruppe der Lokalanbieter am größten; hierin sind auch die Anbieter aus den Stadtstaaten Berlin, Bremen und Hamburg eingerechnet.
- 14 Anbieter verbreiteten bundesweit Hörfunkprogramme, darunter ein Einkaufsradio.
- 35 Anbieter verbreiteten landesweit Hörfunkprogramme, eingerechnet sind zum einen Anbieter sog. Mantelprogramme für Lokalsender und außerdem die fünf Regionalsender in Brandenburg, Baden-Württemberg und Niedersachsen, die von ihrer Struktur her dieser Gruppe eher zuzurechnen sind als den Lokalanbietern.
- 25 Anbieter in 6 Bundesländern sendeten DAB-Hörfunkprogramme.«

Die Abieterstrukturen und die Produkte im Hörfunk sind vielfältiger als im Fernsehen [vgl. »Produkte«, S. 134 ff.]. Zudem kommt es je nach Landesmediengesetz und der Lage von Ballungsräumen zu Anbieterkonzentrationen und vielfältigeren Programmangeboten – beispielsweise in Berlin.

---

5. Die Zulieferer von Jingels sind nicht enthalten.

3.6.3 Unternehmensaufbau

Der Unternehmensaufbau von Hörfunksendern ist recht unterschiedlich. Es gibt kleine lokale Sender, die zeitungsnah organisiert sind, wenige Mitarbeiter und damit auch wenige *Stark verschiedene* Abteilungen haben (auch bei größeren Sendern sind Zeitungs- *Unternehmensgrößen* häuser vielfach Anteilseigner). Größere Sender, RPR oder Radio *und Organisations-* Regenbogen, haben Lokalstudios, viele Mitarbeiter und damit *formen* eine erheblich komplexere Struktur. Ein weiteres Beispiel für die heterogene Struktur des Hörfunks in Deutschland, die sich erheblich auch auf die Unternehmensstruktur auswirkt: In Nordrhein-Westfalen macht radio NRW das Rahmenprogramm für die 44 jeweils ortsansässigen Lokalradios. Natürlich werden sowohl radio NRW als auch die Lokalradios eine andere Unternehmensstruktur haben als Jazz Radio 101.9. Daneben gibt es die öffentlich-rechtlichen Rundfunkanstalten, die nicht nur Hörfunk sondern auch Fernsehen machen und sehr viele Programme ausstrahlen. Selbst im relativ kleinen Saarland werden vom Saarländischen Rundfunk vier Hörfunkprogramme gesendet. Entsprechend ist die Struktur der Häuser stark verschieden. [6]

Ähnlichkeiten zur Die zu erfüllenden Funktionen innerhalb der Organisation *Struktur von Fernseh-* Hörfunkunternehmen sind größtenteils ähnlich – sieht man da- *sendern* von ab, dass Privatsender sich kein Rundfunkorchester leisten, viele Sender Nachrichten vollständig zukaufen und einige Sender Lokalstudios unterhalten. An der Spitze des Unternehmens steht der Geschäftsführer (oder Hörfunkdirektor im öffentlich-rechtlichen Sektor). Dieser ist vielfach auch Programmchef oder Chefredakteur. Anders als beim viel finanzkräftigeren Fernsehen wird die Funktion »Justitiariat« normalerweise an eine Kanzlei ausgelagert. Die Marktforschung wird vom Marketing mit betreut. Wie beim Fernsehen gibt es fünf Bereiche, die innerhalb der Unternehmen abgedeckt werden müssen:

- ▪ Marketing
- ▪ Vertieb
- ▪ Programm
- ▪ Kaufmännische Angelegenheiten
- ▪ Technik

Beim Hörfunk gibt es meist keine getrennten Abteilungen für Marketing und Vertrieb. Allerdings ist das, Aufgabengebiet ex-

---

6. Bei Heinrich (1999, S. 342) findet sich beispielsweise ein Organigram des NDR. Daran wird schnell deutlich, welche Komplexität die Führung und Organisation die Führung eines Funkhauses – das vier Bundesländer beliefern muss und viele Regionalstudios unterhält – bewältigen muss.

trem umfangreich. Es muss dafür gesorgt werden dem Sender
Hörer zuzuführen. Das geschieht über Werbung und On-Air-
Promotion. Für Hörfunksender ist das On-Air-Design (Jingels)
extrem wichtig. Der Zuhörer muss unter einer Vielzahl von empfangbaren Sendern, schnell erkennen können, welchen er hört.
Deshalb sind auch Vorgaben für die Moderation wichtig (z.B.
Kommunikation der Frequenz). Konzeptionelle Aufgaben, wie
die Organisation von Hörerveranstaltungen und Hörerclubs, stehen ebenso auf der Aufgabenliste, wie der Entwurf von Verkaufs-
unterlagen für den Vertrieb. Der Vertrieb ist beim Hörfunk meist
zweigleisig gegliedert. Der nationale Vertrieb wird in der Regel
ausgelagert. Die RMS (Radio Marketing Service, Hamburg) oder
die ARD Werbung übernehmen diese Aufgaben und sorgen auch
für die notwendige Beteiligung an Mediastudien. Daneben gibt es
noch den regionalen und lokalen Werbevertrieb, der normalerweise inhouse organisiert wird. Der Vertrieb muss neuerdings oft
auch Merchandising-Artikel, Konzertkarten etc. vertreiben. Diese Aufgaben können auch an Call-Center ausgelagert werden.
Durchschnittlich 18 Prozent der Beschäftigten eines privaten
Hörfunkunternehmens sind mit diesen Aufgaben betraut [Deut-
sches Institut für Wirtschaftsforschung 2002].

*Tendenzen zur Ausla-
gerung von Funktionen*

Die größte Abteilung (bzw. je nach Organisation die größten
Abteilungen) mit durchschnittlich knapp 60 Prozent der Beschäftigen sorgt für das Programm. Normalerweise gibt es zwei Sparten Nachrichten und Information sowie Musik. Je nach
Organisation des Senders kann auf die eine oder andere Sparte
verzichtet werden – vollständig oder zum Teil. Beide Leistungspakete sind zu unterschiedlichen Graden auslagerbar und erlauben den Fremdbezug. Grenzen finden sie hier jeweils in der
Sendelizenz und den Landesmediengesetzen.

*Programm: größte
Abteilung bzw. Abtei-
lungen*

Neben diesen Abteilungen braucht ein Hörfunksender – wie jedes größere Unternehmen – eine kaufmännische Abteilung für
Buchhaltung, Contolling, EDV und Organisation sowie Personal. Beim Hörfunk macht das durchschnittlich 15 Prozent des
Arbeitsaufkommens aus.

Hörfunkspezifisch ist allerdings die Abteilung für Sendetechnik und Studiobetrieb. Während bis vor einigen Jahren die Abteilung für Technik noch um einiges größer war, nehmen
Techniker mittlerweile »nur« noch acht Prozent der Stellen im
Hörfunk in Anspruch. Bis vor einigen Jahren war neben dem
Moderator beispielsweise immer noch ein gesondert abgestellter
Techniker notwendig, um eine Sendung zu fahren. Mittlerweile
werden Hörfunksendungen in der Regel von den Moderatoren
selbst gefahren.

Neuerdings kommt – wie bei den meisten klassischen Medienunternehmen – noch eine Online-Abteilung hinzu, die je nach Größe des Hörfunkunternehmens nochmals die Strukturen des Senders in sich abbildet.

3.6.4 Markt

Die Sender der ARD mit größter Tagesreichweite

Der Markt für Hörfunkprogramme ist ein immer noch schwer durchdringbares Gebilde mit einer formal immer noch recht festen Einteilung in öffentlich-rechtliche und private Sender. Dabei haben die öffentlich-rechtlichen Sender seit der Einführung des dualen Rundfunksystems recht große Entwicklungssprünge gemacht und liegen in der Hörergunst noch immer vor den privaten Sendern. Die Tagesreichweite des Hörfunks liegt nach der MA 2001 bei 79,3 Prozent. Die ARD kommt auf eine Tagesreichweite von 50,6 Prozent, alle (gemessenen) privaten Veranstalter zusammen auf eine Tagesreichweite von 44,7 Prozent.

Durchschnittlicher Tageskonsum 3 Stunden 20 Minuten

Die durchschnittliche Hördauer ist in den vergangenen 30 Jahren (genau: von 1968 bis 2001) von 99 Minuten auf 203 Minuten gewachsen. Sie hat sich also etwa verdoppelt auf etwas mehr als 3 Stunden 20 Minuten. Dabei ist der Zuwachs seit der Einführung des privaten Hörfunks weniger als eine Stunde. Bis

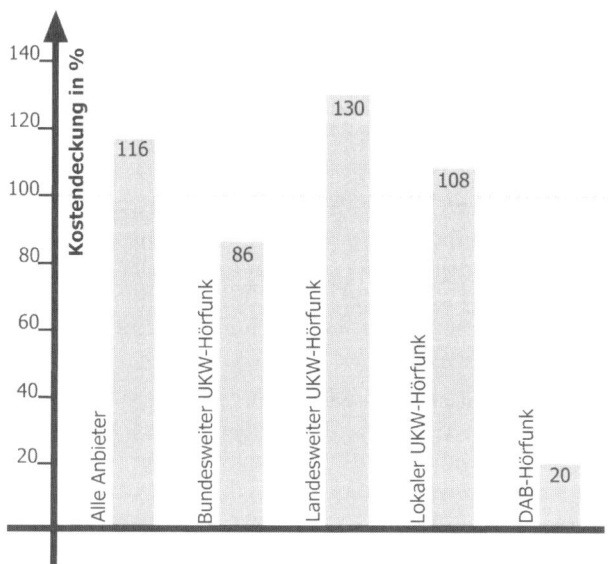

Abbildung 1: Kostendeckungsgrad des privaten Hörfunks 2000 (in Prozent) [Deutsches Institut für Wirtschaftsforschung 2002, S. 20 f.]

1999 nutzen Frauen den Hörfunk stärker als Männer. Seit der MA 2000 liegt die durchschnittliche tägliche Nutzungsdauer der Männer über der der Frauen. Besonders hoch ist die Nutzungsdauer bei den 30- bis 49-jährigen (2001 über 235 Minuten täglich).

3.6.5 Kosten- und Erlösstruktur

Den deutschen privaten Hörfunkveranstaltern geht es besser als den Fernsehanbietern. Zwischen 1995 und 2000 lagen sie durchschnittlich immer in der Gewinnzone. Der Kostendeckungsgrad lag zwischen 109 und 116 Prozent [Deutsches Institut für Wirtschaftsforschung 2002, S. 18 f.; Arbeitsgemeinschaft der Landesmedienanstalten 2000, S. 282 ff.]. Allerdings zeigt sich, dass es starke Differenzen hinsichtlich der Refinanzierbarkeit gibt. Nationale Programme und Anbieter des DAB-Hörfunks haben sichlich schlechtere Refinanzierungschancen als Lokalsender, die aufgruznd der geringeren potenziellen Reichweite einen geringeren Kostendeckungsgrad haben als landesweite Sender [vgl. Abbildung 1]. *Guter Kostendeckungsgrad landesweiter und lokaler Sender*

Die Erlöse des privaten Hörfunks von 1.452 Millionen Euro setzen sich zu 90 Prozent aus Werbung und Sponsoring und 10 Prozent sonstigen Erlösen (z.b. »Call-in-Sendungen«) zusammen. 37 Prozent der Einnahmen aus Werbung und Sponoring kommen von lokalen Werbungtreibenden. Dies ist der Bundesdurchschnitt – nicht immer sind Lokalsender in den Landesmediengesetzen vorgesehen. Zudem verdienen Hörfunksender mit Direct-Response-Radio einen deutlich höhrenen Anteil ihrer Einnahmen als Fernsehsender [Deutsches Institut für Wirtschaftsforschung 2002, S. 15 ff.]. *Werbung und Sponsoring sind die Haupteinnahmequellen der deutschen Privatsender*

Der Anteil an Personalkosten für den Betrieb eines Hörfunksenders ist sehr viel höher als beim Betrieb eines Fernsehsenders.

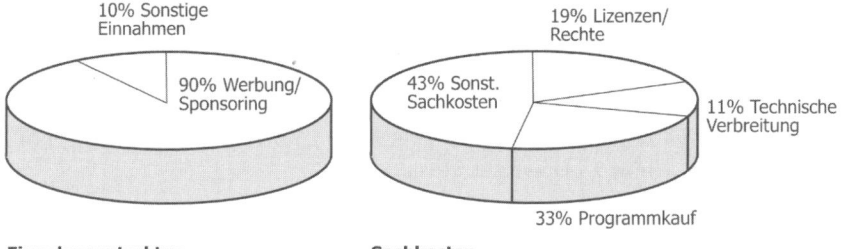

10% Sonstige Einnahmen
90% Werbung/ Sponsoring
19% Lizenzen/ Rechte
43% Sonst. Sachkosten
11% Technische Verbreitung
33% Programmkauf

Einnahmenstruktur　　　　**Sachkosten**

Abbildung 2: Einnahmenstruktur (Privatsender) und Sachkosten (nationale Privatsender) [Deutsches Institut für Wirtschaftsforschung 2002, S. 15 ff.]

Er liegt bei 37 Prozent im Vergleich zu lediglich 9 Prozent beim Fernsehen. Dagegen ist der Sachkostenblock erheblich kleiner. Dabei nehmen Lizenzen und Rechte durchschnittlich 19 Prozent ein (vorwiegend GEMA[7] und GLV[8]). Der Anteil der Kosten für den Programmeinkauf liegt bei 23 Prozent [Deutsches Institut für Wirtschaftsforschung 2002, S. 16 f.].

3.6.6 Künftige Entwicklungen

DAB hinkt Dem Hörfunk wurde im vergangenen Jahrzehnt die Potenz zu mächtigen Veränderungen bescheinigt. Der Hauptgrund für diese Veränderung sollte die Einführung von DAB (Digital Audio Broadcasting) sein. Leider ist die Verbreitung der neuen digitalen Hörfunktechnik, die neben besserer Tonqualität noch auf Zusatzleistungen (oder »Mehrwert«) setzt, nur marginal. Das Dillema, dass sich kaum Zuhörer finden wenn es kaum Programme gibt, die nach ihrem empfinden die Anschaffung eines neuen teuren Empfangsgerätes rechtfertigen bei gleichzeitig zurückhaltendem Angebot der Sender, Programme für eine ebenfalls marginale Zuhörerschaft mit entsprechenden Empfangsgeräten zu produzieren, ist kaum lösbar. Stolze (2001), von Maritus (2001) und Lesch (2001) lassen zwar noch gewisse Begeisterung für die neue Verbreitungstechnik und die zusätzlichen Möglichkeiten erkennen. Konkrete Perspektven sind allerdings kaum erkennbar.

Refinanzierungspro- Deutlichere Trends lassen sich im amerikanischen Internet-
bleme und neue Kon- Radio erkennen. Neben den Möglichkeiten von DAB gibt es da-
kurrenten im Internet bei jedoch noch die Möglichkeit, Hörfunkprogramme für Nutzer völlig zu individualisieren. Nicht nur dass Nutzer, Titel oder Künstler, die sie nicht mögen überspringen können. Sie sind völlig aus dem persönlichen Programm verbannbar. Der Unterschied zum Kauf einer CD wird damit erheblich geringer. Hörfunk wird an dieser Stelle eher wie eine Jukebox für den Hörer. Für deren Programm wird er dann wohl auch bezahlen müssen. Werbefinanzierbar scheinen Streamingprogramme in absehbarer Zeit (noch) nicht zu sein. Ein Beispiel für diese neue Zwischenform von Hörfunk und Tonträger ist mp3.com. Dort können Nutzer Playlists, die ihren Präferenzen entsprechen anhören und Titel, die sie nicht mögen, überspringen. Das Angebot gehört zu Universal Music.

---

7. Gesellschaft für musikalische Aufführungs- und mechanische Vervielfältigungsrechte [www.gema.de]
8. Gesellschaft zur Verwertung von Leistungsschutzrechten [www.gvl.de]

Ein weiterer wichtiger Trend bezieht sich auf die mehr oder weniger vollständige Digilalisierung und Automatisierung von Abläufen innerhaln der Sender. Das sogenannte Schallarchiv existier nicht mehr nur als in Tonbändern, Vinyl und CDs. Töne existieren in Multimediadatenbanken mit direktem Zugriff. Musikprogramme werden nicht mehr mit Kateikästen und Handbüchern erstellt. Informationen zur Musik und die Musik selbst befindet sich in der Datenbank. Entweder sucht ein Musikredakteur die Titel aus oder entsprechende Titellisten werden zugekauft. Der Moderator fährt das Programm. Wenn ein Titel gespielt wird, wird diese Information automatisch in die Abrechnung für die GEMA aufgenommen.

Vollständige Digitalisierung der Sender

3.6.7 Literatur

Arbeitsgemeinschaft der Landesrundfunkanstalten (2000): Privater Rundfunk in Deutschland. Jahrbuch der Landesmedienanstalten 1999/2000. München: Reinhard Fischer

Arnold, Bernd-Peter (1999): ABC des Hörfunks. Konstanz: UVK Medien (2. Aufl.)

Deutsches Institut für Wirtschaftsforschung (2002): Beschäftigte und wirtschaftliche Lage des Rundfunks in Deutschland 1999 / 2000. Berlin: DIW

Heinrich, Jürgen (1999): Medienökonomie: Band 2: Hörfunk und Fernsehen. Opladen/Wiesbaden: Westdeutscher Verlag

Lesch, Helwin (2001): Was man in DAB außer Radio machen kann. In: Ory, Stephan / Bauer, Helbut G. (Hrsg.): Hörfunk-Jahrbuch 2000 / 2001. Berlin: Vistas, S. 161 - 170

Martius, Philip von (2001): Marketing von DAB / DIDITAL RADIO: Ein Lösbares Dilemma. In: Ory, Stephan / Bauer, Helbut G. (Hrsg.): Hörfunk-Jahrbuch 2000 / 2001. Berlin: Vistas, S. 145 - 154

Media Perspektiven Basisdaten (2001): Daten zur Mediensituation in Deutschland 2001. Frankfurt am Main: Arbeitsgemeinschaft der ARD-Werbegesellschaften

SevenOne media (2001): Werbemarkt 2011. Unterföhring: SevenOne media

Stolze, Rüdiger (2001): Mehrwertradio – Programmliche NUtzung von DAB. In: Ory, Stephan / Bauer, Helbut G. (Hrsg.): Hörfunk-Jahrbuch 2000 / 2001. Berlin: Vistas, S. 131 - 143

Sturm, Robert / Zirbik Jürgen (1999): Die Radio-Station. Ein Leitfaden für den privaten Hörfunk. Konstanz: UVK Medien

ZAW (2001): Werbung in Deutschland 2001. Bonn: edition ZAW

3.7 Fernsehen

3.7.1 Definition des Mediums

Die Definition des Begriffs Fernsehen kann in verschiedener Weise erfolgen. Fernsehen kann als Apparat (z.B. Sony, Grundig etc.), als Programm (z.B. Tagesschau, Ally McBeal etc.), als Organisation bzw. Institution (z.B. SWR, RTL etc.) und als Aktivität (im Sinne von Fernsehen schauen) verstanden werden. Hier wird der institutionelle Begriff des Fernsehens verwendet. In der Gesetzgebung wird Fernsehen (noch immer) als audiovisueller Teil des Rundfunk verstanden – so im Rundfunkstaatsvertrag von 2001 und im Mediendienstestaatsvertrag von 1997. Die EU-Fernsehrichtlinie unterscheidet hingegen in Artikel 1 in Fernsehsendung und Fernsehveranstalter:

Fernsehen als Institution

> [a]»*Fernsehsendung*«: die drahtlose oder drahtgebundene, erdgebundene oder durch Satelliten vermittelte, unverschlüsselte oder verschlüsselte Erstsendung von Fernsehprogrammen, die zum Empfang durch die Allgemeinheit bestimmt ist. Der Begriff schließt die Übermittlung an andere Veranstalter zur Weiterverbreitung an die Allgemeinheit ein. Nicht eingeschlossen sind Kommunikationsdienste, die auf individuellen Abruf Informationen oder andere Inhalte übermitteln, wie Fernkopierdienste, elektronische Datenbanken und andere ähnliche Dienste.

> [b] »*Fernsehveranstalter*«: die natürliche oder juristische Person, die die redaktionelle Verantwortung für die Zusammensetzung von Fernsehprogrammen im Sinne von Buchstabe a) trägt und die diese Fernsehprogramme sendet oder von Dritten senden lässt. [RICHTLINIE DES RATES zur Koordinierung bestimmter Rechts- und Verwaltungsvorschriften der Mitgliedstaaten über die Ausübung der Fernsehtätigkeit in der Überarbeitung von 1997]

Daneben werden in Artikel 1 die Begriffe Fernsehwerbung, Schleichwerbung, Sponsoring und Teleshopping definiert:

> [c] »*Fernsehwerbung*« jede Äußerung bei der Ausübung eines Handels, Gewerbes, Handwerks oder freien Berufs, die im Fernsehen von einem öffentlich-rechtlichen oder privaten Veranstalter entweder gegen Entgelt oder eine ähnliche Ge-

genleistung oder als Eigenwerbung gesendet wird mit dem Ziel, den Absatz von Waren oder die Erbringung von Dienstleistungen, einschließlich unbeweglicher Sachen, Rechte und Verpflichtungen, gegen Entgelt zu fördern.

[d] »*Schleichwerbung*«: die Erwähnung oder Darstellung von Waren, Dienstleistungen, Namen, Marke oder Tätigkeiten eines Herstellers von Waren oder eines Erbringers von Dienstleistungen in Programmen, wenn sie vom Fernsehveranstalter absichtlich zu Werbezwecken vorgesehen ist und die Allgemeinheit hinsichtlich des eigentlichen Zwecks dieser Erwähnung oder Darstellung irreführen kann. Eine Erwähnung oder Darstellung gilt insbesondere dann als beabsichtigt, wenn sie gegen Entgelt oder eine ähnliche Gegenleistung erfolgt.

[e] »*Sponsoring*«: jeder Beitrag eines nicht im Bereich der Produktion von audiovisuellen Werken tätigen öffentlichen oder privaten Unternehmens zur Finanzierung von Fernsehprogrammen mit dem Ziel, seinen Namen, seine Marke, sein Erscheinungsbild, seine Tätigkeit oder seine Leistungen zu fördern.

[f] »*Teleshopping*«: Sendungen direkter Angebote an die Öffentlichkeit für den Absatz von Waren oder die Erbringung von Dienstleistungen, einschließlich unbeweglicher Sachen, Rechte und Verpflichtungen, gegen Entgelt.

3.7.2 Produkte

Frei von Rivalität im Konsum

Die Produktcharkteristik von »Fernsehen« unterscheidet sich in ihrer technischen Basis kaum von der des Hörfunks [vgl. »Produkte«, S. 121 f.]. Während es bei den Verlagen als Output materielle Produkte gibt – Zeitungen, Zeitschriften und Bücher – ist der Output des Hörfunks und des Fernsehens weitgehend immateriell und flüchtig [vgl. Fußnote 1, S. 121]. Zudem ist Fernsehen – als terrestrisches Fernsehen, Sateliten- oder Kabelfernsehen – frei von Rivalität im Konsum. Das heißt, wenn ein Mensch mit seinem Fernseher beispielsweise ein Satellitenprogramm mit seinem Receiver empfängt, kann ein anderen Mensch das gleiche Programm zur gleichen Zeit im Sendebereich des Satelliten ohne Qualitätseinbusen sehen. Jeder Mensch der sich im Sendebereich des Satelliten aufhält und über ein entsprechend funktionierendes Emfangsgerät verfügt, kann dieses Programm sehen. Genau dieser Sachverhalt ist von hoher Bedeutung für das Wirtschaftsunternehmen Fernsehen. Das Senden einer Minute Film über einen Satelliten kostet das selbe, gleich wie viele Menschen zuschauen.

Prinzipiell gibt es zwei Möglichkeiten das Produkt Fernsehen zu finanzieren – durch Werbung oder durch Entgelt für die Nutzung. Dabei gibt es zwei verschiedene Organisationsformen.

Dimensionen: Kostenpflichtigkeit und Organisationsform

- Kostenpflichtig (z.b. Premiere) oder werbefinanziert[1] (z.b. SAT1)
- öffentlich-rechtlich (z.b. ZDF) oder privatwirtschaftlich (z.b. RTL)

Zunächst zur Organisationsform: Seit der Einführung des dualen Rundfunksystems in Deutschland wird in öffentlich-rechtlichen und privaten Rundfunk unterschieden. Der Begriff »öffentlichrechlich« wird in Deutschland deshalb benutzt, weil nach dem zweiten Weltkrieg die Besatzungssender der Alliierten in Anstalten des öffentlichen Rechts überführt wurden. In anderen Ländern wird vom öffentlichen Rundfunk – »Public Broadcasting« – gesprochen (z.b. in den USA). Dem steht das private Fernsehen gegenüber, dessen Sender privatwirtschaftlich mit Gewinnabsicht agieren müssen. Häufig wird das private unverschlüsselt ausgestrahlte Fernsehen auch als Free-TV bezeichnet.[2] Öffentliches Fernsehen kann sich über Steuern, Gebühren oder Beiträge (wie die Deutsche Rundfunkgebühr), staatlich oder durch Spenden finanzieren [vgl. Heinrich 1999, S. 270 ff.].

Im RStV §2 wird auch von unverschlüsselten und verschlüsselten Programmen gesprochen. Dabei ist es irrelevant, ob diese Verschlüsselung beispielsweise dazu dient, Kinder von »Erwachsenenprogrammen« auszuschließen oder ob es darum geht, individuelle Kostenpflichtigkeit durchzusetzen. Während die Kostenpflichtigkeit bei ARD und ZDF eher den Charakter einer Steuer hat, muss Premiere Kunden gewinnen, die für das Anschauen der Programme bezahlen. Dabei werden Pakete und Einzelsendungen verkauft. Die Verschlüsselung dient also als Restriktion zur Durchsetzung der Kostenpflichtigkeit. Im Gegensatz dazu müssen werbefinanzierte Programme ihre Einnahmen weitgehend über den Verkauf von Werbezeit decken. Daneben spielen der Verkauf von Programminhalten – beispielsweise von eigenproduzierten Serien oder Fernsehfilmen – eine wichtige Rolle. Neuerdings werden Programme auch durch »Call in« – also den Anruf der Zuschauer auf einer kostenpflichtigen 0190er-Leitung – fi-

Verschlüsselung und Kostenpflichtigkeit

---

1. Es gibt noch weitere, weniger wichtige Finanzierungsbestandteile. »Werbung« steht hier stellvertretend für »ohne zwingend direkte Kosten für das Anschauen des Programms, die Kosten für den Betrieb der Emfangsgerätschaften ausgenommen«.
2. Ganz korrekt ist dieser Ausdruck nicht. Die Zuschauer bezahlen indirekt in dem sie Produkte kaufen, für die Werbung gemacht wurde. »Free-TV« ist ein Ausdruck des Marketing-Vokabulars.

nanziert. Zusätzlich werden Einnahmen durch Merchandising und den Kartenverkauf für TV Shows erzielt.

Letzlich geht es beim Fernsehen, wie auch in anderen Medienmärkten, darum, die Triangel des Werbemarkets im Sinne einer Gewinnmaximaierung auszugleichen [vgl. Heinrich 1999, S. 278 ff.]. Das Produkt Fernsehsendung muss Zuschauer auf sich vereinen. Diese Zuschauer müssen als Zielgruppe für Werbetreibende – in der Kummulation der Summe der in einen Sender investierten Werbegelder – mehr wert sein als das Programm kostet. Neben dem Produkt »Fernsehsendung«, das von den Zuschauern konsumiert wird, gibt es noch das Produkt »Zielgruppe«, das von den Werbungtreibenden konsuiert wird. [vgl. Kapitel 2.3]

Die inhaltliche und geographische Dimension

Zur Erreichung dieser Ziele und der Verpflichtungen die aus dem Betrieb von öffentlich-rechtlichen Programmen hervorgehen kann das Produkt Fernsehen noch entsprechend der Sendeinhalte und der Sendegebiete eingeteilt werden:

- Vollprogramm (z.B. ZDF) oder Spartenprogramm (z.B. MTV)
- national (z.B. PRO7), regional (z.B. N3), lokal (z.B. RNF)

Im Rundfunkstaatsvertrag (RStV) wird in Voll- und Spartenprogramme unterschieden. Der RStV (§2) versteht ein Vollprogramm als »ein Rundfunkprogramm mit vielfältigen Inhalten, in welchem Information, Bildung, Beratung und Unterhaltung einen wesentlichen Teil des Gesamtprogramms bilden...«. Ein Spartenprogramm wird verstanden als »ein Rundfunkprogramm mit im wesentlichen gleichartigen Inhalten...«.

Neben diesen Dimensionen gibt es noch eine geographische. Es gibt nationale Sender (sowohl öffentlich-rechtlich als auch privat), es gibt Regionalsender – die u.a. auf die Landesrundfunkanstalten der ARD zurückzuführen sind bzw. die ARD gründeten. Private Sender beschränken sich dagegen eher auf noch kleinere geographische Einheiten. Der Begriff Lokalsender, wie es ihn beim Hörfunk gibt, ist allerdings kaum üblich. Im allgemeinen wird von Ballungsraumfernsehen gesprochen.

Anbieterzahlen

Was die Zahl der Sender und Anbieter betrifft, so lassen sich entsprechend der Größe des Verbreitungsgebiets und der Sendedauer folgende Anbieterzahlen für das Jahr 2000 ausmachen:

- »30 Unternehmen verbreiteten bundesweite Programme; darunter waren 4 Zulieferprogramme mit eigener bundesweiter Sendelizenz und nur einigen Stunden Programmproduktion pro Woche, 9 Pay-TV-Anbieter und 2 Teleshopping-Kanäle.

- 10 Unternehmen verbreiteten ihre Programme landesweit als sog. Fensterprogramme auf den Frequenzen von RTL, SAT.1 und tm3.
- 13 Sender sendeten ein mehrstündiges (bis zu 24 Stunden täglich) Programm in regionalen Ballungsräumen oder in anderen regionalen Sendegebieten.
- 41 Lokal-Sender verbreiteten mit deutlich geringerer Programmleistung ihre Programme entweder nur in größeren Kabelnetzen oder zusätzlich terrestrisch als lokale Programmfenster.« [Deutsches Institut für Wirtschaftsforschung 2002, S. 8 f.]

Eine Form von Fernsehen wird in den vergangen Jahren zusehends wichtiger – das Business TV. Es handelt sich dabei nicht um allgemein enpfangbares Fernsehen. Business TV wird von Unternehmen für Mitarbeiter, beispielsweise für Weiterbildungsmaßnahmen prodziert und gesendet. Ein Beispiel ist »Deutsche Bank TV«. Es sind etwa ein bis zwei Dutzend deutsche Großunternehmen, die sich ein hauseigenes Fernsehprogramm leisten [Jahrbuch der Landesmedienanstalten 1999/2000, S. 303 ff.].

3.7.3 Unternehmensaufbau

Der Unternehmensaufbau von Fernsehsendern ist recht unterschiedlich. Bei öffentlich-rechtlichen Sendern der ARD sind noch Hörfunkprogramme angeschlossen. Die öffentlich-rechtlichen Sender betreiben neben ihren Vollprogrammen, national und regional, noch Spartensender (z.B. Kinderkanal oder Phönix). Große private Fernsehunternehmen betreiben mittlerweile auch mehr als einen Sender. Für Spartenprogramme gibt es andere Erfordernisse als für Vollprogramme. Lokalsender oder Zuliefererprogramme sind schon alleine aufgrund ihrer Unternemensgröße anders strukturiert. Dementsprechend gibt es unterschiedliche Erfordernisse an den Unternehmensaufbau und die Organisation der Sender. In Abbildung 1 ist der schematische Unternehmensaufbau eines Fernsehsenders zu sehen. An der Spitze steht die Geschäftsführung, ihr sind zwei Stabsabteilungen zugeordnet. Fernsehsender brauchen ein Justitiariat u.a. weil es sich beim Medienrecht, um einen relativ speziellen Teil des Rechtssystems handelt und der Kauf- und Verkauf von Medieninhalten weitgehend ein Handel mit Rechten ist. Die Abteilung Medienforschung wird auch dringend benötigt, da die Investitionen in Sendungen hoch sind und ein präventive Absicherung hinsichtlich des möglichen Erfolgs der Programme notwendig ist. Zudem gibt es eine Reihe weitere wichtiger Aufgaben, die die Medienforschung für die einzelnen Abteilungen (v.a. Marketing und Programmdirektion)

Unterschiedlicher Aufbau von öffentlich-rechtliche und privaten – natlionalen und regionalen Sendern

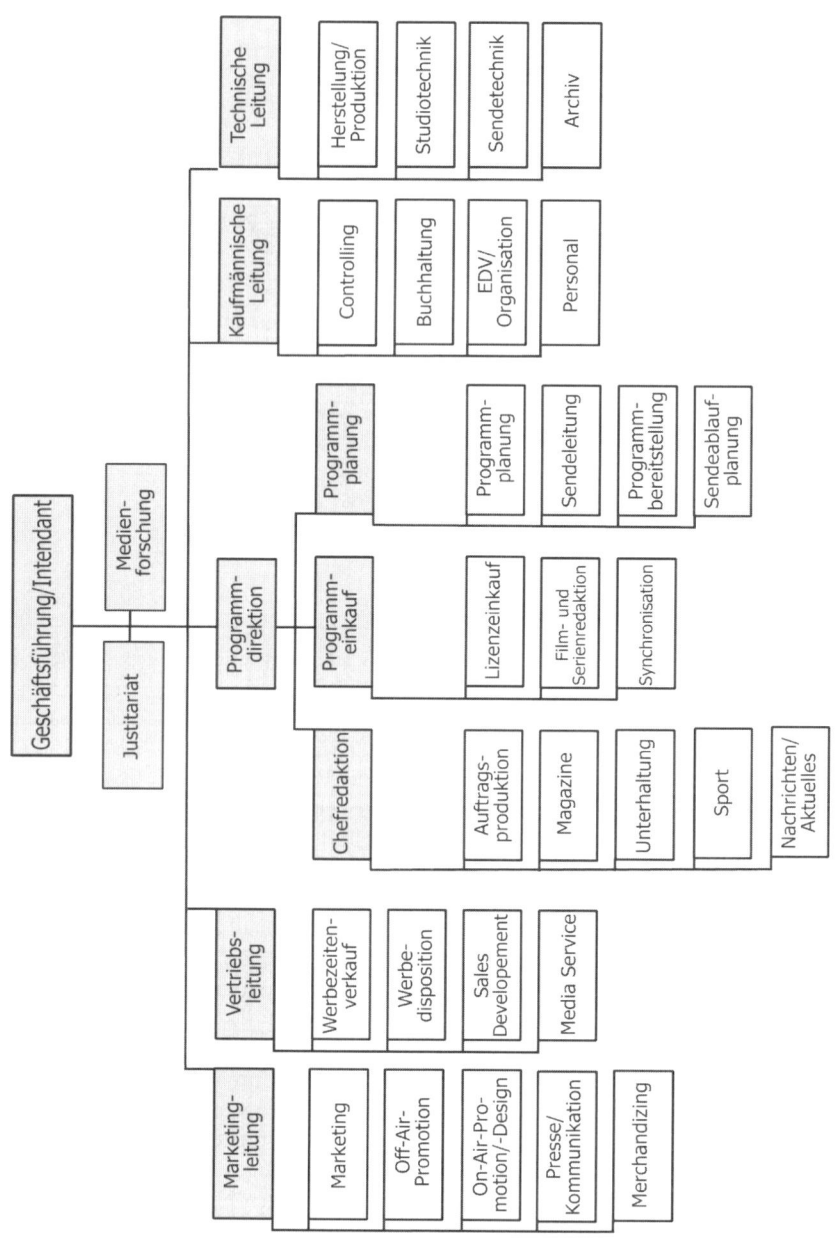

Abbildung 1: Organisationsstruktur eines Fernsehsenders (Beispiel) [Karstens / Schütte 1999, S. 456]

übernehmen muss. Das betrifft beispielsweise die Wirksamkeit von Werbung im Programm oder Lobbying-Arbeit bei wichtigen Mediastudien [vgl. Kapitel 4.1].

Neben diesen Stabsabteilungen gibt es fünf weitere Hauptabteilungen, die für den Betrieb eines Senders wichtig sind:

- Marketing
- Vertieb
- Programm
- Kaufmännische Angelegenheiten
- Technik

Das Marketing ist dafür zuständig, Zuschauer für den Sender zu werben. Dafür ist Werbung außerhalb des Fernsehprogramms (Off-Air-Promotion) notwendig. Enorm wichtig ist jedoch die On-Air-Promotion und das On-Air-Design. Der Zuschauer muss dadurch einen Sender erkennen (z.b. am Senderlogo, Studioeinrichtung, Programmpräsentatoren etc.) und an einen Sender gebunden werden (z.b. durch Trailer). Daneben gibt es noch Unterabteilungen für Public Relations sowie häufig noch Unterabteilungen für Merchandising und ähnliches. *Marketing*

Sowohl bei privaten als auch bei öffentlich-rechtlichen Sendern gibt es Vertriebsabteilungen. Diese sind für den Werbezeitenverkauf zuständig und meist ausgelagert aus dem Unternehmen. Die Werbung der RTL-Gruppe wird beispielsweise von IP Deutschland GmbH (Köln) vermarktet. Die Werbung für die ARD-Anstalten vermarktet die ARD-Werbung SALES & SERVICES GmbH (Frankfurt am Main). Die Unterabteilung Media-Service ist dafür zuständig, die Kunden mit Daten zu versorgen. *Vertrieb*

Die größte Abteilung (bzw. je nach Organisation Abteilungen) beschäftigt sich mit dem Programm. Je nach Konzeption des Senders hat sie unterschiedliche Unterabteilungen. Bei Vollprogrammen gibt es normalerweise eine Redaktion, den Programmeinkauf und die Programmplanung. Spartenprogramme können mitunter auf Teile oder Unterabteilungen verzichten. Ein Nachrichtensender wie n-tv muss beispielsweise keine Spielfilme oder Serien einkaufen. *Programm*

Neben diesen Abteilungen braucht ein Fernsehsender – wie jedes größere Unternehnem – eine kaufmännische Abteilung für Buchhaltung, Contolling, EDV und Organisation sowie Personal. Fernsehspezifisch ist allerdings die Abteilung für Fernsehtechnik und Studiobetrieb. Notwendig ist eine Abteilung für Herstellung und Produktion, eine Unterabteilung für Studiotechnik, Sendetechnik und das Archiv. *Kaufmännische Angelegenheiten*

3.7.4 Markt

Große Programmzahl Seit der Einführung des dualen Rundfunksystems ist der Fernsehmarkt ständig in Bewegung. Während in den 70ern und zum Be-
ginn der 80er Jahre ein Haushalt meist nicht mehr als vier Kanäle
empfangen konnte, empfängt heute ein Großteil der Haushalte
das Fernsehprogramm über Kabel und Satellit. Das begrenzte
Frequenzspektrum des terrestrischen Fernsehens betrifft nur
nocht etwa 10 Prozent der Fernsehhaushalte [vgl. Tabelle 1]. Die

| | **Gesamt** | | **Fernsehempfang über ...** | | | | | |
| | | | **Antenne** | | **Kabel** | | **Satellit** | |
	in Mio.	in %	in Mio.	in %	in Mio.	in %	in Mio.	in %
Fernsehhaushalte gesamt	33,56	100	3,49	100	18,92	100	11,15	100
ARD	33,50	100	3,48	100	18,91	100	11,11	100
ZDF	33,50	100	3,48	100	18,91	100	11,10	100
Arte	26,92	80	0,00	0	18,52	98	8,40	75
3sat	29,87	89	0,07	2	18,75	99	11,06	99
Kinderkanal	26,90	80	0,00	0	18,52	98	8,38	75
Phoenix	27,33	81	0,00	0	16,54	87	10,79	97
RTL	32,50	97	2,51	72	18,90	100	11,09	99
SAT.1	32,48	97	2,51	72	18,90	100	11,07	99
ProSieben	31,14	93	1,27	36	18,81	99	11,06	99
VOX	31,08	93	1,24	35	18,79	99	11,05	99
RTL II	30,52	91	0,66	19	18,82	99	11,04	99
DSF	29,98	89	0,40	11	18,54	98	11,04	99
n-tv	29,43	88	0,03	1	18,39	97	11,01	99
Premiere (analog)	26,92	80	0,00	0	16,20	86	10,72	96
Kabel 1	29,74	89	0,01	0	18,69	99	11,03	99
VIVA	28,82	86	0,00	0	18,04	95	10,78	97
Super RTL	28,59	86	0,01	0	17,89	95	11,04	99
tm 3	27,08	81	0,13	4	17,16	91	9,79	88

Tabelle 1: Technische Reichweiten der deutschen Fernsehsender 2001 [Media Perspektiven
Basisdaten 2001, S. 8]

Zahl der gesendeten und potenziell anschaubaren Programm- *Prorammausweitung*
stunden ist während der vergangenen 20 Jahre gewaltig gestie- *um das 160-fache in*
gen. Dagegen hat die Rezeption von Fernseprogrammen im *den vergangenen*
gleichen Zeitraum nur um etwa 50 Prozent zugenommen von *20 Jahren*
etwa zwei auf etwa drei Stunden täglichem Fernsehkonsum. Die
Zahl der jährlich gesendeten Werbespots ist im gleichen Zeitraum
um das 160-fache gestiegen [eigene Berechnungen, ZAW 2001].
1996 wurden 1,4 Millionen Werbespots gesendet. Im Jahr 2000 waren es 2,4 Millionen. Dabei sind die Nettoumsätze des Werbefernse-
hens von 3,5 Milliarden Euro auf 4,7 Milliarden Euro gestiegen
[ZAW 2001, S. 296 ff].[3] Die Preise pro durchschnittlich gesendeten
Werbespot sind also gesunken. Zum Vergleich 1990 wurden im
deutschen Fernsehen weniger als 5.000 Spielfilme ausgestraht. 1999
waren es mehr als 10.000. Während 1990 durchschnittlich weniger
als die Hälfte der gezeigten Filme vor Ablauf des Jahres noch mal gezeigt wurden, wurde 1999 im Durchschnitt knapp jeder Film vor ablauf des Jahres wiederholt. Die Notwendigkeit zur Ausweitung des
Programms war mit dafür verantwortlich, dass ein größerer Anteil
der Inhalte mehrmals gesendet werden musste. Eigenproduktionen
verursachen – je nach Vertragsgestaltung mit den beteiligten Akteuren – keine weiteren Kosten. Bei gekauftem Material ist es meist so,
dass Preise pro Ausstrahlung zu entrichten sind, wobei der Preis mit
zunehmender Zahl von Ausstrahlungen niedriger ist. Zudem werden

	3.00-15.00 Uhr		15.00-18.00 Uhr		18.00-20.00 Uhr		20.00-01.00 Uhr	
	2000	**2001**	**2000**	**2001**	**2000**	**2001**	**2000**	**2001**
Das Erste	13,3	12,9	14,9	14,7	13,5	13,3	15,0	14,3
ZDF	10,2	10,1	13,3	13,2	16,5	16,2	13,7	13,5
Dritte gesamt	8,0	8,3	11,7	12,2	15,6	15,9	13,9	14,4
SAT.1	11,9	10,6	8,7	9,8	9,4	10,6	10,3	10,0
RTL	15,0	15,7	12,0	11,3	15,4	14,8	14,3	15,7
ProSieben	9,1	8,2	9,3	8,8	6,2	6,3	8,2	8,3
Sonstige	32,7	34,2	30,1	30,1	23,4	23,0	24,5	23,9

Tabelle 2: Marktanteile der Fernsehprogramme nach Zeitabschnitten (Zuschauer ab 3 Jahren) [Media
Perspektiven Basisdaten 2001, S. 79]

---

3. Im Jahr der Werberezession 2001 lagen die Werbeumsätze bei 4,5
   Mrd. Euro und somit 5,1 Prozent niedriger als im Boomjahr 2000
   [ZAW 2002, S. 17].

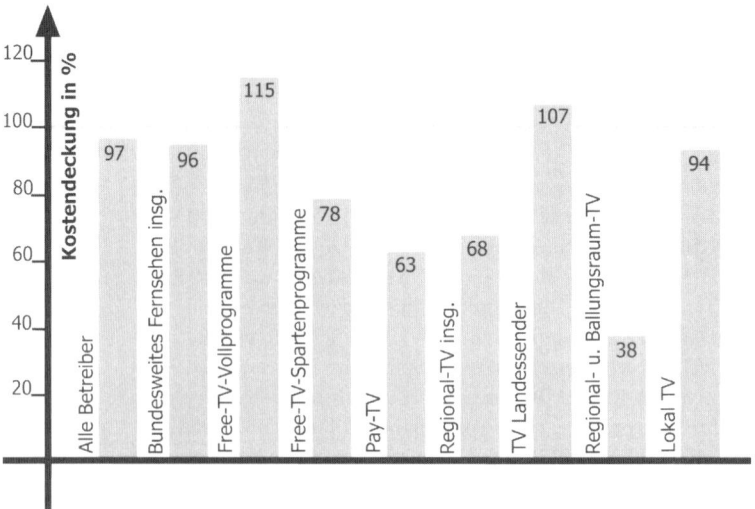

Abbildung 2: Kostendeckungsgrad des privaten Fernsehens 2000 (in Prozent) [Deutsches Institut für Wirtschaftsforschung 2002, S. 18 f.]

kurzfristige Wiederholungen (beispielsweise innerhalb von 24 oder 48 Stunden) nicht als eigene Ausstrahlung berechnet [vgl. Karstens / Schütte 1999].

Was die Zuschauerbeteiligung betrifft, so sind die öffentlich-rechtlichen Sender besonders am Nachmittag erfolgreich. Zwischen 15:00 und 18:00 Uhr unterschreiten die großen Sender SAT1 und RTL ihre durchschnittlichen Marktanteile. Zur Primetime und in der Nacht haben diese Sender wiederum die größten Marktanteile [vgl. Tabelle 2].

Die Beteiligunsverhältnisse an den großen deutschen Medienunternehmen sind stetig in Bewegung. Als Informationsquelle empfiehlt sich die jährlich in Media Perspektiven erscheinende Analyse von Röper [z.B. Röper 2002].

3.7.5 Kosten- und Erlösstruktur

Kostendeckungsgrad durchschnittlich 97 Prozent

Die deutschen privaten Fernsehveranstalter erwirtschafteten 2000 zusammen einen Verlust in Höhe von 343 Mill. DM bei einen durchschnittlichen Kostendeckungsgrad von 97 Prozent. Am erfolgreichsten arbeiteten die nationalen Vollprogramme. Keines musste 2000 einen Verlust hinnehmen und der durchschnittliche Kostendeckungsgrad wurde sogar noch von 111 auf 115 Prozent gesteigert. Das überdurchschnittlich gute Werbejahr 2000 war dafür mit verantwortlich [vgl. Kapitel 4.2]. Deutliche Verlustbringer waren das Pay-TV sowie das Regional- und Ballungsraumfernsehen – wobei sich die Lage für beide Anbietergruppe im Vergleich zu 1999 nochmals verschlechtert hat [Deutsches Institut für Wirtschaftsforschung 2002, S. 18 f.; Arbeitsgemeinschaft der Landesmedienanstalten 2000, S. 282 ff.].

Die Erlöse des privaten Fernsehens von 6.363 Millionen Euro setzen sich zu 72 Prozent aus Werbung und Sponsoring, 10 Prozent Abo-Gebühren, 7 Prozent Teleshopping und 11 Prozent sonstigen Erlösen zusammen. Der Block Werbung und Sponsoring läßt sich noch etwas weiter aufgliedern: der allergrößte Block geht in nationale Spotwerbung. Lokale Spotwerbung macht ein Prozent des Gesamtwerbeaufkommens des Fernsehens aus und Sponsoring hatte 2000 einen Anteil von sechs Prozent. Ein Ausweise von Beträgen für Call in erfolgte 2000 noch nicht, da dies erst 2001 zum großen Trend wurde.[4]

Werbung wichtigste Einnahmequelle

87 Prozent der Aufwendungen für des Betrieb eines privaten Fernsehsenders sind Sachkosten. Daneben fallen 3 Prozent für Steuern und Abschreibeungen, 9 Prozent für Personal und 2 Prozent für Vergütungen an. Der Sachkostenblock besteht bei bundesweiten Verantsaltern zu 41 Prozent aus Kosten für Lizensen und Rechte, 33 Prozent werden für Auftragsproduktionen verwendet, die Technik schlägt mit 9 Prozent zu Buche. [Deutsches Institut für Wirtschaftsforschung 2002, S. 16 f.]

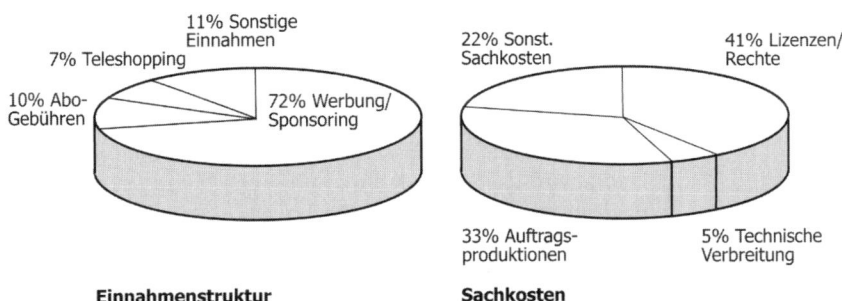

Abbildung 3: Einnahmenstruktur (Privatsender) und Sachkosten (nationale Privatsender) [Deutsches Institut für Wirtschaftsforschung 2002, S. 15 ff.]

---

4. 2001 mutierte der einstige »Frauensender« TM3 zu 9 live das sich weitgehend über die Anrufe seiner Zuschauer finanziert. Um Gewinne abzuwerfen, müssen monatlich zwölf Millionen Anrufe zu 46 Cent beim Sender eingehen. im Frühjahr 2002 erhielt 9 live nach eigenen Angaben rund sieben Millionen Anrufe bei Quiz-, Rate- oder Schlagershows.

3.7.6 Künftige Entwicklungen

Langsame Entwicklung Der Fernsehmarkt ist in steter Bewegung. Das zeigt schon die stete Reihenfolge der Fernsehurteile. Es sind verschiedene Trends ausmachbar. Mitte der 90er Jahre wurde die Digitalisierung des Fernsehens mit einer möglichen Interaktivierung als Haupttrend gesehen [vgl. Schrape 1995]. Allerdings waren die Vorstelleungen bezüglich der Diffussionsgeschwindigkeit etwas optimistisch. Es gibt neben Premiere Digital noch viele weitere Sender die über Astra und Eutelsat verschlüsselt ausgestrahlt werden. Die Fersehhaushalte sehen aufgrund des großen Angebots frei empfangbarer analoger Kanäle über Satellit und Kabel anscheinend keine Notwendigkeit, in entsprechende Empfangstechnonlogie oder Bezahlfernsehen zu investieren. Die Unsicherheit hinsichtlich eines durchsetzungsfähigen Standards der Empfangstechnologie tut ein weiteres. Deutschland ist aufgrund des großen Angebots an frei verfügbaren Programmen und der misslichen Lage der Kirch Gruppe – die anders als Murdoch in Großbritanien – werbefinanzierte Sender und Premiere mit Programmen versorgen muss, benachteiligt [vgl. beispielsweise Arbeitsgemeinschaft der Landesmedienanstalten 2000, S. 290 ff.; SevenOne media 2001, S. 55 ff.]. So wird das digitale Fernsehen auf breiter Front wohl noch etwas auf sich warten lassen.

Neue Refinanzierungs-konzepte Aktuell lassen sich lediglich neue Konzepte in der Refinanzierung der Sender ausmachen. Das oben genannte »Call in« ist ein Beispiel dafür. Daneben wird stetig nach neuen Werbeformen gesucht. Vor einigen Jahren wurde beispielsweise das Sponsoring der Uhr vor den Nachrichten der öffentlich-rechtlichen Sender eingeführt. Der fünfte Änderungsvertrag zum Rundfunkstaatsvertrag führte dazu, dass Splittscreen-Werbung möglich wurde. Dabei wird das laufende Programm (v.a. Sportveranstaltungen) noch in einem kleinen Fenster gezeigt, während ein Werbespot und dessen Ton läuft. Es wird auch mit virtueller Werbung experimentiert. Dabei handelt es sich beispielsweise um Werbeeinblendungen auf Spielfeldern, die in der Realtät nicht zu sehen sind, sondern durch Computer eingefügt wurden.

Die Ausdehnung des Fernsehwerbeumsatzes scheint für das Fernsehen nach einer Durststrecke – zumindest nach Prognosen der Prognos AG – fortzuschreiten. Das vom Fernsehen absorbierte Werbevolumen soll von etwa 4,8 Milliarden Euro 2001 auf 7,3 Milliarden Euro 2011 steigen. Der Anteil der Fernsehwerbung am Gesamtmarkt würde dann bei 20,3 Prozent liegen [SevenOne media 2001]. Damit steigt der Umsatz an Fernsehwerbung nicht stärker als der Gesamtmarkt. Bei einem gleichbleibenden und kaum noch ausdehnungsfähigen Zeitbudget der Zuschauer für den Fernsehkonsum wird die Konkurrenzintensität steigen.

Was in den Jahren 2000 mit dem Trend um »Big Brother« und das Reality TV – mit vielen Kopien und einem rasch versandenden Trend – begann, wiederholte sich nur wenig später mit Rate und Gewinnshows in der Nachfolge von »Wer wird Millionär?«. Puklikumswirksame Formate werden geboren und kopiert. Das geschieht nicht nur mit den recht kostengünstigen Show-Formaten. Auch Serien und Spielfilme sind solchen Trends unterworfen und kopieranfällig. Es gibt – wie in anderen Märkten auch – noch den Effekt des »First Mover«. Dennoch besteht die Gefahr einer sich beschleunigenden Abnutzung der Formate durch die eben angesprochene Konkurrenzintensität.

Rascher Verschleiß neuer Formate

3.7.7 Literatur

Arbeitsgemeinschaft der Landesrundfunkanstalten (2000): Privater Rundfunk in Deutschland. Jahrbuch der Landesmedienanstalten 1999/2000. München: Reinhard Fischer

Deutsches Institut für Wirtschaftsforschung (2002): Beschäftigte und wirtschaftliche Lage des Rundfunks in Deutschland 1999 / 2000. Berlin: DIW

Direktorenkonferenz der Landesmedienanstalten (DLM) [2002]: Film- und Fernsehwirtschaft in Deutschland 2000/2001. Beschäftigte, wirtschaftliche Lage und Struktur der Produktionsunternehmen. Berlin: Vistas

Heinrich, Jürgen (1999): Medienökonomie: Band 2: Hörfunk und Fernsehen. Opladen/Wiesbaden: Westdeutscher Verlag

Karstens, Eric / Schütte, Jörg (1999): Firma Fernsehen. Wie TV-Sender arbeiten. Reinbek bei Hamburg: Rowolt

Media Perspektiven Basisdaten (2001): Daten zur Mediensituation in Deutschland 2001. Frankfurt am Main: Arbeitsgemeinschaft der ARD-Werbegesellschaften

Röper, Horst (2002): Formationen deutscher Medienmultis 2002. In: Media Perspektiven 9/2002, S. 406 - 432

Schrape, Klaus (1995): Digitales Fernsehen – Marktchancen und ordnungspolitischer Regelungsbedarf. München Reinhard Fischer

SevenOne media (2001): Werbemarkt 2011. Unterföhring: SevenOne media

ZAW (2001): Werbung in Deutschland 2001. Bonn: edition ZAW

3.8 Film

3.8.1 Definition des Mediums

In der medienwissenschaftlichen Grundlagenliteratur wird Film in der Regel als eigenes Medium abgehandelt – beispielsweise in Faulstichs »Grundwissen Medien« [2000]. In der Litaratur aus diesem Umfeld, wie auch in der Literatur zur Analyse von Filmen – ein Standardwerk ist hier Monacos »Film verstehen« [2002] – sind die Analysegegenstände weitgehend Spielfilme. Die Filmförderanstalt (Berlin) versteht unter programmfüllenden Filme, solche mit einer Vorführdauer von mindestens 79 Minuten. Bei Kinder- und Jugendfilmen ist eine Vorführdauer von mindestens 59 Minuten ausreichend, um das Label programmfüllender Film zu erreichen.

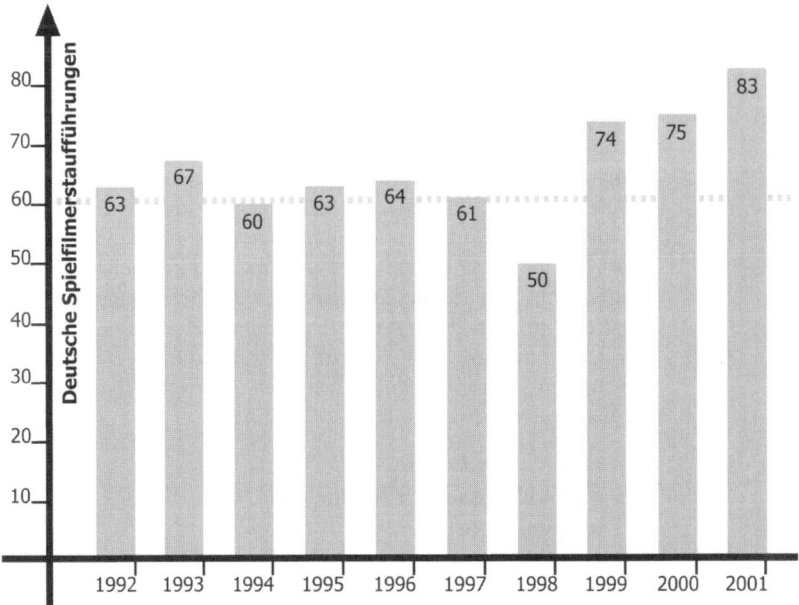

Abbildung 1: Deutsche Spielfilmerstaufführungen [Spitzenorganisation der Filmwirtschaft, www.spio.de, Stand: Oktober 2002]

Die Spitzenorganisation der Filmwirtschaft e.v. ermittelt die Zahlen für Spielfilme, die den Weg ins Kino schaffen – das ist beileibe nicht allen vergönnt. In den zehn Jahren zwischen 1992 und 2001 errreichten durchschnittlich 61 deutsche Spielfilme die Erstaufführung im Kino. Zu dieser tendenzielle produktionsseitigen Definition gehört noch der Wirtschaftsbereich der Kinos, eines Wirtschaftsbereichs der im Hauptverband der deutschen Filmtheater e.V. verankert ist.

Was die Produktionsseite betrifft, so ist die Produktion eines Spielfilms für das Kino meist aufwändiger als die Produktion für das Fernsehen. Allerdings sind die Produktionszusammenhänge recht ähnlich. Aus diesem Grund sehen wir auch die Produktion von Fernsehfilmen etc. dieser Kategorie zugehörig, wie natürlich auch den Vertrieb von Videos und DVDs.

Definition   Das Medium an sich basiert nach unserer Definition auf der Produktion von sequeziellen audiovisuellen Inhalten. Diese Inhalte haben fiktionalen oder dokumenarischen Charkter und werden auf unterschiedliche Art vertrieben (z.B. Kino, Video oder Fernsehen). Eine Einschränkung hinsichtlich der Länge des filmischen Produkts wird von uns nicht vorgenommen.[1] Die Abgrenzung zu Fernsehen besteht nach unserer Einschätzung in einer Lieferanten-Kunden-Beziehung.

3.8.2 Produkte

Inhaltegruppen   In der Filmtheorie werden Filme nach Genres eingeteilt. Auch wenn unterschiedliche Genres mitunter verschiedene Produktionszusammenhänge zur Folge haben – ein Actionfilm stellt beispielsweise völlig andere Anforderungen an die Produktion als eine Komödie, die nur an ganz wenigen Schauplätzen gedreht wird, mag diese Einteilung zwar für die Filmtheorie zutreffend und günstig sein. Aus aus der Sicht der Betriebswirtschaftslehre ist eine grobere Einteilung ausreichend. Zudem würde sich eine solche Einteilung lediglich auf Kinofilme und die damit stark verwandten Fernsehprodukte beziehen. Hinsichtlich der Inhalte ist aus unserer Sicht eine Unterscheidung in

- ■ fiktionale Inhalte,
- ■ dokumentarische Inhalte und
- ■ Animationsfilme

---

1. Auch »Werbefilme« sind Filme!

sinnvoll, da sich diese in ihrer Produktion wirklich grundlegend unterscheiden und völlig verschiedene Produktionspläne zur Folge haben.

In einer Studie im Auftrag der Direktorenkonferenz der Landesmedienanstalten (DLM) [2002] hat Seufert (Deutsches Institut für Wirtschaftsforschung (DIW), Berlin) die Film- und Fernsehwirtschaft untersucht. Dabei wurde produktionsseitig in folgende Klassen eingeteilt: *Produktionsbezogene Gruppierung*

- Fernsehproduzenten,
- Kinofilmproduzenten,
- Werbefilmproduzenten,
- Industriefilmproduzenten sowie
- sonstige Produktionsunternehmen.

In dieser produktionsseitigen Einteilung kommen zudem die Kundenkreise der Produkte und ihr Verwendungszweck besonders zum Ausdruck: Fernsehen, Kino, Unternehmen zu Werbezwecken und internen Gebrauch.

Auf der Rezipientenseite werden die Inhalte durch verschiedene Visualisierungsapparate genutzt: *Rezeptionsapparate*

- Kino
- VHS-Video / DVD
- Fernsehen

Es wird deutlich, dass Filmprodukte in verschiedenen Bereichen der Werschöpfungskette [vgl. besonders »Veränderung durch Digitalisierung«, S. 346 f.] eine Rolle spielen. Zudem wird die Werschöpfungskette nicht mehr nur in einer Richtung erweitert und differenziert (wie das beispielsweise durch Video und Pay-TV geschehen ist). Zunehmend werden auch Inhalte, die ausschließlich für das Fernsehen produziert wurden, auf Materiellen Datenträgern verkauft (v.a. Fernsehserien und Dokumentationen).

3.8.3 Unternehmensaufbau

Die Filmbranche ist – wie viele Einzelbranchen des Mediensektors – sehr heterogen. Es gibt winzige Produktionsunternehmen mit sehr wenigen Mitarbeitern, aber auch einige wenige Großunternehmen. Am Beispiel der Unternehmensstruktur der Bavaria Film läßt sich zeigen, welche Aufbaumerkmale eine Filmproduktion hat.

Grob werden Filmproduktionen in drei Größenklassen eingeteilt:

- Kleinproduktionen mit weniger als 10 fest angesstellten Mitarbeitern
- mittelgroße Produktionen mit 11 bis 100 fest angestellten Mitarbeitern
- große Produktionsfirmen mit mehr als 100 fest angestellten Mitarbeitern

Struktur einer mittelgroßen Produktion Eine solche mittelgroße Produktion ist »x filme«. An ihrer Struktur wird bedonders deutlich, welche Fuktionenen im Unternehmen, neben der besonders wichtigen des Produzenten zwingend besetzt werden müssen. Vor allem wird an der Aufstellung deutlich, welche Relevanz den einzelnen Funktionen neben den beteiligten sechs Produzenten und Regiseuren (von denen einige auch Geschäftsführungsaufgaben übernehmen) zugestander wird:

- Justitiar
- Assistentin Produzent 1
- Herstellungsleitung
- Controlling
- Stoffentwicklung und Büro Köln
- Buchhaltung
- Produktionsassistenz
- Assistent der Geschäftsleitung
- Sekretariat/Empfang
- Assistentin Produzent 2 und Regiseur 1
- Assistentin Produzent 3
- Assistentin Regiseur 2
- Fahrer

Vergleicht man die Zahl der Funktionen mit der Zahl von Funktionen und Mitarbeitern, im Abspann eines Spielfilms genannt werden, so ist diese verschwindend gering. Filme – besonders größere Produktionen wie Spielfilme – sind typische Projekte, die neben einem Teil der Koordination im Produktionsunternehmen (v.a. Buchhaltung und Controlling) auf ein Heer von freien Mitarbeitern – nicht nur Schauspielern – und Dienstleistern angewiesen sind. Einen Überblick der zu erledigenden Aufgaben gibt Yagapen [2001] – vor allem aus dem Gesichtspunkt der Buchführung und des Controlling. Schnell zugänglich ist im Downloadbereich von [dreharbeiten.de] ein Kalkulationsschema für Spiel- und Dokumentarfilme.

Wichtig: Rechte und Rechteverwaltung Die Aufstellung der Mitarbeiter bei »x filme« macht besonders die Wichtigkeit des Justitiars deutlich. Neben der eigentlichen Produktion ist der Umgang mit Rechten die wichtigste Funktion der Filmproduktion. Aber auch Controlling und Buchhaltung werden eigene Stellen zugestanden. Daneben sind viele

Geschäftsführung / Management

Produktion/ Production	Rechte und Lizenzen/ Acquisitions and Licenses	Dienstleistungen/ Service Facilities	Diversifikationen/ Diversifications	Zentralbereich/ Central Division
Produzenten / Producers	Bavaria Media GmbH 100% — Bavaria Film International, Bavaria Media Television, Bavaria Media TV Co-Production	Standort Services / Location Services	Bavaria Film Interactive GmbH 100%	Kfm. Bereich Controlling / Business Management
Mike Bauml, Stephan Bechtle, Veith von Fürstenberg, Michael Hild, Michael von Mossner, Ronald Mühlfellner, Uschi Reich, Bea Schmidt	Bavaria Sonor Musikverlag & Merchandising GmbH 100%	Studios/Locations/Büros / Studios/Locations/Offices	Eurotape Media Services GmbH 100%	Personal / Personnel
Oliver Schündler TV Co-Producer Bavaria Media		Facility Management/Services	EuroVideo Bildprogramm GmbH 50%	
Strat. Planung Produktion/Verwertung / Strat. Planning Production/Exploitation		Bavaria Film Event		
Programmplanung/Akquisitionssteuerung / Progr. Planning/Acquisition Controlling		Bavaria Production Services GmbH 100%		
Development und Programmcontrolling / Development and Programme Controlling		FTA Film- und Theaterausstattung GmbH 100%		
Business-Development		Bavaria Film- und Fernsehstudios GmbH 33,3%		
Synchron / Dubbing		Bayerische Filmhallen GmbH 30%		
Filmtour		CineMedia Film AG 24,3%		

Tochtergesellschaften:

- Bavaria Entertainment GmbH — 100%
- Bavaria Filmverleih- und Produktions GmbH — 100%
- Bavaria Kinder GmbH — 100%
- Colonia Media GmbH — 100%
- Askania Media GmbH — 90%
- Satel Fernseh- und Filmproduktions GmbH — 74%
- Saxonia Media Filmproduktion GmbH — 51%
- Odeon Film AG — 50%
- Maran Film GmbH — 49%
- Schwanstein Entertainment AG — 45%

Abbildung 2: Unternehmensstruktur der Bavaria Film [Bavaria Film Prospekt, Stand: Oktober 2002]

koordinierende Aufgaben zu übernehmen, wie durch den doch recht hohen Anteil der Assistenzstellen deutlich wird.

Struktur einer Groß-produktion

Im Gegensatz zu dem jungen Unternehmen »x filme«, handelt es sich bei der »Bavaria Film« um ein alt eingesessenes Großunternehmen der Filmbranche. In Abbildung 2 zeigt die Unternehmensstruktur, wie sie im hauseigenen Prospekt des Unternehmens dargestellt wird. Unterhalb der Geschäftsführung werden fünf Hauptbereiche genannt:

- Produktion
- Rechte und Lizenzen
- Dienstleistungen
- Diversifikation
- Zentralbereich (Controlling und Personal)

Gründung von Subunternehmen und Unternehmens-beteiligungen

Die Größe des Unternehmens hat zur Folge, dass verschiedene Spezialaufgaben in diesen Bereichen von untergeordneten Unternehmen betrieben werden oder sich der Konzern entsprechend an Unternehmen beteiligt. Im Bereich der Produktion gibt es beispielsweise eine auf Kinderfilme spezialisierte Produktion – die »Bavaria Kinder GmbH« – daneben ist die Bavaria Film auch noch mit 49 Prozent an der »Maran Film GmbH« beteiligt, die sich auf die Eintwicklung und Realisierung von TV Formaten spezialisiert hat (entwickelt wurde beispielsweise das Kinderformat »fabrixx«). Neben diese Unternehmen und Unternehmensbeteiligungen gibt es eine übergeordnete Produktionsabteilung, die die Gesamtaktivitäten koordiniert und auch Aufgaben, wie Syncronisation oder den Betrieb des Bavaria Filmparks steuert.

Aufgaben der Rechts-abteilung

Mit die wichtigste Aufgabe in einer Filmproduktion hat – neben der eigentlichen Produktion – die Rechtsabteilung. Diese muss unter anderem Lizenzen betreuen. Das betrifft – um nur einige Bereiche zu nennen – den Ein- und Verkauf von Filmen, den Kauf von Romanvorlagen, den Kauf von Musikrechten, die Sicherung von Rechten an Material, die Überprüfung von Rechten, die Vergabe von Rechten für das Merchandising.

Während kleine Produktionsunternehmen viele Dienstleistungen einkaufen müssen, ist es für eine Großproduktion wie die Bavaria Film durchaus sinnvoll diese Dienstleistungen (beispielsweise der Betrieb eines Studios oder eines Fundus) selbst zu betrieben und die entsprechenden Dienstleistungen auch Fremdfirmen anzubieten.

	2001	2000	1999	1998	1997	1996
Kinobesucher	178 Mio.	153 Mio.	149 Mio.	149 Mio.	143 Mio.	133 Mio.
Kinoumsatz	987 Mio.	825 Mio	808 Mio	818 Mio.	751 Mio.	672 Mio.
Unternehmen	1.177	1.200	1.173	1.189	1.210	1.230
Spielstätten (Kinos)	1.815	1.865	1.880	1.934	1.978	2.003
Leinwände (Säle)	4.792	4.783	4.651	4.435	4.284	4.070
Sitzplätze	884.033	873.538	844.829	802.765	796.848	768.144
Kinostandorte	1.043	1.054	1.064	1.073	1.093	1.101
Einwohner/Sitzplatz	93	94	97	102	103	107
Einw./Leinwand	17.166	17.178	17.649	18.495	19.154	20.150
Besucher/Leinwand	37.130	31.891	32.035	33.568	33.408	32.650
Besucher/Sitzplatz	201	175	176	185	180	173
Besuch/Einwohner	2,16	1,86	1,82	1,82	1,74	1,62
durchschn. Preis	5,55	5,41	5,42	5,50	5,25	5,06
Besucher deutscher Filme	30,9 Mio.	18,0 Mio.	19,8 Mio.	13,5 Mio.	23,9 Mio.	20,8 Mio.

Tabelle 3: Kino-Ergebnisse 1996 bis 2001 (Preise in Euro, Werte gerundet) [Filmförderanstalt – FFA 2002a]

3.8.4 Markt

Der Markt für Filme ist vielgliedrig, wie schon an der Struktur der Produkte festzustellen ist. Die wichtigsten Marktbereiche sind das

- Kino
- VHS-Video / DVD (Verleih- und Kaufmarkt)
- Fernsehen

Auf dem Kinomarkt konnte in den vergangenen Jahren ein starker Besucheranstieg verbucht werden. Besonders durch den Boom der Multiplexkinos ist die Zahl der Unternehmen und Spielstätten stark gesunken. Die Zahl der Leinwände ist erheblich gestiegen. Während sich noch 1996 107 Einwohner einen Kinosessel teilen mussten, waren es 2001 nur noch 93 Einwohner pro Kinosessel. Im gleichen Zeitraum stieg auch die durchschnittliche Zahl der Kinobesuche pro Einwohner trotz steigender Kinopreise an. Allerdings ist die Sättigungsgrenze überschritten.

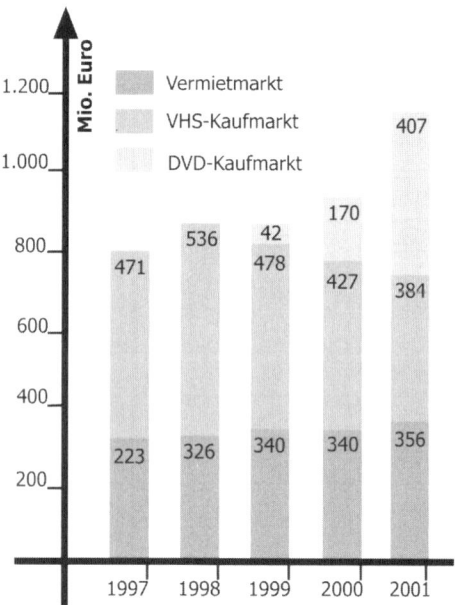

Abbildung 4: Umsatzentwicklung im Videomarkt [Bundesverband Audiovisuelle Medien 2002]

Der erste bundesweite Multiplex-Betreiber musste 2002 Insolvenz anmelden.

Videomarkt durch DVD getrieben Auf dem Videomarkt zeigte die Entwicklung in den vergangenen Jahren nach oben. Während die Verleihumsätze weitgehend stabil blieben – und das Pay-TV (noch) nicht den erwarteteten Einfluß auf diese Vertriebsform hatte – wurde das Marktwachstum von knapp 45 Prozent vor allem durch den großen Erfolg der DVD erreicht. Sie hat in nur drei Jahren das VHS-Video überflügelt [vgl. Abbildung 4]. Zudem handelt es sich bei der DVD um eine Produktklasse, die vermehrt über das Internet gekauft wird. 2001 wurden 19 Prozent der DVDs über das Internet gekauft jedoh nur 8 Prozent der VHS-Videos [Bundesverband Audiovisuelle Medien 2002].

Der Gesamtmarkt der vom TV nachgefragten Filme lag im Jahr 2000 bei 2,5 Mrd. Euro. Davon entfielen im Jahr 2000 rund 1,8 Mrd. Euro auf Auftragsproduktionen der privaten Veranstalter und 0,7 Mrd. DM auf die öffentlich-rechtlichen Fernsehsender [Direktorenkonferenz der Landesmedienanstalten 2002a][2].

---

2. Die in der Veröffentlichung genannten DM-Beträge wurden von uns in Euro überführt. Hierdurch kommt es zu Rundungsfehlern.

Mit einem Umsatz von rund 2,6 Mrd. Euro erreichten die TV-Produzenten einen Anteil von mehr als 40 Prozent am Gesamtumsatz aller filmwirtschaftlichen Produktionsunternehmen. Der TV-Markt ist also ein ausgesprochen wichtiges Segment der Filmproduktion.

Bei den im Ramen der DLM-Studie [Direktorenkonferenz der Landesmedienanstalten 2002a] befragten Produzenten, entfiel rund die Hälfte des Gesamtumsatzes aus TV-Produktionen in Deutschland. Sie hatten 2000 im Durchschnitt einen Umsatz von 10,2 Mio. Euro, davon entfielen 83 Prozent (8,6 Mio. Euro) auf Fernsehproduktionen. Bei den TV-Produzenten mit Schwerpunkt auf der Fiktion-Produktion lag der Durchschnittsumsatz 2000 bei 14,1 Mio. Euro und war damit mehr als drei mal so hoch wie der Umsatz der Non-Fiktion-Produzenten mit durchschnittlich knapp 4,2 Mio. Euro.

3.8.5 Kosten- und Erlösstruktur

Die Kosten- und Erlösstruktur des Filmarktes ist geauso heterogen wie der Gesamtmarkt. Einige Anhaltspukte hierzu haben wir schon in 3.8.4 gegeben.

»Der Durchschnittsaufwand aller befragten TV-Produzenten lag 2000 bei 9,9 Mio. Euro. In Relation zum Durchschnittsumsatz von 10,2 Mio. Euro ergibt sich ein Kostendeckungsgrad von 103 Prozent. Die wirtschaftliche Lage der TV-Produzenten ist in den einzelnen Umsatzgrößenklassen allerdings sehr unterschiedlich: Die Erträge der TV-Produzenten mit einem Gesamtumsatz bis zu 1 Mio. DM konnten den 2000 angefallenen Aufwand nur zu 88 Prozent decken, d. h. diese Unternehmen erwirtschafteten im Durchschnitt negative Betriebsergebnisse. TV-Produzenten mit einem Gesamtumsatz bis zu 5 Mio. Euro konnten den angefallenen Aufwand nur knapp decken (Kostendeckungsgrad 101 Prozent). Dagegen war die wirtschaftliche Situation der größeren TV-Produzenten in der Regel sehr positiv. In den Umsatzgrößenklassen von 5 bis 12,5 Mio. Euro und von 12,5 bis 25 Mio. Euro Jahresumsatz lag der Kostendeckungsgrad bei 115 Prozent, in der Umsatzgrößenklasse mit mehr als 25 Mio. Euro Jahresumsatz bei 110 Prozent« [Pessemitteilung der DLM vom 16. September 2002, Beträge von uns in Euro überführt].

Kleine Produktionen nur knapp kostendeckend

Neben dem Fernsehen sind die Filmförderung und das Sponsoring (sowie Product Placement) wichtige Finanzierungsinstrumente des Films. Die Filmförderung in Deutschland ist (leider) entsprechend der Kulturhoheit der Länder, stark zergliedert. Genau diese Tatsache führt nicht nur zu Schwierigkeiten in der Finanzierung von Großprojekten, die in Frankreich durch die

Filmförderung

zentralisitische Handhabung der Förderpolitik sehr viel leichter möglich ist. Sie führt auch zu durchaus seltsamen Auswüchsen bei den Inhalten der Filme. So förderte beispielsweise die Filmförderung Hamburg »Kick it like Beckham« sowohl in der Produktion als auch im Verleih. Dafür kickten die Fußballerinnen auch einmal in Hamburg und nicht nur im Herstellungsland England.

Überangebot von Multiplex-Kinos

Der Kinosektor wurde durch die Insolvenz der UfA Kinos (2002) schokiert. Durch den Boom der Multiplex-Kinos kam es vor allem in Ballungsräumen zu dem sogennanten »Overscreening« – es gab zu viele Leinwände pro Einwohner. Durch kräftig steigende Zuschauerzahlen wurden reativ lax mit verschiedenen Kostenblöcken umgegangen. So hat die UfA den Großteil ihrer Kinos zu hohen Preisen gemietet. Zudem erfordern Mutiplexe sehr viel umfangreichere Personalausstattung als beispielsweise Programmkinos [Theurer 2002]. Interessant an der Einnahmenstruktur der Multiplexkinos ist zudem der Warenverzehr (Getränke, Eis etc.) in Relation zum Filminhalt. So kauften 70 Prozent der Besucher von »Pokemon 2« Waren im Durchschnittswert von 4,06 Euro jedoch nur 38 Prozent der Besucher von »Tiger & Dragon« Waren im Durchschnittswert von 3,92 Euro. Insgesamt verzehrten 2001 54 Prozent der Besucher Waren im Wert von durchschnittlich 4,18 Euro. Die Leitlinien hierfür:

- Der Anteil der Verzehrenden ist bei Kinderfilmen am höchsten.
- Der Wert des Verzehrs ist bei Actionfilmen am höchsten.
- Filme, die in Programmkinos laufen (und normalerweise) altere Prublikumskreise ansprechen, haben geringe Verzehranteile, die noch dazu unterdruchschnittlich sind. [Filmförderanstalt – FFA 2002b]

3.8.6 Zukünftige Entwicklungen

Gefahr durch rückläufigen Fernsehmarkt

Der Filmmarkt hat, wie bereits deutlich wurde, eine große Abhängigkeit vom Fernsehmarkt. Dieser scheint gesättigt und besonders kleine Sender, wie RTL2, erreichen positive Ergebnisse zu Zeiten der Werbeflaute vor allem durch Einsparungen. Dies wird die Filmbranche mittelfristig stark treffen – sollte sich der Tend und die Werbeflaute fortsetzen.

Lanfristig Veränderung der Filmware erforderlich

Langfristig werden Kinobetreiber sich auf neue Publikumskreise einstellen müssen. Die demographische Entwicklung wird dazu führen, dass Multiplexe verstärkt Programmware anbieten müssen, die tranditionell in Programmkinos gezeigt wird und Zuschauer im Alter von über 35 Jahren hat. Hier scheint es zusätzlich besonders erforderlich, auch neue Verzehrangebote für diese Zielgruppe zu entwickeln. Durch Popcorn, Eis und Getränke wird sie aktuell nicht ausreichend angesprochen.

Noch Mitte der 90er Jahre wurde davon ausgegangen, dass der Video-Verleihmarkt durch die vermehrung von Pay-TV-Angeboten stark zurückgehen wird. Bisher ist davon noch nichts zu spüren. Besonders die DVD scheint neue Impulse zu geben, die durch Pay-TV auch mittelfristig nicht überkompensiert werden. Zudem scheint die DVD für den Kaufmarkt einen deutlich attraktiveren Datenträger darzustellen als dies beim VHS-Video der Fall war. Sie ist haltbarer und hat die deutlich bessere Eigenschaften hinsichtlich Bildqualität, Ton und Zusatzfeatures.

3.8.7 Literatur

Bundesverband Audiovisuelle Medien (2002): Broschüre zum Videomarkt. Hamburg: Bundesverband Audiovisuelle Medien

Direktorenkonferenz der Landesmedienanstalten (DLM) [2002a]: Film- und Fernsehwirtschaft in Deutschland 2000/2001. Beschäftigte, wirtschaftliche Lage und Struktur der Produktionsunternehmen. Berlin: Vistas

Direktorenkonferenz der Landesmedienanstalten (DLM) [2002b]: DLM-Studie zur Film und Fernsehwirtschaft in Deutschland 2000/2001. Düsseldorf: DLM (Pressemitteilung vom 11. September 2002)

Faulstich, Werner (Hrsg.) (2000): Grundwissen Medien. München: Fink

Filmförderanstalt FFA [2002a]: Das offizielle Kinojahresergebnis 2001. In: FFA info 1/2002, S. 1

Filmförderanstalt FFA [2002b]: Filmbezogenes Besucherverhalten 2001. In: FFA info 2/2002, S. 6 - 9

Monaco, James (2002): Film verstehen. Kunst, Technik, Sprache, Geschichte und Theorie des Films und der Medien. Reinbek bei Hamburg: Rowohlt

Theurer, Marcus (2002): Spiel mir das Lied vom Tod. In: Frankfurter Allgemeine Sonntagszeitung vom 13. Oktober 2002, S. 36

Yagapen, Markus (2001): Filmgeschäftsführung. Gerlingen: Bleicher

3.9 Online-Medien

Die Medienentwicklung der vergangenen Jahre wurde von der Entwicklung des Internet überschattet. Zunächst wurde die neue Technik kaum als wirtschaftlich relevant erkannt. Nach einem Entwicklungsschub durch die Einführung der Browser-Technik (etwa 1994) entwickelte sich der Markt rasch. Die Diffusion des Internet in der Bevölkerung war schneller als bei allen davor bekannten Medien. Die Erwartungen und Investitionen waren entsprechend groß [vgl Zerdick et al. 1999]. Getrieben durch hohe Börsenkurse und durch mit Aktienoptionen vergütetes Personal kam es zu einem sogenannten Hype, der 2001 in einer großen Depression der Branche mit vielen Pleiten endete.

Online-Medien überschatteten die Medienentwicklung der vergangenen Jahre

3.9.1 Definition des Mediums

Anders als bei den bisher besprochen Medien gibt es bei Online-Medien mit Ausnahme der Definition der technischen Basis – der sogenannten Protokollebene mit TCP/IP etc. – keinen allgemeinen Konsens darüber, wie Internet als Medium zu definieren ist [vgl. Rössler 1999]. Das hängt unter anderem damit zusammen dass sowohl Kommunikationsmechanismen der Individualkommunikation (z.B. E-Mail und Instant Messaging) als auch Mechanismen der Massenkommunikation (z.B. Videostreams oder Audiostreams) und viele Abstufungen zwischen diesen beiden Extremen auftreten. Zudem fehlen die eindeutigen Merkmale, wie sie beispielsweise bei Zeitungen oder beim Fernsehen vorliegen [vgl. die übrigen Definitionen in Kapitel 3]. Bezüglich der Medien, die wir vor dem Aufkommen des Internet kannten, ist das Internet ein ganzes Konglomerat von Medien. Es ist also im doppelten Sinne ein Hypermedium. Neben dem Hyperlink (des WWW) ist es ein Apparat, das viele andere Medien bzw. Darreichungsformen von Inhalten in sich integriert. Zudem bietet die technische Plattform Internet die besten Möglichkeiten zur Konvergenz. Letztlich werden – neben völlig neuen Inhalten und Kommunikationsmöglichkeiten – wahrscheinlich alle sekundären und tertiären Medien, die wir kennen, in der einen oder Anderen Form in das Internet transformiert. Die Begriffe der

Kein Konsens bezüglich der Definition

sekundären und tertiären Medien wurden von Pross geprägt [vgl. Pross 1973]. Es gibt primäre Medien, sogenannte Mensch-Medien. Dafür ist weder eine Produktions- noch eine Wiedergabetechnik notwendig. Das Theater ist ein Beispiel dafür. In der Medienbetriebslehre werden diese Medien kaum beachtet. Relevant sind sekundäre Medien. Es handelt sich dabei um solche, für die eine Produktionstechnik notwendig ist. Für Print-Medien werden Druckmaschinen gebraucht. Eine Empfangstechnik, wie beispielsweise ein Fernseher, wird nicht benötigt. Medien, die neben einer Sendetechnik eine Empfangstechnik voraussetzen, werden als tertiäre Medien bezeichnet. Der Begriff der Transformation bezeichnet die Tatsache, dass die Inhalte durch die Übermittlung oder Wiedergabe durch den technischen Apparat des Internet, eine (qualitative) Veränderung erfahren. Eine Zeitung, die über das Internet als PDF abgerufen werden kann, ist ein Beispiel dafür. Sie wird vom Leser sicher nicht auf Zeitungspapier gedruckt. Im Gegenzug heißt das, dass Medien, die lediglich auf die Protokolle des Internet zurückgreifen, ohne dass ihre Inhalte dadurch eine qualitative Änderung erfahren, nicht dem Medium Internet zugerechnet werden dürfen. Bisher gibt es noch wenige Beispiele für Medien, die das Internet lediglich als neues Übertragungsmedium nutzen. Es gibt bereits Hörfunkempfänger, die das Internet als digitale Datenquelle nutzen, die auch kaum anders zu bedienen sind wie ein normales Radiogerät. Allerdings ist die Tonqualität (noch) meist schlechter als bei UKW- oder Kabelempfang – aber besser als Kurzwellenempfang.

3.9.2 Produkte

Verschiedene Dimensionen: Technische Dienstleister, Netzbetreiber, Anbieter von Inhalten und Funktionen

Bei der Beschreibung der Produkte des Medienapparates Internet müssen zunächst zwei verschiedene Dimensionen unterschieden werden. Es gibt einerseits technische Dienstleister, die den Zugang zum Internet anbieten, wie auch die Netzbetreiber der Fernsehkabel. Diese Art von Dienstleistung wird üblicherweise dem Wirtschaftssektor der Telekommunikation und nicht der Medienwirtschaft zugerechnet. So wird dies beim Statischischen Bundesamt in der Statistik der Wirtschaftszweige in Kategorie 64 »Nachrichtenübermittlung« erfaßt. Auch wenn Medienhäuser diese Produktkategorie vertreiben, so sehen wir uns aus Gründen der Systematik gezwungen, Zugangsdienstleistungen nicht der Medienwirtschaft zuzurechen. Demgegenüber wird beispielsweise der Verkauf von einzelnen Zeitschriftenartikeln über die Website des publizierenden Verlags, meist der Kategorie 22 »Verlagsgewerbe, Druckgewerbe, Vervielfältigung von bespielten Ton-, Bild- und Datenträgern« der Statistik der

Wirtschaftszweige zugerechnet. Alternativ wird auch die Kategorie 52.47 »Einzelhandel mit Büchern, Zeitschriften, Zeitungen, Schreibwaren und Bürobedarf« benutzt. Eine abschließend eindeutige Klärung der Zuordnung liegt noch nicht vor. Zudem gibt es Anbieter von Inhalten und Diensten. Einige Anbieter, wie T-Online oder AOL, bieten neben dem technischen Zugang, also der Telekommunikationsdienstleistung, auch noch Inhalte und Dienste an.[1]

Wir unterscheiden hier hinsichtlich der Finanzierungsform von Websites und Diensten, wie sie in Teil sechs des Buchs genannt werden. Dabei fallen die Kategorien »Werbefinanzierung« sowie »Sponsoring & Kooperation« weitgehend zusammen. Zur weiteren Unterteilung dient die Kategorisierung der Informationsgemeinschaft zur Feststellung der Verbreitung von Werbeträgern(IVW):

Kategorien werbefinanzierter Online-Medinen nach IVW

- General Interest
- General Interest – Zeitungsangebote
- Fachmedien Service / Transaktionen / Anzeigenmärkte
- Suchmaschinen / Verzeichnisse
- Special Interest[2]

Mit dieser Einteilung wird versucht den verschiedenen Typen von Werbeträgern und deren Zielgruppen auf dem Online-Werbemarkt (im weiteren Sinne) gerecht zu werden. Wie bei den Zeitungen oder Zeitschriften hat das Angebot an Inhalten einen wichtigen Einfluß auf die Unternehmensstruktur und die Beschaffung. Allerdings gesellen sich »Nicht-Medienunternehmen« als neue Konkurrenz hinzu. Es gibt Unternehmen wie Aral oder einige Online-Banken, die Werbung auf ihren Websites erlauben. Ein Vergleich mit Werbung in Kundenzeitschriften, ist an dieser Stelle möglich [vgl. »Kundenzeitschriften«, S. 116.

Auch »Nicht-Medienunternehmen« bieten Werbeflächen an

Die eben genannten Kategorien von Websites sehen den Verkauf von Gütern bzw. die Vermittlung des Kaufs als weitere Einnahmequelle vor [vgl. »E-Commerce«, S. 397 ff.]. Hierbei

---

1. Diese Dienstleister dürfen nicht mit Plattformbetreibern verwechselt werden, für die der Weiterverkauf der technischen Dienstleistung (auch unter eigener Marke) lediglich eine Einnahmequelle (meist auf Provisionsbasis) darstellt.
2. Dabei sind folgende Unterteilungen vorgesehen: Auto / Verkehr, Bauen / Garten / Wohnen, Bildung / Wissenschaft / Forschung, Computer / Telekommunikation, Erotik, Frauen, Gesundheit / Wellness, Immobilien, Kinder / Jugend, Kunst / Kultur / Weltanschauung, Musik, Politik, Reisen / Urlaub, Spiele, Sport, Unterhaltung, Wirtschaft / Finanzen / Börse und weitere Special Interest Angebote.

werden Güter beworben und verkauft. Zudem bildet der Verkauf von Inhalten eine weitere Produktgruppe, die zum Erzielen von Einnahmen eingesetzt wird.

Eine weitere Klasse von Produkten ist das Angebot von Diensten, beispielsweise E-Mail oder Spielen. Meist finanzieren sich die Anbieter solcher Dienste gleichzeitig über Werbung. Sie bieten allerdings zum Teil keine redaktionellen Inhalte an oder beziehen diese von Syndicatoren [vgl. »Syndication«, S. 403]

3.9.3 Unternehmensaufbau

Enorm heterogene Branchenstruktur

Der Aufbau von Internet-Unternehmen ist höchst verschieden. Grundsätzlich unterscheidet sich deren Aufbau hinsichtlich der angeboten Produkte bzw. hinsichtlich der strategischen Ziele im Rahmen der Einnahegenerierung. Daneben bildet der Grad an Selbstständigkeit bzw. die Verwobenheit mit einem (Mutter-)Unternehmen, das auf den klassischen Medienmärkten aktiv ist, eine wichtige Determinante.

In vielen Fällen existieren die folgenden Abteilungen in einem Online-Unternehmen:

- Geschäftsführung
- Redaktion / Produktentwicklung
- Design
- EDV
- Marketing
- Vertrieb / Business Developement
- Kaufmännische Angelegenheiten

Natürlich haben Internet- bzw. Online-Unternehmen, wie sie in diesem Kapitel definiert wurden eine Geschäftsführung, die je nach Unternehmensform unterschiedlich tituliert wird. Während der Internet-Boomphase war die Firmierung als Aktiengesellschaft mit dem Ziel eines IPO weit verbreitet.

Anders gelagerte Abläufe als in klassischen Medienunternehmen

Die weiteren hier genannten Abteilungen beziehen sich auf Unternehmen, die die oben genannten Produkte anbieten. Technische Dienstleister, wie beispielsweise die Anbieter von Redaktionssystemen, AdServern oder Systemen für das Customer Relationship Manangement gehören nach unserer Interpretation nicht zu den Medienunternehmen der Internet-Ökomomie. Typischerweise verfügen Medienunternehmen über eine Redaktion. Ebenso ist es bei einem Medienunternehmen der Internet-Ökonomie. Allerdings beschäftigen sich diese Redaktionenen tendenziell mehr mit der Aufbereitung und der Verarbeitung von Inhalten, als dies in Redaktionen in den klassischen Medienbereichen – beispielsweise bei der Produktion von Publikumszeitschriften – der Fall ist. Bei Internet-Katalogen ähnelt die Arbeit der Redaktion beispielsweise sehr der Arbeit in den Redaktionen von Adressbuchverlagen, während bei Suchmaschinen redaktionelle Arbeit viel mehr technischer Natur ist. Insgesamt können also viele verschiedene Aufgaben in Online-Redaktionen übernommen werden. Zudem öffnen sich Online-Redaktionen sehr viel mehr dem Marketing, als dies in klassischen Medienunternehmen der Fall ist. Der Grund dafür ist die sehr viel komplexere Einbindung von Werbung, Sponsoring oder Kooperationen. So wird die Aufgabe der Produktentwicklung häufig von der Redaktion in Zusammenarbeit mit der Marketing-Abteilung übernommen. Daneben muss die Realisierbarkeit des Produktvorhabens unter Einbeziehung der EDV-Abteilung erfolgen.

Neben der Redaktion gibt es in den meisten Internet-Medienunternehmen eine Abteilung für Design. Dabei handelt es sich um Mitarbeiter, die sich auf den Umgang mit HTML und gängiger Grafik-Software verstehen. Die Basis-Layouts von Web-Auftritten werden zwar in der Regel von darauf spezialisierten Agenturen entwickelt und die Redaktionen arbeiten meist mit entsprechenden Redaktionssystemen, die kaum Kenntnisse in HTML erfordern, dennoch werden für Sonderfälle Spezialisten gebaucht. Die Abteilung ist unter anderem für die Aufbereitung von aktuellem Bildmaterial und Specials zuständig.

Erhöhte Wichtigkeit interner Gestaltung

Eine überproportional wichtige Abteilung in Internet-Medienunternehmen ist die EDV-Abteilung. Diese ist häufig funktional gegliedert nach den jeweils notwendigen Aufgaben, wie der Betreuung des Webservers sowie Administration von Datenbanken, Content Manangement Systemen, Customer Relation Managgement Systemen, AdServern, Programmieraufgaben an der Schnittstelle zwischen Design und Redaktion etc. Zudem gibt es – wie auch in allen anderen Medienunternehmen – die Aufgabe der Betreuung der Soft- und Hardware-Ausstattung im Unternehmen.

Typischerweise hohe Relevanz der EDV

Marketing, Vertrieb und Business Developement werden in Internet-Medienunternehmen stark unterschiedlich gehandhabt. Entscheidend für die Bildung von Abteilungen ist in diesem Fall das jeweilige Business Modell der Unternehmen. Die Marketing-Abteilung ist zuständig für konzeptionelle Aufgaben beim Vertrieb sowohl auf dem Werbe- wie auch auf dem Nutzermarkt. Die Vertriebsabteilung ist für die konkreten Verkäufe zuständig. Neudeutsch wird diese Abteilung auch häufig mit »Sales« oder »Sales Department« bezeichnet. Die Abteilung Business Developement ist – wenn sie als solche und nicht nur als Funktion existiert – zwischen Marketing und Vertrieb angesiedelt. Sie ist Zuständig für die Entwicklung neuer Vertriebspotenziale. So

Marketing, Vertrieb und Business Developement

werden beispielsweise Kooperationspartner akquiriert und neue Werbekonzepte entwickelt.

Letztlich müssen in Internet-Medienunternehemen, wie bei allen anderen Medienunternehmen, kaufmännische Angelegenheiten erledigt werden. Die Finanzierung ist sicherzustellen, Rechnungen müssen gestellt und bezahlt werden, Gehälter sind zu bezahlen etc.

3.9.4 Der Markt

Verankerung in den klassische Medien dominiert

Der Markt für Online-Medien ist sehr unübersichtlich. Während es auf den klassischen Medienmärkten jeweils dominierende Verbände gibt, die Daten sammeln und zur Verfügung stellen und das Statistische Bundesamt als alternative Quelle dienen kann, existieren diese Möglichkeiten auf dem Online-Medienmarkt nicht. Die Betreiber von Werbeträgern sind weitgehend in folgenden Verbänden organisiert:

- BDZV (Bundesverband Deutscher Zeitungsverleger)
- dmmv (Deutscher Multimedia Verband)
- VDZ (Verband Deutscher Zeitschriftenverleger)
- VPRT (Verband Privater Rundfunk und Telekommunikation)

Die Problematik der Aufbereitung von Daten, wird dadurch verschärft, dass Mitglieder der klassischen Verbände auch Mitglied beim dmmv sind und es eine Reihe umsatzstarker Unternehmen gibt (z.B. Yahoo!) die lediglich Mitglied beim dmmv sind. So wäre auch keine Kummulation der Daten möglich. Definitive Informationen über die Zahl der Anbieter und besonders der online aktiven Werbeträger gibt es deshalb nicht. Als Anhaltspunkt kann die Zahl der in der Online Media Datenbank (OMDB) [www.omdb.de] registrierten Werbeträger sein.[3] Dort waren im August 2002 etwa 3.250 Buchungseinheiten von etwa 1.000 Werbeträgern registriert.

Geringe Bedeutung am Werbemarkt

Der Online-Werbeumsatz lag 2001 nach Angaben des ZAW bei 180 Millionen Euro Nettowerbeumsatz. AC Nielsen ermittelte für den gleichen Zeitraum 210,5 Millionen Euro Bruttowerbeumsatz. Der durchschnittliche Werbeumsatz pro Werbeträger würde also etwa bei 200.000 Euro liegen. Darin sind auch Sponsoringeinnahmen, Einnahmen aus Kooperationen sowie erfolgsabhängige Werbung enthalten. Allerdings ist mit einer schiefen

---

3. Diese Datenbank wurde von den oben genannten Verbänden gegründet.

Verteilung der Einnahmen zurechnen, da in der OMDB auch viele kleine und Kleinstwerbeträger registriert sind.[4]

Zu den weiteren Einnahmequellen liegen leider (noch) keine strukturierten, den Gesamtmarkt betreffende Daten vor. Da beispielsweise die Aktivitäten im Bereich »Paid Content« erst im Jahr 2002 forciert wurden, werden erst mittelfristig sicher interpretierbare Daten vorliegen.

3.9.5 Kosten- und Erlösstruktur

Was die Kosten- und Erlösstruktur betrifft, so ist diese, wie die oben genannten Marktdaten, nur unzureichend erfasst. Die Gründe sind noch etwas komplexer. Die Unternehmenstypen von der Online-Medienanbietern sind derart verschieden, so dass in absehbarer Zeit keine strukturierten, den Gesamtmarkt betreffenden Daten vorliegen werden. Wir verweisen an dieser Stelle deshalb auf das Kapitel »Erlösquellen der Internet-Ökonomie«, S. 389 ff. Dort sind tiefergehende Informationen zu den potenziellen Einnahmeoptionen von Online-Medien zu finden.

3.9.6 Zukünftige Entwicklungen

Der zukünfigen Entwicklung der Online-Medien wurden noch vor einigen Jahren rosige Aussichten in geradezu euphorischen Studien bescheinigt. Mittlerweile befindet sich der Markt in der Phase der Konsolidierung. Online-Medienanbieter gehen vielfach Kooperationen ein. So kooperieren BILD und das ZDF mit T-Online. Die Tomorrow Focus AG kooperiert – nachdem die Unternehmen erst 2001 fusionierten – mit MSN. Die großen Provider benötigen also qualifizierte Inhalte und die Medienabbieter bekommen so die Chance auf gesteigerten Traffic.

Fusionen und Kooperationen

Die Tendenz zur Konsolidierung ist auch auf dem Online-Werbemarkt zu erkennen. Durch die Fusion von Tomorrow und Focus entstand gleichzeitig ein großer Vermarkter. T-Online und der Axel Springer Verlag bündelten 2002 ihrer Vermarktung und AdLink übernahm das europäische Mediageschäft von Double Click.

2002 wurde der Verkauf von Inhalten stark forciert, so dass mittelfristig mit der festen Etaplierung dieser Einnahmequelle gerechnet kann.

Paid Content

---

4. Weitere Informationen zum Thema finden sich im Abschnitt »Entwicklung des Werbemarktes«, S. 389 f.

Was die Seite der Inhalte betrifft, so stetzen sich durch die zunehmende Verbreitung breitbandiger Internet-Anschlüsse (z.B. DSL) immer mehr Audio- und Videoinhalte durch. Zudem scheint die Online-Welt – nach zwischenzeitlicher Lösung von den Müttern im klassischen Medienmarkt – eine starke Verknüpfung zu den traditionellen Medien aufzubauen. Das betrifft sowohl verknüpfte Kommunikationskonzepte auf der Inhaltsseite (beispielsweise Fernsehsendungen mit vertiefenden Informationen, Chats und Diskussionen auf einer zugehörigen Website) als auch crossmedial angelegte Werbekonzepte, die von den klassischen Vermarktern und deren Online-Töchtern angeboten werden. Daneben äußert sich dieser Trend auch in der Reintegration von ganzen Abteilungen in den Organisationsapparat des Mutterhauses. Hiervon können prinzipiell alle Abteilungen betroffen sein.

3.9.7 Literatur

Pross, Harry (1972): Medienforschung: Film, Funk, Presse, Fernsehen. Darmsadt: Habel

Rössler, Patrick (Hrsg.) (1998): Online-Kommunikation. Beiträge zur Nutzung und Wirkung. Opladen / Wiesbaden: Westdeutscher Verlag

Zerdick, Axel et al. (1999): Die Internet-Ökonomie: Strategien für die digitale Wirtschaft (European Communication Council). Berlin: Springer

4. Besonderheiten betriebswirtschaftlicher Funktionen in Medienunternehmen

4.1 Markt- und Medienforschung

Marktforschung wird betrieben, um Informationen zu beschaf- *Datenbeschaffung für*
fen. Marktforschung bedient sich dabei den Methoden der empi- *die externe Kommuni-*
rischen Sozialforschung. Während beispielsweise Industrie- *kation*
unternehmen Marktforschung in erster Linie für den internen In-
formationsbedarf betreiben, hat die Marktforschung bei Medienunternehmen noch die überaus wichtige Zielguppe der Werbekunden. Diese benötigen Belege für die Richtigkeit ihres Vorge-
nens und Werte die als Bemessungsgrundlage in Entscheidungs-
prozessen dienen (vgl. Kapitel »Werbevermarktung«, S. 191 ff.).
Die Situation der Marktforschung in und über Medien und deren
Nutzung ist also einer ganz besonderen Situation unterworfen.
Gekennzeichnet wird diese Situation durch die Übereinkunft verschiedener Marktparteien darüber, wie zu forschen ist, welche
Methoden für welche Fragestellungen benutzt werden sollen, bis
hin zur konkreten Ausformulieren von konkreten Fragen für Befragungen. In der wissenschaftlichen empirischen Sozialforschung gibt es zwar auch Übereinkünfte darüber wie geforscht
werden soll, doch ist der Möglichkeitsraum sehr viel größer [vgl.
Schnell / Hill / Esser 1999]. Die praktische Marktforschung in
Medienunternehmen bewegt sich somit im einem spezifischen
Raum, der einerseits spezielle Methoden erfordert (z.B. zur Messung der Fernseheinschaltquoten), der andererseits sehr viel stärker standardisiert ist als die übrigen Bereiche der Marktforschung, die weitgehend am Eigenbedarf bei gleichzeitiger interner Verwendung der Ergebnise orientiert sind. In diesem Kapiteln erläutern wir deshalb die besonderen Verfahren der
Medienforschung und verweisen daneben auf die zuständigen
Standardisierungsinstitutionen.

4.1.1 Verbände und Standardisierung

In Deutschland hat sich die Medien- und Kommunikationswirtschaft in Verbänden organisiert. Auf der einen Seite stehen die
Medienverbände, auf der anderen Seite Agenturen, Dienstleister

und Kunden. Der oberste Dachverband der Werbewirtschaft – und genau dort sind die Markt- und Medienforschungsdaten wichtig – ist der ZAW, der Zentralverband der deutschen Werbewirtschaft. Die dort versammelten Verbände haben sich auf das ZAW-Rahmenschema für Werbeträgeranalysen geeinigt. Darin sind Verfahrensweisen festgehalten, an die sich Werbeträger halten müssen, wenn sie die gewonnenen Daten zur Außendarstellung benutzen möchten. So soll sichergestellt werden, dass kein Medienunternehmen durch ein anderes und dessen Verfahrensweisen der Markt- und Mediaforschung benachteiligt wird Im Verlauf dieses Kapitels werden wir bei den einzelnen Verfahren jeweils auf die im ZAW-Rahmenschema formulierten Ansprüche eingehen.

Verschiedene mit Standardisierung beschäftigte Verbände Die Fernsehsender haben für die Reichweitenmessung die Arbeitsgemeinschaft Fernsehforschung gegründet (AGF). Diese beauftragt und bezahlt die Fernsehreichweitenforschung und entwickelt zusammen mit den beautragten Instituten das Verfahren weiter. Der Reichweitenmessung von Fernsehenprogrammen haben wir unten einenen eigen Abschnitt gewidmet.

Die wichtigsten gemeinsam betriebenen Instrumente von Zeitungen, Zeitschriften und dem Hörfunk wird von der Arbeitsgemeinschaft Media-Analyse (AG.MA) durchgeführt. Daneben gibt es noch eine Reihe weiterer Studien, die kooperativ oder individuell nach den entsprechenden Maßstäben durchgeführt werden. Am Kapitelende finden sich entsprechende Erläuterungen zu wichtigen Studien und den dazu gehörigen Quellen.

4.1.2 Gliederung der Markt- und Medienforschung

Ad hoc und kontinuierlich Es gibt verschiedene Möglichkeiten empirische Forschung einzuteilen. Eine gebräuchliche Einteilung ist die in Sekundär- und Primärmarktforschung. Bei der Sekundärmarktforschung geht es darum, bereits exisierende Forschungergebnisse zu entdecken und im Zusammenhang mit anderen Ergebnissen aufzubereiten. Diese Form der Forschung wird häufig als Schreibtisch Forschung – und neuerdings als Desk Research – bezeichnet. Im Gegensatz dazu werden Daten im Rahmen der Primärmarktforschung neu erhoben. Es werden Inhalte analysiert, Befragungen, apparative Messungen etc. durchgeführt. Die Primärmarktforschung wird des weiteren in Ad hoc-Forschung und kontinuierliche Forschung eingeteilt. Bei der Ad hoc-Forschung werden singuläre Fragestellungen (z.B. »Welche Marktchancen hat ein neues Zeitschriftenformat?«) untersucht. Für Medienunternehmen geht es jedoch in vielen Fällen darum, Ergebnisse wiederkehrend zu untersuchen – beispielsweise die Hörerstruktur eines Radiosenders. Dieser Form der kontinuierlichen, bzw. in bestimmten Zeitabständen mit den gleichen Erhebungsinstrument durchgeführte Forschung, wird von Berekoven et al. [2001, S. 34] auch die Tracking-Forschung und die Testmarktforschung zugeschlagen.

Eine weitere Art der Einteilung bezieht sich auf die Art der eingesetzten Verfahren – reaktive und nicht-reaktive Methoden. Bei einer Befragungung muss der Befragte eine Reaktion zeigen – er muss Antworten. Die Güte dieser Antwort wirkt sich auf die Güte des Forschungsergebnisses aus. Wenn eine Person beispielsweise gefragt wird, wie lange sie gestern Zeitung gelesen hat, so ist die Antwort zweifellos das Ergebnis einer Schätzung. Im Rahmen einer Beobachtung könnte man genau messen, wie lange eine Person in einer Zeitung ließt. Das Ergebnis wäre genauer. Leider sind Beobachtungen in der Regel sehr viel teurer als Befragungen. Zudem lassen sie sich nur auf ein begrenztes Spektrum von Fragestellungen anwenden, ohne Personen in eine Experimantalsituation bringen zu müssen [zu Experimenten vgl. unten].

Reaktive und nicht-reaktive Methoden

Häufig wird auch in quantitative und qualitative Forschung unterschieden. Dabei sind die Begriffe als nicht erreichbare Enden eines Kontinuums zu verstehen. Quantitative Forschung benötigt Qualitäten, die zu quantifizieren sind et vice versa. Dabei erschließt die quantitative Forschung ihre Ergebnisse tendenziell aus einer Vielzahl von Befragten oder Untersuchungsobjekten, wärend sich die qualitative Forschung tendenziell mit weniger Fällen begnügt und diese im Gegenzug aber detaillierter untersucht.

Quantitative und qualitative Forschung

Darüber hinaus wird der Marktforschungsprozess in die Phasen der Instrumentenwicklung, der Datenerhebung, der Datenauswertung und der Datenaufbereitung eingeteilt. Bevor die konkreten Methoden besprochen werden, erläutern wir zunächst einige wenige wichtige Grundbegriffe, die für das Verständnis der weiteren Argumentation unbedingt notwendig sind.

Marktforschungsprozess

4.1.3 Grundbegriffe

Der wohl am meisten strapazierte Begriff der Markt- und Medienforschung ist der der Repräsentativität. Dabei ist sowohl seine Verwendung als auch die Erreichung von Repräsentativität vielen Irrtümern unterworfen. Repräsentativ ist eine Untersuchung dann, wenn sie hinsichtlich der interessierenden Strukturmerkmale mit der untersuchten Grundgesamtheit übereinstimmt. In der empirischen Forschung werden normalerweise keine Vollerhebungen durchgeführt, da diese nicht nur zu teuer sind, sie wür-

Repräsentativität

den auch zu lange dauern. Aus diesem Grund werden Stichproben gezogen. Bei einer Befragung der wahlberechtigten Deutschen zur Bundestagswahl, sind die Befragten Repräsentanten der Wahlberechtigten. Wenn eine Regionalzeitung eine Befragung durchführt, wird sie höchstwahrscheinlich nur die im Verbreitungsgebiet lebenden Menschen (ab 14 Jahren) befragen. So können Leser und Nicht-Leser befragt werden. Soll lediglich die Zufriedeheit der Abonnenten der Zeitung überprüft werden, so muss die Stichprobe aus der Abonntenkartei gezogen werden.

Reliabilität   Neben der Repräsentativität ist die »Reliabilität« von Studien wichtig. Es handelt sich um eines von drei typischerweise verwandten Gütekriterien (daneben Validität und Objektivität). Reliabilität (bzw. Zuverlässigkeit) bezeichnet die formale Genauigkeit der Datenerhebung. Es geht darum, dass ein Instrument, das unter gleichen Bedingungen zu verschiedenen Zeitpunkten eingesetzt wird, vergleichbare Ergebnisse erzielt. Bei der Test-Retest-Methode werden den Befragen dazu den gleichen Befragten die gleichen Skalen mehrmals vorgelegt. Abweichende Ergebnisse kennzeichnen den Grad der Unzuverlässigkeit. Mit einem ähnlichen Verfahren kann die Zuverlässigkeit von Interviewern oder Kodierern Untersucht werden. Bei der Inhaltsanalyse [vgl. »Inhaltsanalyse«, unten] wird der gleiche Inhalt normalerweise zum Teil von mehreren Kodierern kodiert, um zu überprüfen, ob diese reliabel kodieren.

Validität   Ein weiterer wichtiger Begriff der empirischen Sozialforschung ist der der »Validität«. Eine Untersuchung ist dann valide, wenn sie misst was sie zu messen vorgibt bzw. genau das misst was gemessen werden soll.

Objektivität   Ein letzter Begriff und das dritte Gütekriterium in dieser Reihe, ist der Begriff der »Objektivität«. Es geht bei der Objektivität darum, dass das Untersuchungsergebnis unabhängig vom Untersuchungleiter (bzw. vom durchführenden Institut) beeinflußt wird. Das bezieht sich sowohl auf die Datenerhebung (bei der beispielsweise die Befragten nicht beeinflußt werden dürfen) als auch auf die Auswertung (bei der offene Fragen möglichst einheitlich kodiert werden sollen) als auch auf die Dateninterpretation (die natürlich auch unabhängig vom durchführenden Institut zum gleichen Ergebnis führen soll).

4.1.4 Inhaltsanalyse

Definition   In der Kommunikationsforschung ist die Inhaltsanalyse eine weit verbreitete Methode. »Die Inhaltsanalyse ist eine empirische Methode zur systematischen, intersubjektiv nachvollziehbaren Beschreibung inhaltlicher und formaler Merkmale von Mitteilungen.« [Früh 1991, S. 24] Beim praktischen Einsatz der Inhaltsanalyse in Medienunternehmen geht es beispielsweise darum, die Bruttowerbeaufwendungen von Unternehmen für Zeitschriftenwerbung oder für andere zu bestimmen. Dafür werden Zeitschriften vom durchführenden Institut (AC Nielsen) systematisch untersucht. Es gibt klare Regeln daführ, wie die Kodierer des Materials vorzugehen haben. Verständlicherweise sollten die Ergebnisse, wenn sie von zwei verschiedenen Kodierern durchgeführt werden nicht unterschiedlich sein, also reliabel. Die so analysieren Anzeigen werden mit den Preisen aus den Preislisten der Verlagshäuser hochgerechnet. Es gibt eine Marktsystematik, damit die Kunden des Instituts genau sehen können, wie die Entwicklung in einzelnen Marktbereichen abläuft. Ebenso ist eine Unterteilung in Regionen möglich. Als Service werden die analysierten Werbemittel archiviert. Sie können von den Kunden, aufgeschlüsselt nach Produktgruppen und Medien abgerufen werden.[1]

Die Inhaltsanalyse hat den Vorteil, dass das Analysematerial – sofern es vorhanden ist – beliebig oft untersucht werden kann. So können beispielsweise Fragestellungen, die erst bei der Datenanalyse aufkommen nochmals ohne den Gesamtaufwand wesentlich zu erhöhen, auf das gleiche Rohmaterial angewandet werden. Die Methode ist nicht-reaktiv.

Das Vorgehen bei einer Inhaltsanalyse in der Medienpraxis ist folgendes. Ein Verleger will beispielsweise wissen, wie sich die Anzeigenstruktur seiner Zeitung von der des Konkurenten aus dem gleichen Verbreitungsgebiet unterscheidet. Er gibt diese Fragestellung relativ roh an die Marktforschungsabteilung. Diese muss mit der Hypothesenbildung beginnen. Die Struktur der Anzeigen kann schließlich auch etwas mit der Struktur der Inhalte zu tun haben und weiteren formalen inhaltlichen Merkmalen der Zeitung (neben der hier nicht zur Debatte stehenden Leserstruktur und Auflage). Daraufhin wird entweder ein Marktforschungsinstitut beauftragt oder die Studie intern durchgeführt und lediglich die Kodierarbeiten ausgelagert. Es wird ein Kodebuch entwickelt in dem die zu Kodierenden Einheiten festgelegt werden. Diese Einheiten können in unserem Fall aus zwei verschierden Kategorien bestehen: Artikel und Anzeige. Dabei gibt es Elemente, die durch den bloßen Augenschein kodiert werden können und auch Elemente, die mit Hilfsmitteln wie einem Lineal oder einer Schablone messen muss (z.B. die Millimeter einer Anzeige). Im Kodebuch steht eine in der Regel die Variablennummer

Strukturierter Vergleich von Inhalten

---

1. Weitere Informationen zur Werbeaufwandsmessung der A.C.Nielsen Werbeforschung sind unter [www.acnielsen.de/adex/] zu finden.

und eine entsprechende Kodiereranweisung mit Skala. Beispielsweise:»V4 – Anzeigenklasse: Kodieren Sie bitte die Zahl, der in der Anzeigen verwenden Farben.

- 0 für eine Fließsatzanzeige,
- 1 für Graustufen,
- 2 für eine Zusatzfarbe,
- 3 für zwei Zusatzfarben,
- 4 für Vierfarbanzeigen,
- 5 für Sonderfarben (Beispielsweise Silber oder Lackierungen).«

Genauso können die Branche des Kunden und die weiteren interessierenden Merkmale eingeteilt werden. Wenn diese Vorarbeiten beendet sind findet eine Kodiererschulung statt. Dabei wird dafür gesorgt, dass alle Kodierer das Kodebuch gleich verstehen. Bei größer angelegten Projekten sollte zwischendurch ein Test zur Interkodervalidität durchgeführt werden. Wenn erst bei der Kodiererschulung Probleme beim Verständnis des Kodebuchs auftreten, gerät das Projekt ins stocken. Früher war die Erfassung auf sogenannten Kodebögen üblich. Mittlerweile erfolgt die Erfassung der Daten oft direkt am Computer. Die Codebögen können also auch elektronischer Natur sein. Der Kodierer tippt die Ergebnisse also gleich in eine Datenbank. Bei der Kodierung von Videomaterial in diese Verfahrensweise mittlerweile das einfachste Verfahren, auch wenn es kaum automatisierte Verfahren der Inhaltsanalyse von Videomaterial gibt. Was die Auswertung betrifft, so werden die üblichen Programme – v.a. SPSS – benutzt.

4.1.5 Copy-Test

Wichtig: Anzeigen-
Copy-Test

Bei Copy-Tests werden Testpersonen normalerweise gebeten, eine Zeitung oder Zeitschrift durchzublättern, zu lesen, also damit umzugehen, wie sie es normalerweise tun. Danach werden sie befragt. Es gibt zwei wesentliche Typen beim Zeitungs- und Zeitschriften-Copy-Test. Den Anzeigen-Copy-Test und den redaktionellen Copy-Test. In beiden Fällen wird oft zunächst ohne Wiedervorlage des Heftes oder der Zeitung befragt. Es geht um den sogenannten »Unaided Recall«, die ungestützte Erinnerung. Danach wird gestützt befragt – meist durch Wiedervorlage. Der Interviewer geht das Objekt seitenweise mit dem Befragten durch. Dieses Verfahren wurde von dem amerikanischen Medienforscher Daniel Starch 1931 entwickelt. Es handelt sich um ein »Recognition-Verfahren« – also um ein Wiedererkennungsverfahren. Zusätzlich können die Befragten noch beobachtet werden, um beispielsweise die Länge der Beschäftigung mit einem Artikel zu messen.

»Der Spiegel« führt seit 1997 regelmäßig einen Anzeigen-Copy-Test durch. Fragen sind dabei unter anderem: *Fragestellungen*

- Werden größere Anzeigen besser erinnert? (Ja)
- Ist eine Links- oder Rechtsplatzierung besser? (Sie sind etwa gleichwertig)[2]
- Erhöht Farbe die Aufmerksamkeit? (Ja)

Hinzu kommen einige Bewertungen des Spiegel aus der Sicht der Leser. Diese Anforderungen an die Redaktion werden von den Verlagen häufig in eigenen redaktionellen Copy-Tests untersucht. Das Marktforschungsinstitut ipsos (Hamburg) schlägt beispielsweise folgende Fragestellungen vor:

- Wie kann die Lesbarkeit und der Nutzwert des Titels verbessert werden?
- Wie ist die Akzeptanz der Seitengestaltung?
- Wie wirken Bilder, Grafik, Text?
- Welche Layout-Alternativen wirken besser?
- Welche Rubriken und Beiträge werden wie intensiv und von wem genutzt?
- Welche Artikellänge hat die höchste Akzeptanz?
- Wie kommen einzelne Themen und Autoren an?
- Wo ist Optimierungsbedarf?
- Verändern sich Nutzungsgewohnheiten und Urteile?

Der Copy-Test ist also nicht nur Instrument for das Anzeigenmarketing. Er dient auch der Verlagsleitung und der Redaktion zur Optimierung der Produkte. Für elektronische Medien werden vergleichbare Verfahren eingesetzt. Auch die Fragestellungen sind übertragbar. So brauchen Fernsehplaner beispielsweise Informationen hinsichtlich Werbewirkung und Blocklänge, der Platzierung innerhalb eines Blocks oder hinsichtlich der Trennelemente zwischen Programm und Werbung.

4.1.6 Blickregistrierung

Die Blickregistrierung eine Sammelbezeichnung für apparative Verfahren bei denen die Fixationspunkte von Versuchspersonen bei der Rezeption von Zeitungen, Zeitschriften etc. im Rahmen

---

2. Im allgemeinen wird davon ausgegangen, dass aufgrund des Blätterns in einer Zeitschrift, Rechtsplatzierungen besser erinnert werden. Eindeutige Belege gibt es dafür allerdings nicht.

einer Laboruntersuchung aufgezeichnet werden. Damit kann bei der Rezeption einer Anzeige nicht nur gemessen werden, wie lange sie betrachtet wird. Jeder Fixationspunkt – Augen fixieren in Stakati einzelne Bereiche einer Seite – wird registriert. So kann festgestellt werden, welche Bereiche der Anzeige lange, welche kurz und in welche Reihenfolge sie betrachtet wurden. Die technischen Einrichtungen zur Aufzeichnung der Blickverläufe wurden in den vergangenen Jahren sehr viel kleiner. Sie schrumpften sozusagen von der Größe eines Motorradhelms in die Dimesionen einer etwas zu groß geratenen Sportbrille. Die früher aufgrund der außerordentlichen Größe des Tracking-Apparats angezweifelte Validität hat sich durch die verkleinerte Erhebungstechnik wahrscheinlich verbessert.

Die Blickregistrierung wird von Verlagen aus Servicezwecken für Werbekunden eingesetzt. Online-Werbeträger setzen sie darüber hinaus noch zur Optimierung der Usability ein.

4.1.7 Befragung

Die Befragung ist zweifellos die wichtigste und am meisten verbreitete Methode der Datenerhebung in der Markt- und Medienforschung. Es gibt davon mehrere Ausprägungen:

- schriftliche Befragungen
- persönliche Befragungen
- telefonische Befragungen

Schriftliche Befragung Bei schriftlichen Befragungen wird ein Fragebogen formuliert, der meistens per Post verschickt wird und dem bei Konsumentenbefragungen ein frankierter Rückumschlag beigelegt ist. Dennoch ist die Ausschöpfung bei schriftlichen Befragungen trotz mehrmaligen Nachfaßaktionen meist gering. Dies wirkt sich auf die Repräsentativität und die Validität der Stichprobe aus. Im allgemeinen geht man davon aus, dass eine Ausschöpfung der Stichprobe von mindestens 70 Prozent erreicht werden muss. Dies fordert das ZAW-Rahmenschmema[3] und wird auch in der Literatur [z.B. Noelle-Neumann / Petersen 1996, S. 268] gefordert. Zur Ermittlung der Ausschöpfung wird die Gesamtstichprobe und die sogenannten stichprobenneutralen Ausfälle bereinigt. Stichprobenneutrale Ausfälle sind dann gegeben, wenn beispiels-

---

3. Im ZAW-Rahmenschema [1994, S. 20] heißt es dazu »Wird eine Mindest-Erfolgsquote von 70 % nicht erreicht, so muß das begründet werden und müssen einige Kernergebnisse mit Zusatzfragen korreliert ausgewiesen werden.«

weise Adressen nicht (mehr) existieren oder Wohnungen unbewohnt sind. Nicht stichprobenneutral sind Ausfälle beispielsweise dann, wenn die Zielpersonen die Auskunft verweigern, nicht auf Post reagieren oder telefonisch niemand erreicht wird [vgl. ZAW 1994, S. 20 ff.]. Aus diesem Grund werden schriftliche Befragungen von Medienunternehmen kaum eingesetzt. Ausnahmen bilden hierbei Leserbefragungen, die beispielsweise in den Erstausgaben von Zeitschriften zu finden sind. Auch Online-Befragungen sind schriftliche Befragungen. Diese werden mittlerweile relativ häufig von Medienunternehmen durchgeführt. Sie sind etwas anderen Bedingungen als postalische Befragungen ausgesetzt. Weiter unten gehen wir etwas ausführlicher auf diese Form der Befragung ein.

Eine weit verbreitete, wenngleich sehr teure Form der Befragung ist das persönliche Interview. Dabei sucht der Interviewer entsprechend seiner Vorgaben den Interviewpartner zu Hause auf und führt das Interview durch. Bei diesem Verfahren ist es möglich, dem Interviewpartner Erinnerungshilfen vorzulegen. Zudem ist die Sorgfalt der Beantwortung der Fragen größer. Die Anwesenheit des Interviewers trägt dazu bei, dass der Interviewte auch längere Fragebögen beantwortet, die bei schriftlichen Befragungen keinesfalls möglich wären. Zudem erlaubt Computer Assisted Personal Interviewing (CAPI) die Anwendung komplexer Auswertungsverfahren.[4] Daneben können mit Hilfe des Computers so banale Sachverhalte, wie das Auftreten von Reiheneffekten bei langen Statementbatterien ausgeschlossen werden. Diese Reiheneffekte treten durch die Ermüdung des Interviewpartners bei hohen Statementzahlen auf. Der Computer ändert deshalb die Reihenfolge der Statements, damit nicht immer nur die Satements am Ende der Batterie von der Ermüdung betroffen sind. Bei der AG.MA kommt inzwischen das sogenannte Pentop zum Einsatz. Dabei können die Befragten mit einem Stift auf dem Fragebogen eines Bildschirms ankreuzen, wie bei einem Papierfragebogen, dennoch sind die Vorteile des CAPI vorhanden – die auch darin bestehen, dass keine Übertragung der Papierdaten in Datenbanken notwendig ist. Etwa ein Viertel der persönlichen Interviews wurden nach Angaben der Arbeitskreises Deutscher Markt- und Sozialforschungsinstitute e.V. (ADM) 2001 mittels Computereinsatz erhoben.

Persönliches Interview

---

4. Die Anwendung multivatiater Analysemethoden (vgl. dazu Backhaus et al. 2000, sowie Berekoven et al. 2001) war früher häufig durch redundate Fragestellungen an den Interviewpartner geprägt. Diese können durch die dynamische generierung von Fragebögen beim CAPI reduziert werden.

Telefonbefragung Änliches gilt für den Computereinsatz bei Telefonbefragungen. Dabei gilt schon seit langem der Einsatz des Computer Assisted Telephone Interviewing (CATI) als Standard. Telefoninterviews sind deutlich billiger als persönliche Interviews. Die Anfahrt der Interviewer zu den Befragten fällt weg. Zudem ist die Qualität der Interviewführung bei Telefoninterviews erheblich besser kontrollierbar.[5] Leider gibt es einen entscheidenden Nachteil: Es ist nicht möglich den Interviewpartnern etwas zu zeigen oder zur Ansicht vorzulegen. Mitunter wird deshalb Ansichtsmaterial nach der Rekrutierung der Interviewpartner verschickt und nach einigen Tagen ein erneuter Kontaktversuch unternommen. In der Schweiz wird dieses Verfahren beispielsweise eingesetzt, um die Reichweiten von Online-Werbeträgern zu messen.

Allerdings kam es in den vergangen Jahren zu Problemen bei der Stichprobenziehung in der Telefonmarktforschung. Für Telefonkunden ist es keine Pflicht mehr, sich in die amtlichen Register aufnehmen zu lassen. Zudem haben immer mehr Telefonteilnehmer mehrere Telefonanschlüsse, so dass sich die Wahrscheinlichkeit der Erreichbarkeit verschieden verteilt. Auch sinkt der Anteil der Festnetzanschlüsse etwas, da sich immer mehr Menschen mit einem Mobiltelefon begügen. Mobiltelefone werden aber aus Kostengründen (und wegen vielfach instabiler Leitungen) nur in Ausnahmefällen angerufen.

4.1.8 Die Messung der Fernseheinschaltquoten

TV als Zeitpunkt-medium Nach der Werbung in Zeitungen hat die Fernsehwerbung den zweitgrößten Teil am Werbekunchen. Allerdings verteilt sich der Werbeumsatz – anders als bei Zeitungen und Zeitschriften – auf weitaus weniger Unternehmen und Werbeträger. Zudem hat Fernsehen eine kommunikativ andere Eigenschaft als Printmedien, die für Erfassung von höchster Bedeutung ist. Fernsehen ist flüchtig. Wenn ein Werbespot gesendet wurde und er wurde nicht angesehen, dann kann er auch nicht mehr angesehen werden – es sei denn er wurde aufgezeichnet. In diesem Sinne ist Fernsehen ein Zeitpunktmedium, bei dem eine zeitpunktspezifische Erfassung notwendig ist. Es muss beantwortbar sein, wieviele Menschen zu einem bestimmten Zeitpunkt ein bestimmtes Programm eingeschaltet hatten und welche interessierenden Merkmale, diese Menschen haben.

---

5. Beim Einverständnis der Interviewpartner können die Telefonate aufgezeichnet werden. Zudem kann das Aufsichtspersonal der Telefonstudios bei den Telefonaten mithören, wenn es möchte.

Zum Anfang der Fernsehforschung wurden Interviewpartner gebeten, Tagebuch zu führen. Unter der Tagebuchmethode wird die strukturierte und standardisierte Aufzeichnung des Tagesablaufs hinsichtlich interessierender Merkmale durch den Studienteilnehmer verstanden. Da dieses Verfahren auf die Kooperation und die Sorgfalt des Studienteilnehmers bauen muss, ist sie großen Ungenauigkeiten unterworfen. Deshalb wurde sie beispielsweise nie als Methode der Arbeitsgemeinschaft Media-Analyse eingesetzt [vgl. Koschnik 1995]. Das heißt allerdings nicht, dass die Tagebuchmethode völlig ungeeignet für die Medienforschung ist. Sie ist zwar größeren Ungenauigkeiten unterworfen als apparative Erhebungsverfahren, wenn es aber darum geht, die Nutzung verschiedener Medien im Kontext zu verstehen, bleibt oft kaum eine andere Möglichkeit übrig. So hat beispielsweise die IP Deutschland (2002b) für ihre Studie »Medien im Tagesablauf 2002« (MiT) stukturiert Tagebuch führen lassen. »MiT« wird nach der erstmaligen Durchführung 2002 voraussichtlich alle zwei Jahre durchgeführt. Neben den Zeitbudgets für die Mediennutzung, werden auch viele weitere tägliche Aktivitäten abgefragt. So sind verschiedene Mediennutzungstypen ermittelbar. *Tagebuchmethode*

Nicht weniger ungenau sind Befragungen nach dem Sehverhalten (im Rahmen der Hörfungforschung Hörverhaltens) des vergangenen Tages. Dabei muss der Befragte sein Verhalten aus seiner Erinnerung rekonstruieren. Genau dies ist keine leichte Aufgabe – schließlich beabsichtigt der Befragte nicht, sich im Nachhinein detailliert an sein Medienverhalten zu erinnern. Bei der Erfassung von Fernsehreichweiten wird deshalb auf ein technisches Erfassungsverfahren gesetzt. Beim Hörfunk gibt es (noch) keine alternative Methode, das Befragungsverfahren durch technische Verfahren zu ersetzten. Der Werbeumsatz ist zu gering und die Nutzung des Hörfunkprogramms findet sowohl an vielen verschiedenen Orten (zu Hause, im Auto, am Arbeitsplatz mit mobilen tragbaren Empfangsgeräten etc.), wie auch mit verschiedenen Empfangsgeräten statt, so dass ein technisches Erfassungsgerät vom Studienteilnehmer ständig mit sich geführt werden müsste. Was bleibt, ist die Befragung. *Befragung*

Aufgrund des hohen Werbeumsatzes und der weitgehenden Nutzung des Fernsehens in Privatwohnungen, ist eine technische Erfassung der Reichweiten möglich. Seit 1995 führt die Gesellschaft für Konsumforschung (GfK), Nürnberg, diese Erhebung für die Arbeitsgemeinschaft Fernsehforschung (AGF) durch. Dabei war die außer Haus Nutzung zwar immer wieder ein Thema – der Nachrichtensender n-tv monierte zurecht stärker außer Haus (z.B. in Hotels und Unternehmen) genutzt zu werden – dennoch beschränkte man sich auf die Erhebung der Nutzung in Privatwohnungen. Das sogenannte AGF / GfK-Fernsehpanel be- *Das GfK-Meter*

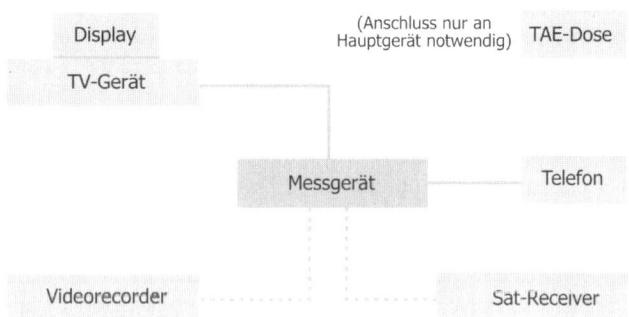

Abbildung 1: Schema der Fernsehreichweitenmessung des GfK-Meter

steht (Stand 2001) aus 5.640 Haushalten mit etwa 13.000 Personen über drei Jahren. In diesen 5.640 Haushalten wurde das GfK-Meter installiert. Es handelt sich dabei um ein Gerät, das die Fernsehnutzung sekundengenau aufzeichnet. Dabei werden alle Geräte innerhalb eines Haushalts erfasst. Auch die Nutzung von auf Videorekordern im Haushalt abgespeicherten und angesehenen Sendungen wird erfasst (vgl. Abbildung 1). Die Nutzung wird sekundengenau aufgezeichnet und nachts zwischen 3:00 und 5:00 Uhr an das GfK-Rechenzentrum übertragen. So können die Fernsehsender und Kunden des Panels bereits am darauffolgenden Morgen über die Reichweiten des Vortages verfügen.

Personenindividuelle Aufzeichnung der Daten

Die Daten werden personenindividuell aufgezeichnet. Zu diesem Zweck verfügen die Panelteilnehmer über eine Fernbedienung mit sogenannten Personentasten. Damit müssen sich die Teilnehmer sobald sie fernsehen durch drücken anmelden. Wenn sie auch nur kurz den Raum verlassen, sollen sie sich abmelden. Diese notwendige Aktivität der Panelteilnehmer birgt eine gewisse Fehlerquelle. Für die Erfassung der Hinwendung zum Ferseher gibt es auch automatische Erfassungstechniken (ein sogennates Passiv Telemeter). Dabei »erkennt« entweder ein Sensor ob sich eine Person im Raum aufhält oder in einer weiter entwickelten Form eine Kamera in Verbindung mit einem Computer, wer sich vor dem Fernseher aufhält [vgl. Koschnik 1995]. Diese Technik erschien bisher noch nicht ausgereift zu sein. Sowohl die Zeit bis zur Erkennung der Zuschauer wie auch die Genauigkeit der Erkennung selbst bereitete Probleme. In Zukunft ist durchaus denkbar, dass vergleichbare Systeme effizient eingesetzt werden können. Ein Kritikpunkt am Panel konnte 2001 beseitigt werden. Unter den Haushalten sind nun auch 140 Haushalte von EU-Ausländern, so dass auch die Nutzung dieser Bevölkerungsgruppe abgebildet werden kann. Eine ausführliche Dokumentation des jeweils aktuellen Standes des eingesetzten Verfahren findet sich unter [www.agf.de].

4.1.9 Online-Forschung

Weiter oben haben wir schon über dem Computereinsatz im Bereich der persönlichen- und der Telefonbefragung berichtet. Der Computer ist jedoch nicht nur in diesem Bereich nützlich. Mit dem Internet gibt es nun zum ersten mal in der Mediengeschichte einen Medienapparat der auch Forschungsinstrument sein kann und in bestimmten Fällen auch sein muss. Dabei sind die Einsatzmöglichkeiten im Bereich der Markt- und Medienforschung vielfältig. Wir beschränken uns hier auf die wichtigsten Verfahren.

4.1.9.1 Das IVW-Meßvervahren

Die Informationsgemeinschafft zur Feststellung der Verbreitung von Werbeträgern e.V. (IVW) kontrolliert in der Print-Welt die Auflagenzahlen. Als emprirische Forschung wird dies im allgemeinen nicht bezeichnet. In der Online-Welt müssen Auflagen auch kontrolliert werden. Da es aber keine Druckerpressen gibt, sondern nur den individuellen Abruf von Dokumenten, muss genau dieser Abruf von Dokumenten gezählt werden. Diese Verfahrensweise ist nicht reaktiv und wird im Bereich der Online-Messung den sogenannten website-zentrischen Verfahren zugerechnet.

Prinzipiell erscheint die Datenerhebung durch den Webserver einfach möglich. Wenn Dokumente einzeln abgerufen werden, sollte genau dieser Abruf aufzeichenbar sein. Mit technischen Hilfsmitteln stellt die IVW diesen Zustand her. Allerdings zählte sie im Frühjahr 2002 offiziell lediglich die Seitenabrufe (PageImpressions)[6] und Besuche (Vists)[7] bei den Werbeträgern obwohl aus technischer Sicht noch weitere Kenngrößen ermittelbar sind.

Kernwerte: PageImpression und Vist

---

6. Die IVW-Definition: »PageImpressions (PI) bezeichnen die Anzahl der Sichtkontakte beliebiger Benutzer mit einer potenziell werbeführenden HTML-Seite. Sie liefern ein Maß für die Nutzung einzelner Seiten eines Angebotes. Enthält ein Angebot Bildschirmseiten, die sich aus mehreren Frames zusammensetzen (Frameset), so gilt jeweils nur der Inhalt eines Frames als Content. Der Erstabruf eines Framesets zählt daher nur als ein PageImpression, ebenso wie jede weitere nutzerinduzierte Veränderung des entsprechenden Content-Frames. Demnach wird pro Nutzeraktion nur ein PageImpression gezählt. Zur definitionsgerechten Erfassung der PageImpressions verpflichtet sich der Anbieter, gekennzeichneten Content jeweils nur in einem Frame pro Frameset und Nutzeraktion zu laden.«

Das von der IVW ausgegründete Unternehmen InfOnline (seit September 2002) erlaubt den Unternehmen, die den Service abonnieren, weitere Auswertungen. Die Identifikation von Nutzern ist nur begrenzt möglich. Das technische Mittel zur Identifikation heißt Cookie. Da dieser Cookie in seiner permanenten Form sowohl von den Nutzern abgelehnt werden kann als auch die Nutzung des selben Browsers durch mehrere Personen möglich ist, ist der Cookie leider nicht in allen Fällen eindeutig. Hinzu kommen Bedenken von Seiten des Datenschutzes. Aktuell befindet sich eine weitere Größe in der Diskussion – die ViewTime. Dabei handelt es sich um die durchschnittliche Länge eines Visit auf einer bestimmten Website in Sekunden [vgl. Werner 2003].

Ähnliche Verfahren werden auch von Werbeträgern eingesetzt, um die Besuchsfrequenz auf detailliert zu messen. Wenn Werbeträger das Angebot der Websites personalisieren, sind sogar Auswertungen auf Personenebene möglich. Diesbezüglich verschwimmt Marktforschung und Marketing [vgl. Werner 2003].

4.1.9.2 Online-Panels

Hohe Datendichte Wie im Bereich der Fernsehforschung wurden für die die Erfassung der Online-Nutzung Panels entwickelt. Es handelt sich dabei um nicht-reaktive nutzer-zentrische Verfahren. Den Nutzern wird dabei eine Software auf ihren Computern installiert, die alle Aktionen der Internet-Nutzung oder sogar der gesamten Computernutzung aufzeichnen kann. Mit einer solchen Technik ist deshalb eine erheblich höhere Datendichte zu erreichen als es mit website-zentrischen Verfahren möglich ist, da auch die Nutzung von Websites, die nicht am IVW-Verfahren beteiligt sind, gemessen werden kann. Dem gegenüber stehen einige große Nachteile der Verfahren:

- Es ist enorm schwierig eine repräsentative Sichprobe für die Panelteilnehmer zu ziehen.
- Es findet meist nur eine Erfassung der Privatnutzung statt. Die Nutzung in Betrieben kann kaum abgebildet werden, weil Unternehmen kaum zur Installation der Erhebungs-Software bereit sind.
- Es können lediglich die Reichweiten für abrufstarke Websites gemessen werden.

---

7. Die IVW-Definition: »Ein Visit bezeichnet einen zusammenhängenden Nutzungsvorgang (Besuch) eines WWW-Angebots durch einen Nutzer. Die Visits werden auf Grundlage von erfolgreichen PageImpressions errechnet.«

4.1.9.3 Online-Inhaltsanalyse

Für Inhalte des Internet kann auch die Inhaltsanalyse eingesetzt werden. Allerdings ist sowohl die Datenbeschaffung als auch die Auswertung besonderen Bedingungen unterworfen, die es so in den übrigen Medien nicht gibt. Online hat die Inhaltsanalyse mit einem Problem zu kämpfen, das es Offline nicht gibt. Es gibt weder Sendezeiten noch vollständig beständige Medieninhalte. Selbst wenn Inhalte aufgezeichnet werden, so ist das doch immer eine Momentaufnahme eines bestimmten Ausschnitts. Wirtschaftlich relevant ist auf dem Online-Forschungsmarkt die Kontrolle von Werbeträgern und die Erimmttlung von Werbevolumina. Es gibt einige Anbieter (u.a. LemonAd und Digitale Hanse), die mittels Crawler, die Websites auf Werbung kontrollieren und anschließend das Werbeaufkommen hochrechnen. Hierbei gibt es allerdings einige gravierende Probleme. Die Preisgestaltung hinsichtlich eines Werbeplatzes kann auf einer Postition mehrere hundert Prozent voneinander abweichen, die Messung des konkreten Buchungsvolumens ist kaum möglich, da der Crawler sonst zu stark in die tatsächlichen Abrufe eingreifen würde. Von Agenturen und Werbeträgern werden diese Analysen hauptsächlich genutzt, um herauszufinden wo welche Werbekunden werben und um sich Anregungen hinsichtlich der Werbemittelgestaltung bzw. der Gegenpositionierung zu holen.

Monitoring von Werbeaktivitäten

4.1.9.4 Online-Befragungen

Auch für die Online-Markt- und -Mediaforschung ist die Befragung ein wichtiges Instrument, auch wenn nur in Ausnahmefällen Ausschöpfungsquoten von 70 Prozent erreicht werden können und Befragungen somit das wichtige Gütekriterium des ZAW-Rahmenschema nicht erfüllen. Der Arbeitskreis Deutscher Markt- und Sozialforschungsinstitute (ADM) fordert in seinen »Standards zur Qualitätssicherung für Online-Befragungen« die Einhaltung der auch in der Befragungen, die mittels persönlich-mündlicher, schriftlicher oder telefonischer Interviews durchgeführt werden, üblichen Standards [vgl. www.adm-ev.de].

Verschiedenste Herangehensweisen

Es gibt verschiedene Online-Befragungsverfahren, die sich durch folgende Merkmalsausprägungen unterscheiden:

- Art des Fragebogens (Nur-Text, HTML, Flash oder Java),
- Art der Fragepräsentation (Alle Fragen in einem Dokument, jeweils nur eine Frage pro Bildschirmseite und entsprechende Abstufungen),

- Stichprobenziehung (Banner-Klick-Verfahren, Intercept, Access-Panel, Zufallsstichproben aus E-Mail-Adressen bekannter Gundgesamtheiten)

In der Online-Markt und -Mediaforschung sind Verfahren, bei denen HTML-Fragebögen mittels Intercept (ein zusätzliches Fragebogenfenster, das sich mit dem Aufruf eines bestimmten HTML-Dokuments mit einer vorgegebenen Wahrscheinlichkeit öffnet) eingesteuert werden, am weitesten verbreitet. Hinsichtlich der Präsentation der Fragen setzt sich das Prinzip der Präsentation einer Frage pro Bildschirmseite, das auch bei CAPI zum Einsatz kommt, durch.

Auch Reichweiten-schwache Titel können untersucht werden

Dieses Verfahren eignet sich beispielsweise dazu die Demographische Struktur auch von schwach frequentierten Websites zu messen, während Panels [vgl. »Online-Panels«, S. 182] wie auch klassische Telefon oder Face-to-face-Befragungen nur die demographische Struktur stark frequentierter Websites messen können. Allerdings müssen Einschränkungen hinsichtlich der Repräsentativität, die auch theoretisch lediglich für die Website (oder einen abgegrenzten zentral gesteurerten Verbund von Websites) möglich ist, auf der der Fragebogen präsentiert wird, in Kauf genommen werden. Die Intercept-Methode ermöglicht anders als beispielsweise das Telefoninterview lediglich den einmaligen Kontakt mit dem zu Befragenden. Sollte dieser den Fragebogen wegklicken ist es nur dann möglich den Fragebogen erneut zu präsentieren, wenn er die Website (bzw. das Netzwerk) erneut besucht.

Regeln für Intercept

Wird nun ein Fragebogen per Intercept präsentiert, so gibt es einige optische und inhaltliche Merkmale, die beachtet werden sollten, damit die Ausschöpfung möglichst hoch wird:

- Möglichst großes Pop-up
- Möglichkeit das Pop-up wegzuklicken
- Nennung der Website, auf der das Pop-up erfolgt und des Instituts, das die Befragung durchführt
- Um was geht es in der Befragung
- Hinweis auf das Incentive, also die Belohnung, die es für die Teilnahme an der Befragung gibt.

Wenn diese Punkte beachtet werden, sind Ausschöpfungen von 20 und mehr Prozent möglich [Werner 2003].

4.1.10 Exkurs: Wichtige Kenngrößen

Mit Hilfe der Mediaforschung werden Kenngrößen ermittelt, die von Werbungtreibenden und Agenturen für die Mediaplanung benutzt werden. Hier erläutern wir jeweils kurz die wichtigsten Begriffe.

- *Leser pro Nummer (LpN):* Gesamtzahl der durch eine Leseanalyse ermittelten Leser einer Zeitung oder Zeitschrift, d.h. die Gesamtzahl derjenigen Personen, die in einer Befragung angeben, dass sie eine bestimmte Nummer einer Zeitung oder Zeitschrift innerhalb des Erscheinungsintervalls gelesen oder durchgeblättert haben, also Werbeträgerkontakt gehabt haben. Es handelt sich also um die Anzahl von Personen, die bei einmaliger Insertion erreicht werden können.

- *Kummulation/K_1-Wert:* Kummulation bezeichnet den Zuwachs an Reichweite den ein Werbungteibender bei mehrfacher Insertion erreichen kann. Der K_1-Wert ist dabei der Wert für die erste Insertion. In der Forschung wird dieser Wert durch eine Frequenzangabe errechnet.

- *Brutto-Reichweite:* Unter Brutto-Reichweite versteht man die Anzahl der Personen, die mit einem Werbemittel mindestens einen Kontakt haben. Mehrfachkontakte werden dabei mitgerechnet. Wenn also ein Leser mit einer Zeitschrift A und im gleichen Zeitraum mit Zeitschrift B Kontakt hatte und ein Werbungtreibender in beiden Zeitschriften geworben hat, so ist seine Bruttoreichweite in diesem Fall zwei, obwohl er die gleiche Person zwei mal erreicht hat.

- *Netto-Reichweite*: Die Netto-Reichweite bezeichnet die Zahl der Personen, die von einem Werbemittel in einer Mediakombination mindestens einmal Kontakt hatten, unabhängig davon wieviele Kontakte sie hatten und in welchen Werbeträgern bzw. Werbeträgerkombinationen diese Kontakte zustande kamen.

- *Weitester Leser-Kreis (WLK):* Diejenigen Personen, die mindestens eine Ausgabe einer Zeitung oder Zeitschrift in den letzten 12 Erscheinungsintervallen gelesen oder durchgeblättert haben. Es muss sich also eine Lesewahrscheinlichkeit größer 0 ergeben. Die letzten 12 Erscheinungsintervalle sind: für monatlich erscheinende Zeitschriften 12 Monate, entsprechend für 14-täglich erscheinende Zeitschriften 6 Monate, für wöchentlich erscheinende Zeitschriften, Wochenzeitungen, Supplements 3 Monate, und für täglich erscheinende Medien (Tageszeitungen) 14 Tage.

- *Weitester Hörer-Kreis (WHK):* Diejenigen Personen, die innerhalb der letzten zwei Wochen einen bestimmtes Hörfunkprogramm gehört haben. Dieser Wert wird sowohl auf Programmebene (z.B. RPR1) als auch für bestimmte Zeitabschnitte bzw. Sendezeiten (z.B. vor 7 Uhr, zwischen 7 und 8 Uhr etc.) erhoben.

- *Weitester Seher-Kreis (WSK):* Diejenigen Personen, die innerhalb der letzten zwei Wochen einen bestimmten Fernsehsender gesehen haben.
- *Tagesreichweite*: Dieser Begriff wird dazu benutzt, um Intermediavergleiche der tagesaktuellen Medien Fernsehen, Hörfunk, Zeitungen und neuerdings auch Online-Medien durchzuführen.

4.1.11 Wichtige Studien

Die Mediaforschung ist für Medienunternehmen ein wichtiges Instrument des Werbemarketings. Mediaagenturen und Unternehmen brauchen die so gewonnenen Daten für ihre Mediaplanung. In diesem Abschnitt geben wir einen Überblick der wichtigen Mediastudien und weiteren Serviceleistungen, die Medienhäuser und Werbevermarkter ihren Kunden in Deutschland anbieten. Dabei erheben wir keinerlei Anspruch auf Vollständigkeit. Kriterium für die Aufnahme in den folgenden Katalog ist unter Anderem die Tatsache, dass die Daten oder Berichte online zugänglich sind

Media-Analyse   Die weitaus wichtigsten Media-Studien in Deutschland werden von der Arbeitsgemeinschaft Media-Analyse e.V. (kurz AG.MA) durchgeführt. Zumeist im halbjährlichen Rhythmus veröffentlicht die AG.MA Forschungsergebnisse. Diese Informationen umfassen die aktuellen Nutzungsdaten für die Mediengattungen TV, Radio, Zeitungen/Zeitschriften, Kino, Lesezirkel, Konpress und demnächst auch Plakat und Online, die von der AG.MA-Tochtergesellschaft Media Micro Census GmbH (MMC) herausgegeben werden. Durch die MA (Media-Analyse) wird das Mediennutzungsverhalten der erwachsenen Bevölkerung ab 14 Jahren in Deutschland abgebildet. Die Datenerfassung erfolgt mittels persönlicher Interviews bei Print und CATI bei Hörfunk. Informationen zur AG.MA und der MA finden sich unter [www.agma-mmc.de]. Über diese Website lassen sich auch die sogenannten AG.MA-Definitionen abrufen, mit denen auch in vielen anderen Studien gearbeitet wird. Die AG.MA bildet das Dach für 260 Unternehmen der Werbe- und Medienwirtschaft, die gemeinsam und konsensual Standards für die Forschung erarbeiten. Die MA selbst ist nicht auf der Website der AG.MA zähl- bzw. auswertbar. Dafür haben jedoch ettliche Vermarkter entsprechende Werkzeuge entwickelt. Das wichtigste Werkzeug

für Mediapaner ist MDS, das vom Axel Springer Verlag entwik-
kelte Mediaplanungsprogramm für den PC. Mittlerweile gibt es
auch eine Online-Version dieses Programms. Allerdings sind die
Daten nur Mitgliedern der AG.MA zugänglich und auswertbar.
Allerdings gibt es viele Hochschulen die über entsprechende
Rechte verfügen. Unter [www.mediapilot.de] ist eine entsprechende Liste der beziehenden Hochschulen und Kontaktstellen
zu finden. Bei Spiegel Media können einfache Auszählungen und
Rangreihen der MA Presse gebildet werden [media.spiegel.de].

Die Typologie der Wünsche Intermedia (TdWI) ist eine be- *Typologie der Wün-*
reits seit 1974 durchgeführte Markt-Media-Studie des Burda Ad- *sche Intermedia*
vertising Centers [www.bac.de]. Darin werden eben nicht nur die
Kontaktdaten zu Medien mittels persönlicher Interviews erhoben. Neben den demograpischen Daten, werden Einstellungen
ermittelt. Auch das Sinus Milieu-Modell ist in die Studie integriert. Daneben werden noch 1.400 Marken in 400 Produktbereichen anhand von Produktabbildung und Markenschriftzügen
abgefragt. Die Studie hat eine eigene Website [www.tdwi.de].
Auf ihr können die Daten inklusive der Sinus Milieus gezählt
werden. Das Burda Advertising Center bietet zusätzlich einen
Zählservice für weitere Studien an.

Die Allensbacher Markt- und Werbeträgeranalyse [www. *Allensbacher Markt-*
awa-online.de], kurz AWA, ist eine Markt-Media-Studie im Rah- *und Werbeträgerana-*
men einer Mehrthemenumfrage über Konsumgewohnheiten und *lyse*
Mediennutzung. Seit über 44 Jahren wird diese Studie vom Institut für Demoskopie Allensbach im Auftrag von heute rund 100
Verlagen und TV-Sendern durchgeführt. Abgefragt werden Daten von über 2.000 Teilmärkten auf 14 Mediengattungen (Den
Schwerpunkt bildet der Printbereich mit Informationen über
mehr als 250 Titel.). Zusätzlich zur Soziodemographie können
z.B. der gesellschaftlich-wirtschaftliche Status oder die Persön-
lichkeitsstärke und Meinungsführerschaft sowie die Kommuni-
kationsstärke untersucht werden. Die AWA wird vom Institut
für Demoskopie mit dem Planungstool mediaMACH angeboten.
Die Daten sind aber auch für MDS verfügbar und können unter
[media.spiegel.de] grob gezählt werden.

Die VerbraucherAnalyse (VA) ist Europas größte Markt-Me- *VerbraucherAnalyse*
dia-Studie mit über 30 000 Fällen. Die seit 1982 durchgeführte
Studie wird vom Heinrich Bauer Verlag und Axel Springer Verlag sowie 34 weiteren Medienunternehmen getragen. Neben der
Abfrage des konkreten Konsumverhaltens (664 Produktbereiche
mit 1850 Marken) beinhaltet die VA auch die Reichweiten von
rund 160 Printmedien, 11 TV-Sendern und 150 Radiosendern.
Eine ausführliche Methodenbeschreibung mit Informationen zur
jeweils aktuellen Ausgabe findet sich unter [www.bauer-
media.de]. Zählen kann man die VA unter [www.mediapilot.de].

Neben diesen Studien gibt es noch einige weitere, die für die Planung der Agentiuren eine gewisse Relevanz haben:

Weitere wichtige Studien

- Communication Networks
- STERN MarkenProfile
- FAME
- ACTA – Allensbacher Computer/Telekommunikations Analyse
- Allensbacher Werbeträger-Analyse (AWA) first class
- KidsVerbraucherAnalyse
- LA Architektenpresse
- LA Baufachzeitschriften
- LA Computerpresse
- LA Entscheidungsträger Wirtschaft/Verwaltung
- LA medizinische Fachzeitschriften
- ORM – Online Reichweiten Monitor

Neben diesen Studien bieten die Medienhäuser bzw. derem Vermarkter meist noch Studien zu besonderen Märkten (z.B. Outfitt) oder noch spezifischeren Zielgruppen als die oben genannten an. Zudem spielen Untersuchungen zur Werbewirkung eine große Rolle.

Allerdings sieht das Angebot der Fernsehvermarkter ganz anders aus, als das der Verlage. Zählprogramme sind dort nicht frei zugänglich. Zudem werden Studien – anders als bei den Verlagen – bei der IP Deutschland [www.ip-deutschland.de] beispielsweise nicht als PDF zum Download angeboten. Sie müssen als gedruckte Version bestellt werden. Der andere große Fernsehvermarkter SevenOne Media [www.sevenonemedia.de], bietet dagegen viele Studien direkt zum Download an. Besonders spannend ist nach unserer Einschätzung ein Semiometrie-Tool auf ActiveX-Basis. [8]

4.1.12 Literatur

Backhaus, Klaus / Erichson, Bernd / Plinke, Wulff (2000): Multivariate Analysemethoden. Heidelberg: Springer (9. Aufl.)

Berekoven, Ludwig / Eckert, Werner / Ellenrieder, Peter (2001): Marktforschung. Methodische Grundlagen und praktische Anwendung. Wiesbaden: Gabler (9. Aufl.)

IP Deutschland (Hrsg.) (2002b): Medien im Tagesablauf 2002. Köln: IP Deutschland

---

8. Eine ausführliche Beschreibung dieser Methode ist unter [www.sevenonemedia.de] zu finden.

Koschnik, Wolfgang (1995): Standard- Lexikon für Mediaplanung und Mediaforschung in Deutschland. Stuttgart: Schäffer

Noelle-Neumann, Elisabeth / Petersen, Thomas (1996): Alle, nicht jeder. Einführung in die Methoden der Demoskopie. München: dtv

Schnell, Rainer / Hill, Paul B. / Esser, Elke (1999): Methoden der empirischen Sozialforschung. München / Wien: Oldenbourg

Zentralverband der deutschen Werbewirtschaft (1994): ZAW-Rahmenschema für Werbeträger-Analysen. Bonn: edition ZAW

4.2 Werbevermarktung

Bei den meisten Medien ist der Verkauf von Werbeplatz die wichtigste Einnahmeqelle. So finanzieren sich regionale Tageszeitungen zu rund zwei Dritteln, private TV- und Hörfunksender zu nahezu 100 Prozent[1], Publikumszeitschriften zu rund 40 Prozent bzw. politische Zeitschriften zu 60 Prozent. Aus diesem Grund kommt der Werbevermarktung eine außerordentlich hohe Wichtigkeit zu. Das Thema der Werbevermarktung ist dabei ein typisches Thema des Marketings und des Verkaufs. Aus diesem Grund gliedern wir dieses Kapitel entsprechend der klassischen Elemente des Marketingmix [vgl. Meffert 1998, Nieschlag / Dichtl / Hörschgen 1997, Kotler / Bliemel 2001, Becker 1998]. Zudem sind die Produkte, die dem Werbekunden angeboten werden ebenfalls Bestandteil des kreativen Prozesses der Medienproduktion als die Produkte, die Mediennutzer konsumieren. Allerdings findet die kreative Leistung hier unter der klaren Maßgabe der Vermarktbarkeit mit der direkten Idee der werblichen Zielgruppensegmentierung statt, während die redaktionelle Leistung für den Nutzermarkt nicht unter dem direkten Primat der Vermarktung organisiert wird. Auch aus diesem Grund ist das Kapitel »Werbevermarktung« sehr viel deutlicher vom klassische Marketing geprägt als das folgende Kapitel »Absatz im Nutzermarkt«.

Wichtige Einnahmequelle!

4.2.1 Werbung als Produkt

Im Kapitel »Marktstrukturen im Mediensektor«, S. 21 ff., sind wir bereits auf die Duale Struktur werbefinanzierter Medienmärkte eingegangen. Während das Produkt, das an die Mediennutzer vertrieben (gegen Entgelt verkauft oder kostenlos abgegeben) wird, meist zum großen Teil Inhalte transportiert und zusätzlich Träger von Werbung ist, handelt es sich bei dem Produkt, das an Werbekunden vertrieben wird meist um die po-

Wahrnehmungschance eines Kommunikats

---

1. Ausnahmen hiervon sind das Pay-TV und das Call in.

tenzielle Wahrnehmungsschance eines Kommunikats (des Werbemittels) durch den Mediennutzer.

*Die Wahrneh-
mungschance muss
belegt werden*
Die Wahrnehmungschance eines Werbemittels wird durch eine Reihe von Faktoren geprägt, die jedoch nicht alle Bestandteil der Leistungsbeziehung zwischen Werbekunde (Werbungtreibender) und Werbeträger (Medium) sind. In erster Linie geht es hier um die Attraktivität des Mediums bedingt durch die Leistung des Mediums im Nutzermarkt. Diese Attraktivität sorgt für die Medienkonsumption und bedingt durch diesen Nutzungsvorgang die Aufmerksamkeit, die Voraussetzung ist für einen positiven Werbeeffekt. Für diese Grundvoraussetzung einer Wahrnehmungschance ist das Medium selbst verantwortlich. Wie unterschiedlich hier die entstandene Leistung sein kann, zeigen die unterschiedlichen Reichweiten der Medien im direkten Vergleich, wie sie beispielsweise im Rahmen der Untersuchungen der Arbeitsgemeinschaft Media-Analyse (AG.MA) sichtbar werden.

*Verantwortungsbe-
reich des Werbeträgers*
Neben der Attraktivität – repräsentiert duch die Reichweite – schlagen jedoch noch eine Reihe weiterer Faktoren zu Buche. Beispielhaft ist die Gestaltung des Werbemittels oder die Attraktivität des beworbenen Produkts bzw. das Image des Werbekunden. Dies zeigt, dass eine Reihe von Erfolgsfaktoren für den Gesamterfolg der Werbung maßgeblich sind, die jedoch nicht Gegenstand der Abrechungsbeziehung zwischen Medium und Werbekunde sein können, da sie nicht im Verantwortungsbereich des Werbeträgers liegen.

4.2.2 Preisbildung

Arten der Preisfindung
Das setzen des richtigen Preises ist entscheidend für den Absatz und damit für den Unternehmenserfolg. Im allgemeinen werden in der Literatur drei Klassen der Preisfindung unterschieden [vgl. Meffert 1998, Nieschlag / Dichtl / Hörschgen 1997, Kotler / Bliemel 2001, Becker 1998]:

- Kostenorientierte Preisfindung
- Nachfrageorientierte Preisbestimmung
- Konkurrenzorientierte Preisbestimmung.

Der Anbieter von Leistungen ist allerdings nicht frei hinsichtlich der Entscheidung hinsichtlich des Modus der Preisfindung. Zudem spielt auf dem Medienmarkt bei teilweise Werbefinanzierten Objekten, die Mischfinanzierung aus Copypreis und Werbeeinnahmen eine wichtige Rolle. Auf den Rundfunkmärkten gibt es Höchstgrenzen für die Einbindung von Werbung. Ingesamt gibt es einen positiven und einen negativen Zusammenhang zwischen Absatz im Nutzermarkt und dem Grad der Einbindung von Werbung.

Der positive Zusammenhang trägt der Tatsache Rechnung, dass Werbung auch einen Informationscharakter besitzt. Dies führt dazu, dass es vor allem bei Printmedien, wo der Nutzer entscheiden kann, wie stark er die angebotene Werbung nutzen möchte, die Attraktivität des Mediums auch durch Art, Umfang und Inhalt der Werbung entscheidend geprägt wird. Beispielhaft hierfür sind Tageszeitungen, bei denen der Umfang der enthaltenen Anzeigen wettbewerbsrelevant sein kann. So kann nicht nur im Rahmen von Anzeigen Copy Tests (ACT) zur Werbeerfolgskontrolle nachgewiesen werden, dass beim Lesevorgang die regelmäßig (derzeit zweimal pro Woche) erscheinenden Anzeigen der Discounter (Aldi und Lidl) mit die höchsten Aufmerksamkeitswerte genießen, sie werden in der anschließenden Befragung nach Nutzungsmotiven auch als Nutzwert von Seiten der Leser identifiziert. Dass dies keinesfalls nur wenige Anzeigen betrifft, zeigen auch Probleme von Zeitungen bei der Ausdehnung des Verbreitungsgebiets. So wurde für eine regionale Tageszeitung der Mangel an Todesanzeigen zum ernsthaften Hindernis bei der Akzeptanz im Lesermarkt eines neuen Vertriebsgebiets. Dieser Mangel an Information, der von Probeabonnenten in der Markteinstiegsphase rückgemeldet wurde, musste von Seiten des Verlags durch die Veröffentlichung eines Sterberegisters kompensiert werden. Der positive Zusammenhang zwischen Anzeigenaufkommen und Nutzerakzeptanz gilt natürlich in Reinstform für die Offertenblätter, die aussschließlich wegen der Anzeigen gekauft werden. Analog zur Darstellung in Tageszeitungen gilt der Nutzwert von Anzeigen auch für Anzeigenblätter und Special-Interest Zeitschriften. Hier ist der thematisch spezielle Anzeigenteil wichtig für de Gesmtakzeptanz des Produkts, was ebenfalls auch bei Publikumszeitschriften und hier vor allem für die Zeitschriften aus dem Frauen- und Modesegment gilt. In den Rundfunkmedien findet aufgrund der Unterbrecherwerbung in der Regel keine positive Korrelation zwischen Werbeaufkommen und Nutzerakzeptanz statt, da zusätzliche Werbung direkt die Mediennutzung beeinträchtigt. Der negative Zusammenahang zwischen Absatz im Nuztermarkt und dem Grad der Einbindung von Werbung kommt dann zum Tragen, wenn der Grad der Werbeeinbindung bestimmte Toleranzwerte überschreitet (z.B. Werbung dominiert im Printprodukt) bzw. die Werbeform selbst (Unterbrecherwerbung im TV, Interstitials bei Online-Medien) nicht attraktiv für die Nutzer ist, da sie die eigentliche Mediennutzung entscheidend behindert.

Werbung in Medien kann von den Nutzern erwünscht sein, dennoch gibt es Höchstgrenzen

Tolleranzwerte dürfen nicht überschritten werden

4.2.2.1 Kostenorientierte Preisfindung

Langfristige Preisunter-
grenze

Die kostenorientierte Preisfindung spielt auf dem Werbemarkt in Form der Bildung der langfristigen Preisuntergrenze eine Rolle. Dabei besteht für die Ermittlung der Werbekosten als Preisuntergrenze das Problem, dass im Rahmen der Verbundprduktion von Werbung und Redaktionsleistung eine Zuschlüsselung der Kosten erforderlich wird. Abstrakt ausgedrückt fallen für den einzelnen Werbeauftrag folgende Kosten an:

- Kosten für die Auftragsakquise (Außendienst, Provisionen)
- Kosten für die interne Auftragsbearbeitung
- Kosten für die Werbemittelintegration in das Gesamtmedium
- Kosten für den Ressourcenverbrauch des Werbeträgers (Grenzkosten für die weitere Werbeeinheit: Drucken der Seite, Ausstrahlung des Spots, Übertragung der Online-Daten nach Nutzeraktion)
- Kosten für die komplette Abrechnung

4.2.2.2 Nachfrageorientierte Preisfindung

Gleichgewicht von
Angebot und Nach-
frage

Besonders wenn es bei Medienprodukten Bereiche gibt, die nahe der Ausbuchungsgrenze sind, spielt die nachfrageorientierte Preisfindung eine große Rolle. Der in der Ökonomie vielfältig besprochene Zusammenhang von Angebot und Nachfrage kommt zum Tragen: Je höher die Nachfrage nach einem knappen Gut, um so höher wird der Preis im Gleichgewicht sein.

Preissenkungen aufgrund sinkender Nachfrage sind indes relativ unbeliebt, da sich Preiserhöhungen nur sehr langsam durchsetzen lassen. Besonders auf jungen Märkten wird deshalb von Medienunternehmen in der Regel mit relativ hohen Preisen experimentiert. Das Problem der zum Teil unrealistisch hohen Preisfestsetzung bei jungen Medien in einem Markt mit noch nicht sehr starker verlässlicher Nachfrage wird meist dadurch gelöst, dass zu den bereits in der Preisliste als Element der Kontrahierungspolitik festgelegten Rabatte eine ganze Reihe zusätzlicher Rabatte und Vergünstigungen gewährt wird. Gemeinsam mit dem Phänomen der Gegengeschäfte ist diese Verfahrensweise der Grund dafür, dass im Werbemarkt Bruttoumsatzzahlen (inklusive aller Rabatte) weit weniger ausagekräft sind, als Nettowerte.

4.2.2.3 Konkurrenzorientierte Preisfindung

In den meisten Fällen wird der Preis der Werbung in Relation zu konkurrierenden Produkten der eigenen Mediengattung gesetzt.

Darüber hinaus muss eine konkurrenzoreintierte Preisfestsetzung auch den intermedialen Preisvergleich berücksichtigen, da für den Werbekunden je nach Zielsetzung einer Werbe-kampagne durchaus unterschiedliche Werbemedien zielführend sein können.

Bei der Analyse der intramedialen Preissituation ist es wichtig für den Medienanbieter, die relevanten Marktsegmente zu erfassen. Dabei muss darauf geachtet werden, dass in den klassischen Massenmedien, wo im Gegensatz zu den Online-Medien eine Reihe von soziodemografischen Daten verfügbar sind, nicht nur der reine Kontakt mit irgendeinem Nutzer maßgeblich sein wird, sondern aufgrund der erweiterten Planungsmöglichkeit der Werbekunden durchaus der qualitative Aspekt der Zielgruppe in der Preisfindung berücksichtigt wird. Generell gilt hierbei, je interessanter die Zielgruppe für die Werbewirtschaft ist (kaufkräftige, konsumorientierte Entscheider sind hier die Wunschvorstellung) und je genauer die Zielgruppenabgrenzung im Rahmen der Planug erfolgen kann (Käufer einer Region, alle Leser sind an Tennis interessierten etc.), d.h. je geringer der Streuverlust ausfällt, desto höher kann der Preis im intermedialen Vergleich ausfallen.

Für die Preisbildung ist nicht nur Konkurrenz aus der eigenen Mediengattung mit verantwortlich

Dass die konkurrenzorientierte Preisfindung auch den intermedialen Wettbewerb berücksichtigen muss, lässt sich anhand einiger Beispiele veranschaulichen. Im Bereich der Rubrikanzeigen (z.B. Stellen-, Immobilien-, Kfz-Anzeigen) geht es dem Werbekunden darum, den Kontakt zu seinen Kunden zu erreichen. Statt der Anzeige in der Zeitung kann mit jeweils unterschidlichen Ergebnissen aufgrund der Unterschiede in der Nutzerschaft auch eine Anzeige im Anzeigenblatt, Offertenblatt oder in einem Online-Angebot zum Ziel führen. Die Preisunterschiede zwischen den Mediengattungen müssen in diesem Zusammenhang über die unterschiedlichen Zielgruppen und die Unterschiede in der Wirksamkeit der Werbeformen gerechtfertigt werden. Ähnliches gilt beispielsweise auch bei der Beilagenwerbung in Tageszeitungen im Vergleich zu Beilagenwerbung in Anzeigenblättern bzw. der preiswertesten Lösung, der Direktverteilung in die Briefkästen der jeweiligen Haushalte.

Ist bei diesen Beispielen noch die direkte Substituierbarkeit der Werbeträger bei gleichen oder zumindest ähnlichen Werbemitteln gegeben, so muss der intermediale Konkurrenzvergleich jedoch auch in Fällen erfolgen, in denen keine direkte Substitutionsbeziehung den Preisvergleich erleichtert. Die Tatsache, dass die großen Kampagenen meist als Mediamix-Kampagnen angelegt sind, d.h. mehrere unterschiedliche Werbemedien umfassen und sich auf Seiten der Werbekunden die Auffassung durchgesetzt hat führt dazu, dass jedes Medium entsprechend seiner Vor-

Möglichkeiten zur Substitution relevantes Kriterium

teile eingesetzt werden sollte, und der Werbeerfolg durch die Kombination der Stärken unterschiedlicher Mediengattungen entsteht. Wenn nun, wie im Jahr 2000, eine Mediengattung (das Fernsehen) aufgrund von oligopolistischen Anbieterstrukturen in diesem Markt versucht, die Preise für diese Mediengattung stark zu erhöhen, kann dies auf Seiten der Abnehmer (Werbeagenturen und Werbekunden) dazu führen, dass die Mediapläne als Reaktion im Rahmen der Mediemix-Kampagene den Anteil des nun teureren Mediums reduzieren. Im konkreten Fall konnte auf diese Art der geplante Preisanstieg des Werbemediums TV durch den Protest und die Marktreaktionen der Kundenseite verhindert werden.

4.2.2.4 Preisbildende Faktoren

Neben aller Unterschiede, die bei der Vermarktung der unterschiedlichen Werbemittel (Anzeige, Banner, Spot etc.) im Rahmen der unterschiedlichen Medienformen auftreten, gibt es bei der Frage nach den Faktoren, die letztlich die Preisbildung prägen, einen hohen Grad an Übereinstimmung.

Der Tausend-Kontakte-Preis (TKP) wird als Vergleichsmaß zwischen Medien herangezogen

- *Reichweite:* Die Reichweite als wichtige Voraussetzung für die Ermittlung der Chance der Werbewahrnehmung spielt dabei eine zentrale Rolle. Zur besseren Vergleichbarkeit der Preise in unterschiedlichen Werbemedien wird der Tausend-Kontakte-Preis (TKP) als Bewertungskriterium herangezogen, wobei diese Größe nicht nur auf die undifferenzierten Gesamtnutzer angewandt werden muss, sondern auch auf die Mitglieder der Werbezielgruppe bezogen werden kann. Wenn keine Einigung auf eine Basisabrechung nach TKP erfolgt, gibt es die Möglichkeit eine Abrechung nach Werbeerfolg zu vereinbaren.

Besonders relevant bei Online-Werbung

- *Werbeerfolg:* Hier wird versucht, beispielsweise anhand von Abverkaufszahlen oder Reaktionen der Nutzerschaft den Wert der geschalteten Werbung zu bestimmen und abzurechnen. Diese Abrechenform wird besonders unter schwierigen Marktbedingungen bei den Medien akzeptiert, nach dem Prinzip »lieber schlecht bezahlte Werbung als keine Werbung im Medium«. Nachteilig für den Werbeträger ist die Tatsache, dass er für viele Faktoren des Werbeerfolgs (Gestaltung, Image etc.) nicht verantwortlich ist. Neben Verträgen auf Basis der Response-Werte (z.B. Ad Click im Online-Markt) oder Bezahlung nach Abverkauf (Cost-per-Order: CPO-Deals) bietet die langfristige Einbindung von Partnern im passenden inhaltlichen Kontext für die Werbeträger etwas mehr Planungssicherheit. Typisch sind hier die Affiliate-Programme im Online-Sektor, bei denen beispielsweise Online-Buchhändler im Themenumfeld Bücher in das Angebot integriert werden und die Bezahlung in Abhängigkeit vom Umsatz erfolgt. Die meisten Erfolgsfaktoren der Werbung sind in diesem Fall von Seiten des Werbeträgers kontrollierbar, allerdings kann es bei ungeschickter Handhabung solcher Verträge (positive Kritik eines neuen Titels mit anschließender Sonderverkaufsaktion über den Online-Buchhändler) zu einem Konflikt mit der notwendigen redaktionellen Distanz und Unabhängigkeit gegenüber den Transaktionsbemühungen geben.

■ *Art und Größe des Werbemittels:* Die Aufmerksamkeit, die einer Werbung entgegen gebracht wird, hängt in allen Medienformen mit der Größe and Auffälligkeit des Werbemittels zusammen. In den Printmedien steigt der Preis daher mit der Größe der Anzeige, bei Online-Medien wird ebenfalls die Größe des Werbemittels in den Preislisten als preisbildenden Fakor vermerkt. Im Rundfunk wird dieser Aspekt mit Hilfe einer zeitabhängigen Komponente geklärt; die Spotdauer ist ein entscheidendes Kriterium für den Spotpreis. Zusätzlich zur Größe des Werbemittels spielt auch die Art des Werbemittels eine Rolle. Am einfachsten lässt sich dies am Beispiel der Online-Medien erklären. Statische Banner sind einfach in den Dienst zu integrieren und sorgen allenfalls für einen mäßigen Aufmerksamkeitseffekt. Pop-up-Werbung, die sich vor den vom Nutzer gewünchten Inhalt schiebt oder gar die Großversion dieser Ansätze, die sogenannten Fullscreen-Interstitials sind beim Nutzer zwar nicht beliebt, genießen jedoch recht hohe Aufmerksamkeitswerte. Daher sind diese Werbeformen teurer, da sie einen höheren Werbewert besitzen.

Größe ist verantwortlich für den Werbeerfolg und geht damit in die Preisbildung ein

■ *Technischer Aufwand:* Dieses Kriterium wird sehr häufig unterschätzt. Im Printbereich ist diese Funktion weitestgehend in den Farbzuschlägen enthalten, da entsprechend der Kostenstruktur Farben einen zusätzlichen Aufwand verursachen und vor allem Farbwechsel für Sonderfarben auch in den Produktionskosten zu Buche schlagen. Im Online-Sektor können unter dem technischen Aufwand die Handlingsgebühren für Sonderwerbeformen zusammengefasst werden. Wenn statt eines statischen Banners beispielsweise ein HTML-Banner in den Dienst integriert werden soll, der zusätzliche interaktive Funktionen ermöglicht, ist es notwendig, die Verträglichkeit des HTML-Codes des Werbemittels mit dem des Werbeträgers abzuklären. Für diesen technischen Mehraufwand werden zusätzliche Kosten den Werbungtreibenden in Rechnung gestellt.

- *Platzierung:* Ein Kriterium, das bei allen Mediengattungen eine entscheidende Rolle für den Preis besitzt, ist die Positionierung des Werbemittels. Hierbei geht es bei den Werbeträgern mit seitenorientierten Layouts zum einen um die Positionierung eines Werbemittels (Online-Banner, Anzeige etc.) auf der Seite, also um die Frage, ob bei Printmedien rechte Seiten besser beachtet werden als linke und ob eine Textumrandung höhere Aufmerksamkeit garantiert als die Platzierung im »Anzeigenteil«. Zum andern geht es aber auch um die Platzierung im inhaltlichen Kontext. Je nach Themengebiet kann der Sport- oder Wirtschaftsteil von Vorteil sein. Die Beachtung von Titelkopfanzeigen (direkt neben der Titelzeile einer Zeitung) ist beispielsweise höher als die Platzierung an gleicher Stelle auf einer der Folgeseiten. Ähnlich ist die Frage der Platzierung in Rundfunkmedien. Die Aufmerksamkeit im Werbeblock unmittelbar vor Beginn der Hauptnachrichtensendung eines TV-Senders erzielt beispielsweise im Regelfall sehr gute Aufmerksamkeitswerte, die in der Preisfindung Berücksichtigung finden.

- *Rabattgestaltung:* Das Spektrum der Konditionenpolitik als eines der Gestaltungsfelder der Kontrahierungspolitik wird im Business-to-Business-Geschäft der Werbevermarktung in unterschiedlicher Weise ausgeschöpft. Im Printbereich beispielsweise wird die Gesamtmenge der Werbeschaltungen im Rahmen des Abschlusses eines Jahresvertrages mit Rabatten bedacht, die sich an der Häufigkeit der Schaltungen orientiert (Malstaffel), die Menge der nachgefragten Fläche im Rahmen der Mengenstaffel (in mm) honoriert. Abgerundet wird dies durch zusätzliche Rabatte in Form einer Bonusstaffel für große Kunden.

4.2.3 Kundenansprache

Ein zentrales Element bei der Vermarktung im Business-to-Business-Bereich ist die Kundenansprache. Sie bekommt in diesem Kontext gegenüber der Vermarktung von Gütern und Dienstleistungen im Consumer-Markt eine besondere Bedeutung, da sie mit zusätzlichen Schwierigkeiten behaftet ist. So ist es bei der Vermarktung an gewerbliche Kunden schwieriger, die Entscheidungssituation auf Kundenseite zu überblicken. Die Strukturen innerhalb einer Organisation als Kunde, dem sogenannten »Buying Center« [vgl. Kotler / Bliemel 2001, S. 365] sind nicht so transparent, dass der Außendienst einer Werbevermarktungsorganisation stets sicher sein kann, auf Kundenseite mit dem richtigen Ansprechpartner zu verhandeln. Ob bei größeren Organisationen z.B. Handelshäusern die Entscheidung in der nationalen oder internationalen Zentrale gefällt wird, oder dezentral vor Ort ist häufig genauso unklar, wie die unterschiedlichen Einflussfaktoren von Mediaagentur und Werbekunde.

Wie arbeitet der Kunde?

4.2.3.1 Prozesse der Mediaplanung

Ein wichtiger Faktor bei der Ansprache der Kunden ist die Frage, in welchem Entscheidungsstadium sich der Kunde gerade befindet, kann sichergestellt werden, dass von Seiten der Vermarktungsorganisation des Medienhauses die richtigen Weichen für eine erfolgreiche Vermarktung der eigenen Werbeträgeleistung gestellt werden.

Argumentationshilfen für Mediaplaner schaffen!

- *Zieldefinition:* In dieser Phase der Media- / Marketingplanung wird auf Kundenseite das Ziel der Kampagne festgelegt, die Hauptaussagen und Marketingziele werden definiert und daraus werden bereits die ersten Mediaziele abgeleitet. Diese Phase entzieht sich weitgehend dem Einfluss durch Vermarktungsorgansiationen, obwohl hier bereits erste entscheidende Weichenstellunge festgelegt werden, die darüber entscheiden, ob der Einsatz eines bestimmten Werbeträgers zu einem erfolgreiche Kampagnenergebnis führt oder nicht. Allenfalls in Situationen wo eine Mediengattung oder ein Werbeträger bereits seit längerem intensive Kontakte zu einem Kunden besitzt und beispielsweise über ein Werbemonitoring [vgl. 4.2.3.4] den Erfolg der abgeschlossenen Kampagenen mit dem Werbekunden diskutiert, besteht eine Möglichkeit, auf die Zielsetzung der Anschlusskampagene Einfluss zu nehmen.

- *Strategische Entscheidungsphase:* Hier wird im Rahmen der Mediastrategie festgelegt, welche Mediengattungen zum Einsatz kommen sollen (Anteile von TV, Hörfunk, Publikumszeitschriften, Zeitungen, Online-Medien). Dabei besteht die Möglichkeit mit der Argumentation auf Basis von Materialien, die die Vorteile der Gesamtgattung verkörpern auf diese Phase bereits von Seiten des Außendienstes von Vermarktungsorganisationen auf diesen Entscheidungsprozess einzuwirken. Neben den Daten der großen Markt-Media-Studien [vgl. Kapitel 4.1] geben hierzu die einzelnen Mediengattungen eigene Studien in Auftrag.

- *Planungsphase:* In diesem Stadium wird festgelegt, welcher Werbeträger in welchem Umfang zu welcher Zeit eingesetzt werden soll. Für das einzelne Medienunternehmen und seine Verkaufsorganisation ist dies die entscheidende Phase, in der mit zählbaren Studien und zusätzlichen Planungstools der Kunde in seinem Entscheidungsprozess unterstützt wird und durch werbeträgerspezifische Daten überzeugt werden soll.

- *Durchführungsphase:* Die operative Durchführung ermöglicht für die Vermarktungsseite kaum mehr positive Einwirkung auf den Kunden. Im Sinne der Kundenzufriedenheit ist sie dagegen von entscheidender Bedeutung, da bei der Realisation der Kampagne von Seiten der Medien als Werbeträger eine exakte Umsetzung der Vorgaben (inklusive beispielsweise der Farben im Farbdruck) erwartet wird. Unterstützt wird dies von Seiten der Werbeträger durch Buchungs- und Handlingstools, die eine elektronische Auftragsabwicklung begünstigen.

- *Bewertungsphase:* Hier wird von Seiten des Werbekunden der Erfolg der Kampagene bewertet. Obwohl für den Gesamterfolg der Kampagne der Werbeträger nur einen Beitrag leistet, ist diese Phase entscheidend, da der Kunde seine Ergebnisse mit den Zielsetzungen der Planungsphase abgleicht und dadurch auch sein Urteil über den Erfolg des Werbeträgereinsatzes bildet. Hier können von Seiten des Kunden bzw. des Werbeträgers als Berater des Kunden unterschiedliche Verfahren eingesetzt werden. Anzeigen Copy Tests (ACT), Untersuchungen des Gesamtwerbedrucks der werbungtreibenden Branche des Kunden stehen über Nielsen S+P zur Verfügung. Abverkaufspanel und Käuferbefragungen finden hierfür auf Handelsseite Anwendung. Um sich als Medienhaus auch hier eine Einflussmöglichkeit zu sichern, haben viele Medienunternehmen oder Gattungsmarketingorganisationen begonnen eigene Instrumente der Werbeerfolgskontrolle regelmäßig einzusetzen [vgl. 4.2.3.4].

4.2.3.2 Gattungsmarketing

Gattungsmarketing umfasst im Kontext der Werbevermarktung alle Maßnahmen, mit denen mehrere Unternehmen einer Mediengattung gemeinsam versuchen, ihr Medium im Werbemarkt zu unterstützen und positiv zu positionieren. Neben der gezielten Überzeugung mit gattungsspezifischen Daten im Rahmen der strategischen Entscheidungsphase der Mediaplanung, versteht man darunter auch die Darstellung der Vorteile durch Broschüren, Veranstaltungen und Kundenbesuche durch Mitarbeiter von Verbänden und Gattungsmarketingorganisationen, sowie Fach- und Publikumskampagnen zur Stärkung des eigenen Mediums im Mediamarkt. Die Notwendigkeit socher Aktionen ergibt sich aus den Ausführungen im vorhergehenden Abschnitt. In der Strategischen Planungsphase ist es wichtig für die einzelne Mediengattung im »relevant set« des Kunden zu sein. Die Mediengattungen müssen daher die Vorzüge des eigenen Mediums darstellen, um Berücksichtigung zu finden. Dies wiederum ist die Grundvoraussetzung dafür, dass die Einzelmedien überhaupt erfolgreich den Kunden ansprechen können.

Positionierung der Mediengattung

Aus dem zuvor gesagten wird die Notwendigkeit solcher Maßnahmen für alle Mediengattungen deutlich. Es darf daher nicht verwundern, dass alle größeren Mediengattungen in Deutschland in den vergangenen Jahren dazu übergegangen sind, Gattungsmarketingaktionen durchzuführen. Im Zeitungsbereich wurden in den neunziger Jahren Kampagnen in der Fachpresse zur Stärkung des Zeitungsmediums geschalten und als Stärkung der Marketingbemühungen der Gesamtbranche wurde die Regionalpresse e.V. in eine Tochtergesellschaft des Bundesverbands Deutscher Zeitungsverleger (BDZV) überführt, die den Namen Zeitungs Marketing Gesellschaft (ZMG) trägt. Ebenso wie der Bundesverband Deutscher Anzeigenblätter (BVDA) ist diese Organistion auch mit einem eigenen Außendienst ausgestattet und bietet darüber hinaus Datenbanken mit Mediainformatioen zu den eigenen Medien zur Planungsunterstützung an. Die Planungsunterstüztung findet auch bei den Zeitschriften statt, wo die Publikumszeitschriften mit sehr weit entwickelten Datenbanken arbeiten und darüber hinaus auch sehr breit diskutierte Werbekampagnen als Gattungsmarketingaktioen durchführen [vgl. VDZ 2001].

Wichtig für alle Mediengattungen

Neben den etablierten Gattungsmarketingkampagnen im Bereich der Plakat- / Außenwerbung sowie im Hörfunk hat auch der Online-Bereich aufgrund der Wachstumsminderung die Notwendigkeit einer Gattungspositionierung erkannt. Hier wurden im Jahr 2002 erstmals die Forschungsdaten durch eine Kampagne ergänzt. Im TV-Bereich werden viele Crossmediavergleiche angestellt [vgl. IP Deutschland 2002a], die dazu dienen, das Medium bei den Kunden zu positionieren. Aufgrund der Oligopolsituation im Markt sind hier jedoch kaum Gattungsmarketingaktivitäten direkt im Markt üblich, da die bislang den deutschen TV-Markt prägenden beiden großen privaten TV-Veranstalter und die beiden öffentlich-rechtlichen Sendergruppen aufgrund ihrer Größe sich in der Lage sahen, die notwendige Argumentation selbst beim Kunden durchzuführen.

4.2.3.3 Mediaunterlagen

Feste Anforderungen der Mediaplaner

Mediaunterlagen sollen die Kunden sehr schenll über die wesentlichen Daten des Werbeträgers informieren. Dabei handelt es sich um Leistungsdaten, Preise, Gestaltungs- und Platzierungsmöglickeiten, Fristen, Ansprechpartner und technische Voraussetzungen. Problematisch ist dabei der Aufwand für die Mediaagentur, wenn im Rahmen einer größeren Kampagne eine Vielzahl unterschiedlicher einzelner Werbeträger belegt werden soll. Um hier zumindest die Informationsrecherche zu erleichtern, haben sich beispielsweise die Presseverlage auf eine Vereinheitlichung der Mediaunterlagen und Preislistenstruktur verständigt, die zwar die Bandbreite der kreativen Gestaltungsvielfalt von Mediaunterlagen eingeschränkt hat, jedoch noch keine Normierung im engeren Sinne als Ergebnis brachte.

4.2.3.4 Werbeerfolgskontrolle

Die Vorteile des Eigenen Mediums aus Forschungsdaten herausarbeiten

Für die Kundenansprache ist es enorm wichtig, die Vorteile des eigenen Mediums in Relation zu konkurrierenden Medien zu zeigen. Da Daten allerdings häufig im Rahmen von Mediastudien für verschiedene Medien enrhoben werden, ist es im Rahmen des Produktmarketings enorm wichtig, die Vorteile des eigenen Medium anhand dieser Daten zu modellieren. Ein Beispiel ist in Abbildung 1 zu sehen. Dabei wurde Reichweite bei Online-Käufern von FOCUS ONLINE in Relation zu anderen Medien der gleichen Klasse (Online-Publikumstitel) auf Basis der Communication Networks 6.0 verdeutlicht. Von Kundenseite wird dann allerdings erwartet, dass nach Abschluss einer Kampagne in der gleichen Klarheit der Erfolg der Kampagene dokumentiert werden kann. Für den Werbungtreibenden sind die Mediaausgaben

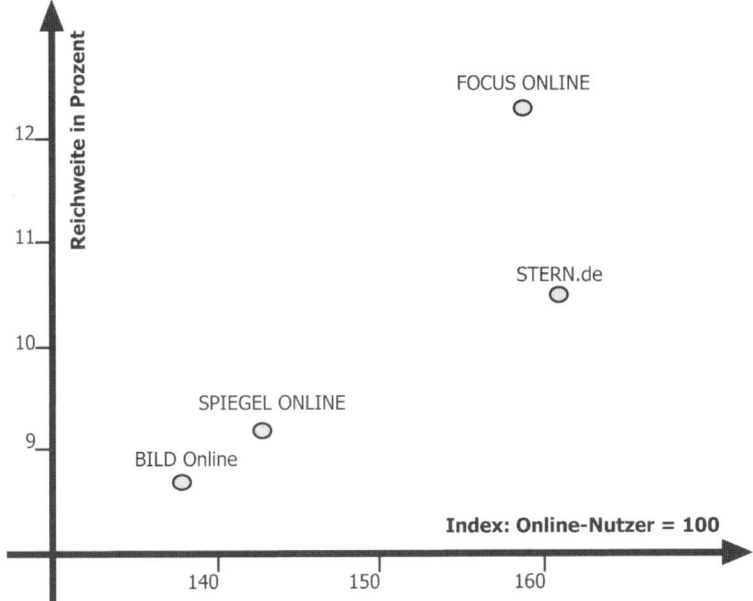

Abbildung 1: Datenaufbereitung im Sinne des Eigenprodukts »FOCUS ONLINE« mit Hilfe von Daten der Communication Networks 6.0

Investitionen, die den gleichen Bedingungen unterliegen, wie Investitionen in anderen Bereichen. Neben einer möglichst guten Datenlage als Entscheidungsgrundlage vor dem Start der Kampagne streben die Kunden nach Abschluss der Kampagne eine möglichst exakte Bewertung des Kampagenenerfolgs an, um den Return on Investment ermitteln zu können. Waren früher hier einzelne eher sporadische Kontrollen im Rahmen von anschließenden Befragungen üblich hat sich mittlerweile eine Begleitforschung durchgesetzt, die den Kunden während allen Planungsphasen über den ganzen Kampagnenzeitraum hinweg begleitet. Diese sogenannten Werbetrackings werden mittlerweile von allen größeren Werbeträgern angeboten und dokumentieren die Images und Erinnerungswerte der einzelnen Kunden in Abhängigkeit zu deren werblichen Aktivitäten. Dies gibt den Werbekunden die Möglichkeit, durch rechtzeitige Veränderung der Kampagnennaussagen oder der Mediastrategie während der Kampagne steuernd einzugreifen und damit den Erfolg der Kampagne sicherzustellen.

4.2.4 Verkauf

*Verschiedene Organi-
sationsformen* Die Umsetzung der Vermarktungsaktivitäten der Medienhäuser
im Werbemarkt liegt in der Hand der Verkaufsorganisationen.
Hier haben sich in den einzelnen Mediengattungen unterschiedliche Organisationsformen herausgebildet, die jedoch wiederum
eine Reihe von Gemeinsamkeiten aufweisen. So wird in den Bereichen, wo eine Präsenz am Markt erwünscht ist, ein eigener Au-
ßendienstverkaufsapparat jedoch unwirtschaftlich wäre, auf
sogenannte Generalvertretungen zurückgegriffen, die unterschiedliche Medien anbieten, die jedoch nicht in direkter Konkurrenz zueinander stehen. Alternativ dazu können regionale
Medien, auch für die nationale Vermarktung eigenständige Einheiten schaffen, wie Teile der privaten Rundfunksender mit der
Radio Marketing Service (RMS) und die Online-Angebote der regionalen Tageszeitungen mit der Online Marketing Service
(OMS). Eigene Außendienstmitarbeiter haben beispielsweise die
großen Verlagshäuser und Sender in den wichtigen deutschen
Agenturstädten (Düsseldorf, Frankfurt, München, Hamburg,
Berlin), während regionale Medien wie z.B. regionale Tageszeitungen hier nur die Vertretung über Generalvertreter realisieren
können. Dabei unterscheidet sich der Außendienst je nach Or-
gansiationsform in seiner Steuerbarkeit durch die Medienhäuser
als Auftraggeber.

*Persönliche Beratung,
Telefonverkauf & Online-
Buchung*
Die Absatzvorbereitung und der eigentliche Verkauf erfolgt
sowohl durch persönliche Beratung als auch durch telefonische
Akquise oder Online-Buchungen. Da seit der Etablierung des
Werbeträgers Internet auf viele Außendienstorganisationen etablierter Medien die Aufgabe zukam, auch hierfür eigenständige
Strukturen zu schaffen und das Mediafachwissen auf Seiten der
Kunden und Agenturen durch Qualifizierungsprozesse gestiegen
ist, fand auf Seiten der Medienvermarkter ebenfalls eine Umori-
entierung der Außendienstorganistionen statt. Die reine Ver-
kaufsorientierung wird in den meisten Fällen durch eine gestiegene Beratungskompetenz ersetzt, die sich am mittel- und
langfristigen Geschäftserfolg orientiert.

4.2.5 Literatur

Becker, Jochen (1998): Marketing-Konzeption. Grundlagen des
    strategischen und operativen Marketing-Managements.
    München:Vahlen (6. Aufl.)
IP Deutschland GmbH (2002a): Der Werbewirkungskompass:
    Methodik und Ergebnisse. Köln: IP Januar 2002
Kottler, Phillip / Bliemel, Friedhelm (2001): Marketing-Managem-
    ment. Stuttgart: Schäffer-Poeschel (10. Aufl.)

Meffert, Heribert (2000): Marketing. Wiesbaden: Gabler (8. Aufl.)

Nieschlag, Robert / Dichtl, Erwin / Hörschgen, Hans (1994): Marketing. Berlin: Duncker & Humbolt (17. Aufl.)

VDZ (2001): Stefan Kappers und die Zeitschriften: Ein Experiment zur Wirksamkeit von Printwerbung. Berlin: VDZ

4.3 Absatz im Nutzermarkt

Bei der Analyse des Absatzes der in Kapitel 3 analysierten Medienprodukte im Nutzermarkt werden wir uns zunächst mit der Distributionspolitik im engeren Sinne und hier vor allem mit den Möglichkeiten der Marktausschöpfung auseinandersetzen, bevor wir kurz die allgemeinen Marketingmöglichkeiten mit der Zielrichtung Nutzermarkt diskutieren. In Kapitel 2 wurde bereits verdeutlicht, wie entscheidend die Akzeptanz im Nutzermarkt für den Erfolg von Medien ist. Für die Medien ohne Werbefinanzierung, wie z.b. die weitaus meisten Bücher, ist der Nutzermarkt ohnehin die einzige Refinanzierungsquelle. Für Medien, die sich zum Teil oder komplett über den Werbemarkt finanzieren, ist der Erfolg im Nutzermarkt ebenfalls eine notwendige Voraussetzung, um im Werbemarkt erfolgreich zu sein, da die Wahrnehmung des Mediums durch das Publikum die Grundbedingung für erfolgreiche Werbekommunikation darstellt.

Erfolg im Nutzermarkt von zentraler Bedeutung für alle Medienformen

Die Planung und das Management eines Distributionssystems umfasst einerseits die Festlegung der angestrebten Vertriebskanäle und andererseits das Beziehungsmanagement mit den dafür eingesetzten Distributionspartnern (z.B. Handelsorganisationen). Gemeinsam mit den übrigen vertriebsorientierten Marketingkomponenten wird damit der Grundstein gelegt für die Absatzchancen der Produktpalette. Es wird bestimmt, wo die Produkte zu welchem Preis mit wie viel Aufwand (finanziell, technisch, Know-how etc.) erworben werden können. Bei Medienprodukten erhält dieser Bereich stets auch die Aufmerksamkeit der politischen Entscheidungsträger, da gewährleistet sein soll, dass neue Medienunternehmen und -produkte ausreichende Zugangsmöglichkeiten zum Markt haben.

Distributionsmanagement: Wahl der Vertriebskanäle

4.3.1 Bücher, Musik und Filme

Diese Gliederung mag zunächst sehr heterogen anmuten, sind die Marktbewegungen (Zuwächse oder Rückgänge) von Büchern und Filmen doch eher gegenläufig und die Nutzung wenn nicht als Subsitut, dann doch bestenfalls komplementär. Allen drei Produkten ist jedoch gemeinsam, dass sie bei der Distribution originär sehr stark vom Handel und hier auch v.a. vom stationären Handel abhängig sind, wenngleich bei allen drei Produkten und hier inbesondere bei den digitalisierbaren Produkten Musik und Film der Online-Vertrieb eine zunehmende Bedeutung bekommt.

4.3.1.1 Bücher

Ausdifferenzierte Vertriebskanäle

Bücher werden durch eine Reihe unterschiedlicher Vertriebskanäle den Käufern angeboten, womit man der Tatsache Rechnung trägt, dass in Deutschland zum einen ein starkes Überangebot an produzierten Büchern besteht und eine Vermarktung daher nur möglich ist, wenn Bücher praktisch überall erhältlich sind. Zum andern ist der Buchmarkt sehr stark differenziert (Cartoon-Buch als Geschenk oder wissenschaftliches Fachbuch etc. vgl. Kap.

Abbildung 1: Vertriebskanäle von Büchern [Breyer-Mayländer u.a. 2001, S. 250]

3.1), dass unterschiedliche Anforderungen an den Handel gestellt werden (Discounter, Fachhandel, Fachbuchhandel etc.).

Für den Gesamtmarkt sind die indirekten (ein- oder zweistufigen) Vertriebskanäle für den Verkauf der Bücher unter Einbeziehung des (Groß-)handels die bedeutendsten. Der Direktvertrieb wird von den Verlagen nur begrenzt genutzt, da man sich nicht der Gefahr aussetzen möchte, die Hauptabsatzkanäle über den stationären Handel zu gefährden. Der Sortimentsbuchhandel reagiert sehr sensibel auf Versuche der Verlage, einseitig den Direktvertrieb zu forcieren und mit Hilfe des eingesparten Handelsrabatts eigene Vertriebskanäle aufzubauen. Der Schwerpunkt des Direktvertriebs liegt bei Fach- und Special-Interest-Titeln, hier gelingt es, die speziellen Zielgruppen direkt anzugehen, um sicherzustellen, dass auch das komplette Marktvolumen ausgeschöpft wird. Lediglich 15 % werden daher als Direktgeschäft von den Verlagen betrieben, der Sortimentsbuchhandel kann dagegen 59,7 % des buchhändlerischen Umsatzes auf sich vereinen [Börsenverein 2001, S. 27]. Der Warenhausbuchhandel und der Reise- und Versandbuchhandel kommen gemeinsam auf etwas mehr als 10 % Umsatzanteil, während der Online-Buchhandel in den offiziellen Statistiken des Börsenvereins bislang noch keine eigene Berücksichtigung findet und in seinem Volumen mit wenigen Prozent bislang als recht überschaubar eingestuft wurde. Die Bedeutung der einzelnen Vertriebskanäle variiert sehr stark je nach Art des vermarkteten Buches. Hochauflagige Taschenbücher populärer Titel beispielsweise nutzen nahezu alle Vertriebskanäle, da sie sowohl im Sortimentsbuchhandel als auch im Warenhausbuchhandel oder bei Discountern in den sogenannten Nebenmärkten, wie z.B. auch dem Papier Büro Schreibwaren (PBS)-Sektor angeboten werden. Ziel ist hier in erster Linie eine möglichst umfangreiche und komplette Vermarktung, da man versucht möglichst den kompletten Markt abzudecken.

Neben der Frage, wo überall die Bücher angeboten werden, ist für die Vermarktung der Bücher entscheidend, welche Instrumente des Absatzmarketings eingesetzt werden. Die dazugehörige Werbung als Hauptteil der kommunikationspolitischen Maßnahmen unterscheidet sich in Leser- und Handelswerbung. Während bei der Leserwerbung der Nutzen für die Endverbraucher beschrieben wird, steht bei der Handelswerbung der Nutzen für den Händler (Rabatte, Verkaufbarkeit etc.) im Vordergrund. Entsprechend den unterschiedlichen Zielgruppen findet die Werbung für den Käufer auch in den Publikumsmedien bzw. bei Special Interest-Büchern auch in den Special Interest-Zeitschriften statt. Händlerwerbung wird dagegen generell in den Fachzeitschriften (Buchmarkt, Börsenblatt, Buchreport) geschaltet. Ne-

Absatzmarketing bei Büchern: Leser- und Handelswerbung

ben Werbung wird die klassische PR (z.B. Buchrezensionen) und auch die Sales-Promotion (Verkaufsförderung) im Buchverlag eingesetzt. Verkaufsdisplays und Verkaufswettbewerbe des Handels einerseits und Gewinnspiele und Werbegeschenke für die Endkunden andererseits zeigen das Spektrum der Möglichkeiten bei der Verkaufsförderung auf. Nicht einsetzbar als Marketinginstrument im Leser- bzw. Nutzermarkt bei Buchverlagen ist die Preispolitik im klassischen Sinne, da durch die Preisbindung keine unterschiedliche Preisgestaltung z.B. im Rahmen von Sonderaktionen etc. möglich ist. Über die Rabattpolitik lässt sich jedoch auch bei Büchern im Handel der Abverkauf in den Handel hinein steuern und den aktuellen Marketingzielen anpassen. Der Vertrieb über Buchclubs, der für den Buchmarkt nur einen geringen Umsatzanteil repräsentiert, ist jedoch unter dem Gesichtspunkt des Absatzes von Medien im Nutzermarkt generell nicht zu unterschätzen. Über diesen Vertriebsweg werden seit einigen Jahren nicht nur Bücher vertrieben, sondern ähnlich wie bei den großen Buchversendern wie z.B. Weltbild werden inzwischen alle gängigen Medien (Bücher, Filme, Musik-CDs und Software) verkauft.

4.3.1.2 Musik

Unterschiedliche Handelsformen

Für den Handel mit Musik gilt dabei, dass der Großteil des Umsatzes über unterschiedliche Quellen des stationären Handels (Kaufhäuser, Spezialgeschäfte, Unterhaltungselektronik-Discounter) abgewickelt wird. Dabei unterscheidet sich die Marketingstrategie von der Strategie herkömmlicher Offline-Medien, da die Präsenz und die Ausstrahlung über den Hörfunk eines der wichtigsten Marketinginstrumente darstellt. Der vor allem bei Popmusik immer kürzere Produktlebenszyklus erfordert für die Refinanzierung von Songs eine kurzfristige massive Erhöhung des Bekanntheitsgrades einzelner Stücke und Interpreten (Sänger, Bands etc.) in einem sehr kurzen Zeitraum. Nur dann, wenn mit Hilfe der Diskussion über das neue Album oder den neuen Sänger eine zügige Vermarktung der CDs möglich wird, ist eine Refinanzierung und erfolgreiche Gesamtvermarktung denkbar.

Internet als Komplementär- und Substitutionsvertriebskanal

Die bislang klassischen Vermarktungsformen bekommen durch die neuen Möglichkeiten des Internet eine neue Struktur. Künstler, die bislang von den Vertragskonditionen und der Zustimmung der größeren Labels abhängig waren, können nun eigene Vermarktungsstrategien umsetzen. Die große Veränderung bringt jedoch weniger die Direktvermarktung von Künstlern mit Hilfe eigener Homepages, da hier durch die Probleme mit dem Bekanntheitsgrad des Künstlers und den Schwierigkeiten des Plattformbetriebs (technische Leistungsfähigkeit, Aktualisierung und Datenpflege) eher enge Marktgrenzen vorhanden sind. Starke Veränderungen brachten die sogenannten »Tauschbörsen«, die auf der technischen Basis von Peer-to-Peer-Anwendungen einen direkten Datenaustausch auf Baisis einer zentralen Recherheplattform ermöglicht. Die Etablierung von Austauschplattformen (die bekannteste war zum Start »Napster«) führt dazu, dass mehr und mehr Titel getauscht und kostenlos downgeloaded werden. Trotz der rechtlichen Grenzen hat sich hier ein Markt entwickelt, der den etablierten Vermarktungsstrukturen hohe Einbußen beschert. Da gerade die Zielgruppen der Plattenlabels bei den jüngeren Verbrauchern auch in hohem Maße ein online-affines Zielpublikum darstellt, finden in diesen Märkten (Film, Musik) Tauschbörsen großen Zulauf [vgl. »Künftige Entwicklungen«, S. 78 ff.].

4.3.1.3 Film

Auch beim Filmhandel im Rahmen der Wertschöpfungskette der Mehrfachverwertung findet die Basispromotion in den elektronischen Medien, insbesondere dem Fernsehen statt. Die Spielfilme zum Kauf sind dann bei den Buchclubs oder im stationären Handel erhältlich. Parallel dazu findet ein ausgedehntes Geschäft mit dem Verleih in Videotheken statt. Trotz dieser guten Infrastruktur mit vielen Varianten, findet auch im Filmgeschäft der Verkauf mittels Peer-to-Peer-Plattformen im Internet statt. Die Urheberrechtsproblematik ist ähnlich schwierig für diese Geschäfte im Filmmarkt, wie für die Geschäfte mit Musik. Der Vertrieb mit Offline-Medien mit Hilfe der unterschiedlichen Handelsformen spiegelt letztendlich den Konflikt innerhalb des Handels wider. Derzeit ist noch offen, wie stark die Substitutionseffekte durch Online-Handel sein dürften. Beim Thema Film und Musik führt die leichte Digitalisierbarkeit jedoch dazu, dass Geschäftsmodelle sich noch schwieriger umsetzen lassen als dies beispielsweise beim Online-Handel mit Büchern der Fall ist. Der Misserfolg des Medienkonzerns Bertelsmann beim Einstieg in die Online-Plattform Napster, zeigte deutlich, dass es derzeit noch keine klaren Rezepte gibt, wie man nach einer erfolgreichen Markteinführung von kostenlosen Produkten für eine Dienstleistung im Internet auf jeden Fall Geld verdienen kann. Die Kunden von Napster waren offensichtlich mehr an kostenlosen Produkten als am Kauf von einem Mediengiganten interessiert.

Filmhandel als Teil der Mehrfachverwertung

4.3.2 Presseprodukte

Komplementäre Ver-
triebskanäle des Pres-
semarktes

Bei den Presseprodukten Zeitungen und Zeitschriften stehen den Verlagen eine Reihe von Distributionskanälen zur Verfügung, die sich in drei Hauptvertriebsarten untergliedern lassen. In der Vertriebsart Einzelverkauf wird der Verkauf über die Handelsorganisationen zusammengefasst, die einen Verkauf ohne langfristige Abnahmeverpflichtung vorsehen. Der Einzelverkauf erfolgt entweder einstufig ohne Zwischenhandel, z.B. über den von den Verlagen direkt belieferten Bahnhofsbuchhandel, oder zweistufig über Presse-Grosso und Einzelhändler (z.B. Lebensmitteldiscounter oder Pressekioske). Das Abonnement umfasst dagegen die unterschiedlichen Formen (Fristigkeit und Zeitdauer) von Abnahmeverpflichtungen für Presseprodukte. Als Gegenleistung erhalten die Abonnenten im Regelfall einen Preisvorteil gegenüber der Summe der Einzelverkaufspreise und die Presseprodukte werden den Haushalten direkt zugestellt. Die dritte Vertriebsart ist die Vermietung von Presseprodukten durch die sogenannten Lesezirkel. Hier erwirbt der Nutzer der Presseprodukte kein Eigentum sondern lediglich das Recht auf Nutzung für eine bestimmte Zeit. Welche Fülle einzelner Vertriebskanäle und Logistikprinzipien somit für Presseprodukte zur Verfügung stehen, zeigt die Überblicksdarstellung in Abbildung 2. An dieser Stelle muss jedoch noch darauf hingewiesen werden, dass diese Vertriebskanäle in unterschiedlichem Maße von den Presseverlagen genutzt werden. Für Anzeigenblätter steht bei korrekter Betrachtung keiner der klassischen Kanäle zur Verfügung, da ein Großteil zwar in Hauszustellung distribuiert wird, ein Verfahren, dass von der Logistik Ähnlichkeiten mit der Abonnementzustellung aufweist, jedoch nicht auf einer festen zeitlich gebundenen Abnahmeverpflichtung beruht und daher aus der Perspektive des Vertriebsmarketings andere Anforderungen besitzt.

Produkt- und Coverge-
staltung entsprechend
der Vertriebsschwer-
punkte – Kaufanreize
im Einzelverkauf

Die Schwerpunkte innerhalb der Vertriebskanäle lassen sich bei den Presseprodukten meist bereits an der Produkt- und Cover-Gestaltung ablesen. Zeitungen und Zeitschriften, die zu einem hohen Maß vom Vertriebskanal Einzelverkauf abhängig sind, müssen mit ihren Produkten den Leser mit jeder Ausgabe davon überzeugen, dass dieses Produkt kaufwürdig ist. Dies erfordert meist eine andere Gestaltung, als bei Titeln, die schwerpunktmäßig durch das Abonnement vertrieben werden. Augenfällige Beispiele sind die Kaufzeitungen, die teilweise gar nicht durch andere Vertriebsformen zu beziehen sind und die vierzehntäglich erscheinenden TV-Programmzeitschriften. Die Titelgestaltung der Boulevardzeitungen (Kaufzeitungen) wie z.B. »Bild« müssen durch die Kombination von interessanten und spektakulären Schlagzeilen und interessanten Fotos (z.B. mit dem

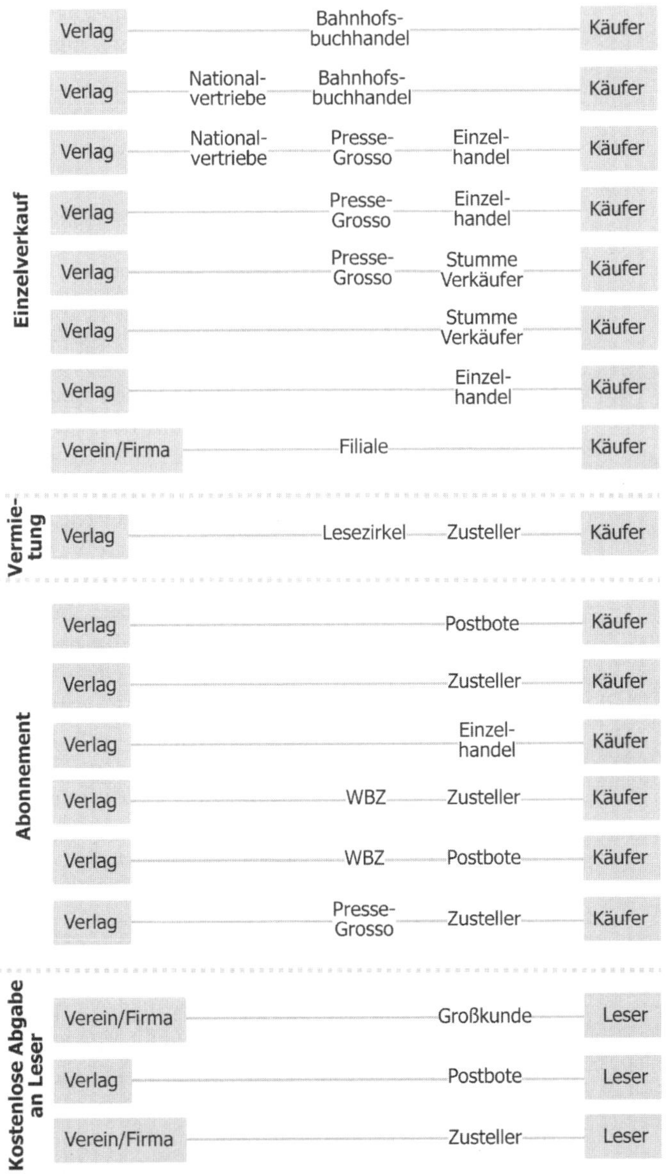

Einzelverkauf

- Verlag — Bahnhofsbuchhandel — Käufer
- Verlag — Nationalvertriebe — Bahnhofsbuchhandel — Käufer
- Verlag — Nationalvertriebe — Presse-Grosso — Einzelhandel — Käufer
- Verlag — Presse-Grosso — Einzelhandel — Käufer
- Verlag — Presse-Grosso — Stumme Verkäufer — Käufer
- Verlag — Stumme Verkäufer — Käufer
- Verlag — Einzelhandel — Käufer
- Verein/Firma — Filiale — Käufer

Vermietung

- Verlag — Lesezirkel — Zusteller — Käufer

Abonnement

- Verlag — Postbote — Käufer
- Verlag — Zusteller — Käufer
- Verlag — Einzelhandel — Käufer
- Verlag — WBZ — Zusteller — Käufer
- Verlag — WBZ — Postbote — Käufer
- Verlag — Presse-Grosso — Zusteller — Käufer

Kostenlose Abgabe an Leser

- Verein/Firma — Großkunde — Leser
- Verlag — Postbote — Leser
- Verein/Firma — Zusteller — Leser

Abbildung 2: Vertriebskanäle von Presseprodukten [Breyer-Mayländer u.a. 2001, S. 264]

Bild-Covergirl, das auf der unteren Hälfte der Titelseite abgebildet ist) für Aufmerksamkeit sorgen. Bei den vierzehntäglichen TV-Programmzeitschriften hat sich inzwischen eine Covergestaltung mit stark retuschierten Schönheiten durchgesetzt, auf die im Inhalt der Zeitschriften in keiner Weise oder nur marginal Bezug genommen wird.

Verkauf über Bahnhofs-buchhandel

Eine besondere Form des Einzelverkaufs ist der Verkauf über den Bahnhofsbuchhandel, d.h. Pressehändler, die in Bahnhöfen und Flughäfen ihr Geschäft betrieben und aufgrund der erhöhten Anforderungen (Titelvielfalt, lange Öffnungszeiten, hohe Pachten) mit einem Rabatt bedacht werden, der ungefähr der Summe von Groß- und Einzelhandelsrabatt entspricht. Die Bedeutung dieses Vertriebskanals liegt in der Titelvielfalt des Sortiments, die es auch gestattet, kleinauflagige und seltenere Pressetitel im Einzelverkauf anzubieten. Insbesondere der Boom der Special-Interest-Zeitschriften, d.h. die zunehmende Segmentierung des Zeitschriftenmarktes hat dazu geführt, dass der Bahnhofsbuchhandel an Bedeutung gewonnen hat. Der Bahnhofsbuchhandel und der übrige Pressehandel können sowohl direkt vom Verlag als auch über die sogenannten Nationalvertriebe beliefert werden.

Nationalvertriebe

Die Nationalvertriebe sind für kleinere Verlagsorganisationen geschaffen worden, deren Marktstärke nicht ausreicht, um selbst eine eigene Vertriebsabteilung zu betreiben, die den Kontakt zu allen Stufen des Handels hält. Da diese Verlage nach dem Grundsatz der Pressefreiheit jedoch auch einen funktionsfähigen Zugang zum Markt benötigen, wurde das System der Nationalvertriebe Ende der 60er Jahre entwickelt. Genutzt wird es hauptsächlich von Special Interest-Verlagen und ausländischen Presseverlagen. Durch die zunehmende Marktfragmentierung hat dieser Teil des Vertriebssystems in der Vergangenheit stets an Bedeutung gewonnen. Das Presse-Grosso ist die Großhandelsform

Presse-Grosso

des Pressemarktes, die die unterschiedlichen Formen des Einzelhandels und zum Teil auch den Automatenverkauf abdeckt. Die etwa hundert Grossisten in Deutschland genießen im Regelfall Gebietsschutz und beliefern und betreuen im Durchschnitt rund 1.000 Einzelhändler (Tankstellen, Discounter, Kioske etc.). Die Konzentrationstendenzen im Einzelhandel (bei Kaufhausketten, Discountern und Tankstellen) haben hier jedoch dazu geführt, dass die dezentrale Struktur, d.h. die Belieferung und Betreuung eines großen Handelskunden durch 100 verschiedene Grossisten mitunter zu Akzeptanzproblemen auf Handelsseite führt. Die stummen Verkäufer, d.h. die Verkaufsautomaten werden entweder vom Grossisten oder dem Verlag beliefert und runden das Spektrum der Möglichkeiten des Spontankaufs ab. Letztlich kommen für die Vertriebsart Einzelverkauf nur vergleichsweise hochauflagige Titel (der Region) in Frage, die beim Einzelhändler auch eine gewisse Verkaufswahrscheinlichkeit besitzen.

Für Titel, deren regionale Verbreitung keine große Mengen-struktur ergeben (z.B. Fachzeitschriften) bleibt unter den klassischen Pressevertriebskanälen nur das Abonnement. Aber auch für die übrigen Pressetitel kann das Abonnement aufgrund der Stabilität der Verkaufszahlen sehr attraktiv sein. Die Tageszeitungen haben diese Tatsache genutzt, indem sie mit dem Aufbau einer eigenen Zustellungsinfrastruktur und dem Vorteil der Frühzustellung (Ziel: vor dem Frühstück) deutliche Kundenvorteile durch das Abonnement anbieten. Die eigene Zustellinfrastruktur wurde dadurch möglich, dass auch kleinauflagige Zeitungen aufgrund des regionalen bzw. lokalen Zuschnitts der redaktionellen Produkte ausreichend viele Leser innerhalb des Verbreitungsgebiets besitzen, um eine Zustellorganisation auszulasten. Die normale Zustellung von Abonnements (z.B. bei Zeitschriften) erfolgt durch die Post oder einen privaten alternativen Zustellservice, wie er seit der Lockerung des Postmonopols für die Zustellung von Presseprodukten und Infopostsendungen in verschiedenen Modellversuchen getestet wird. Aus Sicht des Verlags hat ein Vertrieb via Post Nachteile, da der Zustelltag nicht exakt planbar ist, bzw. in vielen Fällen aufgrund des Redaktionsschlusses bei Zeitungen außerhalb des Verbreitungsgebiets eine Zustellung am Erscheinungstag nicht immer gewährleistet ist. Zudem ist die Uhrzeit der Zustellung ungewiss, Einschränkungen, die bei Zeitschriften nicht so negativ in der Marktanmutung der Kerndienstleistung des Produkts zu Buche schlagen. Eine immer wieder in der Diskussion stehende Form des Abonnementvertriebs ist die Abonnementakquise durch den Werbenden Buch- und Zeitschriftenhandel (WBZ). Diese Agenturen werben für die Zeitungs- und vor allem Zeitschriftenverlage Abonnenten und organisieren danach zum Teil auch noch die Belieferung der Abonnenten durch Zustelldienstleister. Dabei sind die in der Phase der Abonnementwerbung benutzten Methoden durchaus von unterschiedlicher Qualität, da neben der normalen Standwerbung auch Haustürgeschäft mit unterschiedlichen Methoden (bis hin zu klassischen Türdrückergeschäften) zum Einsatz kommen. Um hier einen Mindeststandard sicherzustellen, wurde die Arbeitsgemeinschaft Abonnentenwerbung als Zusammenschluss von Verband Deutscher Zeitschriftenverleger (VDZ) und dem WBZ ins Leben gerufen.

Die Vermietung von Presserzeugnissen durch Lesezirkel entstand in der Nachkriegszeit, als das Lesebedürfnis oftmals die Möglichkeiten zur Finanzierung von Presseprodukten bei Weitem überstieg und damit eine Marktlücke bedient werden konnte. Heute werden die Lesezirkelunternehmen und die Mappen mit den unterschiedlichen geliehenen Zeitschriften vor allen in

Abonnement
regionaler Titel

Werbender Buch- und
Zeitschriftenhandel

Lesezirkel: Ausweitung
der Lesedauer

öffentlichen Auslagen (Arzt, Friseur o.ä.) wahrgenommen. Die Preise der Lesezirkelmappen sind vom Umfang (Zahl und Art der enthaltenen Titel) sowie der Neuheit der Mappen abhängig (ältere Zeitschriften sind preiswerter als neuere).

Lesermarketing steht im Vordergrund

Das Vertriebsmarketing der Presseverlage mit der Zielrichtung Nutzermarkt wird im Gegensatz zum Handelsmarketing bei Büchern, CDs und Videos weniger danach unterschieden, ob es sich an den Nutzer oder den Handel richtet, sondern ob es auf den Einzelverkauf oder das Abonnement ausgerichtet ist. Da aufgrund des Distributionsrechts der Verlage und des damit verknüpften Remissionsrechts des Handels, der Verlag grundsätzlich ein Recht darauf hat, dass sein Titel vom Händler vertrieben wird (dabei ist die Qualität und die Art und Weise der Präsentation natürlich noch offen) und der Händler im Gegenzug die nichtverkaufte Ware zurückschicken darf bzw. sie gutgeschrieben bekommt, und somit nicht auf eigenes Risiko handelt, besitzt die Handelswerbung nicht die gleiche Bedeutung wie beispielsweise im Buchverlag.

Prämien für Abonnements

Hauptaufgabe des Abonnementmarketings ist es, den Kunden davon zu überzeugen, dass das Produkt so gut ist, dass es sich lohnt eine langfristige Abnahmeverpflichtung einzugehen. Dabei wird der Wert eines Neukunden stets in Relation zur durchschnittlichen Haltedauer eines Abonnements gesehen. Am einfachsten lassen sich letztlich Kunden von einem Abonnement überzeugen, die als unregelmäßige Kiosk-Käufer bereits Interesse an dem Produkt gezeigt haben und auch mit dem Produkt bereits vertraut sind. Da die Produktkenntnis Voraussetzung dafür ist, dass kommunikationspolitische Maßnahmen überhaupt greifen können, werden kostenlose Probeabonnements und Sonderabonnements mit verkürzten Laufzeiten, günstigeren Abonnementpreisen und Zusatzgeschenken eingesetzt, um die Kunden so in Kontakt mit dem Produkt zu bringen. Ergänzt wird dies durch die Freundschaftswerbung, die unter Leser-Werben-Leser (LWL) im Zeitungs- und Zeitschriftenbereich eingesetzt werden und dem Werber des Neuabonnenten Sach- oder Geldprämien für das neugeworbene Abonnement einbringen. Bei all den genannten Werbeprogrammen im Rahmen des Abonnementmarketings besteht jedoch die Gefahr, dass die Wertigkeit des Produkts selbst in den Hintergrund gedrängt wird und darüber hinaus Alt-Abonnenten, die bereits seit Jahren treue Leser einer Zeitung oder Zeitschrift sind, sich gegenüber den aufwändig geworbenen Neukunden benachteiligt fühlen. Wichtig für das Marketing im Nutzermarkt ist das ausgedehnte Management der Kundenbeziehung zum Anbonnenten, der Zusatzangebote und Nebenprodukte im Rahmen eines Cross-Sellings erhält, der jedoch idealerweise auch durch Vorteile (z.B. mit einer Abo-Clubcard) zum treuen Kunden ausgebaut werden soll. Hierzu gehört auch eine Nachbearbeitung der Abbesteller nicht nur, um unter Umständen eine Abbestellung zu verhindern, sondern um über die Abbestellgründe Hinweise auf Schwächen beim Produkt oder dem Marktauftritt informiert zu werden. Folgend skizzieren wir die Möglichkeiten des Abonnementmarketings im Überblick:

- Persönliche Absprache
  - Verlagseigener Außendienst oder WBZ-Werber
  - Standwerbung
  - Aktionen bei Events (Messen, Straßenfeste etc.)
  - Werbung in Geschäftsstellen
  - Werbung durch Träger
- Direktwerbung
  - Direct Mail
  - Telefonmarketing
  - Direktmarketing via klassische Medien (Anzeigen-werbung mit Rückantwortkarte)
- Werbung durch klassische Medien
  - Printmedien (inkl. Eigenanzeigen)
  - Hörfunk, TV, Kino
  - Online-Werbung in Eigen- und Fremdmedien
- Anreize für Kundenreaktion
  - Gewinnspiel
  - Prämienwerbung
  - Preisvorteil (Schnupperabo)
  - Kostenloses Probeabonnement
  - Kleine Geschenke
- Darstellung des Produktnutzens
  - Betonung des redaktionellen USP (z.B. »Die über-sichtliche Programmzeitschrift« oder »Der preisge-krönte Sportteil«)
  - Testimonials zufriedener Leser
  - Neue redaktionelle Elemente (Rubriken, aktuelle Se-rien) [Quelle: Breyer-Mayländer 2001, S. 283 f.]

Wie bereits oben geschildert, besitzen die händlerorientierten Konzepte des Marketings für den Einzelverkauf keine prioritäre Bedeutung. Dennoch wird bei Titeln mit großer Abhängigkeit vom Einzelverkauf das komplette Register der Handelswerbung (Plakate, sogenannte »Händlerschürzen«, d.h. Plakate mit den aktuellen Schlagzeilen des Titels, Werbegeschenke, Zahlteller, Leuchtreklame und Verkaufsaktionswochen und -programme) umgesetzt. Gerade bei Dekoration und Platzierung der Ware besteht in vielen Fällen noch ein großes Potential, dass von Seiten

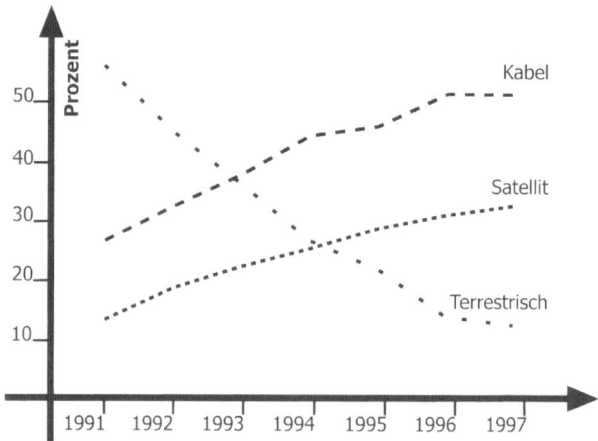

Abbildung 1: Distributionskanäle im TV-Sektor im Zeitverlauf [Zimmer 1998, S. 353]

der Verlage mit Hilfe eigener Außendienstmitarbeiter und deren Kontakt zum Handel genutzt wird.

4.3.3 Fernsehen und Hörfunk

TV & Radio: Technische Erreichbarkeit als Voraussetzung für Markterfolg

Bei den Rundfunkmedien TV und Radio steht an erster Stelle der Marktbemühungen ähnlich wie bei den zuvor beschriebenen Medienformen die Wahl der Vertriebskanäle. Bei den Vertriebskanälen handelt es sich nicht um die sonst üblichen Unterschiede der Handelsorganisationen und des Direktmarketings sondern in erster Linie um die technische Verbreitung, die den Aufwand zum Empfang der Sender und deren theoretische Erreichbarkeit aufgrund der technischen Verbreitung determinieren. Das früher einzige System der terrestrischen Verbreitung hat durch Satellitenübertragung und Kabel-TV zunehmend an Bedeutung verloren. Aufgrund der hohen Anschlusskosten ist auch die Kabelübertragung im Vergleich zur Satellitenübertragung weniger attraktiv. Die folgende Abbildung gibt einen Eindruck über die Schwerpunkte in der derzeitigen Verbreitung im TV-Sektor.

Umstellung auf digitalen Hörfunk

Im Bereich des Hörfunks steht im Markt die Umstellung von analogen terrestrischen und kabelgebundenen zu digitalen Endgeräten auf Digital Audio Broadcasting (DAB)-Basis noch aus. Neben der Geschwindigkeit des technischen Fortschritts ist für die Ausbreitung der neuen Übetragungswege auch das Konzept zur Markteinführung neuer Empfangsgeräte und Sendewege maßgebend. Die bereits vor Jahren geplante Einführung des digitalen Fernsehens war anfänglich an den mangelnden Produktvorteilen und den vergleichsweise hohen Kosten für das Empfangsgerät (d-box) gescheitert. Die Digitalisierung des TV-Sendernetzes wird in der Diskussion häufig fälschlicherweise mit der Etablierung von Pay-TV gleichgesetzt. Dabei ist Pay-TV nur ein Weg die Vorteile der Digitalisierung zu nutzen (Pay-TV, das auch analog möglich ist, kann digital einfacher und besser umgesetzt werden). Die Vorteile des digitalen Rundfunks liegen darin, dass beispielsweise ein technisch besserer Empfang möglich ist, der zusätzliche Effekte (z.B. im Audiobereich) ermöglicht. Der mobile Empfang wird ebenfalls leichter und zu besserer Qualität möglich und darüber hinaus ermöglich die gemeinsame Datenbasis auch die Schaffung von Verbundanwendungen, bei denen z.B. Teleshopping und Telebanking mit Hilfe des möglichen Rückkanals umgesetzt werden.

Wenn ein Sender beim Kampf um die besten Lizenzen die Zugangsmöglichkeiten zu den Rundfunkübertragungswegen seiner Wahl erhalten hat, steht als nächstes die Vorbereitung des Erfolgs der einzelnen Sendungen und Formate an, indem ein Image und eine Positionierung des Senders selbst erarbeitet wird. Im Rahmen der Verwertungskette hat es sich für die Senderfamilien als lohnenswert herausgestellt, nicht nur einen Sender zu betreiben, sondern die beim Einkauf von Filmpaketen erworbene Mischung an Filmrechten so aufzugliedern, dass beispielsweise die besseren und neueren Filme im Premium-Sender der Familie zu sehen sind, während die Nebenmarken mit älteren Filmen, weniger bekannten Filmen und Darstellern oder Wiederholungen (auch von Shows) ihr Programm gestalten. Diese Positionierung muss im Vorfeld geplant sein und als Teil des strategischen Marketings in der Markenführung auch gegenüber den Zuschauern transparent werden. In der Markenführung von TV-Sendern erweist sich die Vielfalt des Mediums, die in wechselnder Programmgestaltung zum Ausdruck kommt als hinderlich. Die bei der Markenführung vorausgesetzte gleiche Qualität und das in der Kommunikationspolitik transparente Qualitätsversprechen können hier nur schwer umgesetzt werden. Die Sender versuchen diesen Nachteil im Nutzermarkt dadurch auszugleichen, dass feste Sendeschema mit wiederholenden Programmstrukturelementen (Zeitaufteilung und Sendeplatz) einen festen Rahmen liefern [vgl. »Besonderheiten der Rundfunkproduktion«, S. 239 ff.]. Um diesen Rahmen ebenfalls mit verlässlichen Größen zu Füllen, werden Serien, Schauspieler und Talkmaster innerhalb der Sendermarken zu Submarken auf- und ausgebaut. Anhand dieser Submarken wird den Zuschauern eine Orientierung ermöglicht, die ihre Abrundung durch das Corpoarate Design, die Corpora-

Markenfürhung
von TV-Sendern

te Identity und das Image des Senders finden. Um sich innerhalb der Vielfalt an Free-TV-Sendern zu positionieren, muss im Rahmen der Kommunikationspolitik auch der Kerninhalt des Konzepts sichtbar werden (»Die besten Filme aller Zeiten«).

Markenbildung und Promotion – Trailer und Teaser als entscheidende Werbeform

Die Produktpolitik der Sender läuft im Wesentlichen über den Programmeinkauf und die dazugehörige Markenbildung ab. Sie muss jedoch, um im Zuschauermarkt erfolgreich zu sein, durch kommunikationspolitische Maßnahmen vermittelt werden. Schwerpunkt hierbei sind unterschiedliche Werbemittel und -maßnahmen, sowohl in Fremdmedien als auch im eigenen Programm. Bei Werbung in Fremdmedien wird meist eine ganze Palette genutzt wie z.B. Fernsehtext, Zeitungen, Zeitschriften, Hörfunk, andere TV-Programme, Kino, Plakate, Online-Werbung, Club-Werbung (Community-Werbung) und Werbung durch Werbegeschenke und Zugaben. Dabei muss der Gesamtwerbeaufwand in Fremdmedien in einem »gesunden« Verhältnis zum Umsatz und Marktanteil des Senders stehen, so dass für die Zweit- und Drittmarken einer Senderfamilie (Kabel 1, RTL II etc.) meist signifikant weniger Marketingbudget zur Verfügung steht und daher auch nicht alle möglichen Kommunikationskanäle gleich intensiv genutzt werden können. Die im Rahmen der Eigenwerbung eingesetzten Kommunikationsformen waren früher die Programmansagen, die teilweise durch Programmtafeln und Sendungen in eigener Sache ergänzt wurden. Moderne Werbeformen in diesem Zusammenhang sind unter anderem Werbetrailer, die mit einem eigens für einen nachfolgenden Film gestalteten Werbetrailer über einen (nachfolgenden oder später ausgestrahlten) Film informieren und bereits auf den Kernnutzen des Films (Spannung, Information, Stimmung etc.) abheben. Diese oft zu Vorschauen kombinierten Filme haben einen erheblichen Einfluss auf den Audience-Flow, d.h. das Verhalten der Zuschauer an einem Fernseh-Tag/Abend. Dabei ist es stets das Ziel der Sender, die bereits in den frühen Abendstunden und zur Hauptsendezeit erarbeiteten Zuschauer möglichst vollständig als Zuschauer für die nachfolgenden Sendungen zu gewinnen. Ebenfalls etabliert haben sich Vorabschaltungen zur nachfolgenden Sendung (z.B. von Stefan Raabs »TV total« zu »Bizz TV« auf ProSieben), bzw. Kurzhinweise durch Flash-Teaser. Die in anderen Branchen üblichen Maßnahmen der Sales Promotion (programmbegleitende Gewinnspiele) und Werbung (z.B. Imagespots auf dem eigenen Sender) sind auch im Programm des TV-Marketings vorhanden.

Markenbildung und Format im Hörfunk

Die für den TV-Bereich erfolgten Ausführungen lassen sich im Wesentlichen auch auf den Hörfunksektor übertragen. Auch hier ist die Produktpolitik und die damit verbundene Kommunikationspolitik der entscheidende Faktor bei der Positionierung der Sender im Nutzermarkt. Die Markenbildung der Hörfunksender wird dabei durch die Größe des Ausstrahlungsgebiets, d.h. eine elementare distributionspolitische Entscheidung in Abhängigkeit von den Lizenzierungsmöglichkeiten wesentlich vorgeprägt. Als zweite grundlegende Fragestellung wird das Hörfunkformat festgelegt, dass sich durch den Stil der Musikbeiträge, Umfang, Stil und Inhalt der Wortbeiträge und die Anordnung des Programms im Rahmen der sogenannten Stundenuhr ergibt. Auch im Hörfunk wird sowohl in externen Medien als auch dem eigenen Programm geworben. Die Art der Werbung und die ausgewählten Werbeträger ergeben sich aus dem Hörfunkformat (Info / News, Country etc.) und der Reichweite des Senders (national, landesweit, lokal). Die Werbeelemente im eigenen Programm sind hier Teaser, Intros und Outros (Einführung oder Abschluss eines Beitrags), zu denen hörfunkspezifisch noch Jingles und Station-IDs kommen, die entweder nochmals den Slogan des Senders oder die Senderkennung wiederholen und zur Wiedererkennung des Senders beitragen.

Etwas komplizierter ist die Vermarktung von Pay-TV im deutschen Nutzermarkt. Aufgrund der breiten Angebotspalette von Free-TV ist es vergleichsweise schwierig, den Nutzen von bezahltem Fernsehen zu vermitteln. Alleinstellungsmerkmale (neue Filme, besondere Sportereignisse etc.) sind fast nicht unter dem Ausschluss der Nicht-Abonnenten zu realisieren (z.B. bei Sportübertragungen). Die zur Werbung der Kunden eingesetzten Maßnahmen sind dabei identisch mit den Werbemaßnahmen der Free-TV-Sender und werden durch Direktwerbemaßnahmen, wie sie etwa bei Presseverlagen oder im Clubgeschäft Anwendung finden, ergänzt. Die Anwerbung von Neukunden für Pay-TV-Sender kostet zwischen 200 und 400 Euro. Diese Beträge können sich nur bei einer längeren Haltedauer der Abonnenten rechnen, da sonst auch insgesamt die Fluktuation mit einer hohen Kündigungsquote, die bei Premiere in schlechten Zeiten bei rund 2/3 der Neukunden lag, zum wirtschaftlichen Misserfolg des Senders führten. Auch der Aufbau von Sparteninformationssendern als Bezahlfernsehen ist in Deutschland noch in den Kinderschuhen. Versuche ausländischer Anbieter mit Angeboten – z.B. für Jäger und Angler – konnten noch nicht erfolgreich betrieben werden. Die schlechte Kosten- und Erlösrelation entsteht auch aufgrund der hohen Durchleitungsgebühren für das Kabel [vgl. o.V. 2001, S. 6].

Problemsituation
Pay-TV in Deutschland

4.3.4 Online-Medien

Bei Online-Medien ist der Zugang zu den Diensten, d.h. der Distributionskanal bereits durch das Medium selbst vorgegeben. Hauptsächlich kommen folgende Abrufmöglichkeiten in Frage:

- Internet via PC:
  - heimischer PC
  - PC bei Arbeit/Uni/Schule
  - PC bei Freunden/Verwandten
  - öffentliche PCs
- Internet via Portable Devices
- Internet via TV/alternative Desktop-Stationen

Dabei liegt der Schwerpunkt der Nutzung derzeit klar bei den PC-Nutzern, die mittlerweile nicht mehr vorwiegend am Arbeitsplatz, an der Uni oder der Schule Zugriff haben (1997: 59%; 2001: 22%), sondern verstärkt zu Hause (1997: 27%; 2001: 46%) oder sowohl zu Hause als auch bei Arbeit, Uni oder Schule auf die Angebote zugreifen können (1007: 14%; 2001: 32%) [Ridder 2002, S. 123]. Für die Online-Medien wird die Wahl des Distributionskanals nur dann relevant, wenn dies bereits bei der Gestaltung der Angebote berücksichtigt werden muss, wie dies bei Websites für mobile Endgeräte (portable devices) der Fall ist.

Das Marketing für Online-Medien bedient sich ebenfalls der Werbung in fremden Medien (Cross-Promotion), wobei hier neben der Banner-Werbung auf fremden Online-Angeboten häufig die Werbung in TV-Sendern, Zeitschriften oder Zeitungen bei gesellschaftsrechtlich verbundener Unternehmen im Vordergrund steht. Gemeinsam mit dem Look-and-Feel der Website und der durch die inhaltliche Konzeption der erfolgten Schwerpunktsetzung wird somit auch im Online-Marketing der Aufbau von »electronic generated brands« [vgl.GEM 2001] angestrebt. Bei der Werbung in fremden Medienformen der eigenen Mediengruppe werden von den erfolgreicheren Websites eigenständige Kampagnen umgesetzt, für die auch eine eigenständige Mediaplanung und Konzeption erfolgt. Erfolgreich sind hier Kampagnen, die unterschiedliche Schwerpunkte (z.B. Informationstiefe in einzelnen Rubriken) herausstellen und somit für die Nutzer verwandter Medien des selben Medienhauses einen Anknüpfungspunkt für die Online-Nutzung liefern [vgl. Schmitz-Vianden 2002].

4.3.5 Literatur

Börsenverein des Deutschen Buchhandels (Hrsg.) (2001): Buch und Buchhandel in Zahlen 2001 (fortl. Jg.). Frankfurt: Buchhändler-Vereinigung

Breyer-Mayländer, Thomas u.a. (2001): Wirtschaftsunternehmen Verlag. Frankfurt a. M.: Brammann Verlag

GEM – Gesellschaft zur Erforschung des Markenwesens (2001): Markendialog 2001 – E-Communication und Marken; Wiesbaden: GEM-Eigenverlag

Heinrich, Jürgen (1999): Medienökonomie: Band 2: Hörfunk und Fernsehen. Opladen/Wiesbaden: Westdeutscher Verlag

o.V. (2001): Aus für Season. In: text intern 53/2001, S. 6

Ridder, Christa-Maria (2002): ARD/ZDF-Online-Studie: Online-Nutzung in Deutschland. In: Media Perspektiven 3/2002, S. 121 - 131

Schmitz-Vianden, Wolfgang (2002): Imagegewinn durch Cross-Media-Engagement, Frankfurt: ZMG-Infotag Crossmedia 19.7.2002

Zimmer, Jochen (1998): Fernsehempfang: In Zukunft Satellit vor Kabel. In: Media Perspektiven 7/1998, S. 352 - 366

4.4 Produktion

In der Alltagssprache wird Produktion mit der Erstellung materieller Güter gleichgesetzt. In der Wissenschaft [z.B. bei Wöhe
2000] wird Produktion mit betrieblicher Leistungserstellung
gleichgesetzt, um sie nicht mit Fertigung gleichzusetzen und auf
die Leistungserstellung von Industriebetrieben zu beschränken.
Im Fall von Medienbetrieben wird der Begriff der »Produktion«
in vielen Fällen auch benutzt, selbst in dem hier nicht behandelten Theater etc. So gibt es beispielsweise den Begriff der Theater-
produktion. Für den Bereich der elektronischen Medien sind die
Begriffe der Film- und Fernsehproduktion oder auch der Musikproduktion geläufig. Im Abspann dieser Produkte bzw. im Bei-
heft findet sich in der Regel der Name einer Person, die mit
»Produzent« bezeichnet wird. In Verlagshäusern wird weder das
Schreiben von Texten noch die Planung von Produkten mit der
Produktion gleichgesetzt. In Verlagen ist die Produktion das Verwandeln von Inhalt in Materie, also die Stelle des Hauses an der
Texte und Bilder gestaltet und auf Seitenform gebracht werden
die Produktion – obwohl die Redaktion aus betriebswirtschaftlicher Sicht natürlich zentraler bestandteil der Produktion ist. Diese doch recht unterschiedliche Verwendung des Begriffs macht es
erfoderlich, die Leistungserstellung in Medienhäusern hinsichtlich der allgemeinen Produktionstheorie, wie sie beispielsweise
von Wöhe [2000] und Nebl [2001] oder Schneeweiß [2002] vertreten wird zu überprüfen. Hinzu kommt noch ein weiterer wichtiger Aspekt: Medienprodukte sind Kulturprodukte. Sie
unterliegen deshalb besonderen Erfordernissen, die bereits in Kapitel 2 angesprochen wurden. Zunächst werden wir deshalb auf
den Zusammenhang zwischen Medienproduktion und Kultur
eingehen.

Abgrenzung der Begriffsverwendung von der Alltagssprache

4.4.1 Medienproduktion und Kultur

Auch unter dem Begriff »Kultur« wird verschiedenes verstanden.
Grob unterteilt werden kann auf der einen Seite in die Klasse der
Hochkultur, wozu Kunst im Museum, das Theater und Auffüh-
rungen klassischer Musik gehört, um nur einige der Elemente zu

*Drei Kulturbegriffe: All-
tagskultur, Populärkul-
tur und Hochkultur*

nennen. Auf der anderen Seite gibt es den antropologischen Kulturbegriff. Dabei werden die Errungenschaften von »Kulturen« untersucht. Frank, Maletzke und Müller-Sachse [1991] unterteilen den Begriff der Kultur in drei Klassen. Die erste Klasse ist eben der antroplogische Kulturbegriff, der auch mit der Alltagskultur geichgesetzt werden kann. Zwischen Alltagskultur und Hochkultur siedeln sie noch den Begriff »Populärkultur« an. Darunter werden Phänomene wie Popmusik, Filme etc. subsummiert. Genau in diesen Bereich fällt ein großer Teil der Medienproduktion.

Ausweitung der Populärkultur durch Medien

Es gibt wichtige Gründe, die das Wachsen dieses Bereichs kennzeichnen. Kiefer [2001] nennt das Beispiel eines klassischen Streichquartets. Für eine solche Aufführung wurden vor 200 Jahren vier Musiker gebraucht und es konnten nur so viele Menschen zuhören, wie in den Veranstaltungsraum passten. Heute unterscheidet sich die Situation mitunter ein wenig. Neben den rein akustischen Aufführungen wie vor 200 Jahren, bei denen es ein wenig mehr Licht gibt und ein etwas anderes Ambiente, gibt es noch Aufführungen mit Verstärkeranlage, die größere Auditorien zulassen. Würde man nun annehmen, dass es sich tatsächlich um eine Aufführung mit vier Musikern handelt, so kann man diese Aufführung heute entweder im Hörfunk oder im Fernsehen übertragen oder sie materialisieren, indem sie auf CD, DVD oder anderen Datenträgern konserviert und anschließend veräußert wird.

Die Kosten für die Aufführung bleiben die gleichen. Hinzu kommen allerdings Kosten für die Aufnahme, im Falle des Rundfunks, Kosten für die Sendung, im Falle des Vertriebs von Tonträgern, Videos etc. Kosten für die Aufzeichnung und Bearbeitung sowie Kosten für die Träger der Inhalte und den Vertrieb. Damit diese zusätzlichen Kosten den Gewinn mehren, müssen die Produkte größere Personenkreise ansprechen – also populär sein.

Das Zeitalter der technischen Reproduktion

Dieses Prinzip ist im Kulturbetrieb der vergangenen 100 Jahre und sogar noch früher recht häufig anzutreffen. Künstler, besonders Musiker, führten ihre Stücke oder die anderer Künstler meist nicht nur einmalig sondern mehrfach auf. Es würde also auch schon vor dem Zeitalter der Übertragung und technischen Reproduktion reproduziert [vgl. Benjamin 1963]. Hierin sehen wir zwar die qualitative Veränderung des Originals, aber nicht per se einen Nachteil oder eine Gefahr hinsichtlich eines »Niedergangs der Kultur«.

Aufhebung der örtlichen und zeitlichen Schranke

Die technische Reproduktion zeigt lediglich die Möglichkeiten des Kulturbetriebs durch die Aufhebung der örtlichen und zeitlichen Schranke, die schon durch Papier und die Aufzeichnung von Text oder Noten durchbrochen wurde. Der Schritt zur »Vermassung« und dem Charakter der »Industrie« sollte man sicher nicht an an der Erfindung des Buchdrucks festmachen. Vermassung von Kulturgütern findet dann statt, wenn Massen Zugang zu den selben finden können – also mit dem beginnenden Zeitalter der Massenmedien. Jedoch bleibt dem Medienprodukt immer eine spezielle Eigenschaft, die es von Idustrieprodukten unterscheidet. Es gibt immer ein individuelles Ausgangsprodukt, das aufgezeichnet und / oder übertragen wird.[1] Es muss eine erste Kopie erzeugt werden, eine »First Copy«, wie es im englischen Sprachraum heißt oder eine Vorlage von der »Blaupausen« [Heinrich 2001, S. 243] erzeugt werden können. Das Original ist die Zeitung, die täglich individuell erstellt wird, der Film, der gedreht wird oder die Musik, die aufgenommen wird. Es gibt qualitative Standards dafür, wie so eine Zeitung auszusehen hat und ein Popmusiker will in den meisten Fällen genauso seine Handschrift zeigen wie ein Komponist oder Maler vor 200 Jahren. Ein wesentlicher Unterschied der heutigen Medienproduktion besteht darin, dass die Aufzeichnungs- und Verbreitungstechnologie von Unternehmen – also Organisationen – betrieben wird. Diese Organisationen haben Gewinnziele, die Kulturschaffende früher auch hatten. Es mag sein, dass die ideellen Ziele des Kulturschaffenden einen wichtigeren Anteil seiner Motivation einnahmen als die der heutigen Medienunternehmen. Frei von ideellen Zielen und rein dem ökonomischen Prinzip verbunden sind heutige Medienunternehmen – auch wenn diese auf die Pflege von Aktienkursen achten müssen – auch nicht.

Auch heutige Medienunternehmen haben ideelle Ziele

4.4.2 Produktionsprinzipien

Bei der Produktion von Gütern geht es ganz grundsätzlich darum mit Hilfe von Ausgangsprodukten und und Leistungen das gewünschte Produkt zu erstellen. Dabei werden von Unternehmen verschiedene Produktions- bzw. Fertigungsprinzipien angewandt. Zunächst werden drei Organisationsprinzipien der Fertigung erläutert und danach Fertigungstypen.

4.4.2.1 Fließfertigung

Das bekannteste Fertigungsverfahren industrieller Produkte ist die Fließfertigung. Dabei erfolgt die Anordnung des Mitteleinsatzes und der Artbeitskräfte entsprechend dem Produktionsablauf.

---

1. Wobei das Wort »übertragen« an dieser Stelle nicht heißt, dass das Produkt am Ort der Aufzeichnung nicht mehr existiert. Übertragen solle im Sinne von »dupliziert« verstanden werden.

Dabei sind die Arbeitsabläufe dezidiert festgelegt. Sofern am Band gearbeitet wird, müssen sich die Arbeitnehmer an sogenannte Taktzeiten halten. Wenn die Fließfertigung in der Form der Reihenfertigung durchgeführt wird, gibt es in der Regel größere Puffer zwischen den einzelnen Arbeitsschritten, die ein gewisses Maß an Flexibilität ermöglichen. Der Vorteil der Fließfertigung besteht bei der industriellen Produktion in der Verkürzung der Durchlaufzeit der Werkstücke. Im Falle der Just in Time-Fertigung können Lagerbestände reduziert werden. Allerdings gibt es auch entscheidende Nachteile dieses Prinzips. Was die Kostenseite betrifft, so entsteht ein großer Kostenblock der vom Unternehmen in jedem Fall zu tragen ist – gleich ob und wieviel produziert wird. Daneben ist die psychische Belastung für die Arbeitnehmer relativ groß, so dass viele Pausen notwendig und nur geringe Arbeitszeiten möglich sind. Zudem können Probleme hinsichtlich der Qualität der Produkte auftreten, wenn den Arbeitnehmern nicht mehr so richtig klar ist, welchen Teil der Verantwortung sie für die Qualität des Gesamtprodukt tragen. In der Medienproduktion ist dieses Verfahren der Fließfertigung am weitesten bei der direkten Erstellung der materiellen Produkte verbreitet – also beispielsweise in einer Druckerei beim Bedrucken von Papier oder in einem CD-Werk bei der Erstellung des Datenträgers inklusive Beigaben und Verpackung. Dies ist der »industrialisierteste Teil« der Produktion. Aber auch in anderen Bereichen kommt es für den Arbeitnehmer zu standardisierten und in feste Einheiten untergliederte Prozesse. Hier ist vor allem die Zulieferindustrie der Medien betroffen. So gibt es beispielsweise spezialisierte Anbieter von Hörfunknachrichten, bei denen die Sprecher festgelegte Textmengen pro Zeiteinheit verfassen und ablesen müssen. Das Produkt mag individueller sein, die Tätigkeit selbst ist iher Ausrichtung der Fließfertigung nicht unähnlich und mit den typischen Nachteilen belastet.

Im Medienbereich v.a. bei der Produktion physischer Produkte anzutreffen

4.4.2.2 Werkstattfertigung

Der Begriff Werkstatt unterstreicht die Individualität des Werkstücks

Der Begriff »Werkstatt« ist im Medienbereich sehr viel gebräuchlicher als der Begriff »Fließband«. Oft handelt es sich um Vereine, deren Mitgliedern die Medienprodukte produzieren möchten oder Vereine, die es zum Ziel haben, Menschen die Produktion von Medien beizubringen. Der Begriff »Werkstatt« unterstreicht dabei die Individualität des Produkts – des Werkstücks. Im Gegensatz zur Fließproduktion sind die Maschinen sind für ein wesentlich breiteres Spektrum von Bearbeitungsprozessen ausgelegt, es gibt eine sehr viel geringere Verwobenheit von Prozessen und so etwas wie »Just in time« ist nur durch eine kostspielige Lagerhaltung möglich (Zins- und Lagerkosten). Allerdings können Werkstätten leicht auf Nachfrageschwankungen und Modeänderungen reagieren. Die Produktion von Periodika, gleich ob diese nun gedruckt oder elektronisch sind (seriale Produkte), werden häufig in einer Art Werkstattfertigung hergestellt. Nicht zu verkennen ist, dass es – besonders in großen Medienunternehmen, beispielsweise bei Verlagen, die auch Druckereien integriert haben – verschiedene Fertigungsformen gibt. Dazu im nächsten Punkt.

4.4.2.3 Gruppenfertigung

Die Gruppenfertigung ist ein Beispiel für eine Mischform der Fertigung. Sie besteht meist aus einer Kombination aus Fließ- und Werkstattfertigung. Besonders bei der Produktion serialer Produkte, die noch dazu pünktlich zu bestimmten Zeitpunkten erstellt und noch dazu feste Abstände zwischen den einzelnen produzierten Einheiten eingehalten werden müssen (z.B. bei Tageszeitungen, Zeitschriften oder Fernsehnachrichten), scheint Gruppenfertigung der treffende Begriff zu sein. Es handelt sich um Teams die die »First Copy«, das Master erzeugen. Dabei sind die einzelenen ineinander verwobenen Aufgaben fest verteilt.

Typische Form der Medienproduktion

4.4.2.4 Einzelfertigung und Serienfertigung

In den bisherigen Ausführungen des Abschnitts 4.4.2 wurde von der Fertigung serialer Produkte geschrieben. Diese serialen Produkte erhalten ihren Charkater durch das Format. Es gibt festgelegte Eigenschaften für den Inhalt. Dies betrifft beispielsweise regelmäßig erscheinende Druckerzeugnisse. Am Beispiel der Fersehserie läßt sich der Zusammenhang noch besser verdeutlichen. Es gibt meist einen festen Basisstamm von Akteuren, die in jeder Folge eine neue und von der vorigen Folge verschiedene Einheit erzeugen. Die Produktion serialer Medienprodukte liegt also genau zwischen der Einzelfertigung und der Serienfertigung.

Die seriale Medienproduktion ist zwischen Einzel- und Serienfertigung angesiedelt

4.4.3 Die »First Copy«

Was die Kosten von Medienunternehmen betrifft, so ist das Prinzip der »First Copy«, die Vorlage für die Übertragung oder alle produzierten »Blaupausen« ist, von entscheidender Bedeutung. Das trifft auf die Einzelfertigung – also beispielsweise in Teilen der Buchproduktion – genauso zu wie auf die Fertigung der von serialen Produkten. Idealtypisch wird der Verlauf dieser Kosten in Abbildung 1 dargestellt. Es gibt einen Kostenblock, der Getragen werden muss, gleich wie oft das Produkt verkauft wird oder

Kostenblock der anfällt, gleich wie viele Kopien verkauft werden

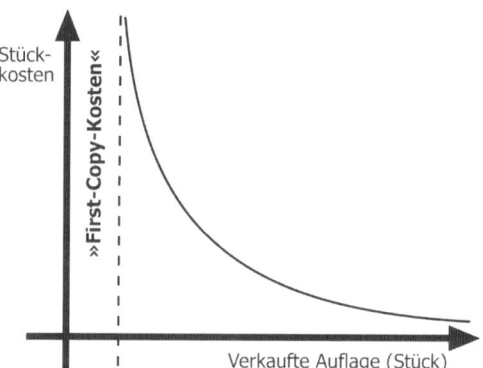

Abbildung 1: Stückkostenderession im Printbereich

Objektspezifische Fix-
kosten

wieviele Menschen das Produkt nutzen. Dieser Block wird in der Abbildung durch die gestrichelte Linie veranschaulicht.

Zur Estellung dieser »First Copy« sind verschiedene Arten des Mitteleinsatzes notwendig. An dieser Stelle muss die Unterscheidung zwischen fixen und variablen Kosten getroffen werden. Kosten allgemein werden von Kiefer [2001, S. 164] in Bezug auf Wöhe [2000, S. 539] als »der in Geld bewertete › Verzehr‹ von Produktionsfaktoren (Arbeitsleistungen, Betriebsmittel, Rohstoffen etc.) einschließlich Dienstleistungen Dritter, die als Input in Erstellung und Absatz materieller und imaterieller Güter eingehen« bezeichnet. Der Begriff »Verzehr« meint an dieser Stelle nicht »Vernichtung« sondern »Umformung«. Dem »Verzehr« von Werten auf der einen Seite, steht die »Schöpfung« von Werten auf der anderen Seite gegenüber. Vereinfacht bedeutet dies, dass wenn Werte eingesetzt und umgeformt werden, größere Werte geschaffen werden können – nach ökonomischen Gesichtspunkten müssen.

Wöhe [2000] spricht von fixen Kosten, wenn diese sich durch eine Veränderung des Beschäftigungsgrads nicht ändern (z.B. Abschreibungen pro Zeiteinheit, Mieten oder die Gehälter der Geschäftsführung) im Gegensatz dazu ändern sich die variablen Kosten, wenn sich der Beschäftigungsgrad ändert. Diese variablen Kosten können sich proportional zur Veränderung des Beschäftigungsgrades, progressiv oder degressiv ändern.

Während in Industriebetrieben »Arbeit« in der Produktion in den meisten Fällen als variable Kosten behandelt wird und lediglich Maschinen, Mieten etc. als fixe Kosten angesehen werden, muss in Medienunternehmen der gesamte Apparat, der zur Erstellung der Kopiervorlage, der »First Copy« oder des Prototyps notwenig ist, als Fixkosten angesehen werden. Gleich ob eine

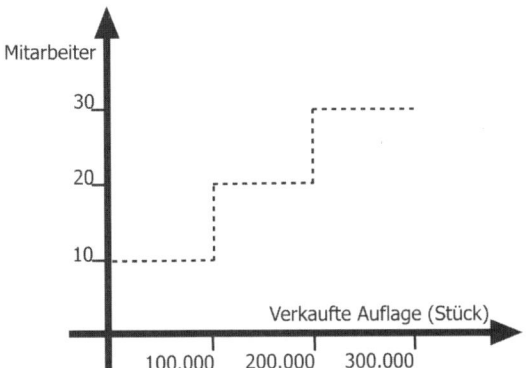

Abbildung 2: Sprungfixe Kosten

Einheit verkauft wird oder nicht, diese Kosten entstehen auf jeden Fall. Sie beinhalten bei Medienunternehmen den sehr kosten- und personalintensiven Part der Inhaltegenerierung. Variable Kosten entstehen bei der Materialisierung, also dem Druck von Büchern, Zeitschriften etc. [vgl. Kiefer 2001, S. 165 und Heinrich 2001, S. 243]. Dabei – und hier ist Bezug auf die Fließfertigung zu nehmen – ist die Verteilung der Kostenarten industrietypisch. Es fallen fixe Kosten für Druckmaschinenen und deren Abschreibung etc. an.

Die entscheidende und Frage ist, mit welchem Mitteleinsatz, die Vorlage für die Vervielfältigung geschaffen werden soll. Ähnlich wie bei Industrieunternehmen, die mit hohen Fixkostenanteilen produzieren, müssen gesicherte Prognosen über den möglichen Absatz des Produkts gestellt werden. So ist beispielsweise die Zahl der Redakteure, die für die Produktion einer Zeitschrift eingesetzt werden können, von deren Auflage und dem generierten Anzeigenvolumen abhängig. Die Zahl der eingesetzten Redakteure wird deshalb mitunter entsprechend der Auflage angepasst. So kommen Kostensprünge beim Fixkostenblock der Produktion der »Kopiervorlage« zustande. Man spricht von sprungfixen Kosten. Durch den Einsatz einer größeren Redaktion wird normalerweise versucht, das Angebot zu verbreitern oder zu verbessern.

Kostensprünge durch Personalaufbau

Beim Rundfunk ist – weil kaum eine Materialisierung stattfindet – der überwiegende Teil der Kosten fix. Gleich ob ein Programm Zuschauer findet oder nicht, die Kosten seiner Produktion und Sendung fallen an. Der Gund ist die Nichttrivialität im Konsum. Daneben findet die privatwirtschaftliche Produktion von Programmen unter Unsicherheit statt. Beim Fernsehen bestimmen die erreichten Zuschauerzahlen sowohl kurz- als auch langfristig die Einnahmen des Senders.[2] Typischerweise muss der Aufbau der Programmleistung kontinuierlich sattfinden. Es gibt auch das Muster der sprungfixen Kosten, wie es in Abbildung 2 am Beispiel einer Zeitschrift verdeutlicht wird.

4.4.4 »Make or Buy«

Was kann eingekauft werden und was sollte selbst produziert werden

»Make or Buy« bedeutet nichts anderes als die Tatsache, dass Unternehmen vor der Entscheidung stehen Vorprodukte ihrer Leistungserstellung entweder selbst zu produzieren oder fremd zu beziehen, sie also zu kaufen und weiter zu verarbeiten. Besonders aufgrund des eben beschrieben Zusammenhangs der »First Copy« und des dadurch vorhandenen Fixkostenblocks ist es für viele Medienunternehmen erheblich sicherer, zumindest einen Teil ihrer Vorleistungen zu kaufen. Bekannt sind die Programmeinkäufe von Fernsehsendern und der Bezug von Nachrichtenagenturen durch Tageszeitungen.

Unterschieden werden muss hier allerdings der Bezug von Leistungen mit und ohne Exklusivrecht. Läßt beispielsweise ein Fernsehsender eine Serie oder einen Fernsehfilm bei einer Filmproduktion herstellen, so hat er dennoch einen großen Einfluß auf das Werk, während er beim Kauf des Rechtes für eine Spielfilmausstrahlung lediglich entscheiden kann, ob er den Spielfilm bzw. das Packet mag oder nicht. In der Industrie spricht man in diesem Zusammenhang von Fertigungstiefe und vom Grad der vertikalen Integration [vgl. »Vertikale und diagonale Integration«, S. 25 f.].

Position im Markt entscheidend

Für diese Einkäufe gilt die Beachtung einer strategischen Dimension, die auch in vielen anderen Bereichen der Wirtschaft gilt: Je größer der Anteil der fremd bezogen Vorleistungen desto schwieriger ist die Positionierung des eigenen Produkts (der eigenen Produkte) gegenüber Konkurrenten. Diese Formulierung kennzeichnet einen Vorteil den Unternehmen mit Alleinstellungsmerkmalen haben – gleich worauf diese Merkmale beruhen. Sie können einen enorm großen Anteil an Vorprodukten fremd beziehen. Ein Beispiel hierfür sind lokale Tageszeitungen. Da es vielfach nur noch eine Zeitung pro Verbreitungsgebiet gibt, können die Zeitungen ihre eigene redaktionelle Leistung auf den Lokalteil beschränken und den überregionalen Mantel vollständig

---

2. Häufig müssen gegenüber Werbekunden Zuschauerzahlen garantiert werden. Werden diese nicht erreicht, so findet eine Nachleistung in Form von Freispots statt.

von einer anderen Redaktion beziehen. Dieses Verfahren wird übrigens auf auf den Anzeigenverkauf angewandt.

Allerdings bringt die Vergrößerung des »Buy« noch weitere Nachteile mit sich. So wird die eigene Innovationsfähigkeit mitunter geschwächt. Medienunternehmen mit einem hohen Anteil von fremd bezogenen Vorprodukten müssen also sehr darauf achten, dass ihr Produkt im Vergleich zu Konkurrenten nicht veraltet. Eine Möglichkeit der Fremdproduktion im Fernsehen ist hierbei der Lizenzeinkauf von Sendungskonzepten (z.B. »Wer wird Millionär?«). Hier müssen die Sender auch wenn sie aktuell eine Reihe von »Stars« und »Cash-Cows« im Programm haben, auf Programme in frühren Marktphasen achten [vgl. »Marktphase«, S. 26 ff.]. Im Beispiel analysieren die Sender neu gestartete Show-Formate im Ausland.

Darüber hinaus sind die Kosten das entscheidende Kriterium. Die eigene Produktion von Filmen ist in der Regel sehr viel teurer als der Kauf des Rechts zur Ausstrahlung. Der Bezug von Artikeln über einen freien Korrespondetnen ist sehr viel kostengünstiger als der Unterhalt eines eigenen Redaktionsbüros außerhalb des eigenen Medienstandorts. Ein Nachteil mag hier freilich sein, dass die Qualität dieser Lieferungen nur mit großem Aufwand kontrolliert werden kann [vgl. Heinrich 1999, S. 154 ff.].

4.4.5 Lagerhaltung

Wirtschaftsunternehmen verfügen normalerweise über eine Lagerhaltung. Dieses Lager dient der Sicherung der Betriebsabläufe. Lager können auch spekulative Gründe haben. Besonders wenn Güter eine hohe Haltbarkeit haben, können Unternehmen darauf spekulieren, dass der Preis rasch steigen wird und sich präventiv ein Lager anlegen.

Es gibt verschiedene Formen von Lager, die entsprechend der Stufen im Fertigungsprozess unterschieden werden:

- *Eingangslager* nehmen die beschafften Güter auf. Dort werden diese Güter bis zur Weiterverarbeitung aufbewart.
- Im *Produktivlager* werden selbst erstellte Produkte beispielsweise zum Zweck der Reife (z.B. Wein oder Käse) aufbewart.
- *Zwischenlager* befinden sich zwischen den einzelnen Produktionssztufen.
- In *Ausgangslagern* werden Güter, die verkauft werden, aufbewart.

Für Medienbetriebe ist diese Form der Einteilung, die weitgehend auf Industriebetriebe zutrifft, wenig treffend – auch wenn es nahezu alle Formen dieser Lager in etwas anderen Ausprägungen in Medienunternehmen gibt. In Druckereien gibt es sogar so etwas, das als Produktivlager bezeichnet werden könnte. Bei bestimmten Druckverfahren muss bedrucktes Papier über einen gewissen Zeitraum gelagert werden, bis es weiter verarbeitet oder verkauft werden kann.

Das Archiv   Eine weitere Form von Lager spielt in Medienbetrieben eine bemerkenswert wichtige Rolle. Es handelt sich dabei um ein Lager für Fertigprodukte und Halbfertigprodukte bei dem Inhalte gespeichert werden müssen: In allen Medienbetrieben gibt es normalerweise das Archiv [vgl. 4.4.5.1]. In Industriebetrieben gibt es zwar auch häufig ein Archiv. Von der betriebswirtschaftlichen Fachliteratur werden diese Archive jedoch kaum erwähnt oder in den operativen Part der kaufmännischen Ausbildung verbannt. Zudem spielt noch eine weitere Form von Lager eine außerordentlich wichtige Rolle. Dabei werden keine materiellen Güter sondern Rechte gelagert [vgl. 4.4.5.2]. Durch die elektronische Speicherung in Datenbanken und in Redaktionssystemen kann nicht nur schneller auf das Material zugegriffen werden, es kann auch schneller und beispielsweise bei der Verwendung von Fotos, ohne weitere Zwischenschritte, dem Verarbeitungsprozeß zugeführt werden. Bei den Printmedien gibt es natürlich noch Ausgangslager, ebenso bei Musikunternehmen oder beim Vertrieb von Videos bzw. DVDs – also immer, wenn Materie zum Kunden transportiert werden muss.

4.4.5.1 Das Archiv

Elektronische Archive   Während es im Zeitungsverlag früher tatsächlich um die Aufbewahrung von Zeitungs- und Zeitschriftenexemplaren, Fotos und Texten ging, wird das Archiv mehr und mehr auf elektronische Speicherung umgestellt. Entsprechend findet sich das Archiv bei Fernsehsendern fest in der Verantwortung der technischen Leitung. Bei Verlagen oder Musikunternehmen ist das Archiv mittlerweile im Verantwortungsbereich der EDV angesiedelt. Nur so können die Mitarbeiter von Medienunternehmen schnell und flexibel auf die jeweils notwendigen Daten zugreifen.

Ein Beispiel für die Notwendigkeit einer strukturierten Lagerhaltung ist die Verwaltung von Bildmaterial im Zeitschriftenverlag. Dabei gibt es unterschiedliche Quellen und Rechteausstattungen von Bildern. Es gibt solche, die durch hauseigene oder beauftragte Fotografen erstellt wurden, für die der Verlag alle Rechte hat. Daneben geht meist noch viel Bildmaterial per Pressemitteilung im Verlag ein. Auch dieses Material kann frei von

Kosten veröffentlicht werden. Diese Fotos können natürlich klassisch abgelegt werden. Produziert der Verlag allerdings verschiedene Objekte, so kann sowohl die Masse als auch der durch Wege entstehende Zeitaufwand zum entscheidenden Kostenfaktor werden. Am günstigsten ist es also die Fotos zu scannen und in einer entsprechenden den Redaktionen und Produktionsabteilungen zugänglichen Datenbank abzulegen. Dem Foto an sich werden dann verschiedene für den Verlag wichtige Kriterien zugeordnet. Zumindet Namen und Daten, sowie Objektklassen und Themen sowie die Quelle sollten dem Foto zugeordnet sein. Es gibt auch Bildmaterial, das rechtefrei auf CD erworben werden kann. Mit dem Preis, den der Verlag für die CD bezahlt, sind als alle Rechte beglichen. Auch dieses Material sollte in das entsprechende System eingespielt werden. Auf den CDs finden sich zwar meist thematisch sortiert recht viele Fotos, dennoch wäre die Verwaltung im Haus schwieriger, wenn nicht alle Bilder zentral verwaltet würden. Das gilt im übrigen auch für einzeln von Agenturen erworbene Bilder (beispielsweise über die im Internet zugänglichen Bilderdienste der Nachrichtenagenturen). Daneben gibt es allerdings auch Bildmaterial, das zwar schon in den Häusern vorhanden ist, deren Rechte für die Veröffentlichung nicht oder noch nicht bezahlt wurden. Auch dieses Material sollte abgespeichert werden. Dass in den Archivsystemen ein Zusatz über die zu begleichende Lizenzgebühr im Falle der Veröffentlichung notwendig ist, erübrigt sich.

4.4.5.2 Rechtelager beim Fernsehen

Anders als Hörfunksender, die für das Benutzen von Tonbeiträgen (überwiegend Musik) Gebühren an Organisationen wie die GEMA bezahlen, kaufen Fernsehsender zumindest einen Teil ihres Programms ein. Wenn es sich dabei um fiktionales Programm handelt sind zwei Programmgruppen zu unterscheiden:

Nutzung von eingekauften Paketen

- Serien
- Spielfilme

Während Serien weitgehend einzeln und in Produktionsblöcken (beipielsweise 13 Folgen einer Staffel) oder in mehren Produktionsblöcken (also beispielsweise drei Staffeln) gekauft werden (ein Vorkaufsrecht auf kommende Staffeln ist in der Regel im Vertrag inbegriffen), werden Spielfilme meist im Paket gekauft.

Dennoch ist die Rechteausgestaltung für Serien und Spielfilme ganz ähnlich. Drei Faktoren spielen für das Rechtemanagment bzw. die Lagerhaltung eine wichtige Rolle:

- Der Zeitraum für den das Recht zur Ausstrahlung gewährt wird (meist mehrere Jahre).
- Die Anzahl der möglichen Ausstrahlungen.
- Der Zeitrum in dem eine mehrfache Ausstrahlung lediglich einfach gezählt wird (oft werden 72 Stunden vereinbart, möglich sind auch längere Zeiträume).

Die Lagerhaltung besteht hier also nicht in der physischen Aufbewarung von Gütern. Allerdings ist die Lagerhaltung hier vergleichbar mit der Lagerhaltung in der Lebensmittelbranche. Das Gelagerte läuft ab und ist danach wertlos. Noch dazu gibt es eine weitere Dimension. Das Gelagerte kann mehrfach benutzt werden. Um es optimal zu nutzen, wird es in der Regel ungleichmäßig über den Nutzungszeitraum verteilt. Ein Film soll über den möglichen Nutzungszeitraum möglichst viele Zuschauer in der geplanten Zielgruppe erreichen – so kann der Gewinn maximiert werden. Es gibt zwar einige grobe Regeln, wie Filme am besten platziert werden, um dieses Ziel zu erreichen, wissenschaftlichen Maßstäben genügen diese Regeln nicht. Dennoch werden hier einige dieser Regeln genannt, da sie großen Einfluß auf die Programmplanung und das Rechtemanagment bzw. die Lagerhaltung von Rechten haben:

- Bei der Erstaustrahlung werden normalerweise die meisten Zuschauer erreicht.[3]
- Eine Ausstrahung zur Primetime bringt normalerweise mehr Zuschauer als eine Ausstrahung zu anderen Zeitpunkten.

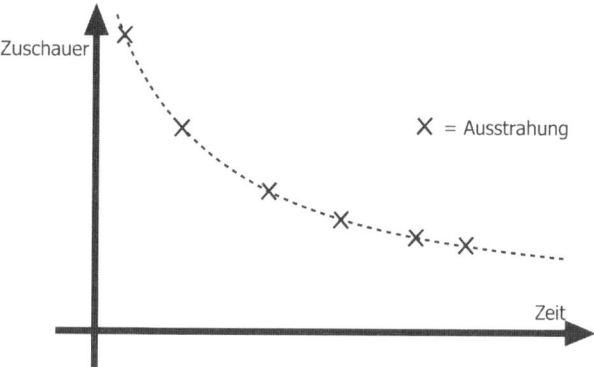

Abbildung 3: Zuschauerzahl in Abhängigkeit der Ausstrahlungshäufigkeit

---

3. Bei »Pretty Woman« war dies beispielsweise nicht der Fall.

- Je weiter die Zeitpunkte von Ausstrahungen auseinander liegen, um so höher sind die Zuschauerzahlen der nächsten Ausstrahlung.
- Je häufiger ein Film bereits ausgestrahlt wurde, um so weniger wirkt sich der Abstand zwischen zwei Ausstrahlungen auf die Zuschauerzahlen aus.

Die Auswirkungen dieser groben Regeln wurden in Abbildung 3 umgesetzt.[4] Dementsprechend sollte den Filmen Merkmale in einer Datenbank zur »Lagerverwaltung« zugeordnet werden. Bei Filmen deren Rechte vollständig vorhanden sind und bei denen es keine Einschränkungen hinsichtlich Nutzungszeitraum und Häufigkeit der Ausstrahlung gibt (z.B. Eigenproduktionen), ist eine Abwandlung dieser Regeln notwendig. Da sowohl der Nutzungszeitraum als auch die Zahl der Ausstrahlungen auf Unendlich ausgedehnt werden können. Da es sich bei beiden Werten um unterschiedliche Größen handelt könnten die Ausstrahlungszeiträume sowohl sehr dicht zusamman als auch sehr weit auseinander liegen. Als Richtgröße für die Ausstrahlung dienen in diesem Zusammenhang, die bei der vergangenen Ausstrahlung erreichten Zuschauerzahlen (bzw. die bei denen vergangenen Ausstrahlungen erreichten Zuschauerzahlen). Liegen bereits mehrere Ausstrahlungen vor, so kann durch eine lineare Regression die zu erwartende Zuschauerzahl festgestellt werden.

Optimale Nutzung von Serien

Bei Serien liegt normalerweise ein etwas anderes Zuschauerverhalten vor. Normalerweise bauen sich die Zuschauerzahlen zunächst langsam auf, bis eine stabile Nutzung erreicht wird. Geht das Material aus der aktuellen Staffel aus, so werden um den Programmplatz zu pflegen, häufig alte Folgen (beispielsweise ein »Best of ...«) gesendet. Gibt es keine neuen Folgen mehr, findet keine Abnahme der Zuschauerzahlen statt und sind die Erträge der Werbeeinnahmen zufriedenstellend, so werden die im Rechtelager befindlichen Folgen so lage wiederholt bis entweder die Rechte abgelaufen oder die Werbeeinnahmen unbefriedigend sind. Nähere Ausführungen hierzu im Abschnitt »Programmplanung«.

---

4. Im Rahmen der Programmplanung müssen, um der Erwartungen der Werbekunden gerecht zu werden, die Zuschauerzahlen prognostiziert werden. Als Informationen hierfür werden bei Filmen normalerweise der Erfolg im Kino in Relation zum Programmplatz und dem erwartetetn oder bekannten Umfeld auf anderen Sendern genutzt.

4.4.6 Besonderheiten der Print-Produktion

Unterschiede bei Einzelobjekten und Periodika

Bei der Printproduktion ist die Produktion von Einzelobjekten und die von Periodika zu unterscheiden. Bei Einzelobjekten handelt es sich fast ausschließlich um Bücher, die besonders im Bereich der Auftragsproduktion extrem lange Vorlaufzeiten haben können. Wobei es freilich auch bei der Buchproduktion seriale Produkte gibt, die jeweils ähnliche Produktionsprozesse erfordern. Ein Beispiel hierfür sind die mitunter recht aufwändig gestalteten Kochbuchreihen von Gräfe und Unzer (GU). Bei den Reihen des Verlags wird auf eine einheitliche Gestaltung und Anmutung Wert gelegt. So müssen sowohl bei der Textproduktion als auch bei der Anfertigung von Bildmaterial (Fotos, Zeichnungen etc.) Standards festgelegt und eingehalten werden. Die Produktion besteht bei den Buchverlagen meist aus dem Satz. Texte sowie das Bildmaterial werden zugekauft. Je nach Größe des Verlags wird die Korrektur von Texten intern oder durch freie Mitarbeiter vorgenommen.

Langfristige Planung

Die Produktion von Periodika erfolgt nach festen Vorgaben, da sonst beispielsweise die Einhaltung von Erscheinungsterminen nicht gewährleistet werden kann. Dabei gibt es verschiedene Verfahren, mit deren Hilfe die kreative Leistung der Unternehmen koordiniert werden kann. Als Beispiel dient hier eine Publikumszeitschrift, ein Magazin von allgemeinem Interesse mit einer Kernleserschaft von 20 bis 49 Jahren und einer Gleichverteilung der Geschlechter in der Leserschaft. Für ein solches Objekt gibt es normalerweise eine sogenannte Langfristplanung, die von der Verlagsleitung, der Redaktion und dem Anzeigenverkauf verabschiedet wird. Neben aktuellen Themen, die ereignisbezogen und entsprechend vorbestimmter Anteile im Heft erscheinen sollen, werden Sonderthemen festgelegt, die Jahreszeit- oder Ereignisbezogen Interesse bei der Leserschaft und den Anzeigenkunden hervorrufen sollen. Beispiele sind Fitness-Themen im Frühjahr oder Herbst und Sonderteile zu Messen (wie beispielsweise der CeBIT oder IAA). Durch diese Planung wird der Redaktion Zeit verschafft, Themen längerfristig vorbereiten zu können. Gleichzeitig kann die Anzeigenabteilung gezielt Kunden ansprechen, die nicht zum engeren ständigen Kundenkreis des Magazins gehören.

Puffer

Neben dieser allgemeinen Langfristplanung, die ihren Niederschlag auch in den Mediaunterlagen des Magazins findet [vgl. »Mediaunterlagen«, S. 202], werden von der Redaktion normalerweise noch wenig Zeitsensitive Themen in die Langfristplanung aufgenommen. Mit Hilfe dieser Themen können ereignisschwache Zeiten überbrückt werden.

Neben dieser langfristigen Themenplanung gibt es noch eine kurz- und mittelfristige Themenplanung. Dabei wird aktuellen Ereignissen und der Verfügbarkeit von kurzfristik publikationswürdigen Material Rechnung getragen. Die Reaktionskonferenz beschließt dann über den Umfang der jeweiligen Themen in den zu produzierenden Ausgaben. Dabei wird der aktuelle Anzeigenverkaufsstand berücksichtigt. Meist gibt es objektindividuell vorgegebene Grenzen, deren Umfang Anzeigen nicht übersteigen sollen. Zum Ausgleich wird der redaktionelle Teil etwas verlängert. Im umgekehrten Fall wird die Redakion beschnitten.

Mittel- und kurzfristige Planung

4.4.7 Besonderheiten der Rundfunkproduktion

So wie Print-Periodika feste Rubriken haben, so sind diese auch für Hörfunk- und Fernsehsender notwendig. Hörer und Zuschauer benötigen diese festen Strukturen zur Orientierung – neben den Orientierungshilfen der Programmpresse. Beim Fernsehen nennt man diese Strukturierung »Programmschema«, in dem die zu sendenen Programmformate im Wochenverlauf festgelegt werden. Beim Hörfunk unterscheidet man normalerweise zwischen Wochentagen, Samstagen sowie Sonn- und Feiertagen. Für alle Gruppen gibt es ein Tagesschema – eine 24-Stunden Plan, in der die zu sendenden Inhalte festgelegt werden. Unterhalb dieser Einteilung gibt es genaue Einteilungen davon, was im Verlauf der jeweiligen Formatstunden zu Senden ist.

Feste Schemata

Die Planung erfolgt in Abhängikeit zu denen erwartenden Zuschauerzahlen und Werbeeinnahmen auf drei Ebenen:

- Jahresplanung
- Wochenplanung
- Tagesplanung

Je nach Strategie werden die Preise für einzele Platzierungen (z.B. Serie, Dienstag, 21:45 Uhr) monatsspezifisch oder nach Monatsgruppen angegeben. Verantwortlich für diese Preisänderungen sind Zuschauerschwankungen im Jahresverlauf. Beispielhaft hierfür sind in Abbildung 4 die Sekundenpreise für zwei Werbeplätze im Programm von ORF1 zu sehen. Im Beispiel wird deutlich, dass die Schwankungen im Vorabendprogramm deutlich geringer sind als im Abendprogramm.

Bei der Belegung eines Sendeplatzes muss bei der Anwendung einer Teilkostenrechnung und bei der Prämisse eines positiven Ergebnisses jedes Sendeplatzes ergibt sich folgende Situation: Die Summe der erwartenden Werbesekunden des Programmplatzes im Jahr multipliziert mit dem Durchschnittswerbepreis des Pro-

Profitabilität von Sendeplätzen

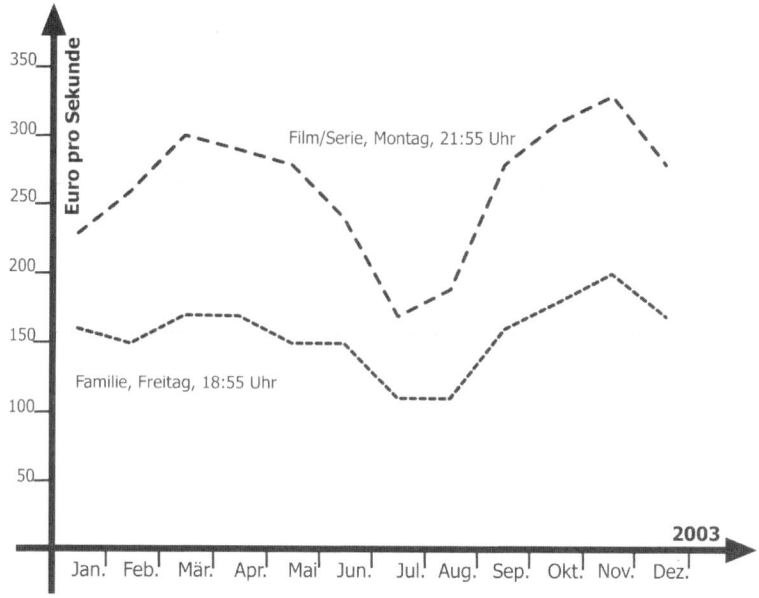

Abbildung 4: Beispiele für ORF-Werbepreiseänderungen im Verlauf 2003

grammplatzes muss niedriger sein als die direkten Jahreskosten des Programmplatzes zuzüglich eines entsprechenden Gemeinkosten-anteils. Aus strategischen Gesichtspunkten kann die Optimierung allerdings auch auf einer etwas anderen Ebene erfolgen. Wir werden dies am Beispiel etwas großerer Programmblöcke in der Wochen- und Tagesplanung [weiter unten] erläutern.

Die Funktion von Themenblöcken

Das Programmschema wird beim Fernsehen in verschiedene Tagesphasen eingeteilt, in denen wochentäglich ein ähnlich strukturiertes Tagesprogramm gesendet wird. Beispiele dafür sind beispielsweise die Morgenmagazine von ARD und ZDF oder die »Gerichtsschienen« auf RTL und SAT1, die die »Talk-Schienen« ablösten. Im Abendprogramm gibt es ein über die Woche festgelegtes Spektrum an Programminhalten – auch dies erlaubt den Zuschauern eine leichtere Orientierung. Zudem wird besonders durch die thematische Gestaltung der Abende (z.B. »Krankenhaus«, »Mystery« oder »deutscher Krimmi«), die Zuschauer über den ganzen Abend beim Sender zu halten.

Hinüberleiten

Eine Serie, die in direkter Folge aus eine thematisch ähnlich gelagerte Serie folgt – beispielsweise »Abschnitt 40« auf »Cobra 11« – hat es leichter, Zuschauer für sich zu gewinnen, als bei einer Platzierung nach »Wer wird Millionär?«. Ähnliche Beispiele sind das auf Pro7 laufende »Sex and the City«, mit dem versucht wird zu »Coupling – Wer mit wem« hinüberzuleiten.

ORF 1	Montag	Dienstag	Mittwoch	Donnerstag	Freitag	Samstag	Sonntag	
18:00	Newsflash / Serie	Newsflash / Serie	Newsflash / Serie	Newsflash / Serie	Newsflash / Serie	Sport		18:00
18:15								18:15
18:30	Vorabend / Serie	Vorabend / Serie	Vorabend / Serie	Vorabend / Serie	Vorabend / Serie	Sport I / Sport am Sonntag		18:30
18:45								18:45
19:00	Familie / Serie	Familie / Serie	Familie / Serie	Familie / Serie	Familie / Serie			19:00
19:15								19:15
19:30	ZIB 1 / Zeit im Bild 1	ZIB 1 / Zeit im Bild 1	ZIB 1 / Zeit im Bild 1	ZIB 1 / Zeit im Bild 1	ZIB 1 / Zeit im Bild 1	ZIB 1 / Zeit im Bild 1	ZIB 1 / Zeit im Bild 1	19:30
19:45							Wetter	19:45
20:00	Wetter / Wetter / Sport/Seitenblicke / Sport / Generalansage	Wetter / Wetter / Sport/Seitenblicke / Sport / Generalansage	Wetter / Wetter / Sport/Seitenblicke / Sport / Generalansage	Wetter / Wetter / Sport/Seitenblicke / Sport / Generalansage	Wetter / Wetter / Sport/Seitenblicke / Sport / Generalansage	Wetter / Wetter / Sport/Seitenblicke / Sport / Generalansage	Wetter / Sport/Seitenblicke / Sport / Generalansage	20:00
20:15	Hauptabend / Spielfilm	Hauptabend / Serie	Hauptabend / TV-Movie/ Fußball / Spielfilm	Hauptabend / Serie	Hauptabend / Spielfilm	Hauptabend / TV Film/ Spielfilm/ Show	Hauptabend / Spielfilm	20:15
20:30								20:30
20:45								20:45
21:00				Newsflash / Film/Serie / Serie				21:00
21:15								21:15
21:30								21:30
21:45		Newsflash / Film/Serie			Newsflash / Film/Serie			21:45

Abbildung 5: Programmschema des Hauptabend des ORF [Stand: Oktober 2002]

Besonders wenn neue Serien gestartet werden und diese in einem ähnlichen Umfeld platziert werden sollen, können diese zwischen zwei bereits erfolgreiche Serien platziert werden. So sollen Zuschauer, die Serie (alt1) anschauen, dazu verführt werden sich Serie (neu) anzuschauen, weil es so am angenehmsten ist, auch noch Serie (alt2) anschauen zu können. Die Erfolgswahrscheinlichkeit dieses Verfahrens läßt sich aus den Daten des GfK-Meter herauslesen. Besonders erfolgreich ist dieses Vorgehen dann, wenn die Schnittmenge von Serie (alt1) und (alt2) groß ist und sich die Zuschauerzahl im Verlauf des Sendeabends eher auf- als abbaut.

Mischkalkulation

Oben wurde bereits die Prämisse des positiven Ergebisses jedes Sendeplatzes genannt. Allerdings gibt es auch beim Fernsehen Formen der Mischkalkulation. So kann es auch aus Imagegünden durchaus sinnvoll sein, eine Serie ins Programm zu nehmen, die direkt ihre eigenen Kosten nicht deckt. Ein Paradebeispiel aus dieser Klasse sind vielfach Sportereignisse, wie die Fußball Bundesliga oder die Champios League. Sie werden vor allem aus Imagegründen im Programm platziert. Während die Transfereffekte aus das übrige Programm durchaus begrenzt sind und man damit den Sinn dieser Aktionen in Frage stellen mag, gibt es durchaus messbare Gründe und Effekte im Bereich Serien, die Kostenunterdeckung für eine Serie (a) sinnvoll machen. Können beispielsweise durch den Kauf einer Serie (a) die Zuschauerzahlen der darauf folgenden Serien (b) und (c) gesteigert werden, so dass der negative Gewinn des Programmplatzes (a) überkompensiert wird, dann ist der Kauf von (a) sinnvoll. Umgekehrt ist es natürlich auch möglich um einen Programmplatz, der nicht kostendeckend ist, kostengünstig gekaufte Programme zu platzieren, die durch den Überleitungseffekt bereichert werden. Insgesamt ist bei der Produktion und bei der Ablaufplanung eines Programmes also wichtig, ein Gesamtoptimum zu erreichen. Die Optimierung kann sowohl beim einzelnen Programm und seiner Platzierung als auch bei Programmschienen ansetzen.

Platzierungsprinzipien   Die Planung solcher Schienen und die Überleitung von Zuschauern von einer in eine folgende Sendung erfolgt nicht nur auf der Ebene eines einzelnen Senders. Sie erfolgt auch in der senderübergreifenden Planung. Hier sind die Vorgehensweisen etwas komplexer als bei der unabhängigen Planung eines Einzelprogramms. Hier gibt es verschiedene Vorgehensweisen:

- *Konfrontation*: Ein thematisch ähnlich gelagertes Programm (z.B. ebenfalls eine Gerichtsshow) mit einer vergleichbaren Zielgruppe wird zum gleichen Anfangszeitpunkt gesendet.
- *Ausleitung*: Zum Endzeitpunkt eines Programms auf einem konkurrierenden Sender startet ein Programm, das möglichst viele Zuschauer zum Umschalten animiert. Ein Beispiel hierfür sind die Endzeitpunkte von »Arlam für Cobra 11« und »Für alle Fälle Stefanie«. Beide Sendungen enden um 21:15 Uhr, so dass die Zuschauer einfach das Programm wechseln können.
- *Bindung*: Die Endzeitpunkte einer Sendung werden so gewählt, dass es dem Zuschauer unangenehm ist, auf ein anderes Programm umzuschalten, weil die gerade gesehene Sendung noch nicht beendet ist. Ein Beispiel hierfür sind »Sex and the City« und «Coupling – Wer mit wem« auf Pro7 die erst 20 Minuten nach dem Start von »Ally McBeal« enden.

Diese Form der Planung wird noch um einiges komplexer, wenn man an die mittwerleile existierenden Senderfamilien und ihren unterschiedlichen Grad der Verbundenheit denkt. So ist es beispielsweise möglich, auch absichtlich die Ausleitung auf einen anderen Sender herzustellen. In diesem Fall beginnt auf einem verbundenen Sender (b) eine Sendung (b) die eine bestimmte Zielgruppe des Senders (a) aus einer theamtisch passenden Sendung (a) aufnimmt. Der Grund dafür kann sein, dass das Zuschauerpotenzial (in diesem Fall speziell der Reichweite) von Sendung (b) den Ansprüchen von Sender (a) nicht mehr genügt. Typischerweise handelt es sich dabei um Wiederholprogramme, deren Lizenzkosten gering sind.

Neben der Planung des Programms müssen natürlich noch die Werbeinseln geplant werden. Dabei ist es innerhalb einer Sendergruppe ohnehin üblich, die Werbeinseln möglichst parallel zu platzieren, damit das Zapping der Zuschauer keine allzu negativen Folgen auf die Reichweiten der Werbeinseln hat. Zudem gibt es wenig Gründe, die Wereinseln nicht auch parallel zu denen konkurrierender Sender zu platzieren [Zur Länge der Werbeinseln und den Möglichkeiten zur Verteilung dieser Werbeinseln im Programm inklusive der gesetzlichen Schranken vgl. »Rundfunkstaatsvertrag«, S. 47 ff.]

4.4.8 Besonderheiten der Online-Produktion

Die Produktion von Online-Werbeträgern, Paid Content oder Websites mit verkaufbaren Funktionen ist (noch) relativ heterogen organisiert. Das betrifft – wie schon im Kapitel »Online-Medien«, S. 159 ff. besprochen – vor allem doch die recht heterogenen Herangehensweisen an den Medienapparat an sich.

Die Produktion war in der Anfangszeit des kommerziellen Internet durch einen hohen Anteil der Eigenproduktion geprägt. Werkzeuge – in diesem Fall Programme – wurde zum großen Teil von den Unternehmen selbst entwickelt. Mittlerweile gibt es für viele verschiedene Anwendungen spezialisierte Anbieter, die die Eigenentwicklung von Programmen zum großen Teil überflüssig macht. So gibt es Software-Anbieter für:

Dynamische Veränderung der Produktion

- die Einbindung und Verwaltung von Online-Werbeflächen (AdServer) [vgl. Werner 2000]
- die strukturierte Einbindung und Verwaltung von Inhalten (Content Managment Systeme – CMS)
- den Betrieb vom Communities
- den Betrieb von Verkaufsplattformen
- das Customer Relationship Managment (CRM)

Zudem gibt es mittlerweile Lieferanten für maßgescheiderte Inhalte – sogenannte Content Syndicatoren (vgl. »Syndication«, S. 403 f.) –, so dass der »Muss-Inhalt« einer Website eingekauft werden kann und lediglich die Teile der Website, die zur Unterscheidung von Konkurrenten beitragen, selbst erstellt werden müssen.

Signifikante Unterschiede bezüglich der laufenden Produktion gibt es allerdings bezüglich zweier unterschiedlicher Typen von Online-Medien. Bezüglich der Pole geht es hierbei um Funktionen und Informationen, die Online jeweils kaum in Reinform vorkommen. Mischformen sind üblich. Dennoch entspricht die laufende Produktion eines Anbieters von Unified Messaging (der sind u.a. durch Werbung finanziert) mehr einem klassischen Dienstleistungsunternehmen außerhalb des Medienbereichs als eine Website die Nachrichten anbietet und eine eigene Redaktion unterhält, die kreativ arbeiten muss.

Dennoch ist die Herangehensweise an die Online-Produktion recht ähnlich. Für das Basiskonzept und den Relaunch einer Website wird in der Regel der Rat einer darauf spezialisierten Agentur und / oder eines darauf spezialisierten Beratungsunternehmens eingeholt. Diese erarbeiten das Basiskonzept der Website in Zusammenarbeit mit dem auftraggebenden Unternehmen. Dies Basisgestaltung, bzw. der Relaunch hat in der Regel auch großen Einfluss auf die Organisation der Produktion, da hierbei festgelegt wird, welche Teile der Website in welcher Form betrieben werden. Ein Beispiel hierfür ist die Aktualisierungsfrequenz eines Themenblocks oder die Notwendigkeit der Moderation von Community-Plattformen [vgl. Werner 2003].

4.4.9 Literatur

Benjamin, Walter (1963): Das Kunstwerk im Zeitalter seiner technischen Reproduzierbarkeit: Drei Studien zur Kunstsoziologie. Frankfurt am Main: Suhrkamp

Frank, Bernward / Maletzke, Gerhard / Müller-Sachse, Karl H. (1991): Kultur und Medien: Angebote – Interessen – Verhalten. Eine Studie der ARD / ZDF-Medienkommission. Baden-Baden: Nomos

Heinrich, Jürgen (1999): Medienökonomie: Band 2: Hörfunk und Fernsehen. Opladen/Wiesbaden: Westdeutscher Verlag

Kiefer, Marie Luise (2001): Medienökonomik. Einführung in eine ökonomische Theorie der Medien. München: Oldenbourg

Nebl, Theodor (2001): Produktionswirtschaft. Müchen: Oldenbourg (4. Aufl.)

Schneeweiß, Christoph (2001): Einführung in die Produktionswirtschaft. Heidelberg: Springer (8. Aufl.)

Werner, Andreas (2003): Marketing-Instrument Internet. Heiderberg: dpunkt (3. Aufl.)

Werner, Andreas (2000): Site Promotion. Werbung auf dem WWW. Heidelberg: dpunkt (2. Aufl.)

Wöhe, Günter (2000): Einführung in die Allgemeine Betriebswirtschaftslehre. München: Vahlen (20. Aufl.)

4.5 Organisation und Kooperation

Bei der Analyse der betriebswirtschaftlichen Grundfunktionen in ihrer medienspezifischen Ausprägung ist es sicherlich nicht erstaunlich, dass auch für den Bereich der Organisation und Kooperation in hohem Maße eigenständige Lösungen und Problemfelder anzutreffen sind. Medienunternehmen haben in hohem Maße kreative Arbeit zu leisten und müssen dabei dennoch langfristig wirtschaftlich erfolgreich arbeiten. Es ist die Aufgabe der Organisation sicherzustellen, dass dieses Ziel erreicht werden kann. Durch die Verschiedenheit dieser kreativen Leistungen werden jeweils individuell möglichst optimale Unternehmensstrukturen notwendig, die das Erreichen der Ziele ermöglichen. Ziel der Organisation ist es, die möglichst optimale Struktur für das Unternehmen zu erreichen. Es gibt eine ganze Reihe unterschiedlicher Formen je nach Unternehmensgegenstand und Unternehmenshistorie und wir werden im Folgenden deutlich machen, dass jede der etablierten Lösungen eine Reihe von ganz bestimmten Vor- und Nachteilen mit sich bringt. Auch bei der Berücksichtigung des individuellen Marktes und Unternehmens gibt es somit keine »ideale« Organisationsform.

Optimierung der Organisationsstruktur – Ergebnis mit Vor- und Nachteilen

4.5.1 Aufgabenbereich der Organisation

Organisation ist einer der Begriffe der Betriebswirtschaftslehre, die neben ihrer fachlichen Definition auch mit einem Alltagsverständnis belegt sind. Dass dieses alltäglich Verständnis von Organisation keineswegs einheitlich sein kann, zeigt sich bereits daran, dass auch bei den Fachdefinitionen keine Einheitlichkeit besteht. Organisieren als Tätigkeit wird einerseits in den Vordergrund gerückt, während auf der anderen Seite das Organisationsgebilde als Objekt dieser Tätigkeit die Verwendung des Organisationsbegriffs prägt.

Organisation als Tätigkeit und Ergebnis

Für ein Medienunternehmen geht es letztlich darum, die bestmögliche Erfüllung der betrieblichen Ziele (die meist Fremdbedarfsdeckung an Produkten, die Information, Unterhaltung und /

oder die Verbreitung von Werbebotschaften beinhaltet) zu gewährleisten. Hierfür ist es notwendig, dafür zu sorgen, dass die
Aufgaben und Teilaufgaben innerhalb der Unternehmung nicht
unkoordiniert wahrgenommen werden. Deshalb wird im Regelfall die Schaffung einer Organisationsform angestrebt, die aufgrund der Anordnungs- und Kontrollbeziehungen sowie der
Kommunikationsbeziehungen die Erreichung dieser Unternehmensziele begünstigt.

Definition   Allgemein versteht man unter Organisationen »soziale Gebilde, die dauerhaft ein Ziel verfolgen und eine formale Struktur
aufweisen, mit deren Hilfe Aktivitäten der Mitglieder auf das ver-
folgte Ziel ausgerichtet werden sollen« [Kieser / Kubicek 1992,
S. 4]. Es geht also dabei um eine Ausrichtung der Unternehmensstruktur an den Unternehmenszielen, die wiederum vom Wandel
der betrieblichen Umwelt durchaus beeinflusst werden und daher
im Zeitablauf unterschiedliche Ausprägungen annehmen können. Ziel ist eine sinnvolle und konfliktarme Koordination der
Aufgabenträger. Hierfür gibt es hinsichtlich der Starrheit bzw.
Flexibilität der Organisation große Unterschiede, die den jeweiligen Unternehmens- und Marktbedürfnissen angepasst werden
sollten. Die Organisation lässt sich in diesem Zusammenhang
von der Improvisation und Disposition unterscheiden [vgl. Jung
2000, S. 242]. Ziel der Organisation ist es, die dauerhafte und feste Struktur zu beschreiben, die für längere Zeit Gültigkeit besitzt. Improvisation hingegen wird dann beansprucht, wenn
aufgrund meist externer Parameter (z.B. Markt als Faktor der
Unternehmensumwelt) keine feste Struktur mit längerer Dauer
sondern eine lediglich vorläufige nicht gefestigte Struktur zum
Einsatz kommen soll. Einen noch höheren Flexibilitätsgrad als
die Improvisation besitzt die Disposition, die den fallweisen einmaligen Lösungsansatz beschreibt. Letztlich braucht jedes Unternehmen neben organisatorischen Lösungen auch Elemente der
Improvisation und Disposition. Ziel sollte es sein, zur Erreichung
einer ausreichenden Stabilität und Verlässlichkeit, was sich meist
auch in der Qualität der Prozesse des Unternehmens widerspiegelt, einen möglichst hohen Organisationsgrad zu besitzen. Naturgemäß ist es einfacher, bei einem Zeitungsverlag mit seit
Jahren stabilem Sortiment und Produktumfeld eine stabile Organisationsstruktur zu erreichen als beispielsweise einem Online-
Projekt, das erst seit kurzer Zeit besteht und vierteljährlich aufgrund von Marktturbulenzen oder Änderungen der Gesellschafterstruktur neu ausgerichtet wird. Bei solchen Szenarien gewinnt
die Improvisation und Disposition eine sehr viel größere Bedeutung, die allerdings auch meist ein Signal für die Reife oder Un-
reife eines Marktes bzw. einer Organisation darstellen können

und bei vielen Start-Up-Unternehmen teilweise groteske Züge angenommen hatten.

4.5.2 Aufbauorganisation in Medienunternehmen

Die Aufbauorganisation ist der Teil der Unternehmensstruktur, der für unsere folgende Diskussion die größte Bedeutung besitzt. »Die Aufbauorganisation als Teil der Betriebsorganisation hat nun die Aufgabe, die verschiedenen betrieblichen Funktionsträger derart aufeinander abzustimmen, dass eine sinnvolle Kooperation der arbeitenden Menschen und deren betrieblichen Tätigkeiten auf das zu erreichende Unternehmensziel gewährleistet wird.« [Meyer / Stopp 1991, S. 22]. Im Gegensatz zur Ablauforganisation steht hierbei nicht der Arbeitsvorgang und die Aneinanderreihung von Arbeitsabläufen im Vordergrund, sondern die Gestaltung des Unternehmensaufbaus, d.h. die Gestaltung der Produktivfaktoren.

Aufbauorganisation zur Abstimmung der Kooperation betrieblicher Funktionsträger

Dass die Gestaltung der Aufbauorganisation gerade für Medienunternehmen von besonderer Bedeutung ist, ergibt sich aus den Faktoren, die durch die Aufbauorganisation beeinflusst werden. Wenn es darum geht, ob einzelne Produkte z.B. der Online-Ableger eines Print-Verlags als eigenständige Unit geführt werden sollen, entscheidet die Organisationsstruktur über die Quersubvention zwischen Produkten bzw. die Transparenz innerhalb der Unternehmung. Bei der Frage, wie steil Hierarchien sind, wird bereits deutlich, dass auch die Entscheidungsgeschwindigkeit einer Organisation über die Aufbauorganisation beeinflusst wird. Gerade bei aktuellen Massenmedien ist es z.B. entscheidend, dass innerhalb der Redaktion die Zuständigkeiten und Entscheidungskompetenzen klar und einfach geregelt sind, um bei wichtigen Ereignissen rasch reagieren zu können. Ob die einzelnen Produkte marktnah gestaltet werden können, da eine dezentrale marktorientierte Struktur vorliegt, ist insbesondere bei großen Medienunternehmen, die mehrere Produktlinien, Print, TV, Hörfunk etc. betreiben, von entscheidender Bedeutung. Neben der Marktnähe ist auch das Betriebsergebnis und die Arbeitszufriedenheit der einzelnen Mitarbeiter direkt mit der Ausgestaltung der Aufbauorganisation verbunden.

Hierarchie und Entscheidungsgeschwindigkeit

Durch die Aufbauorganisation ergibt sich die hierarchische Über- und Unterordnung von Bereichen, Funktionen und Stellen. Die Anordnungslinien und Kommunikationskanäle werden ebenfalls daraus ersichtlich. Unternehmen als arbeitsteilige Einheiten haben einzelne Untereinheiten, wie z.B. Bereich, Hauptabteilung, Abteilungen, Gruppe, Untergruppe, Stelle. In dieser

Hierarchische Über- und Unterordnung

durch zahlreiche grafische Darstellungen der Aufbauorganisation (sogenannte Organigramme) bekannten Untergliederung werden alle Funktionsträger mit Anordnungsbefugnis als Instanz bezeichnet. Ihnen kommt vor allem bei der Entwicklung der Führungskultur eine zentrale Bedeutung zu. Die kleinste organisatorische Einheit der Aufbauorganisation, die Stelle, beschreibt das Aufgabenpensum, das bei normalem Leistungsvermögen durch eine nur gedachte und nicht bereits bestimmte Person erbracht werden kann. Allenfalls bei seltenen Kombinationen von Fähigkeiten ist es legitim eine Stelle auf zukünftige (oder existierende) Stelleninhaber zuzuschneiden. Letzteres ist bei Führungspositionen im Medien-bereich sei es im redaktionellem oder dem Managementbereich immer wieder der Fall. In der Folge entsteht für das Medienunternehmen jedoch das Problem, dass bei einem Wechsel in der Stellenbesetzung häufig nicht nur ein neuer Mitarbeiter akquiriert werden muss, sondern eine Überarbeitung der gesamten Organisationsstruktur notwendig wird. Dies zeigt bereits das Spannungsverhältnis zwischen der Struktur auf der einen und den persönlichen Qualifikationen auf der anderen Seite. Letztlich soll die Stabilität gewährende Organisationsstruktur ja nicht dazu führen, dass Mitarbeiter mit ihren Wünschen und Qualifikationen durch ein Raster gepresst werden. Gleichzeitig kann nur eine starke Organisationsstruktur ein koordiniertes Zusammenarbeiten ab einer bestimmten Größenordnung des Unternehmens sicherstellen und dadurch die Freiheit des selbstbestimmten Arbeitens ermöglichen.

Stellenbeschreibung und Stellenplan

Im Regelfall werden die Stellen in Stellenbeschreibungen umrissen, die wiederum in einem Stellenplan zusammengefasst sind. Wichtig ist für die Entwicklung eines Medienunternehmens an diesem Punkt die Tatsache, dass die in einer Stellenbeschreibung fixierte Stelle (Grad der Anforderungen, Entscheidungs- und Ausführungskomponenten etc.) im Laufe der Zeit großen Wandlungen unterliegen kann. War früher für einen guten Redakteur die Kenntnis von Technik insbesondere Informationstechnik kein Bestandteil des Profils, ist dies als Basisqualifikation mittlerweile unerlässlich und durch externe Entwicklungen (Technisierung, Informatisierung) vorgegeben. Ein anderes Beispiel für die Verschiebung einmal festgelegter Anforderungen ist die sukzessive Ausweitung von Einflussmöglichkeiten durch einen Mitarbeiter im mittleren Hierarchiebereich, der sich mittlerweile z.B. als Verkaufsleiter bei der Werbevermarktung einen Status erarbeitet hat, der es ihm ermöglicht bereits bei der Neuentwicklung von Produkten frühzeitig mit einbezogen zu werden, wenn es um die Vermarktbarkeit geht. Hier können Kompetenzausdehnungen stattfinden, ohne dass dies jemals formal vermerkt wird. Ein zentrales Element bei der Ausgestaltung der Aufbauorganisation ist das Wechselspiel zwischen schlanken Organisationsstrukturen und hohen Leitungsspannen. Die Leitungsspanne beschreibt, wie viele Mitarbeiter einem Vorgesetzten zugeordnet sind. Dieser Wert (engl. span of control) kann stark schwanken. Dabei hängt er natürlich von den Umständen innerhalb des Betriebs ab. Eine hohe Leitungsspanne ist dann möglich wenn:

- das Arbeitsumfeld der Mitarbeiter stabil ist (Routine-tätigkeiten)
- die Mitarbeiter ähnliche Tätigkeiten ausführen
- Mitarbeiter an einem Ort gut gebündelt sind
- die Mitarbeiter gut qualifiziert sind für ihre Aufgaben
- das Management über Infrastruktur (Assistenten etc.) verfügt

Im Medienbereich sind daher beispielsweise bei den Vertriebsin-spektoren der Tageszeitungen recht hohe Leitungsspannen üblich. Es geht einerseits um Routinetätigkeiten der zugeordneten Mitarbeiter (frühmorgendliche Zustellung der Zeitung) und andererseits um eine Tätigkeit, für die klare Anweisungen von Seiten der Unternehmensleitung vorhanden sind. Gleichzeitig ergibt eine Verringerung der Leitungsspanne automatisch eine Zunahme der Hierarchieebenen [vgl. Daft 1999, S. 312]. Da Hierarchieebenen jedoch sehr kostspielig sind (Führungsaufgaben werden im Regelfall höher dotiert als vorwiegend operative Tätigkeiten), und die Entscheidungsgeschwindigkeit aufgrund des langsameren Informationsflusses hemmen, hat sich in den neunziger Jahren der Trend zum »Lean Management« durchgesetzt, bei dem der Abbau der Hierarchieebenen oberstes Ziel war. Dies hatte gleichzeitig eine Zunahme der Leitungsspanne zur Folge, was wiederum nur zu bewältigen war, wenn die Mitarbeiter mehr Eigenverantwortung wahrnehmen konnten. Hier zeigt sich bereits der Zusammenhang zwischen formaler Organisations-struktur und Organisationskultur [vgl. »Organisationstrends«, S. 255 ff.].

Routinetätigkeit und Leitungsspanne

Ein weiteres Merkmal einer Aufbauorganisation ist der Grad der Zentralisierung von Aufgaben. Nach dem Prinzip der Zentralisation werden gleichartige Aufgaben zusammengefasst, während bei der Dezentralisation gleichartige Aufgaben auf mehrere Stellen verteilt werden. Dabei ist für die Analyse insbesondere die räumliche Zentralisation und die funktionsmäßige Zentralisation von Bedeutung. Bei der räumlichen Zentralisation werden bestimmte betriebliche Funktionen räumlich konzentriert, um vor allem den Personalaufwand (z.B. bei der Produktion) zu vermindern und die Kontrolle zu erleichtern. Bei der funktionsmäßigen

Zentralisierung der Verrichtung

Zentralisation werden gleichartige Verrichtungen bzw. Unternehmensfunktionen gebündelt, um eine höhere Spezialisierung zu ermöglichen. Beispielhaft aus dem Medienbereich ist die Zentralisation von Werbevermarktungsansätzen im Online-Markt (national agierende Vermarkter) im Vergleich zu dezentralen Vermarktungsansätzen bei der Vermarktung von Printwerbung insbesondere bei Zeitungen, wo keine räumliche Bündelung möglich ist, da der Standort der Kunden ausschlaggebend ist.

Zwei Gliederungsprin-
zipien: divisional &
funktional

Bei der Bildung der Aufbauorganisation gibt es zwei grundsätzliche Gliederungsprinzipien: Einerseits die Gliederung nach Produktgruppen, Regionen etc. im Rahmen einer divisionalen Organisation. Andererseits die Gliederung nach Funktionsbereichen (Verrichtung) im Rahmen der funktionalen Gliederung. Natürlich kann bei großen Unternehmen die Gliederung nach Divisionen z.B. durch eine funktionale Untergliederung einer jeden Division ergänzt werden, ausschlaggebend für die Zuordnung ist dabei das Gliederungsprinzip, das bei der obersten Gliederungsebene eingesetzt wurde. Anhand der folgenden Beispiele aus dem Medienbereich werden wir die wichtigsten Vor- und Nachteile dieser Organisationsformen darstellen.

4.5.2.1 Medienhaus

Ein größeres Medienunternehmen bildet im eigenen Haus die Produktbereiche Zeitungen, Zeitschriften, Hörfunk, TV und Online-Medien ab. Um diese zum Teil doch recht unterschiedlichen Geschäftsfelder wirtschaftlich zu führen, wird eine divisionale Organisationsstruktur nach Produktgruppen etabliert.

Der Vorteil einer solchen Struktur ist die rasche Reaktionsfähigkeit der einzelnen Divisionen auf sich ändernden Umwelt-,

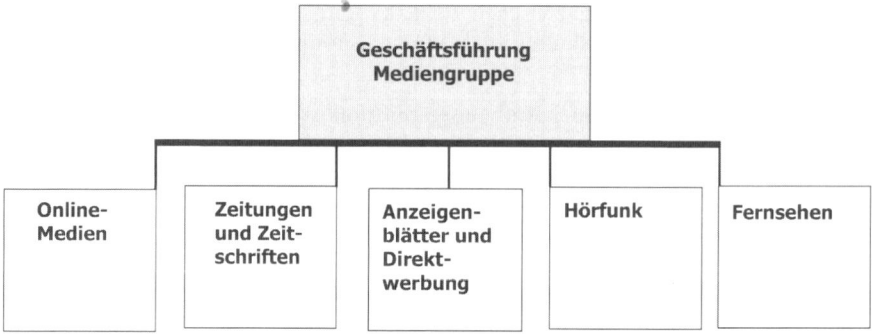

Abbildung 1: Divisionale Gliederung nach Produktgruppen im Medienunternehmen

insbesondere Marktbedingungen. Jeder Verantwortliche für eine einzelnen Division hat auch die Möglichkeit, über die Funktionsgrenzen hinweg, sein Produkt am Markt auszurichten. Nachteilig ist an dieser Stelle sicherlich die Duplizierung der Ressourcen und die fehlende Spezialisierungsmöglichkeit innerhalb der einzelnen Funktionsbereiche. Das bedeutet: Es gibt für jedes Medium eine Redaktion und eine Werbevermarktung, ohne dass innerhalb dieser beiden Funktionsbereiche eine übergreifende Spezialisierung der Mitarbeiter möglich ist.

4.5.2.2 Zeitungsverlag

Der von uns beschriebene Verlag versteht sich im Wesentlichen als Einproduktunternehmen und hat daher die Organisationsstruktur nach den Verrichtungen (Funktionen) Anzeigen, Marketing, Vertrieb, Redaktion und Verwaltung gegliedert.

Einproduktunternehmen mit funktionaler Gliederung

Vorteilhaft für den Verlag ist die Tatsache, dass eine Bündelung der gemeinsamen Funktionsbereiche hier eine größer Spezialisierung zulässt (z.B. im Bereich der Marktforschung für die Werbevermarktung) und auch die Schaffung von Doppelressourcen (z.B. mehrere Werbevermarkter für unterschiedliche Teilprodukte) vermieden wird. Als sehr nachteilig hat sich bei der funktionalen Gliederung jedoch die teilweise langsamere Reaktion auf Umweltveränderungen und die starke Eigendynamik abteilungsspezifischer Sichtweisen erwiesen. Gerade im Verlagssektor hat beispielsweise die Kluft zwischen Anzeigenabteilung und Redaktionen eine gewisse Tradition, was sich in Kommunikationsbarrieren äußert, die eine durchgehende Kundenorientierung im Sinne eines integrierten Marketings erschweren.

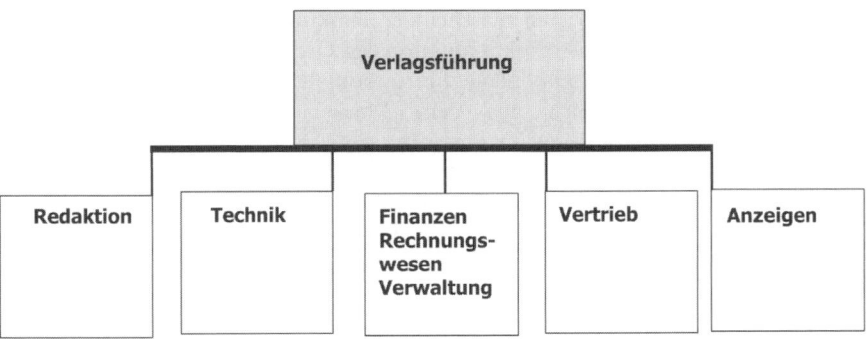

Abbildung 2: Funktionale Gliederung im Zeitungsverlag

Einliniensystem   Die bislang vorgestellten Organisationsformen beruhten auf einem reinen (Ein-)Liniensystem, bei dem eine direkte Verbindungslinie zwischen den Instanzen und den zugeordneten Stellen sichtbar ist, die die direkte hierarchische Unterstellung klar macht. Dabei wird vor allem bei komplexeren größeren Unternehmen sehr schnell deutlich, dass die oberen Instanzen tendenziell überlastet sind. Neben den Führungsfunktionen gegenüber dem Gesamtunternehmen oder Fachabteilungen, sollte noch genügend Zeit für die strategische Arbeit und Zukunftsplanung vorhanden sein. Um hier für eine Entlastung der Instanzen zu sorgen, wurden sogenannte Stabsstellen ins Leben gerufen, die dazu beitragen sollen, eine ausreichende Zuarbeit z.B. von Experten zu gewährleisten. Im Medienbereich sind diese Stabsstellen häufig mit Juristen (Personal, Recht, Medien- und Wettbewerbsrecht) oder Medien(technologie)-Experten besetzt. Für den Inhaber einer Stabsstelle ist es zwar vorteilhaft, an der Entscheidungsfindung vorbereitend mit tätig zu sein, allerdings besitzt ein Mitarbeiter im Stab zunächst keine Funktionsmacht. Der Einfluss eines Inhabers einer Stabsstelle hängt von seinem Expertenwissen und der Nähe zu den höheren Instanzen (indirekte Macht, indirekter Einflussbereich) ab, weshalb ein Großteil der Macht geliehene Macht ist, die von Zeit zu Zeit in Frage gestellt werden sollte.

Matrix-Organisation   Um die Nachteile der oben bereits beschriebenen divisionalen und funktionalen Gliederungstypen zu vermeiden ist es nicht erstaunlich, dass versucht wurde, mit einer neueren Organisationsform – der sogenannten Matrix-Organisation – Abhilfe zu schaffen. Bei der Matrixorganisation wird das Prinzip der funktionalen Gliederung mit den entsprechenden Vorteilen (Ressourcenbündelung, Spezialisierung) genutzt. Gleichzeitig wird der Nachteil der rein funktionalen Gliederung (v.a. Kommunikationsbarrieren zwischen den Funktionsbereichen) begrenzt, indem quer zur vertikal funktionalen Ordnung eine horizontale divisionale Komponente hinzu kommt. Dieses Modell stammt ursprünglich aus dem Markenartikelbereich, wo bei der divisionalen Verantwortung ein Produktmanagement eingeführt wurde, das eine systematische Betreuung der einzelnen Produkte ermöglicht. Im Mediensektor kommt die Matrixorganisation häufig bei Buchverlagen vor, wenn das Lektorat die Funktion eines Produktmanagements übernimmt oder in Zeitschriftenverlagen, wenn einzelne Titel mit einem Verlagsleiter ausgestattet werden, der in Abstimmung mit den funktionalen Organisationseinheiten die wirtschaftliche Verantwortung für den Titel oder die Titelgruppe übernimmt. Auch in Teilbereichen, wie beispielsweise der Werbevermarktung werden häufig Matrixstrukturen

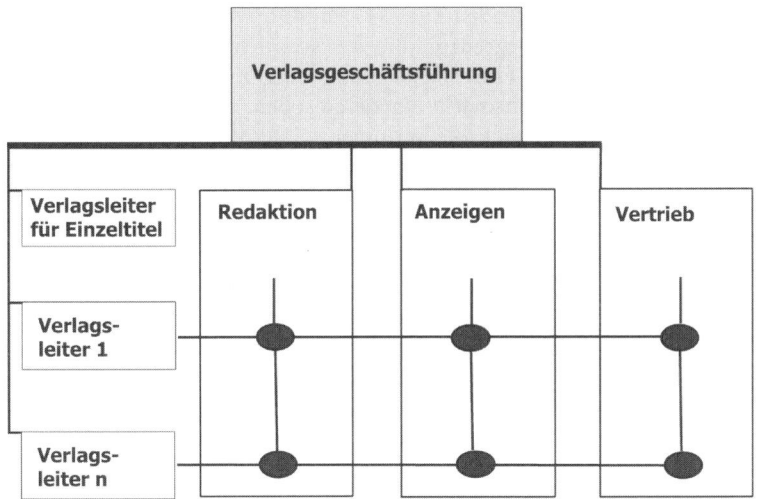

Abbildung 3: Matrixorganisation in einem Presseverlag

aufgebaut, wenn beispielsweise die funktionale Gliederung nach Innen- und Außendienst mit regionalen divisionalen Elementen kombiniert wird.

Allen Anwendungsbereichen der Matrixorganisation ist jedoch gemein, dass neben den z.T. bereits genannten Vorteilen (Flexibilität, Anpassungsfähigkeit, effiziente Ressourcennutzung, Entwicklung einer generellen Managementfähigkeit bei den Mitarbeitern) auch eine Reihe von Nachteilen in Kauf genommen werden müssen. An erster Stelle muss hier der erhöhte Kommunikationsaufwand genannt werden. Die Abstimmung zwischen den Interessen der vertikalen und horizontalen Anweisungsbefugten prallen häufig an der Schnittstelle aufeinander. Hier kann es insbesondere beim Einsatz von Ressourcen oder den Zeitvorstellungen zu klaren Konfliktsituationen kommen, was für den betroffenen Mitarbeiter, der in englischsprachigen Darstellungen gerne als »two-boss-person« bezeichnet wird, die Arbeit erschwert. Generell kann der steigende Aufwand an Kommunikation, Sitzungen und Diskussionen zu einer Frustration bzw. Konfusion der Mitarbeiter führen. Damit wird deutlich, dass die eingangs gemachte Feststellung, dass es keine ideale Organisationsform ohne Nachteile gibt, sich auch an dieser Stelle bestätigt.

Um die Vorteile der vertikalen funktionalen Gliederung zu nutzen und gleichzeitig die Nachteile der unflexiblen Organisation und problematischen funktionsübergreifenden Kommunikation und Koordination zu begrenzen, gibt es jedoch auch Alternativen zur Matrix-Organisation. Mit Hilfe von funktions-

Vor- und Nachteile der Matrixorganisation

Alternativen zur Matrixorganisation

übergreifenden Teams (Team-Organisation) lassen sich entweder zeitlich begrenzte Einheiten schaffen, die beispielsweise ein neues Produkt (z.B. TV-Sendung oder Zeitschriftentitel) im Nutzer- und Werbemarkt platzieren sollen, oder es werden keine zeitlich begrenzten Projektgruppen sondern ständige Teams eingerichtet, die sich beispielsweise mit der Reorganisation des Medienunternehmens befassen. Die Vor- und Nachteile ähneln denen der Matrixorganisation, da man ebenfalls die Vorteile der Spezialisierung nutzen kann und die Nachteile der funktionalen Gliederung begrenzt. Gleichzeitig entsteht hier jedoch in ganz augenfälliger Weise der Nachteil eines stark erhöhten Kommunikationsaufwands, da beispielsweise Mitarbeiter aus ihrer normalen Funktionsverantwortung herausgelöst werden, um zu einem hohen Anteil ihrer Arbeitszeit in dem funktionsübergreifenden Projektteam mitzuwirken.

Erfolgsfaktor Aufbauorganisation

Wie sehr die Aufbauorganisation für den Erfolg eines Medienunternehmens oder von Teilbereichen von Medienunternehmen verantwortlich sein kann, wird im Folgenden kurz exemplarisch anhand eines Großunternehmens diskutiert. Wenn ein Medienunternehmen in vielen Geschäftsbereichen international tätig ist, stellt sich bei der Strukturierung des Unternehmens zum Beispiel die Frage, ob Produktgruppen oder nationale Märkte (Regionen) die oberste Gliederungsebene bilden sollen. D.h. selbst bei einer Entscheidung für eine divisionale Gliederung ist das Gliederungskriterium keinesfalls klar. Eine Gliederung nach Produktgruppen stellt die Nutzung der Synergien innerhalb der einzelnen Geschäftsbereiche sicher, hat jedoch gegenüber der regionalen Gliederung den Nachteil, dass unter Umständen nationale Besonderheiten des Marktes nicht immer die notwendige Berücksichtigung erfahren. Bei beiden Gliederungsprinzipien ist es dann entscheidend, wie die funktionale Spezialisierung im Gesamtunternehmen organisatorisch verankert wird. Wenn nun neue Geschäftsbereiche, wie Online-Medien in einem Unternehmen verankert werden sollen, gibt es unterschiedliche Möglichkeiten dieses neue Geschäftsfeld so zu integrieren, dass es gleichzeitig die Synergien mit den bisherigen Geschäftsfeldern und Produkten nutzen kann und dennoch die zukunftsweisende Perspektive, die z.B. bei Bertelsmann lange Zeit der »integrierte Medienkonzern« mit dem »Internet« als »Schlüssel der Zukunft« [Hamann / Heuser 2002] war, verwirklicht werden kann. Werden die Online-Angebote der Zeitschriftentitel diesen Titeln oder dem Zentralbereich Zeitschriften zugeordnet wird man zwar den redaktionellen Input der Printmedien und deren Vermarktungserfahrung nutzen können, gleichzeitig kann die Eigenständigkeit des neuen Online-Geschäftsfelds leiden und die

Integration neuer Geschäftsfelder

Synergien zum konzerneigenen Direktmarketinggeschäft bleiben ebenfalls begrenzt. Eine Umorganisation wird wiederum die zuvor genannten Vorteile in Frage stellen. Auch hier gibt es nicht die organisatorische Lösung schlechthin sondern lediglich eine Abwägung von Vor- und Nachteilen, die die jeweiligen Marktentwicklungen etc. berücksichtigen muss. Gleichzeitig können Querverbindungen zur Begrenzung von Nachteilen in der Organisationsstruktur vorgesehen werden.

4.5.3 Organisationstrends

Die Struktur einer Organisation prägt nicht nur die Entscheidungswege, Anordnungslinien und Informationswege, sondern steht auch in enger Wechselwirkung mit der Organisationskultur. Bestimmte Organisationsformen, die eine hohe Eigenständigkeit der Mitarbeiter in der Zusammenarbeit voraussetzen, können nur dann erfolgreich etabliert werden, wenn die Mitarbeiter einerseits auf eine solche Arbeitsweise vorbereitet sind und andererseits der Führungs- und Managementstil innerhalb der Unternehmung tatsächlich eigenständige Mitarbeiter fördert. In diesem Zusammenhang muss man auch die Schlagworte der Organisationslehre sehen, die die letzten Jahre beeinflusst haben.

Wechselwirkung Organisationsstruktur & Organisationskultur

- *Business Process Reengineering (BPR):* Dies ist das Schlagwort, mit dem die komplette Umstrukturierung von Unternehmen oder Unternehmensteilen umschrieben wird. Da es sich hierbei nicht um einen sukzessiven organischen Wandel handelt, ist dieses Vorgehen aus Sicht der Organisation nicht nur teuer sondern ausgesprochen schmerzhaft und wird deshalb meist nur von Organisationen durchgeführt, bei denen der Leidensdruck entsprechend hoch ist. Klassisch hierfür im Mediensektor sind die Neuausrichtungen einiger Druck- und Vorstufenbetriebe zum Mediendienstleister mit der entsprechenden Änderung der internen Prozesse. Allerdings ist dieser Wandel bei vielen Unternehmen noch nicht radikal genug erfolgt, da man die Folgen tiefer Einschnitte in die bisherige Organisationsstruktur nicht in Kauf nehmen wollte.

Komplette Umstrukturierung des Unternehmens

- *Lernendes Unternehmen:* Bei diesem Leitbild sind alle Mitarbeiter permanent an der Verbesserung der Unternehmensleistung beteiligt. Basis hierfür ist ein kontinuierlicher Verbesserungsprozess, der im gesamten Unternehmen integriert ist. Voraussetzungen für die erfolgreiche Etablierung sind unter anderem ein offener leistungsorientierter Führungsstil und eine offene In-

Permanente Verbesserung durch Mitarbeiterbeteiligung

formationspolitik, da die Mitarbeiter sonst mangels Information keine ausreichenden Ansatzpunkte für Verbesserungen finden. Im Medienbereich versuchen die meisten Unternehmen zumindest ansatzweise Elemente des lernenden Unternehmens umzusetzen, da der Marktvorteil eines eingeführten Medienunternehmens neben den eingeführten Marken und Titeln und den damit verbundenen Rechten in erster Linie die Mitarbeiter mit ihren jeweiligen Erfahrungen sind.

Organisationsform begünstigt Veränderung

■ *Organisationaler Wandel:* Auch hier ist das Bedürfnis nach Leistungsverbesserung der zentrale Motor. Auf Basis der internen und externen Parameter für Veränderungen (z.B. Marktverschiebungen, Technologiesprünge) wird versucht, durch eine geeignete Organisationsform den notwendigen Wandel innerhalb der Organisation sicherzustellen. Hier hat sich bei größeren Unternehmen die Etablierung sogenannter »new venture teams« bewährt, die neue Chancen ausloten und deren Integration ins Kerngeschäft vorbereiten sollen. Im Medienbereich ist dieser interne Wandlungsprozess häufig in Form von Diskontinuitäten sichtbar geworden, wie beispielsweise im Hause Bertelsmann, wo die auf Internationalisierung und Börsennotierung fixierte Strategie des Vortandsvorsitzenden Dr. Thomas Middelhoff in Widerspruch zu den Interessen und Vorstellungen der Gesellschafter und Mitarbeiter geriet. Eine weitere Variante ist die Etablierung von »new venture teams«, die in erster Linie als Corporate Venture Capital Gesellschaft versuchen, als strategischer Investor neue Ideen zu akquirieren und sich erst in zweiter Linie mit der Integration dieser Ideen und Geschäftsfelder ins Mutterunternehmen befassen.

4.5.4 Kooperationsformen im Medienmarkt

In kaum einem Markt sind die unterschiedlichen Formen der überbetrieblichen Zusammenarbeit so sehr Gegenstand öffentlicher Auseinandersetzung wie im Medienmarkt. Die Tatsache, dass Medienunternehmen als Produzenten von Information und Unterhaltung eine wichtige gesellschaftliche Funktion (auch im Rahmen der politischen Willensbildung) einnehmen, führt dazu, dass stets hinter Kooperationsformen eine Beschränkung der Meinungsvielfalt oder gar eine Änderung des publizistischen Profils der einzelnen Unternehmen befürchtet wird. Nicht zuletzt seit der Insolvenz des Kirch-Imperiums 2002 ist klar, dass bereits innerhalb einer Medienunternehmung eine teilweise recht unübersichtliche Rollenverteilung (Kauf von Filmen, Weiterverkauf extern, intern, Nutzung der Erst-, Zweit- oder sonstigen Verwertungsrechte) bestehen kann.

Bei der überbetrieblichen Kooperation wird, bei Beibehaltung der wirtschaftlichen und rechtlichen Eigenständigkeit, in einem speziellen Bereich, der den Gegenstand der Zusammenarbeit definiert und die Entscheidungsfreiheit eingeschränkt. Beispielhaft hierfür ist ein Verein zur Förderung gemeinsamer Ziele im Bereich Forschungsförderung oder Nachwuchsprämierung wie beispielsweise bei den vielen Preisen für Journalisten oder Kreative im New Media-Sektor. Ebenfalls in diesem Kontext anzusiedeln sind Verbände, wie wir sie für den Medienbereich aufführen. Hier stehen berufständische, politische und wirtschaftliche Ziele im Vordergrund. Die Mitgliedschaft ist im Gegensatz zu der Kooperationsform »Kammern« (z.B. Industrie- und Handelskammer: IHK) freiwillig.

Überbetriebliche Kooperation

Verbände

- Bundesverband Deutscher Zeitungsverleger (BDZV):
  www.bdzv.de
- Bundesverband Druck und Medien (BVDM):
  www.bvdm-online.de
- Bundesverband Presse-Grosso:
  www.presse-grosso.de
- Börsenverein des Deutschen Buchhandels:
  www.boersenverein.de
- Deutscher Multimediaverband (dmmv):
  www.dmmv.de
- Informationsgemeinschaft zur Feststellung der Verbreitung von Werbeträgern (IVW):
  www.ivw.de
- Verband Deutscher Zeitschriftenverleger (VDZ):
  www.vdz.de
- Verband Privater Rundfunk und Telekommunikation (VPRT):
  www.vprt.de
- Zentralverband der Werbewirtschaft (ZAW):
  www.zaw.de

Während hier noch recht lockere Kooperationsformen vorliegen, ist die Zusammenarbeit bei gemeinsam betriebenen Gesellschaften (entweder Dauer- oder Gelegenheitsgesellschaft) bereits wesentlich intensiver. Hier wird in einem speziellen Bereich sehr konkret zusammengearbeitet (z.B. in der Vermarktung von Taschenbüchern bei einem Zusammenschluss kleinerer Buchverlage

Engere Kooperationen

aus dem Hardcover-Bereich, wie beim Deutschen Taschenbuch Verlag: dtv). Solche schon sehr intensiven Formen der Zusammenarbeit können auch durch Verträge oder Kartelle geregelt werden. Wobei Kartelle, d.h. Absprachen von Unternehmen auf der in der Regel selben Handelsstufe zur Einschränkung des Wettbewerbs nur in sehr seltenen Fällen als anmeldepflichtige oder genehmigungspflichtige Kartelle zulässig sind. Beispielhaft wären hier für den Medienbereich z.b. die Empfehlungen über Allgemeinen Geschäftsbedingungen im Bereich der Online-Werbung, die der Zentralverband der Werbewirtschaft (ZAW) vor in Krafttreten beim Bundeskartellamt zur Genehmigung einreichen muss. Die in der öffentlichen Diskussion vorherrschenden Kartellformen wie etwa das Preiskartell zur Absprache von Mindest- oder Einheitspreisen (z.b. unter Papierlieferanten) sind nach dem Gesetz gegen Wettbewerbsbeschränkungen (GWB: Kartellgesetz) nicht zulässig.

Konzern   Bei den Konzentrationsformen ist im Wesentlichen der Konzern und die Fusion erwähnenswert für unseren Untersuchungsgegenstand. Ein Konzern entsteht dann, wenn ein Unternehmen eine einheitliche Leitung besitzt, was meist auf eine Mehrheitsbeteiligung und / oder einen Beherrschungsvertrag zurückgeht. Beispiele für Konzernstrukturen im Mediensektor sind unzählige zu finden. Zur besseren Vorstellung nennen wir hier nur das Beispiel eines regionalen Tageszeitungsverlags, der Regionalverlage im Ausland mit einer Mehrheit von mindestens 50 % und einer Aktie erwirbt und sie damit in seinen Konzern einfügt.

Fusion   Während beim Konzern die rechtliche Selbstständigkeit der Unternehmen erhalten bleibt und lediglich die wirtschaftliche Selbständigkeit des z.B. aufgekauften Unternehmens verloren geht, da ein neuer Mehrheitsgesellschafter an Bord ist, geht bei der Fusion die wirtschaftliche und rechtliche Selbständigkeit von zumindest einem Unternehmen verloren, dass dann z.B. bei einer Aufnahmefusion im Unternehmen des Erwerbers aufgeht. Eine der spektakulären Fusionen im Mediensektor war die Fusion von America Online (AOL) und Time Warner, bei der der etablierte Partner, das Medienunternehmen Time Warner zur Zeit der Fusion der Juniorpartner war. Durch die Fusion wurden eine Reihe von Synergien zwischen alten und neuen Medien angestrebt. Parallel dazu sollten die Risiken durch die Kombination der unterschiedlichen Geschäftsfelder besser verteilt werden. In der Tat hat die Schwäche des Online-Marktes dazu geführt, dass gegenwärtig das Geschäftsfeld von Time Warner die bessere Entwicklung durchläuft.

Drei unterschiedliche Formen von Unternehmenszusammenschlüssen lassen sich nun in der Praxis ausmachen:

1. *Horizontale Zusammenschlüsse:* Zusammenschluss zwischen Unternehmen der selben Branche und Wertschöpfungsstufe. Diese Zusammenschlüsse treten zum Beispiel auf, wenn ein Verlag einen anderen Verlag aufkaufen möchte, ein Vorgang, der nur in sehr engen Grenzen möglich ist. Aus wirtschaftlicher Sicht des einzelnen Unternehmens sind bei solchen Zusammenschlüssen eine Reihe von Synergieeffekten vorstellbar.

2. *Vertikale Konzentration:* Zusammenschluss eines Unternehmens mit einem Unternehmen der vor- oder nachgelagerten Wertschöpfungskette bzw. Handelsstufe. Dies kann als Vorwärts- oder Rückwärtsintegration beschrieben werden und den Zugang zu Rohstoffen (z.B. Lizenzen und Inhalten) oder zu Vertriebsmöglichkeiten zum Ziel haben. Beispielhaft hierfür ist die Beteiligung eines TV-Senders an einer Produktionsgesellschaft oder einem Lizenzhändler oder die Beteiligung eines Verlags an einem Pressehändler.

3. *Diagonaler Zusammenschluss:* Zusammenschluss zwischen Unternehmen unterschiedlicher Märkte und Produktgruppen. Beispielhaft hierfür ist der Erwerb einer Auto-Leasingfirma durch einen Verlag oder die Beteiligung an einem Weingut. Wenn persönliche Motive bei inhaber- oder familiengeführten Unternehmen ausscheiden, handelt es sich meist um Maßnahmen zur Verringerung der Abhängigkeit von einer bestimmten Branche zur Streuung des Risikos.

Alternativ zu den dargestellten Kooperations- und Konzentrationsformen hat sich die Netzwerkorganisation in der Wirtschaft allgemein und hierbei insbesondere im Mediensektor etabliert. Die Hauptfunktionen eines Gesamtunternehmens werden zwischen selbständigen und unabhängigen Partnern aufgeteilt. Dies führt zu einer sehr flexiblen Organisation, in der die Kernkompetenzen unterschiedlicher Unternehmen gebündelt werden können. Beispielhaft hierfür ist die Zusammenarbeit zwischen einer Online-Agentur und einer etablierten Full-Service-Werbagentur, die keine eigenständige Online-Unit besitzt oder die Kooperation in der Filmproduktion mit einem Pool selbständiger Techniker, Produzenten, Regisseure etc. Der Verwaltungsapparat bleibt klein und es besteht kein Fixkostenproblem wie bei größeren Unternehmen, die eine ähnliche Leistungstiefe und -breite anbieten können. Nachteilig sind hier jedoch die erhöhten Transaktionskosten, insbesondere zur Sicherung der Qualität innerhalb des gesamten Netzwerks. Letztlich kann das Netzwerk am Markt

Netzwerkorganisation als Alternative

nur so gut seine Leistungen anbieten, wie das schwächste Glied innerhalb dieser Wertschöpfungskette ist.

4.5.5 Literatur

Daft, Richard (1999): Management. Fort Worth: Dryden Press

Hamann, G. / Heuser, J.U. (2002): »Führen heißt behüten«. In: Die Zeit, 1. August 2002, S. 19

Jung, Hans (2000): Allgemeine Betriebswirtschaftslehre. München: Oldenbourg

Kasper, Helmut / Heimerl-Wagner, Peter (1993): Organisation. In: Kaper, Helmut / Mayrhofer, Wolfgang (Hrsg.): Organisation. Wien: Ueberreuter

Kieser, Alfred (2001): Organisationstheorien. Stuttgart: Kohlhammer

Kieser, Alfred / Kubicek, Herbert (1992): Organisation. Berlin: de Gruyter (3. Aufl.)

Meyer, Friedrich / Stopp Udo (1991): Betriebliche Organisationslehre: Unternehmensaufbau – Arbeitsablauf. Stuttgart: Taylorix

4.6 Kapital- und Gesellschaftstruktur

Gerade die Unternehmen im Markt der neuen Medien, d.h. die zahlreichen Multimedia- und Internet-Projekte, die in jüngster Zeit etabliert worden waren, sind immer wieder Gegenstand von Diskussionen über die Börsenfähigkeit dieser neuen Abteilungen oder Unternehmungen. Während gegen Ende der neunziger Jahre mit diesen Projekten teilweise recht hohe Summen durch Wagniskapitalfinanzierungen oder Börsengänge in die Kassen der Dienstebetreiber und Unternehmen geflossen sind, zeigte sich in der jüngsten Zeit, dass langfristig nur die Projekte eine Chance auf Bestand haben, deren Geschäftsmodelle bereits mittelfristig einen betriebswirtschaftlich positiven Beitrag erwarten lassen. Dieses Kapitel zeigt, welche Mechanismen hinter den einzelnen Finanzierungsinstrumenten stehen, die nicht lediglich auf reiner Fremdkapitalaufnahme durch Bankkredite beruhen. Schwerpunkt ist dabei die Analyse der Kapitalgeber im Unternehmenslebenszyklus, mit einem Schwerpunkt der Betrachtungen auf junge Medienunternehmen und Medienunternehmen mit dem Bedarf eines Gesellschafterwechsels, beispielsweise als Ersatz für eine familieninterne Nachfolge.

4.6.1 Finanzierungsinstrumente

Unter Finanzierung versteht man im Rahmen der betrieblichen Kapitalwirtschaft die Kapitalbeschaffung. Den Gegensatz hierzu bildet die Investition, die die Kapitalverwendung darstellt. Dabei stehen Kapitalbeschaffung und -verwendung in engem Zusammenhang, da sie in der Regel paarweise auftreten. Lediglich dann, wenn beispielsweise aufgrund von Abweichungen vom Finanzplan, ein Engpass entsteht, gibt es eine Situation, in der die Kapitalbeschaffung notwendig wird, ohne dass gleichzeitig neue Investitionen erfolgen.

Außenfinanzierung als Eigen- und Fremdfinanzierung

    Der Kapitalbedarf, wird im Regelfall durch die Finanzplanung ermittelt, die wiederum ein zentraler Bestandteil des gesamten Businessplans darstellt, der die gesamte Geschäftsidee

Herkunft des Kapitals / Rechtliche Qualität	Außenfinazierung	Innenfinanzierung
Eigenfinanzierung	Beteiligungs-finanzierung	Selbstfinanzierung Finanzierung aus Abscheibungsgegen-werten
Fremdfinanzierung	Kreditfinanzierung	Finanzierung über Rückstellungen

Tabelle 1: Finanzierungsmöglichkeiten [Jung 2000, S. 702]

inklusive der prognostizierten Geschäfts- und Marktentwicklung umfasst. Für den Finanzplan werden auf Basis von mengen-, zeit- oder wertbezogenen Einflussfaktoren die Zuflüsse und Abgänge liquider Mittel prognostiziert. Der Prozess der Kapitalbeschaffung wird in die Bereiche Außen- und Innenfinanzierung unterschieden. Außenfinanzierung ist die externe Kapitalbeschaffung vom Geld- oder Kapitalmarkt oder von Lieferanten. Innenfinanzierung erfolgt durch den sekundären Finanzmittelzufluss und die Kaptalneubildung aufgrund des Leistungszuflusses. Im Bereich der Außenfinanzierung findet zudem eine Trennung in Eigenfinanzierung (Beteiligungsfinanzierung) und Fremdfinanzierung (Kreditfinanzierung) statt [vgl. Tabelle 1].

VC-Finanzierung bei schnell wachsenden Unternehmungen ohne klassisches Besicherungspotential

Die im folgenden beschriebenen Finanzierungsinstrumente werden meist dem Bereich der Beteiligungsfinanzierung zugerechnet. Während traditionelle Unternehmen viele Entwicklungsschritte mit Hilfe einer Kreditfinanzierung, d.h. der Fremdfinanzierung von Außen bewältigen können, besteht bei jungen Unternehmen der Medienbranche häufig eine Situation, die die etablierten Finanzierungswege nicht zulässt, jedoch neue Finanzierungswege ermöglicht. Bei diesen Unternehmen befindet sich der Markt in einem überdurchschnittlich hohen und schnellen Wachstumsprozess. Die Marktreife der Produkte muss schnell realisiert werden (Time-to-Market als kritische Größe), da im Rahmen des hohen Marktwachstums ein Aufholen verlorener Marktanteile fast nicht möglich ist. Das häufig technologiegetriebene Wachstum kann dabei nicht aus eigener Kraft finanziert werden, auch eine klassische Fremdfinanzierung ist nicht möglich, da das Besicherungspotential nicht vorhanden ist. Anlagevermögen und sonstige in vielen Branchen vorhandenen besicherbaren Vermögenswerte sind in der Regel nicht oder nicht ausreichend vorhanden. Als Ausweg bietet sich daher die Wagniskaptialfinanzierung durch einen Venture Capital (VC) Fonds an, der auf Basis der Zukunftsszenarien und der Wachstumserwartung eine Unternehmensbewertung vornimmt und mit einem Zinssatz inklusive Risikoabsicherung versehen, als Gegenleistung Anteile an dem hoffnungsvoll wachsendem Unternehmen erhält. Damit tritt der VC-Geber als Gesellschafter im Gegensatz zu einem reinen Fremdkapitalgeber in das wirtschaftliche Risiko des Unternehmens mit ein, beansprucht daher mehr Informationen und Einflussmöglichkeiten und bringt im Gegenzug jedoch auch zusätzliche Managementkapazitäten ein.

4.6.2 Finanzierung im Unternehmenslebenszyklus

Der Lebenszyklus eines Unternehmens in einem rasch wachsenden Markt erfordert je nach Lebensphase unterschiedliche Finanzierungspartner. Dabei lassen sich insgesamt acht unter-schiedliche Phasen der Unternehmensentwicklung ab der ersten Unternehmensidee im Medienmarkt unterscheiden [vgl. Grabherr 2001, S. 33 ff.]:

Lebenszyklus bestimmt den Finanzbedarf

- *Seed-Phase:*
  Diese Phase beinhaltet die Ideenentwicklung bis zur Unternehmensgründung und gehört damit streng genommen noch nicht zu den eigentlichen Lebensphasen des Unternehmens. Bei Internet-Unternehmen handelt es sich hierbei meist um einen recht überschaubaren Zeitraum von wenigen Wochen. In dieser Phase besteht naturgemäß noch die größte Unsicherheit, da nicht nur wie in späteren Phasen das Business- und Marktmodell einer positiven Bestätigung bedarf, sondern in dieser Phase darüber hinaus auch die Technologie noch nicht auf ihre Leistungsfähigkeit hin überprüft wurde. Es muss daher noch ein sogenanntes »Proof of Concept« erarbeitet werden. In dieser Phase ist daher die Möglichkeit Fremdkapital zu bekommen beziehungsweise andere Kapitalgeber zu akquirieren, kaum vorhanden.

- *Start-up-Phase:*
  Auch während der Gründungsphase sind neben eigenen Ersparnissen der Unternehmensgründer Angehörige und Freunde häufig die einzigen zur Verfügung stehenden Risikokapitalquellen, neben Förderprogrammen der Länder und Business-Angels (s.u. Abschnitt 4.6.3). In dieser Phase wird das Marktkonzept

ausgearbeitet und die Weiterentwicklung der Produkte vorangetrieben.

- *First oder Early Stage-Phase:*
  Hier findet die Produkt- und Prototypenentwicklung statt und die Markteinführung mit ersten Testkunden beginnt. Die ersten Verkaufserfolge erhöhen bereits die Sicherheit für Investoren, so dass in dieser Phase typischerweise der VC-Fonds den Business-Angel als Hauptkapitalgeber (Leadinvestor) ablöst.

- *Second Stage / Expansion 1:*
  Ziel dieser Unternehmensphase ist die Erlangung der Marktführerschaft im relevanten Marktsegment. Hier beginnt bereits die erste Expansion, indem ein skalierbares Produkt (z.B. eine Internet-Plattform mit einem besonderen Geschäftsmodell) ausgedehnt wird und die Markteintrittsbarrieren aufgrund der Betriebsgrößenvorteile (economies of scale) sich erhöhen und gleichzeitig die Kostenstruktur für das junge Medienunternehmen günstiger wird. Hier wird meist neben dem VC-Fonds bereits ein Private Equity-Fonds [s.u. 4.6.3] aktiv.

- *Third Stage / Expansion 2:*
  In dieser Expansionsphase tritt in vielen Fällen die Internationalisierung des Marktmodells ein. Das Produkt erfährt dabei eine gewisse Standardisierung. Neben Private Equity Fonds wird in der zweiten Expansionsphase meist auch Mezzanine-Kapital [s.u. 4.6.3] in Anspruch genommen.

- *Fourth Stage / Pre-Exit / Pre-IPO:*
  Diese Phase steht im Zeichen der Vorbereitungen des Börsengangs (Inital Public Offering: IPO). Die Finanzierung hat eine Überbrückungsfunktion, unternehmerisch steht die Aufbereitung der Equity Story für die Investmentbank auf dem Programm, die das Medienunternehmen an der Börse platzieren wird. Die Finanzierungspartner geben in der Regel auch aus eigenem Interesse Hilfestellungen bei der Aufbereitung der Unterlagen und bei der Auswahl der richtigen Investmentbank. Neben den vorgenannten Kapitalgebern treten hier auch bereits die Investmentbanken als Kapitalgeber auf.

- *IPO / Unternehmensverkauf:*
  Die Risikokapitalgeber streben in der Regel keine langfristige Beteiligung sondern, nach Erzielung der erwarteten Rendite den Verkauf an der Börse oder an einen

strategischen Investor (trade sale) oder seltener zurück an den Eigentümer an. Mit dem Exit wird die Wertsteigerung des Unternehmens realisiert.

■ *Post-IPO / Konsolidierungsphase:*
Nach dem Börsengang stehen für das junge Medienunternehmen regelmäßige Dividenden als Unternehmensziel im Vordergrund gegenüber den früher anvisierten hohen Sprüngen im Unternehmenswert. In der Konsolidierungsphase stabilisiert sich die Technologie. Sollte das Unternehmen nach längerer Zeit am Aktienmarkt unterbewertet sein, kommt auch ein sogenanntes Delisting, d.h. der Aufkauf des Streubesitzes durch einen Finanzierungspartner (z.b. Private Equity Fonds) in Frage.

4.6.3 Investoren und Partner für Medienunternehmen

Wie im vorausgehenden Abschnitt bereits deutlich wurde, kommen für Medienunternehmen je nach Unternehmensphase unterschiedliche Finanzierungspartner in Frage. Der folgende Abschnitt gibt einen Überblick, so dass die Zuordnung zwischen Finanzierungsproblem, Unternehmensphase und Finanzierungspartner möglich wird.

Finanzierungspartner in Abhängigkeit von der betrieblichen Situation

Kapitaleinsatz / Managementleistung	niedrig	mittel	hoch
hoch	Business Angels	Early Stage Venture Capital Funds Business Incubators	
mittel		Corporate Venture Funds Venture Capital Funds	Private Equity Funds Strategische Investoren
niedrig	Family, Friends, Fools	Mittelstandsbeteiligungsgesellschaften Investmentbanken	Mezzaninine Capital Funds

Tabelle 3: Investoren und deren Managementinput [Schühsler 2001, S. 229]

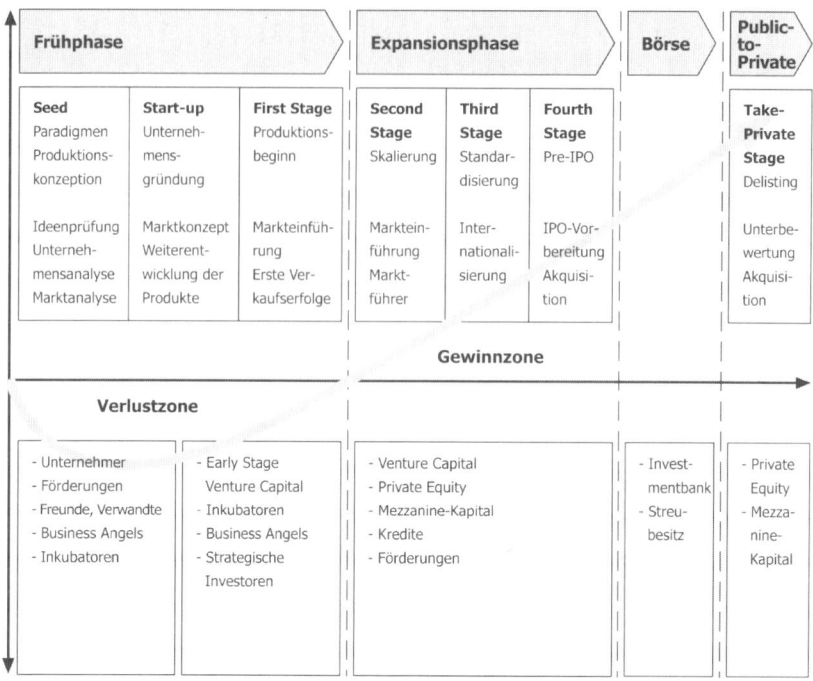

Abbildung 2: Unternehmensphasen im Wachstum [Grabherr, 2001, S. 34]

3 F: Family, Friends and Fools

Frühphasenfinanzierung aus dem privaten Umfeld

Für die ersten Phasen (Seed-Phase, Early Stage) sind Finanzspritzen aus dem familiären Umfeld der Unternehmensgründer oder von Freunden häufig die einzige zusätzliche Finanzierungsquelle, neben dem eigenen Ersparten. Aufgrund der hohen Unsicherheit in diesen frühen Stadien der Unternehmensentwicklung erfolgt die Gewährung der finanziellen Hilfe ausschließlich auf Basis persönlichen Vertrauens und Wohlwollens. Die Mittel, die damit erreicht werden können sind naturgemäß begrenzt. Auch der Management-Input, den das familiäre Umfeld und der Freundeskreis leisten kann, ist in der Regel begrenzt bzw. häufig nicht vorhanden.

Business-Angels

Know-how und Kapital

Business-Angels sind vermögende Privatleute, die bereits erfolgreich als Unternehmer tätig waren (oder noch tätig sind) und sich an jungen Unternehmen beteiligen, und dabei Geld, Kontakte und Managementinput leisten. Als Gegenleistung erwarten sie dafür einen bestimmten Anteil am Unternehmen. Die Mittel dieser Investoren sind in der Regel begrenzt, da sie keinen Gremien verpflichtet sind, wie beispielsweise VC- oder andere Fonds können sie sich bereits in einer vergleichsweise frühen Unternehmensphase einbringen. Von den Business-Angels müssen sogenannte Lotsen unterschieden werden. Dabei handelt es sich auch um erfahrene Wirtschaftsprofis mit Managementerfahrung, die sich jedoch nicht mit ihrem Privatvermögen an jungen Unternehmen beteiligen und dafür Anteile erhalten, sondern lediglich Managementinput geben, indem sie in Beiräten mitwirken und somit einen Imagegewinn für das junge Medienunternehmen bewirken bzw. auf Basis der eigenen Kontakte den Zugang zu neuen Geschäftsfeldern oder Kooperationen ermöglichen.

Inkubatoren

Unter Inkubatoren versteht man die Weiterentwicklung der Idee der »Gründer- und Transferzentren«, die im Umfeld der staatlichen Forschungsaktivitäten mit Hilfe von Infrastruktur, Managementleistung und finanziellen Starthilfen die Produktentwicklung auf Basis neuer Forschungserkenntnisse und Produktideen erleichtern sollen. Inkubatoren werden häufig von der öffentlichen Hand finanziert und besitzen v.a. bei Technologieunternehmen eine besondere Rolle während der ersten Unternehmensphasen. Mittlerweile haben jedoch auch die größeren Technologie- und Medienunternehmen eigene Inkubatoren für betriebsinterne Ideen und Neuentwicklungen etabliert, die dann beispielsweise die Aufgabe haben, neue Produktideen im Konzern im Rahmen kleiner eigenständiger Unternehmenseinheiten marktreif zu entwickeln und zu vermarkten und so die Innovationsfähigkeit von Konzernen mit der kleineren und flexibleren Konkurrenz sicherstellen sollen. Meist jedoch handelt es sich bei Inkubatoren generell um die Förderung junger konzernunabhängiger Firmen, die vor allem in den ersten Unternehmensphasen auf diese Form der Finanzierung angewiesen sind.

Infrastruktur und Finanzhilfe

Strategischer Investor

Hierunter versteht man einen branchenaffinen Partner z.B. einen größeren Medienkonzern, der mit Hilfe seiner Beteiligungsgesellschaft eine Beteiligung an einem für ihn interessanten jungen Unternehmen anstrebt, das beispielsweise ein Geschäftsmodell verfolgt, das im Bereich der eigenen Kernkundschaft interessant sein könnte. An diesem Beispiel werden bereits einige Besonderheiten strategischer Investoren deutlich. Neben dem reinen Rendite-Interesse besteht hier das strategische Interesse über die Beteiligung den Zugang zu Know-how und Märkten zu erlangen, die für das eigene Stammgeschäft von Interesse sein könnten. Strategische Investoren sind häufig in der Lage, einen hohen finanziellen Input zu leisten und haben auch die Möglichkeit einen

Branchenaffiner Partner mit eigenen Interessen

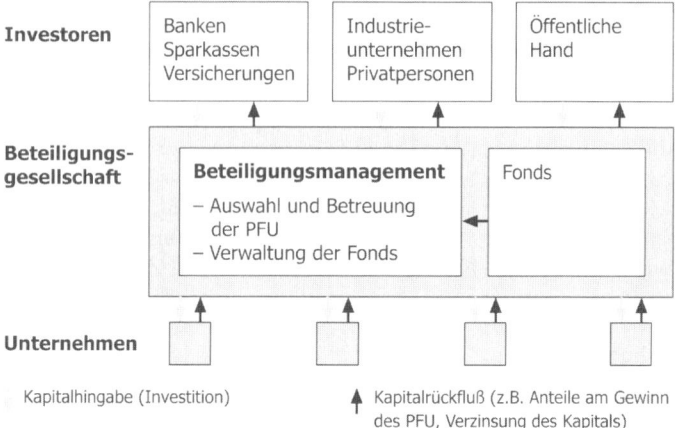

Abbildung 4: Funktionsweise von Beteiligungsgesellschaften [Baier / Pleschak 1996, S. 118]

zumindest mittleren Managementinput in das junge Unternehmen einzubringen. Aus Sicht des jungen Medienunternehmens stellen sie jedoch auch eine latente Bedrohung dar, da sie aufgrund eigener Interessen in diesem Markt die Tätigkeiten des neuen Unternehmens stets durch die Brille der eigenen Bedürfnisse betrachten. Strategische Investoren sind jedoch auf der anderen Seite weniger preissensibel bei der Bewertung der Unternehmensanteile und stellen mit ihrem eigenständigen Interesse an dem jungen Medienunternehmen auch eine potenzielle Alternative zum IPO dar, indem sie als Aufkäufer im Rahmen eines Trade-Sale in Frage kommen und somit Alternativen zum klassischen Exit-Szenario ermöglichen.

VC-Fonds

Institutionelle Anleger
mit hohem Renditeziel

Wagniskapitalgesellschaften verwalten das Geld privater und institutioneller Anleger und versuchen für ihren Fonds eine Rendite um die 20 % zu ermöglichen, indem eine Reihe unterschiedlicher Beteiligungen eingegangen wird, was wiederum eine Streuung des Risikos für die Fonds-Anleger im Unterschied zu einer Direktbeteiligung zur Folge hat. Um die Renditeziele zu erreichen, muss das Management des VC-Fonds nicht nur möglichst erfolgversprechende Deals aushandeln, das heißt eine geringe Floprate bei den riskanten Unternehmensbeteiligungen anstreben, sondern auch auf vertretbare Konditionen bei den Beteiligungen achten. Die grundsätzliche Funktionsweise von Beteiligungsgesellschaften und Fonds wird nochmals in Abbildung 4 dargestellt.

Um das Risiko bei einer Beteiligung zu begrenzen (unabhängig ob es sich um einen Early-Stage-VC oder einen institutionellen VC handelt), sind eine Reihe von Vorprüfungen erforderlich. Grundlage für den ersten Eindruck der neuen Geschäftsidee der Gründer ist der Business-Plan, der über die Unternehmensidee, das Geschäftsmodell, das Gründerteam und die betriebswirtschaftlichen Erwartungen Auskunft gibt. Rund neunzig Prozent der potenziellen Beteiligungskandidaten werden in dieser Phase der Erstbewertung abgelehnt. Nach einer eingehenden Bewertung der Produktidee und Marktbeurteilung kommt es zu einer ersten Investmentbeurteilung, die bei rund 2 - 4 % der Bewerber positiv ausfällt. Der nun ausgehandelte Vorvertrag (Letter of Intent) besitzt eine hohe Verbindlichkeit. Jetzt steht jedoch noch die Einigung zwischen Gründer und VC-Partner über die Beteiligungshöhe und den dafür abzutretenden Unternehmensanteil aus. Üblicherweise wird hier eine diskontierte Zukunftsbewertung vorgenommen, die mit einem Diskontsatz von 40 - 100 % bereits das Risiko des Kapitalgebers mit abdeckt [Strascheg 2001, S. 92]. Dies bedeutet, der zukünftige Unternehmenswert, auf den sich beide Parteien verständigen, wird um einen Diskontsatz abgezinst, der dem Gegenwert der jährlich an den VC-Geber zu entrichtenden Zinszahlungen entspricht. So wie bei der Berechnung von jährlich gleichbleibenden Verzinsungen der Ausgangsbetrag um den järlichen Zins und Zineseszins (d.h. die Zinszahlungen ab der zweiten Periode, die auch Zinsen auf die im ersten Jahr bezahlten Zinsen mit einschließen) erhöht wird, wird bei der Abzinsung die ursprüngliche Ausgangsbasis eines bekannten End-betrags ermittelt, indem die jährlich Verringerung berücksichtigt wird. Basis ist hier in der Regel ein Multiplikator des EBIT (Earnings Before Interest and Tax: operatives Betriebsergebnis vor Finanzergebnis).

VC-Fonds: Hohe Verbindlichkeit der Vorverträge (LOI)

Bewertungsbeispiel

Der Internetmarktplatz »Herrensocke.de« soll nach Abschätzung der Experten im Investitionsjahr (0) im 5. Jahr nach der Investition (5) einen Wert von 100 Mio. Euro besitzen. Aufgrund der Risikosituation im Online-Markt besteht der Investor auf einen Diskontsatz von 90 %. Daraus lässt sich für die Plattform ein Wert von 4,04 Mio. Euro zum Zeitpunkt der Investition errechnen, so dass der VC-Fonds mit einer finanziellen Beteiligung von 2 Mio. Euro zum Startzeitpunkt schon 49,5 % der Anteile erhält.

Abbildung 5: Notwendige Vorarbeiten beim Beteiligungsprozess [Quelle: Strascheg 2001, S. 93]

- Unternehmenswert im Jahr 5: 100 Mio. Euro
- Abzinsungsprozentsatz (Diskontsatz): 90 %
- Finanzierung: 2 Mio. Euro
- Unternehmenswert im Jahr 0: $100/1,9^5 =$ 4,04 Mio. Euro
- Anteile des VC-Gebers: $2/4,04 =$ 49,5%

Den Überblick über die wichtigsten Stadien der Beteiligungsanbahnung und Prüfung liefert die Übersicht in Abbildung 5. Aus Sicht der Beteiligungsgesellschaft ist die Unternehmensbeteiligung von Anfang an nur interessant, wenn neben den genannten Bedingungen (überdurchschnittliches Marktwachstum, erfolgreiche Unternehmensidee mit funktionsfähigem Business-Modell) auch von Anfang an ein Exit-Szenario darstellbar ist (meist IPO oder Trade-Sale) und auch im Einvernehmen mit den Unternehmensgründern angepeilt werden kann. Da – wie oben bereits dargestellt – meist mehrere Finanzierungsrunden unter Einbeziehung neuer Finanzierungspartner im Laufe des Lebenszyklusses des jungen Medienunternehmens notwendig werden, kommt der Kontrolle der Geschäftstätigkeit durch die Gründungsfinanzgeber eine zentrale Bedeutung zu. Den Ablauf einer Beteiligung aus Perspektive der Beteiligungsgesellschaft veranschaulicht Abbildung 6.

Private Equity Fonds

Unter dem Begriff Private Equity werden in der Finanzpraxis die Fonds zusammengefasst, die sich im Gegensatz zu VC-Finanzierern vorwiegend an reiferen Unternehmen beteiligen, hier jedoch auch mit größeren Beträgen einsteigen und teilweise im Unterschied zu VC-Finanzierern auch die Mehrheit übernehmen. Neben der Beteiligung an jungen Unternehmen, die bereits die Frühphase des Unternehmensaufbaus hinter sich haben, beteiligen sich Private Equity Fonds auch an reiferen Unternehmen im Rahmen diverser Buy Outs (vgl. 4.6.4). Bei den letztgenannten Szenarien geht es um reife Unternehmen der Old Economy, d.h. Buch-, Fachzeitschriften-, Zeitschriften- oder Zeitungsverlage, sowie Hörfunksender, die teilweise auch einzeln akquiriert und zu einem wertsteigernden neuen Ganzen geformt werden, bevor das neu ausgerichtete Geschäft im Rahmen eines Exit-Szenarios an einen strategischen Investor verkauft oder an die Börse gebracht wird.

Private Equity: geringeres Beteiligungsrisiko als VC

Mezzanine Investor

Unter dem sogenannten Mezzanine Kapital werden mittelfristige Finanzierungsformen zusammengefasst, die als Co-Investment bei VC- oder Private Equity-Finanzierungen relevant werden. Es handelt sich dabei um nachrangige Darlehen oder stille Beteiligungen (dabei tritt der Investor nicht nach außen in Erscheinung), die bereits eine weitgehende operative Stabilität des Unternehmens voraussetzen. Alternativ kommen diese Gelder auch als Brückenfinanzierung vor dem Börsengang zum Einsatz. Der Charakter der Mezzanine-Finanzierung, ob es sich dabei um Fremd- oder Eigenkapital handelt, ist umstritten. Je nach Vertrag ist ein nachrangiges Darlehen ohne Verlustbeteiligung beispielsweise als Fremd-, eine stille Beteiligung mit Verlustteilnahme jedoch als Eigenkapital anzusehen. Die Gelder werden meist für einen Zeitraum von acht bis zwölf Monaten zur Verfügung gestellt.

Mezzanine-Kapital: Co-Invest

Investmentbank

Die Bank ist eigentlich der Finanzierungspartner, der beim Börsengang selbst eine entscheidende Rolle spielt. Jedoch gibt es bei vielen Investmentbanken auch ein Interesse, am vorbörslichen Finanzierungsgeschäft teilzuhaben, um zusätzliche Rendite zu erwirtschaften. Das Beteiligungsvolumen ist meist im mittleren Feld angesiedelt, der Managementinput ist meist begrenzt.

Vorbörsliche Beteiligung

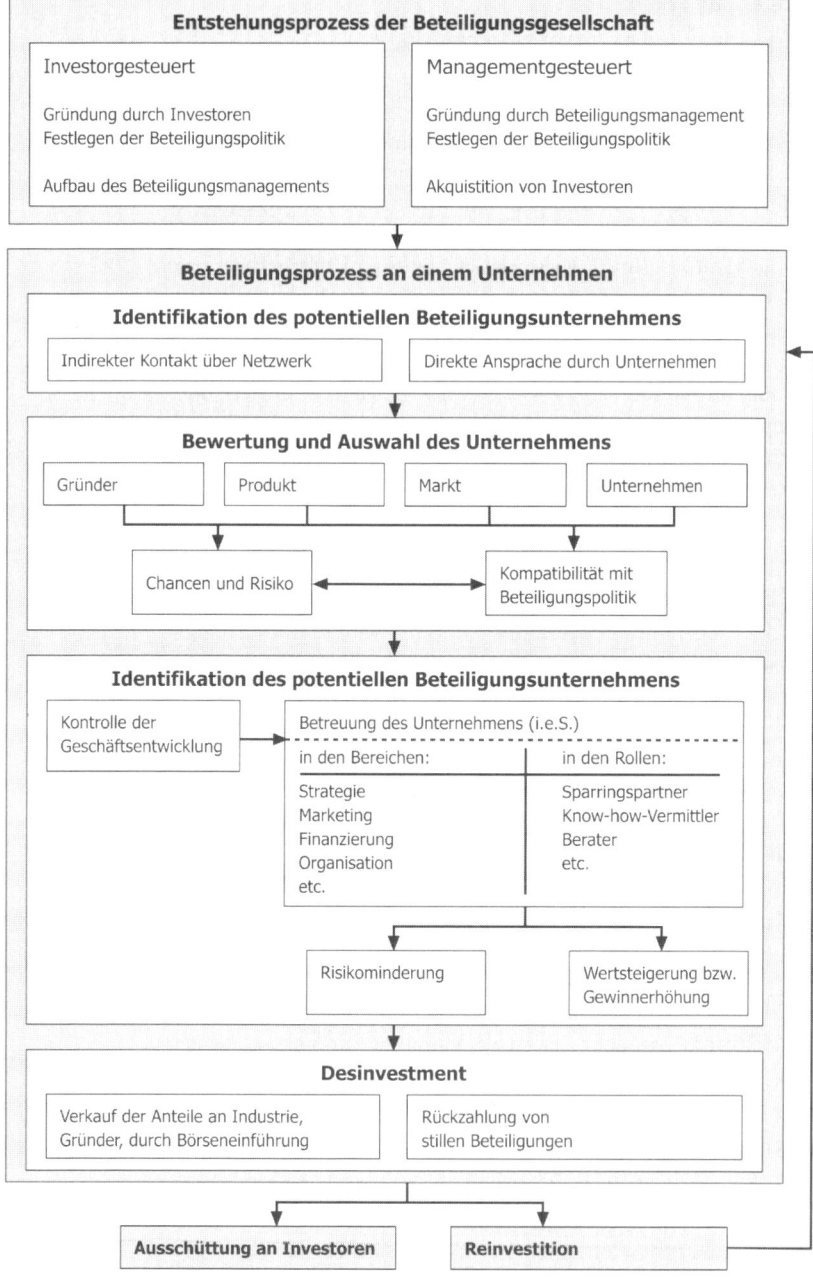

Abbildung 6: Funktionsweise von Fonds und Beteiligungsgesellschaften [Baier / Pleschak, 1996, S. 120]

4.6.4 Unternehmensbewertung & Unternehmensnachfolge

Die mittelständische Struktur vieler Medienunternehmen, v.a. Verlage, die des öfteren als Familienunternehmen geführt, führt häufig zu Situationen in denen eine Veränderung der Gesellschafterstruktur notwendig wird. Sie unterliegen durch den Generationenwechsel dieser besonderen Problematik. Unabhängig davon, ob ein externer Finanzpartner oder ein strategischer Investor Interesse an dem Verlag zeigt, steht in solchen Fällen zunächst eine Unternehmensbewertung an, so dass wir im Folgenden nicht nur die Besonderheiten in der Finanzierungs- und Gesellschaftsstruktur von Medienunternehmen skizzieren, sondern einige Erläuterungen zu branchenüblichen Bewertungsformeln geben.

Trotz der unterschiedlichen Fusions- und Konzentrationswellen der Vergangenheit sind weite Teile der Zeitungs- und Fachzeitschriftenverlage in Familienbesitz und ein Großteil davon wird mehr oder weniger durch die Verlegerfamilie und die Persönlichkeit der Verlegerin oder des Verlegers geprägt. Auch in den Vor- und Nachgelagerten Wertschöpfungsstufen, sei es nun das Druckgewerbe oder der Pressegroßhandel, spielt die aktiv tätige Inhaberpersönlichkeit eine entscheidende Rolle, so dass der Nachfolgeregelung hier eine besondere strategische Bedeutung zukommt. Deutschlandweit stehen jährlich rund 80.000 Unternehmen aller Branchen for dem Problem der Nachfolgeregelung, das laut einer Studie der Bonner Intes Akademie lediglich von zwei Drittel der Betroffenen gelöst werden kann [Plüskow 2001]. Die Konzerne und Großunternehmen haben in der Vergangenheit mehrfach gezeigt, dass auch bei ihnen, obwohl es beim Typus des Managementunternehmens in diesen Fragen rational zugehen sollte, Nachfolgereglungen im Bereich des Vorstands sich zu einem wahren Zick-Zack-Kurs oder zu einem Stop-and-go- durch rivalisierende Bündnisse des alten bzw. neuen Vorstandchefs entwickeln können. Prominentes Beispiel war hier der Axel Springer Verlag, bei dem Vorstandsposten in der jüngeren Vergangenheit vergleichsweise rasch mit neuen Führungskräften besetzt wurden was weitgreifende Veränderungen in den nachgelagerten Führungsebenen nach sich zog.

Führungswechsel in Medienunternehmen

Klein- und Mittelbetriebe der Branche, bei denen es nicht nur um die Führungs-, sondern auch um die Gesellschafternachfolge geht, sehen sich mit noch größeren Schwierigkeiten konfrontiert Das beginnt bereits mit der Auswahl und Qualifizierung des Nachfolgers. Die Nachfolge in Familienunternehmen muss von langer Hand vorbereitet werden. Klassischerweise wird dabei neben der theoretischen Ausbildung z.B. durch ein fachspezifisches

Nachfolgeprobleme im Familienunternehmen

Studium auch eine praktische Ausbildung angestrebt, die im Idealfall nicht im heimischen Betrieb stattfindet [vgl. Gösche 1994, S. 14]. Hierfür gibt es mehrere Gründe. Zum einen haben Personen, die in »Anfängerpositionen« in einem Unternehmen beginnen auch nach dem Abschluss der praktischen Ausbildung häufig Akzeptanzprobleme bei längergedienten Mitarbeitern, weshalb auch bei Mitarbeitern, die nicht der Unternehmerfamilie angehören häufig Akzeptanzprobleme entstehen, wenn jemand seine Karriere vom Volontär zum Chefredakteur oder Verlagsleiter in ein und demselben Unternehmen absolviert, ohne Zwischenstationen in einem anderen Umfeld nachweisen zu können. Darüber hinaus fehlen, bei einer rein auf das eigene Unternehmen, z.b. den heimischen Verlag zentrierten Nachfolgepolitik, externe Impulse, die einen neuen Blickwinkel auf die Situation und die Probleme des heimischen Betriebs gestatten. Bei Angehörigen der Inhaberfamilie kommen zusätzliche Konflikte zum Tragen. Familiäre Ablösungskonflikte der Töchter und Söhne werden in das Unternehmen hineingetragen. Die Gefahr, von den Eltern keinen ausreichenden Spielraum zu bekommen und eine Parallelität der Führung aufzubauen, bei der der Nachfolger von Anfang an gegenüber den Mitarbeitern und Kunden als Junior und damit Führungskraft zweiter Klasse etabliert wird, ist in vielen Fällen nicht von der Hand zu weisen. Nicht immer jedoch findet hier eine frühzeitige Planung statt, die es gestattet, dem Nachfolger die notwendigen Qualifizierungsschritte aufzuerlegen, die fernab vom engeren Dunstkreis des eigenen Unternehmens stattfinden. Die häufigsten Hinderungsgründe sind nicht organisatorischer oder vertragsrechtlicher Natur, sondern liegen im Bereich der psychologischen Gründe, wenn der Altinhaber beispielsweise beim Profil des Nachfolgers Kandidaten mit Visionen ablehnt und reine »Denkmalpfleger« sucht, die das Bestehende bewahren, ist dies in allen Feldern der Medienbranche kritisch. In vielen Fällen führt die Furcht vor Änderungen durch den Nachfolger dazu, dieses Thema komplett auszuklammern. Beispielhaft ist der Verleger Gustav Lübbe, der mit 77 Jahren verstarb und einen im Bereich der Nachfolge völlig unbestellten Betrieb hinterließ.

Wandel vom Familien- zum Managementunternehmen

Immer wieder tritt jedoch die Situation auf, dass kein Familienmitglied für die Nachfolge zur Verfügung steht. In diesem Fall stellt sich für alle Familienunternehmen, die gerade für die Medienbranche heikle Frage, ob künftig die Unternehmensleitung und Gesellschafterfunktion vereint bleiben sollen, oder, ob der Verkauf der Firma die bessere Lösung zur Sicherung ihres Weiterbestehens ist. Der erste Fall beschreibt den Wandel vom Familien- zum Managementunternehmen, der eine Reihe von Managementproblemen nach sich zieht, wie beispielsweise die Einbin-

dung des Managements in die Zieldefinition der Eigentümer.
Hier gibt es gerade bei kleineren Verlagen gute Entwicklungen,
wenn beispielsweise bei kleineren Zeitungsverlagen, junge Geschäftsführer als Gesellschafter beteiligt werden und damit durch
die gesellschaftsrechtliche Einbindung der Managementebene ein
Generationenwechsel vorbereitet wird. Der zweite Fall, die Abgabe der Eigentümerfunktion bietet noch eine größere Vielfalt an
Problemen und Entscheidungsvarianten.

Die bekannteste Variante ist der Verkauf an den »großen Bruder«. Dies kann der benachbarte Verlag sein, wie beim Verkauf
des Holsteinischen Couriers, Neumünster, an den Schleswig Holsteinischen Zeitungsverlag, Flensburg, oder ein Käufer aus dem
Ausland, wie beim Verkauf des Münchner Bahnhofsbuchhändlers Klaus Sussmann an die Valora-Gruppe. In diesen Fällen ist
neben dem Aushandeln eines entsprechenden Verkaufspreises die
Genehmigung der Kartellbehörden einer der spannendsten Punkte. Die derzeitige Umbruchsituation in vielen Familienunternehmen und die seit 2001 schwierige Marktlage für einige kleinere
und mittlere Zeitungsverlage haben zu einer starken Bewegung
im Markt geführt und es war daher für die meisten Brancheninsider nicht überraschend, dass sich die Führungsebene deutscher
Medienkonzerne öffentlich gegen die Kartellgesetzgebung und
ihre Handhabung gewandt hatte. Nicht nur in Hamburg beim
Axel Springer Verlag, sondern auch in Essen beim WAZ-Konzern oder in der Holtzbrinck-Zentrale in Stuttgart kennt man die
Fälle, wo die Integration kleinerer Verlage am Widerstand des
Kartellamts scheitert. Wesentlich vielschichtiger ist das Verhältnis der kleineren Verlage zu dieser Form des Konzentrationsschutzes. Genießt man in guten Zeiten die Rechtslage als Schutz
vor einem allzu offensivem Werben der Großen um eine Beteiligung, bedauert doch mancher Verleger eines kleineren Hauses
die Rechtslage dann, wenn er selbst zum Verkauf bereit ist und
der Markt der Bietenden durch die Rechtslage so beschränkt
wird, dass er nicht den gewünschten Preis durch den offensiven
Wettbewerb mehrerer Interessenten erzielen kann.

Aber nicht jeder Medienunternehmer mag sich beim Verkauf
des Betriebs im Zuge des Generationenwechsels damit abfinden,
dass der größere Wettbewerber am Ende das Rennen machen
soll. Hier gibt es bei gleicher Zielsetzung (Verkauf der Anteile,
Abkehr vom finanziellen Risiko eines Gesellschafters) eine Reihe
von Varianten. Mit Hilfe neutraler Finanzinvestoren (besonders
interessiert an der Medienbranche zeigen sich derzeit Private
Equity Fonds unterschiedlicher Finanzpartner) lassen sich verschiedene Formen des Verkaufs realisieren. Im Rahmen eines Leverage-Buy-Outs werden die bislang durch die Eigentümer- bzw.

*Strategische
Investoren vs.
Finanzinvestoren*

*Alternative Finanzierungsmodelle zum
Unternehmensverkauf*

Managementstruktur gegebenen Beschränkungen im Bereich der Weiterentwicklung von Geschäftsfeldern aufgelöst. Der Investor sorgt dafür, dass bei dem in der Regel geringen operativen Risiko das finanzielle Risiko erhöht wird, so dass mit Hilfe des Finanzierungspartner eine rationale Beurteilung der unternehmenseigenen Investments gewährleistet ist. Voraussetzung hierfür ist jedoch ein Eingriff in die inneren Managementstrukturen, sowie ein sogenanntes »Asset Stripping«, das das Unternehmen auf eine begrenzte Zahl wachstumsintensiver Geschäftsfelder beschränkt. Darüber hinaus bieten sich jedoch weiter Buy-Out-Varianten an, unter denen diejenigen mit einer Beteiligung des Managements die größte Rolle spielen. Im Rahmen des Management-Buy-Outs (MBO) wird das eigene Management am Unternehmen beteiligt, wobei als Voraussetzung hierfür ein signifikantes Engagement der Geschäftsleitungsebene (mindestens drei Jahresgehälter) erwartet wird. Beim Management-Buy-In (MBI) erfolgt die Beteiligung durch ein bislang unternehmensfremdes Management, dass im Zuge der Kapitalumstrukturierung neu in das Unternehmen eintritt. Allen Buy-Out-Varianten gleich ist die Tatsache, dass der Finanzierungspartner z.B. Private-Equity-Fonds zeitlich nur begrenzt zur Verfügung steht. Beim vereinbarten Exit-Zeitpunkt werden die Anteile entweder vom Management übernommen oder an einen strategischen Partner verkauft, so dass aus der Sicht des Alteigentümers erneut die Gefahr besteht, dass eines Tages doch der »große Bruder« zum Zuge kommt. Trotz der für Management-Buy-Outs günstigen Ausgangslage im deutschen Medienmarkt und erfolgreicher Beispiele im europäischen Ausland und den USA scheint der deutsche Markt derzeit noch nicht ausreichend entwickelt zu sein. Experten nennen hierfür zwei Hauptgründe: Zum einen waren in der jüngeren Vergangenheit in Deutschland bislang kaum Finanzinvestoren vorhanden, die sich auf den Medienbereich konzentrierten und Zugang z.B. zu den Verlegern hatten, zum andern war die Funktionsweise und der Ablauf eines MBOs nur wenigen Managern bekannt. Beide Hinderungsgründe dürften in der jüngsten Zeit jedoch weniger gravierend sein, so dass mit einer Zunahme an MBOs zu rechnen ist [vgl. Hadzic 2001].

Einigung auf den maßgeblichen Bewertungsmaßstab

Entscheidend für jede Form des Gesellschafterwechsels ist jedoch die Einigung auf einen Bewertungsmaßstab. Hierzu bietet die Betriebswirtschaftslehre eine Reihe von Verfahren, die sich in drei Hauptkategorien gliedern lassen [vgl. hierzu auch: Gommlich / Tieftrunk 2000, S. 29 ff.]:

■ Substanzwert:
Entspricht den Kosten zur Errichtung eines vergleichbaren Unternehmens

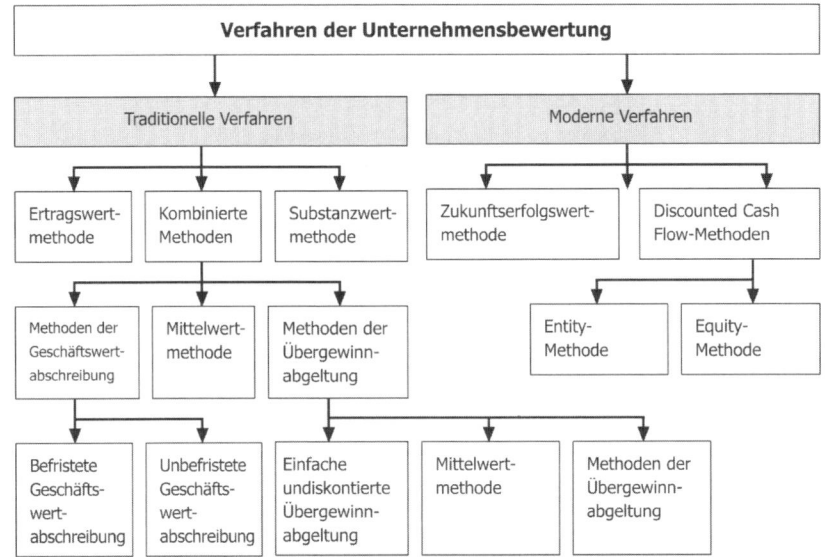

Abbildung 7: Übersicht über verschiedene Verfahren der Unternehmensbewertung [Schierenbeck 2000, S. 395]

- Marktwert:
  Vergleich mit Preisen, die für ähnliche Unternehmen in der jüngsten Vergangenheit gezahlt wurden.
- Ertragswert:
  Gegenüberstellung der Unternehmenserträge und alternativer Anlageformen

Dass diese Grobzordnung nur ein kleiner Ausschnitt aus der Vielzahl an Verfahren zur Unternehmensbewertung darstellt, zeigt Abbildung 7, die versucht, die wichtigsten Verfahren und Prinzipien zueinander in Bezug zu setzen.

Neben diesen brancheneunabhängigen Bewertungsverfahren haben sich in der Praxis einige Faustformeln durchgesetzt, die häufig als Ausgangspunkt für die Diskussion eines Gesellschafterwechsels gebraucht werden. Waren früher in der Branche Verfahren üblich, die – interessanterweise ähnlich wie bei jungen Internet-Start-Ups nur den Umsatz berücksichtigten, denn Gewinnaspekt jedoch vernachlässigten, haben sich jetzt eher ganzheitliche Betrachtungsweisen durchgesetzt. Eine der traditionellen Formeln sah als Kaufpreis die Multiplikation des Jahresumsatzes mit einem Faktor von 1 - 2 vor. Dagegen hat sich mittlerweile eine Betrachtung auf Basis des EBITDA (Earnings Before Interest and Taxes Plus Depreciation and Amortization) durchgesetzt. Dahinter verbirgt sich der Gewinn vor Steuern,

Faustformeln für die Einigung über die Bewertung in der Praxis

Nenner	Zähler	Rentabilitätskennzahl	
Umsatzerlöse (Sales)	Reingewinn (Net Profit)	Nettoumsatzrentalbilität (Net-Return on Sales)	UR_{Netto} (ROS_{Net})
	Betriebergebnis (EBIT)	Brutto-Umsatzrentabilität bzw. EBIT-Marge (Gross-Return on Sales)	UR_{Brutto} (ROS_{Gross})
	Operativer Brutto-Cash Flow (EBITDA)	EBITDA-Marge (EBITDA Margin)	$CFUR_{Brutto}$ ($CFROS_{Gross}$)
	Netto-Cash Flow	Netto-Cash Flow-Umsatzrentabilität	$CFUR_{Netto}$ ($CFROS_{Net}$)

Tabelle 8: Einordnung des EBITDA in das System betrieblicher Kennzahlen [Schierenbeck 2000, S. 65]

Zinsen, Abschreibungen und Amortisation, d.h. die Messlatte für den periodisierten Cash-Flow.

Unterschiedliche Bewertung zwischen Finanzinvestor und strategischem Investor

Diese Größe wird in der gegenwärtigen Bewertungspraxis mit einem Faktor zwischen 8 und 9 multipliziert und ergibt dann den Wert, der die Ausgangsbasis für Verkaufsverhandlungen darstellt. Dabei gilt generell die bereits zuvor getroffene Feststellung, dass ein reiner Finanzinvestor eine distanziertere Bewertung des Unternehmens vornimmt und in der Regel härtere Maßstäbe an den Unternehmenswert anlegt, als ein strategischer Investor. Während sich für den Finanzinvestor das Investment selbst als rentabler Deal erweisen muss, kann der strategische Investor die Synergieeffekte und die positive Marktentwicklung durch die Arrondierung seines Terrains in Betracht ziehen, so dass ein rein finanziell schwieriger Deal sich für ihn doch noch rechnen kann.

Unterschiedliche Partner im Lebenszyklus des Unternehmens

Dieses Kapitel zeigt, dass im Laufe des Lebenszyklusses eines Unternehmens eine Reihe unterschiedlicher Partner für die fianzielle Weiterentwicklung des Unternehmens in Frage kommen. Gerade in der Medienbranche ist es wichtig zu erkennen, dass durch vorausschauende Wahl der richtigen Finanzierungspartner und eine entsprechende Strukturierung der Gesellschaft beispielsweise der in vielen Familienunternehmen notwendige Generationenwechsel vorbereitet werden kann, um zu verhindern, dass statt eines Generationenwechsels ein Gesellschafterwechsel stattfindet.

4.6.5 Literatur

Baier, Wolfgang / Pleschak, Franz (1996): Marketing und Finanzierung junger Technologieunternehmen. Wiesbaden: Gabler

Gösche, Axel (1994): Nachfolgeproblematik im Mittelstand. Wiesbaden: Bundesverband Druck

Gommlich, Florian / Tieftrunk, Andreas (2000): Internet Aktien: Erfolgreich investieren in die New Economy – Die profitablen Player erkennen. Niedernhausen/Ts.: Falken

Grabherr, Oliver (2001): Risikokapitalinstrumente im unternehmerischen Wachstumszyklus. In: Stadler, Wilfried (Hrsg.): Venture Capital und Private Equity: Erfolgreich wachsen mit Beteiligungskapital. Köln: Deutscher Wirtschaftdienst, S. 29 - 41

Hadzic, Edin (2001): Die Herausforderung der Unabhängigkeit;. In: Horizont 46/2001: Frankfurt 15.11.2001, S. 64

Jung, Hans (2000): Allgemeine Betriebswirtschaftslehre. München: Oldenbourg

Plüskow, Hans-Joachim von (2001): Im Schatten der Überväter. In: Impulse Juni 2001, S. 39ff.

Schierenbeck, Henner (2000): Grundzüge der Betriebswirtschaftslehre. München: Oldenbourg (15. Aufl.)

Schühsler, Helmut (2001): Tipps für erfolgreiche Kapitalbeschaffung – Erfolgskriterien für High Tech Venture-Finanzierungen. In: Stadler, Wilfried (Hrsg.) (2001): Venture Capital und Private Equity: Erfolgreich wachsen mit Beteiligungskapital. Köln: Deutscher Wirtschaftdienst, S. 217-223

Strascheg, Falk F. (2001): Die Venture-Capital-Praxis. In: Stadler, Wilfried (Hrsg.): Venture Capital und Private Equity: Erfolgreich wachsen mit Beteiligungskapital. Köln: Deutscher Wirtschaftdienst, S. 89-96

Winkler, Dennis (2001): Profi-Handbuch Multimedia- und Hightech-Aktien. Regensburg: Walhalla

4.7 Personalmanagement

Der Bereich des Personalwesens wird in der Betriebswirtschaftslehre durch zwei unterschiedliche Themengebiete abgedeckt.
Während die Personalwirtschaftslehre den ökonomischen Charakter in den Vordergrund rückt, steht im Personalmanagement
der gestalterische Charakter im Vordergrund. Da dies bei Medienunternehmen die Hauptaufgabe im Personalbereich darstellt,
wird hier unter dem Titel Personalmanagement das Instrumentarium des Personalwesens vorgestellt. Häufig werden die Begriffe
Personalwirtschaft und Personalmanagement in der Literatur jedoch auch synonym verwandt. Gegenstand des Personalmanagements ist die Steuerung der häufig knappen Ressource Personal,
bzw. der damit verbundenen betrieblichen Erfolgsfaktoren. Klimecki und Gmürr sprechen vom Management von »Qualifikationen und Motivationen, die den betrieblichen Leistungs-
prozessen zugeordnet werden sollen. Sie werden für das Unternehmen aktiviert, gelenkt, d.h. in den Wertschöpfungsketten po-
sitioniert, sowie für das Unternehmen gesichert« [Klimecki /
Gmürr 1998, S. 108]. Dabei lassen sich die drei Phasen des Personalmanagements unterscheiden:

*Personalmanagement:
Steuerung der Res-
source Personal*

- Personalaktivierung,
- Personallenkung und
- Personalbindung

In diesem Kapitel werden wir das Personalmanagement, getrennt
nach diesen Bausteigen analysieren.

4.7.1 Bedeutung

Auf den ersten Blick wird man bei der Frage nach Besonderheiten
von Medienunternehmen im betriebswirtschaftlichen Funktionsbereich des Personalwesens vielleicht dazu neigen, dem Personal-
sektor diese Besonderheit nicht zuzugestehen. Personalarbeit
muss schließlich in jeder Unternehmung gemacht werden. Zudem wird die Organisation und Gestaltung der Personalarbeit in
erster Linie durch die Unternehmensgröße und nicht die Produkte des Unternehmens bestimmt. Dies ist zwar auf den ersten Blick

*Personal: Schlüssel-
ressource im Medien-
bereich*

schlüssig, dennoch ergeben sich aus der Marktsituation der Medienunternehmen eine Reihe von Besonderheiten.

Hoher Anteil der Personalkosten

Zunächst muss festgestellt werden, dass die Ressource Personal im Mediensektor eine überdurchschnittlich große Rolle spielt. Bei der Analyse der Kostenstrukturen kann man feststellen, dass der Personalbereich in den meisten Medienunternehmen einen recht hohen Anteil einnimmt, der in Einzelfällen schon mit personalintensiven Dienstleistungsberufen, wie etwa dem Beratungssektor konkurrieren kann. Darüber hinaus muss man sich darüber im Klaren sein, dass der Personalbereich zu einem entscheidenden Wettbewerbsfeld geworden ist. »Die Produkte von Medienunternehmen, ob Zeitschriften, Zeitungen, Bücher, Internet-Auftritte, Fernsehserien, Filme, sie alle kommen aus den Köpfen von Menschen und nicht aus Maschinen, sie leben von der Kreativität, dem Engagement und der Begeisterung der Mitarbeiter.« [Deters 2000, S. 93]. Medienmärkte sind derzeit stark von der Veränderung der zugrunde liegenden Basistechnologie geprägt. Das Personal ist im Rahmen der mitunter stürmischen Veränderungen jedoch einer der wenigen konstanten Bereiche. An vielen Stellen hat sich das Personal deshalb zum kritischen Erfolgsfaktor entwickelt.

Bedeutung der Personalentwicklung und -planung

Die Veränderung der Märkte und Produkte führt naturgemäß zu einer Änderung in den benötigten Qualifikationen. Deshalb kommt hier eine der zentralen Aufgaben des Personalmanagements zum Tragen – die Personalentwicklung und -planung. Diese soll sicherstellen, dass die benötigten Qualifikationen durch interne Weiterbildungs- und -entwicklungsmaßnahmen auf Basis des eigenen vorhandenen Mitarbeiterstamms abgedeckt werden können, oder aber durch Personalrekrutierungsmaßnahmen extern eingekauft werden. Ein typisches Beispiel hierfür ist der Bedarf an Außendienstmitarbeitern mit Erfahrungen im Internet-Bereich bei zahlreichen Werbevermarktungsteams der etablierten Medien (Zeitungen, Zeitschriften, Hörfunk, Fernsehen). Hier entstand bei vielen Verlagen und Sendern ein Engpass, der das Personalmanagement vor große Herausforderungen stellte, da der Markt während der Aufbauphase der Vermarktungsorganisationen nicht in der Lage war, die Nachfrage nach qualifizierten Mitarbeitern zu decken, die neben der Online-Erfahrung auch Vermarktungskompetenz besaßen.

Wenn es darum geht, die Bedeutung der Personalfunktion für den Medienbereich zu analysieren, muss berücksichtigt werden, dass Personalarbeit nicht im luftleeren Raum stattfindet. Sie ist in gesellschaftliche Erwartungen eingebettet, z.B. an die Gestaltung und Organisation von Arbeit. Im Mediensektor sind jedoch auch gesellschaftliche Erwartungen an die Qualifikation und das Verantwortungsbewusstsein von Medienschaffenden höchst relevant. Darüber hinaus besitzt die Medienbranche auch im Bereich der sozialen Verantwortung im Sinne der Beschäftigungssicherung eine zunehmende Bedeutung. Zwar wurden die Mitte der neunziger Jahre üblichen optimistischen Prognosen über den künftigen Anteil der Mitarbeiter der Medien- und Informationsbranche an der Gesamtzahl der Beschäftigten in Deutschland [vgl. Enquete Kommission 1997, S. 37] wieder nach unten korrigiert, dennoch kann ein weiterer selektiver Zuwachs prognostiziert werden [vgl. Klimmt 2001].

In vielen Bereichen (z.b. Vertrieb, Verlagsproduktion) wird ein Abbau von Mitarbeitern auch in der Medienbranche stattfinden. Das Personalmanagement ist einerseits in den gesamtgesellschaftlichen Kontext eingebettet und darüber hinaus auch in die Führungskultur eines Unternehmens integriert. Die Führungskultur kann beispielsweise bei der Personalakquise oder der Personalbindung einen ausschlaggebenden Beitrag zum Erfolg oder Misserfolg der Personalarbeit leisten. Ebenfalls maßgebend für die Personalarbeit sind die arbeits- und sozialversicherungsrechtlichen Gegebenheiten, die wir im Rahmen dieser kurzen Darstellung jedoch nicht näher analysieren.

Medien als Wachstums- und Beschäfftigungshoffnung der Wirtschaft

Einen zusätzlichen Bedeutungsschub hat das Personalmanagement auch im Medienbereich durch die Anforderungen an ein unternehmensspezifisches Risiko-Management bekommen. Durch die Inkraftsetzung des »Gesetzes zur Kontrolle und Transparenz im Unternehmensbereich« (KonTraG) sind Vorstände von Aktiengesellschaften, aber auch Unternehmen anderer Rechtsformen wie GmbH, KG, GmbH & Co. KG verpflichtet, statt eines Lageberichts im Rahmen des Jahresabschlusses eine Risikoabschätzung vorzunehmen, was ein entsprechendes Risiko-Management als Teil des Controlling- bzw. Qualitätsmanagementprozesses erforderlich macht. In diesem Zusammenhang gewinnt auch die Risikoabschätzung im Bereich des Personalmanagements an Bedeutunng, die zum Ziel hat, Risiken (Fluktuation, Know-how-Verlust) abzuschätzen, zu quantifizieren und mit entsprechenden Steuerungsmaßnahmen dagegenzuwirken [vgl. Leidig 2001].

Steigende Bedeutung des Personalmanagements wegen Risikomanagement durch KonTraG

4.7.2 Personalaktivierung

Unter Personalaktivierung werden alle Tätigkeiten zusammengefasst, die »dem Unternehmen neue Qualifikationen und Motivationen zugänglich« [Klimecki / Gmürr 1998, S. 108] machen. Damit werden die vier Bereiche Personalwerbung und -beschaffung, Personalfreistellung, Personaleinsatz und Personalentwick-

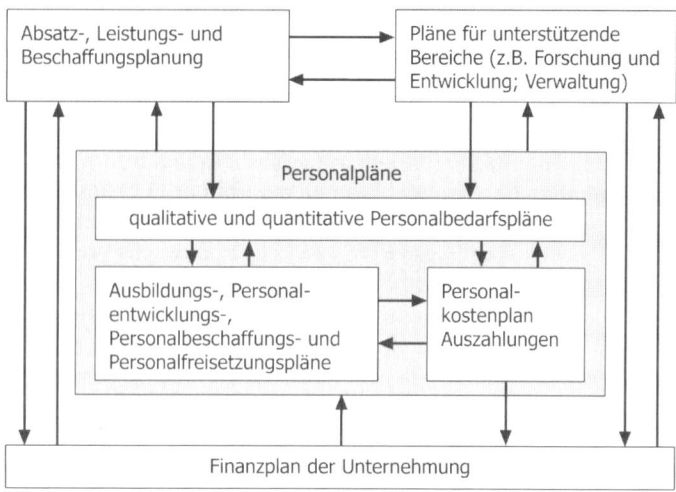

Abbildung 1: Zusammenhang der Personalplanung [Drumm 1995, S. 180]

lung zusammengefasst. Grundlage der Personalaktivierung ist die Personalplanung. Sie ist in jeder Unternehmensphase (z.B. Wachstum oder Downsizing) maßgebend für die Aufgabenstellungen der Personalaktivierung und hat direkte Auswirkungen in den Bereich Finanzplanung, da logischerweise Neueinstellungen und Entlassungen sich direkt im Finanzplan niederschlagen.

Spezialisierter *Arbeitsmarkt* Wenn die Personalplanung einen zusätzlichen Bedarf an Mitarbeitern und Qualifikationen ergibt, muss die Personalwerbung und -beschaffung durchgeführt werden. Hierfür muss bei Medienunternehmen in den meisten Fällen in einem sehr speziellen berufsfachlichen Arbeitsmarkt (z.B. Online-Jorunalisten mit Wirtschaftskompetenz) rekrutiert werden, so dass die üblichen Personalakquisemethoden wie Stellenanzeigen oder Aushänge nicht ausreichend sind. Ausnahmen hiervon bilden Hilfstätigkeiten, die heute jedoch in vielen Fällen bereits an Subunternehmen ausgegliedert wurden (z.B. Reinigungsdienste, Hausmeister- und Wachschutzfunktionen etc.). Selbst wenn zum Zeitpunkt der Entstehung dieses Buchs einige Großunternehmen der Medienbranche einen Stellenabbau bzw. Einstellungsstopp verkündet haben, so zeichnet sich doch mittelfristig ab, dass die Fähigkeit, das Interesse insbesondere der »High Potentials« für das eigene Unternehmen zu erzeugen, einer der Schlüsselfaktoren im Wettbewerb ist. Medienunternehmen gehen hier unterschiedliche Wege. Neben dem Kontakt zu Hochschulen, dem Angebot von Praktika und Diplomarbeiten, Aktivitäten, die gemeinhin in das »Beziehungsmarketing« eingeordnet werden, gibt es mit dualen

Studiengängen, wie etwa an der im Medienbereich bekannten Berufsakademie in Ravensburg zahlreiche Möglichkeiten, um frühzeitig den eigenen Führungsnachwuchs an das Unternehmen zu binden. Hinzu kommen beispielsweise auch sogenannte Tainee-Modelle in Kooperation mit Fachhochschulen. Im Bereich der redaktionellen Mitarbeiter haben ohnehin alle Medienunternehmen und insbesondere die Verlage eigene Möglichkeiten geschaffen, um den eigenen Nachwuchs auszubilden. Während große Verlage wie Burda, Holtzbrinck und Gruner + Jahr hierfür eigene Journalistenschulen untehalten, wird bei den mittelständischen Unternehmen die betriebliche Ausbildung im Volontariat um überbetriebliche Elemente, wie gemeinsame Seminare mit anderen Verlagen ergänzt.

Interessant sind in diesem Zusammenhang auch die im Medienbereich vorherrschenden Qualifikationsanforderungen und Berufsbilder. Der klassische Weg der journalistischen Laufbahn führt über das Hochschulstudium, mit begleitender freier Mitarbeit und das anschließende Volontariat zum Ziel. Parallel dazu gibt es auch spezielle Ausbildungsgänge, Kurse und Studiengänge, die direkt auf das Berufsbild des Journalisten hin orientiert sind. Im Bereich der Managementfunktionen haben die größeren Medienunternehmen mittlerweile den Standard geprägt, dass hierfür meist Absolventen der im BWL-Sektor führenden Hochschulen, häufig mit Auslandserfahrung oder erster Berufserfahrung im Consulting-Bereich gesucht werden. Daneben haben sich spezialisierte Studiengänge an Fachhochschulen, die bereits eine erste Branchenkenntnis vor dem Berufseinstieg vermitteln, bewährt, um den Führungsnachwuchs der mittelständischen Medienunternehmen und Spezialisten für die Großunternehmen der Branche zu rekrutieren. Schwierig sind gegenwärtig noch die Berufsbilder im Bereich der Internet-Wirtschaft. Die Definition entsprechender Berufsbilder und die Zertifizierung von Studien- und Ausbildungsgängen, für die sich der Deutsche Multimediaverband (dmmv) seit einiger Zeit stark macht, steht noch am Anfang. Einige Trends lassen sich jedoch bereits jetzt schon ablesen. In der Anfangszeit waren die Qualifikationsprofile noch unklar und während der Boomphase Ende der neunziger Jahre war der Arbeitsmarkt leergefegt. In dieser Phase prägten Seiteneinsteiger die Szenerie (z.B. mit abgebrochenem Physikstudium aber Programmierkenntnissen). Während der Konsolidierungsphase des Marktes hat sich jedoch gezeigt, dass spezialisierte Ausbildungen in den Säulen Technik / Informatik, Wirtschaft / Marketing und Design hier künftig gefordert sein werden. In allen Bereichen der Medienbranche, nicht nur im Feld des Multimedia-Marktes, wird indes ein hohes Maß an Interdisziplinarität gefordert. Wich-

Wandel der Berufsbilder und Anforderungen

tig für ein funktionsfähiges modernes Medienunternehmen ist die Gestaltung einer an den Kundenbedürfnissen orientierten Organisation. Es wird künftig mehr denn je darauf ankommen, die Belange der Nachbarfunktionen und -abteilungen nachzuvollziehen. Um Schnittstellenprobleme zu vermeiden, müssen die Mitarbeiter im redaktionellen Bereich beispielsweise in einem höheren Maße als früher wirtschafliche und technische Belange berücksichtigen, insbesondere bei der Entwicklung neuer Produkte. Mitarbeiter in der Werbevermarktung müssen dagegen auch über die inhaltliche Produktentwicklung oder die technischen Möglichkeiten der Werbegestaltung Bescheid wissen. Großunternehmen wie der Axel Springer Verlag legen daher Wert auf eine interdisziplinäre Zusammensetzung des Führungsnachwuchses und dehnen diese Offenheit gegenüber den wissenschaftlichen Fachdisziplinen auch auf die prinzipielle Offenheit gegenüber Fähigkeiten und Eigenschaften aus [Raulf 1997, S. 23ff.]. Trotz dieser grundsätzlichen Offenheit haben sich in der Praxis auch im Hause Springer eine Reihe von Kriterien etabliert:

- Fachspezifische Kriterien:
  [a] »passendes« Hochschulstudium (BWL, Informatik für organisatorisch-technische Aufgaben; Offenheit bei übrigen Aufgaben); guter Abschluss
  [b] Schreiberfahrung und -fähigkeit bei journalistischem Nachwuchs; Medienaffinität
  [c] Praxisorientierung
  [d] Internationalität
  [e] Recherche- und Präsentationserfahrung auf Basis aktueller Technologie

- Persönlichkeitsspezifische Kriterien:
  [a] Zielkompetenz (Zielstrebigkeit, z.B. Studiendauer, Studieninhalte)
  [b] Methoden-Kompetenz (Analysefähigkeit, Denken in Zusammenhängen, konzeptionelle Stärke)
  [c] Sozialkompetenz (Motivations-, Kommunikations- und Teamfähigkeit)
  [d] Ich-Kompetenz (klassische Tugenden, Fleiß, Zuverlässigkeit, Stressresistenz)
  [e] Innovations-Kompetenz (Interesse an Neuerungen)
  [in Anlehnung an Raulf 1997, S. 23ff.]

Alternativen zur Entlassung beim Personalabbau

Zur Personalaktivierung gehört auch der Abbau von Qualifikationen im Unternehmen [vgl. Klimecki / Gmürr 1998, S. 173]. Sie wird unter dem Stichwort der Personalfreisetzung zusammengefasst. Eine offene Personalfreisetzung in Form der einfachen Kündigung sind Grenzen durch die sehr stark einschränkende deutsche Gesetzgebung gesetzt. Alternativ können andere Formen der Ressourcenreduktion zum Einsatz kommen. Dabei handelt es sich beispielsweise um Arbeitszeitverkürzung (z.b. in Produktionsbetrieben wie Druckereien), den Überstundenabbau oder die Etablierung vorzeitiger Ruhestandsregelungen. Im Medienbereich wird zudem sehr häufig versucht, eine der Alternativen zur offenen Personaltrennung zu realisieren. Wie in jeder Branche muss die Wirkung auf die verbliebenen Mitarbeiter und künftige neue Mitarbeiter (Imageschaden) berücksichtigt werden. Daneben findet ein Medienunternehmen mit seiner Personalpolitik naturgemäß sehr schnell das Interesse der Kollegenbetriebe, so dass leicht eine öffentliche Diskussion interner Probleme entstehen kann. Dies kann zu einem immensen Schaden in der Positionierung auf dem Arbeitsmarkt führen. Um die Wirkungen im internen und externen Arbeitsmarkt zu begrenzen, haben viele Medienunternehmen bei der Ablösung von Führungskräften auch ein Interesse daran, über Outplacement-Beratung oder die Definition positiver Strategien der Öffentlichkeitsarbeit dem ehemaligen Mitarbeiter den Weg vom Unternehmen zu erleichtern. Ähnliche Strategien werden genutzt, wenn Personal unterhalb des Managements freigesetzt werden muss.

Der Personaleinsatz beschreibt die Aufgabe durch innerbetriebliche Verlagerungen von Ressourcen bestimmte Qualifikationen bestimmten Arbeitsbereichen zugänglich zu machen. Dieses abstrakte Ziel kann beispielsweise durch die Versetzung eines Mitarbeiters in ein neues Arbeitsumfeld erreicht werden. Dies setzt eine Flexibilität der Mitarbeiter voraus, die mit einer Versetzung einverstanden sein müssen. Gleichzeitig müssen diese aber auch die Fähigkeiten besitzen, eine solche Umstellung inhaltlich zu meistern. Die Bereitschaft zur Veränderung, der Wille zur Flexibilität, kann bereits bei der Personalauswahl berücksichtigt werden und stellt bei den meisten Medienunternehmen bereits eines der karriereentscheidenden Kriterien dar. Für die Fähigkeit zur Flexibilität ist ebenfalls in gewissem Maße bereits der erfolgreiche Auswahlprozess entscheidend, da da bereits darauf geachtet werden kann, dass die Bewerber nicht nur ausreichende fachliche Qualifikationen für die momentan zu besetzende Stelle mitbringen, sondern auch ein Querschnittswissen vorhanden ist, das den Einsatz in benachbarten Bereichen ermöglicht. Darüber hinaus ist es eine der Aufgaben der Personalentwicklung darauf zu achten, dass die in Frage kommenden Mitarbeiter ausreichend im Bereich der Multiqualifikationen (Qualifikationen, die in unterschiedlichen Bereichen von Relevanz sind) und Metaqualifikationen (wie z.B. Analysefähigkeit,

Personaleinsatz: Qualifikationen den Arbeitsbereichen zugänglich machen

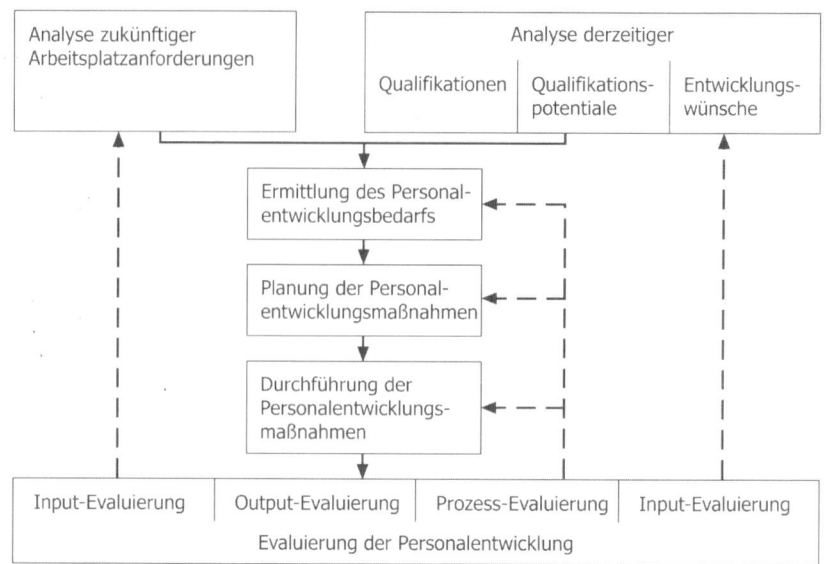

Abbildung 2: Ablauf der Personalentwicklung [Becker 1994, S. 29]

Sozialkompetenzen etc.) unterstützt werden, um einer Versetzung in einen anderen Arbeitsbereich gewachsen zu sein.

Darüber hinaus hat die Personalentwicklung zur Aufgabe, die vorhanden Qualifikationen auszubauen, um sowohl für den Mitarbeiter als auch für das Unternehmen ein langfristige Perspektive der Zusammenarbeit zu ermöglichen, in der für beide Seiten eine Steigerung des Anspruchsniveaus (Leistung und Bezahlung) möglich wird. Hierzu gibt es unterschiedliche Verfahren der Einarbeitung am konkreten betrieblichen Aufgabenstellungen (»on-the-job«). Dies kann beispielsweise die Möglichkeit sein, durch Stellvertreterfunktionen Erfahrungen zu sammeln. Im Medienbereich ist dies häufig die Rolle der jeweiligen Stellvertreter in den unterschiedlichen Leitungsfunktionen im redaktionellen Bereich. Eine andere Alternative der Einarbeitung »on-the-job« ist die Einbindung in konkrete Projekte. Letzteres wird in Medienunternehmen häufig angewandt, um in funktionsübergreifenden Teams neue Produkte vorzubereiten oder übegreifende Marketingaktionen etc. zu koordinieren. Für den einzelnen Mitarbeiter entsteht so die Möglichkeit, beispielsweise durch den Kontakt mit den Kollegen z.B. aus den Bereichen Anzeigen und Marketing, das eigene Qualifikationsprofil zu erweitern. Ebenfalls zum Segment »on-the-job« gehören die Elemente der Arbeitsgestaltung wie

- »job enlargement« (thematische Erweiterung des Aufgabenbereichs),
- »job enrichement« (Erhöhung des Verantwortungsniveaus im eigenen Aufgabenbereich) und
- »job rotation« (der turnusgemäße Wechsel mit anderen Funktionen).

Von besonderer Bedeutung sind im Medienbereich – vor allem bei den größeren Medienunternehmen – sind die Elemente der Personalentwicklung »into the job«, bei denen beispielsweise sehr häufig Einarbeitungs- oder Trainee-Programme zum Einsatz kommen. Offensichtlich findet im Rahmen solcher Trainee-Programme eine besondere Konzernsozialisation statt, die auch in späteren Phasen der Berufslaufbahn den Kontakt zu den mittlerweile an anderen Stellen der Medienbranche tätigen ehemaligen Trainee-Kollegen erleichtert. Auch bei der Rekrutierung der Führungskräfte der Medienkonzerne selbst kann man feststellen, dass sehr viele Führungskräfte bereits durch Trainee-Programme in (anderen) Medienkonzernen auf Aufgaben dieser Art vorbereitet wurden.

Personalsozialisation durch Traineeprogramme

Wichtig bei der Anwendung der Personalentwicklung ist die Einbettung in den Gesamtkontext der Personalplanung und die sorgfältige Analyse der vorhandenen und benötigten Qualifikationspotenziale.

4.7.3 Personallenkung

Die Personallenkung hat die Aufgabe, die Qualifikations- und Motivationspotentiale zu konzentrieren, »indem sie persönliche Deutungs-, Wert- und Handlungsmuster unterstütz(t) oder in Frage« [Klimecki / Gmürr 1998, S. 228] stellt. Sie umfasst die Bereiche Personalauswahl, Personalsozialisation, Personalbeurteilung sowie Entgelt- und Anreizgestaltung.

4.7.3.1 Personalauswahl

Die Personalauswahl gliedert sich in unterschiedliche Verfahren, die dazu beitragen sollen, dass die gewünschten Qualifikationen und Potenziale erkannt werden und das Bewerbungsverfahren durch Ablehnung oder Einstellung der Bewerber tatsächlich zum Erfolg führt. Die Verfahren werden dabei nach den Kriterien Validität (Gültigkeit) und Reliabilität (Zuverlässigkeit) bewertet. Sie können jedoch nur dann sinnvoll angewandt werden, wenn die Kriterien nach denen eine Auswahl stattfinden soll auch explizit definiert werden. Den Zusammenhang zwischen Kriterien und Instrumenten veranschaulicht Abbildung 3.

Erkennung der Qualifikationen

Kriterien	Instrumente	Zielsetzung

Qualifikation
- Fachkenntnisse und
  -fertigkeiten
- kognitive Fähigkeiten
- Sozialkompetenz
 	
Motivation
	- Bewerbungsunterlagen
	- Biographischer
	  Fragebogen
	- Interview
	- Leistungstests
	- Persönlichkeitstests
	- Graphologie
	- Assessment Center
	- EDV-Prüfverfahren
	- Arbeitsprobe
		- gültige und
		  zuverlässige Auswahl
		  von Personen, welche
		  die gewünschten
		  Kriterien erfüllen

Abbildung 3: Kriterien, Instrumente und Zielsetzung der Personalauswahl [Klimecki / Gmürr, 1998, S. 230]

Assesment-Center

Als Personalauswahlverfahren kommen in der Medienbranche alle gängigen Varianten (Sichtung von Bewerbungsunterlagen, Interviews, Tests, Assesment-Center) zum Einsatz. Großunternehmen stützen sich häufig auf das Assesment-Center als eignungsdiagnostischem Verfahren, das unter Einbeziehung des Managements nicht nur eine hohe Validität aufweist, sondern gleichzeitig bei entsprechend fairer Anwendung auch als Personalmarketingelement nach Außen positive Signale setzt. Unter Assessment Center versteht man dabei Auswahlverfahren, bei denen mehrere Bewerber über einen längeren Zeitraum (1 - 3 Tage) auf Basis unterschiedlicher möglichst praxisnaher Testsituationen gleichzeitig gegeneinander getestet werden.

Klassisches Vorstellungsgespräch

Das klassische Vorstellungsgespräch auf Basis einer vorausgehenden eingehenden Prüfung der schriftlichen Bewerbungsunterlagen ist sicherlich in der Gesamtzahl der Rekrutierungsprozesse in der Medienindustrie nach wie vor dominierend. Es ist etabliert, preiswert durchzuführen und kann über mehrere Runden eine Reihe von Führungskräften in den Auswahlprozess einbinden. Daneben gibt es die Gelegenheit die Chemie zwischen den Beteiligten abzustimmen, was insbesondere bei inhabergeführten Medien- und Verlagsunternehmen einer der ausschlaggebenden Faktoren ist.

4.7.3.2 Personalsozialisation

Die Funktion der Personalsozialisation beschreibt die Eingliederung eines neuen Mitarbeiters in die Normen, Werte, Regeln und Routinen einer Organisation. Dabei lässt sich dieser Prozess in einen formalen vom Unternehmen selbst gesteuerten Teil und einen teilweise noch ausgeprägteren informellen Teil untergliedern. Die formelle Eingliederung in die Regeln und Werte einer Organisation findet häufig durch den Vorgesetzten oder sogenannte Patenschaftsmodelle statt, bei denen neuen Mitarbeitern ein erfahrener Kollege als Ansprechpartner in der Anfangszeit zugeordnet wird. Dies findet in sehr vielen Medienunternehmen unabängig von der Größe und dem Produktspektrum Anwendung. In mittelständischen Druckereien, wie auch in Medienkonzernen wird der Vor-Eintrittsphase (Information vor Arbeitsbeginn, z.b. durch Firmenbroschüren) und der Eintrittsphase (Hilfestellung bei Konfrontation mit unbekannten Anforderungen) eine besonders große Aufmerksamkeit geschenkt.

Aus organisatorischer Sicht sehr viel schwieriger zu steuern sind die informellen Sozialisationsprozesse, die ähnlich wie die formelle Sozialisation, auch durch Vorgesetzte und Kollegen erfolgt. Darüber hinaus schließt diese Form der Sozialisation jedoch auch informelle Kreise aus dem Unternehmen (Freizeitaktivitäten, Gewerkschaften etc.) mit ein. Gerade in Medienunternehmen ist hier eine teilweise große Heterogenität allein in den Bereichen Stil und Umgangston zu verzeichnen. Dabei gibt es große Unterschiede zwischen verschiedenen Medien. So ist beispielsweise der Umgang in einem Zeitungsverlag anders als bei bei einem privaten TV-Sender. Das Betrifft auch Abteilungen, die sehr ähnliche Aufgaben verrichten. So hat traditionell die Redaktion innerhalb eines Zeitungsverlags eine anderes Standing als die Redaktion eines privaten Fernsehsenders. Innerhalb der Unternehmen muss wiederum stark zwischen den Abteilungen differenziert werden, da sich die Normen des Arbeitsalltags in einer Druckerei stark vom Selbstverständnis einer Redaktion unterscheidet. Jedoch ist selbst innerhalb der Abteilungen häufig eine Segmentierung notwendig, da sich ein Wirtschaftsredakteur im Umgang deutlich von einem Journalisten im Feuilleton unterscheidet.

Informelle Sozialisationsprozesse

Problematisch aus Sicht des Unternehmens sind insbesondere Rollenkonflikte, die durch unterschiedliche Erwartungen von formalen und informellen Sozialisationsinstanzen entstehen. Wenn ein neuer Mitarbeiter in einem Verlag beispielsweise die Entwicklungschancen im Online-Markt analysieren soll, wird das von den Kollegen sicherlich unterschiedlich beurteilt, je nachdem, ob die Einbindung in das Online-Geschäft für sie und ihre Stellung innerhalb des Unternehmens von ihnen als vor- oder nachteilig empfunden wird.

Probleme bei Rollenkonflikten

4.7.3.3 Personalbeurteilung

Der Funktionsbereich der Personalbeurteilung dient dazu, die Motivationen und Qualifikationen in ihrer Leistungsfähigkeit zu erhalten und zu fördern. Ziel ist es, auf Basis kontinuierlicher Be-

Erhaltung und Förderung der Motivationen und Qualifikationen

wertungen, Angaben über internen Qualifizierungsbedarf oder die Notwendigkeit neuer Maßnahmen der Personalbeschaffung zu bekommen. Aus Gründen der Handhabbarkeit sind die in der Praxis der Medienunternehmen gängigen Verfahren jedoch meist auf der Ebene von mehr oder weniger standardisierten Erhebungsbögen angesiedelt. Dabei findet meist eine Bewertung als Mitarbeiterbeurteilung durch den direkten Vorgesetzten statt. Typisch hierfür sind Erhebungen im Rahmen der Jahresgespräche, die gleichzeitig dazu dienen die Erwartungen der Mitarbeiter mit denen des Vorgesetzten bzw. Arbeitgebers abzustimmen. Kollegenbeurteilungen oder Selbstbeurteilungen finden seltener statt; die Vorgesetztenbeurteilung durch die Mitarbeiter ist in nur wenigen Medienunternehmen anzutreffen, da sie häufig als Widerspruch zur gängigen Hierarchievorstellung empfunden wird.

4.7.3.4 Entgelt- und Anreizsysteme

Unterschiedliche Anforderungen an Entgeltsysteme

Die durch Tarifverträge im Medienbereich geregelte Eingruppierung der Mitarbeiter bildet bereits den Übergang von der Personal- und Leistungsbeurteilung zu den Entgelt- und Anreizsystemenen. Unter Entgelt- und Anreizgestaltung werden die monetären und nichtmonetären Leistungen des Medienunternehmens als Gegenleistung für die Arbeitsleistung der Mitarbeiter zusammengefasst. In der Entgeltgestaltung spiegeln sich teilweise gegensätzliche Ziele wie Verteilungs- und Leistungsgerechtigkeit wider. In der Praxis haben sich jedoch Verfahren durchgesetzt, die die individuelle Leistung und den Marktwert gleichermaßen berücksichtigen sollen. Üblich ist im Mediensektor ein Zeitlohn als Fixgehalt. Das bedeutet die Mitarbeiter erhalten in der Regel eine monatliche Vergütung, die in ihrer Höhe leistungsunabhängig ist und dem Mitarbeiter eine berechenbare Lebensgrundlage beitet. Um mit der Entlohnung jedoch die Motivation der Mitarbeiter zu unterstützten, wird diese Gehaltsform um gewissen Leistungsanreize erweitert. Ausnahmen sind hierbei beispielsweise die Zeitungsträger, die üblicherweise mit einem Stücklohn (d.h. im Jahr 2001 durchschnittlich rund 2,32 Euro im Monat pro täglich zugestellte Zeitung) vergütet werden. Die Besonderheiten des jeweiligen Trägerbezirks, die je nach Abonnementdichte im städtischen bzw. ländlichen Umfeld zu Ungerechtigkeiten führen würde, wird durch Fahrtkostenpauschalen und Zuschläge ausgeglichen. Ein besonderes Thema ist auch im Mediensektor die Gestaltung von Leistungsanreizen. Überschaubar ist die Regelung im Bereich des Außendiensts (z.B. Buchvertrieb oder Werbevermarktung). Hier sind die in allen Branchen üblichen Beschäftigungsformen und Entgeltsysteme im Einsatz, die vom freien

Handelsvertreter (nahezu vollständige Vergütung auf Provisionsbasis) bis zum festangestellten Außendienstmitarbeiter mit geringer Anreizprovision reicht. Das Management ist in den meisten Medienunternehmen durch Leistungsanreizsysteme auch finanziell an die Unternehmensentwicklung gebunden. Üblich ist hier die Zieldefinition mit entsprechender Prämie für die Zielerreichung, bis hin zur gesellschaftlichen Beteiligung, was eine Partizipation an der Wertschöpfung des Unternehmens ermöglicht. Beispielhaft hierfür ist nicht nur die Einbindung des Managements bei mittelständischen Verlagsunternehmen sondern auch die gesellschaftsrechtliche Beteiligung des Managements im Presse-Großhandel.

Die Beteiligung der Mitarbeiter am Unternehmenserfolg ist vor allem in der jüngsten Zeit verstärkt zum Thema in der Medienbranche geworden. Während Großunternehmen, wie beispielsweise das Haus Bertelsmann bereits seit längerer Zeit, Wege definiert haben, wie die Mitarbeiter am Unternehmenserfolg beteiligt werden können, ist dieses Thema für viele mittelständische Häuser noch vergleichsweise jung. Gesteigert wurde die Diskussion, um Beiteiligungsmöglichkeiten jedoch nicht nur durch Aktivitäten der Arbeitnehmerinteressenvertretungen und Gewerkschaften sondern vor allem durch die Konkurrenzsituation mit Unternehmen der sogenannten »New Economy«. Im Zeitalter hoffnungsvoller Success-Stories über Börsengänge und Millionärsdasein vieler Mitarbeiter Ende der neunziger Jahre, taten sich viele Medienunternehmen des klassischen Mediensektors recht schwer, ausreichend Nachwuchs für die neuen Online-Produktbereiche zu finden und langfristig zu binden. Die Konjunkturdelle der Internet-Wirtschaft in der Folgezeit hat die Attraktivität von Unternehmensanteilen kurzzeitig in den Hintergrund treten lassen und die Bedeutung von festen Gehältern und nichtmonetären Anreizen wie Arbeitsplatzsicherheit wieder betont. Mittel- und langfristig ist jedoch davon auszugehen, dass in der Folge der Auseinandersetzung unterschiedlicher Erwartungen an die Entgeltgestaltung im Umfeld neuer Medien- und Informationsdienste eine Neuorientierung bei zahlreichen Medienunternehmen stattfinden wird.

Beteiligung der Mitarbeiter am Unternehmenserfolg

Auch die nichtmonetären Leistungsanreize stehen im Medienbereich immer wieder unter dem Blickwinkel der Konjunkturtrendes in der Diskussion. Da der Medienbereich eine personal- und qualifikationsabhängige Branche ist, kommt der gezielten Leistungsförderung eine entsprechend große Bedeutung zu. Deshalb gibt es eine Reihe von Systemen und Versuchen, mit Hilfe von nichtmateriellen Leistungen des Unternehmens die Arbeitsleistung der Mitarbeiter zu fördern. Beispielhaft hierfür sind

Nichtmonetäre Leistungsanreize gewinnen an Bedeutung

Massagen am Arbeitsplatz von Unternehmen der Online-Branche oder die Monatskarte für den Fitnessclub, wie es von der Verlagsgruppe Milchstraße praktiziert wurde. Im Bereich der persönlichen Freiräume in der Arbeitsgestaltung, als nicht-monetärere Anreize gibt es in der Medienbranche ein Gefälle zwischen alten und neuen Medien, kaufmännischer und redaktioneller Arbeit. Die Flexibilität im Bereich der Arbeitszeit und des Arbeitsortes ist bei kaufmännischen Tätigkeiten im Print-Sektor in der Regel geringer, als im redaktionellen Sektor des Online-Marktes. Insgesamt muss man jedoch davon ausgehen, das diese Themen bei allen Mediengattungen in naher Zukunft ein entscheidendes Argument für die Bindung von »high potentials« sein wird.

4.7.4 Personalbindung

Erhaltung des Engagements und der Kompetenzen des Personals

Unter der Funktion der Personalbindung werden die Maßnahmen zusammengefasst, die zum Ziel haben, das Engagement und die Kompetenzen des Personals, die für die Erlangung der Unternehmensziele benötigt werden, der Organisation zu erhalten. Dabei kann man zwischen motivationaler Personalbindung und der Bindung der Qualifikationen in Expertsystemen unterscheiden. Während im ersten Bereich das Ziel der Bemühungen die einzelnen Mitarbeiter als Personen sind, versucht man im zweiten Bereich die Informationen und das Know-how, die für das Medienunternehmen relevant sind, unabhängig zu machen von der jeweiligen Person und somit auf Dauer dem Unternehmen zugänglich zu machen.

4.7.4.1 Motivationale Personalbindung

Erhaltung der Personalressourcen und Reduktion von Fehlzeiten

Mit Hilfe der motivationalen Personalbindung versucht man zu erreichen, dass die Mitarbeiter zu einer höheren Wahrscheinlichkeit dem Unternehmen erhalten bleiben und somit kein Fachwissen für das Unternehmen verloren geht. Ziel ist es dabei auch, Kosten die durch Fehlzeiten und Fluktuation entstehen, zu begrenzen.

Die Maßnahmen im Medienbereich zur Eindämmung der Fluktuation entsprechen der Aufgabenstellung in anderen Branchen. Notwendig sind hier langfristige Maßnahmen, die

- entweder auf Basis der Kalküls etwaiger Nachteile beruhen (hier kommen Investitionen in materielles oder soziales Kapital wie z.B. Zuschüsse, betriebliche Altersversorgung etc. zum Tragen), oder

- mit einem Gefühl der Verbundenheit durch Identifikation mit den Unternehmenszielen (affective commitment) oder
- aus einer Verpflichtung heraus, die als Ergebnis betrieblicher Sozialisationsprozesse über die rein vertragliche Bindung hinausgeht (normative commitment) wirksam werden.

Zusätzlich gibt es noch das Instrument der vertraglichen Bindung, das jedoch in der Praxis mit Schwierigkeiten behaftet ist. So ist es in der Medienbranche häufig der Fall, dass bei Zeitverträgen mit Führungskräften ein vorzeitiger Weggang einer Führungskraft auf dem Wege der gegenseitigen Abstimmung ermöglicht wird. Grund hierfür ist die Erkenntnis, dass eine rein erzwungene Bindung nicht über einen längeren Zeitraum durchgeführt werden kann, ohne dass die innere Entfremdung des Mitarbeiters die Qualifikationspotentiale zerstört. Die in diesen Fällen formal übliche erzwungene Bindung auf Vertragsbasis dient letztlich dazu, einen bestandsgefährdenden Know-how-Verlust zu verhindern, so dass eine Ausgangsbasis für zukunftsorientierte Planungen auch dann besteht, wenn ein leitender Mitarbeiter das Unternehmen verlässt. Das in vielen Branchen übliche Potenzial der materiellen Bindung konzentriert sich im Mediensektor meist auf Elemente der Unternehmensbeteiligung, die Vorteile für längere Betriebszugehörigkeit beinhalten. Die in anderen Branchen übliche Bindung über betriebliche Altersversorgungen ist hingegen im Medienbereich nur eingeschränkt möglich. Hier wurde auf tariflicher Basis die Absicherung über das Presseversorgungswerk etabliert; einer branchenspezifischen Absicherung der redaktionellen Mitarbeiter. Das bedeutet, beim Wechsel des Arbeitgebers kann der Mitarbeiter die Vorteile seiner Alterssicherung direkt beim neuen Arbeitgeber einsetzen. Hintergrund für diese Maßnahme war das Ziel, eine größere Unabhängigkeit des Journalisten von seinem derzeitigen Arbeitgeber zu erreichen. Vor dem Erfahrungshintergrund des Nationalsozialismus möchte man vermeiden, dass allein materielle Bindungen dazu führen, dass im Medienbereich ein redaktionell orientierter Mitarbeiter bei einem Arbeitgeber verbleibt, dessen publizistische Leitlinie er eigentlich nicht mehr mittragen kann. Dies ist erneut ein Beispiel dafür, wie im Medienbereich rein betriebswirtschaftliche Überlegungen (hier wäre eine Bindung des Mitarbeiters aus den genannten Gründen erstrebenswert) gegenüber gesellschaftlichen Erwägungen in den Hintergrund treten.

Vertragliche Bindung allein gewährt noch keine Sicherheit

Zur Vermeidung von Fehlzeiten, die in 80 Prozent der Fälle auf Krankheit zurück zu führen sind, kommen die kurzfristigen Maßnahmen der Personalbindung zum Einsatz. In der Statistik

Motivation gegen Fehlzeiten

wird erkennbar, dass Fehlzeiten zunehmen je stärker die Gesamt-belastung der Person ist (berufliche und familiäre Belastung v.a. bei Frauen) und je weniger die Mitarbeiter in das Unternehmen und den Arbeitsprozess integriert sind. Dieses Bild der Wirtschaft allgemein findet sich auch in der Medienbranche wieder, wo gering qualifizierte Tätigkeiten (z.B. Hilfstätigkeiten im Druckerei-sektor oder Zustelltätigkeiten) besonders von Fehlzeiten betroffen sind. Bei Funktionen wie etwa der Zeitungszustellung kommt in Fällen von hohen Krankheitsraten neben dem finanziellen Nachteil der Schaffung von Ersatzlösungen zudem ein qualitativer Nachteil, da bei den Vertretungen die Erfahrung des Stammzustellers für den betroffenen Trägerbezirk fehlt und somit zu einem Anstieg der Reklamationen, das heißt zu einem Wachstum der Klientel der unzufriedenen Abonennten führt. Als Gegenmaßnahmen haben sich allgemein und im Medienbereich folgende Elemente etabliert:

- Prämiensysteme, die bei Fehlzeiten empfindliche Kürzungen beinhalten;
- arbeitsmedizinische Betreuung und
- ergonomische Arbeitsplatzgestaltung (v.a. bei Bildschirmarbeitsplätzen), sowie die
- Flexibilisierung der Arbeitszeit.

Flexibilisierung der Arbeitszeit als Herausforderung für die Medienbranche

Die Flexibilisierung der Arbeit ist dabei ein Element, das künftig sicherlich nicht nur unter dem Gesichtspunkt der Reduzierung von Fehlzeiten noch größere Bedeutung bekommen wird. Gerade im Medienbereich gibt es zahlreiche Tätigkeiten, bei denen unter der Voraussetzung einer entsprechenden zielorientierten Unternehmenskultur, mit eigenverantwortlichem Handeln in vielen Fällen die Arbeitszeit und der Arbeitsort stärker flexibilisiert werden können und somit die Frage Wann und Wo eine Aufgabe erledigt wird, durch den Mitarbeiter in eigener Verantwortung beantwortet wird. Interessanterweise haben dieses Themenfeld der Telearbeit Ende der 90er Jahre vor allem die Gewerkschaften und einige Großunternehmen wie z.B. die Deutsche Telekom AG besetzt, während von den Medienunternehmen in ihrer Gesamtheit keine größeren Initiativen gestartet wurden.

4.7.4.2 Qualifikationsbindung durch Wissens-
management und Expertensysteme

Mit der Weiterentwicklung der Datenverarbeitungssysteme und *Management-Informa-*
den ersten Expertensystemen z.b. im Bereich der medizinischen *tions-Systeme (MIS)*
Diagnostik entstand auch die Forderung nach einer perso-
nenunabängigen Wissens- und Qualifikationsressource im Bereich der Unternehmen. Hierfür haben sich in der Zwischenzeit
unterschiedliche Systeme herausgebildet. Management-Informa-
tions-Systeme (MIS) versuchen, mit Hilfe einer Aufbereitung ent-
scheidungsrelevanter Daten, die sowohl intern als auch extern
beschafft werden, die Informationsunsicherheit beim Treffen unternehmerischer Entscheidungen zu reduzieren. Für standardisierte Entscheidungsprozesse kann auf Basis vorherbestimmter
Regeln auch ein Entscheidungsunterstützungssystem zum Einsatz
kommen. Die weitesten Möglichkeiten werden sogenannten Expertensystemen zugesprochen, die auf Basis von Regeln der
künstlichen Intelligenz eigenständige Schlußfolgerungen ziehen
können und in der Lage sind, aus den Rückmeldungen des An-
wenders für künftige Problemlösungen zu lernen. Nach wie vor
steht derzeit der Einsatz einer leistungsfähigen EDV für Manage-
ment-Informations-Systeme und Wissensdatenbanken für ein ab-
teilungsübergreifendes Wissensmanagement bei den Medienunternehmen im Vordergrund. Die Tatsache, dass bei vielen Medienunternehmen (v.a. aus dem Zeitschriften- und TV-Sektor)
bereits seit längerem über elektronische Archive und Datenbank-
systeme die redaktionellen Ressourcen intern und extern vermarktet werden, hat hier in vielen Segmenten zu einer Expertise
in Sachen Wissensmanagement geführt, die auf andere Bereiche
des Unternehmens ausgedehnt werden kann.

4.7.5 Wechselbeziehungen zwischen den
Funktionen

In der bisherigen Darstellung ist es zwar an vielen Stellen bereits *Personalmanagement*
deutlich geworden, dennoch möchten wir diesen Abschnitt dazu *im Gesamtkonzept*
verwenden, um nochmals darauf hinzuweisen, dass die oben dargestellten Funktionen keinesfalls isoliert zu betrachten sind. So
wirkt sich logischerweise die Personaleinsatzfunktion auch auf
die Personalentwicklung aus. Wenn beispielsweise ein Mitarbeiter der Print-Redaktion Wirtschaft eines Nachrichtenmagazins in
den Online-Sektor wechselt und dort neben der Verantwortung
für Wirtschaft auch die internationale Politik betreut, hat dies
Auswirkungen auf seinen Qualifikationsbedarf (neue Kompe-
tenzfelder Online und Politik) sowie auf die Möglichkeiten seiner
späteren Weiterverwendung innerhalb des Unternehmens. Dabei

ist auch zu berücksichtigen, dass beim Einsatz der einzelnen Instrumente der Funktionsbereich ein Spannungsverhältnis zwischen angestrebtem Wandel und Veränderung und der gewünschten Stabilisierung der Prozesse besteht. So ist es erforderlich, dass eine intensive Abstimmung z.B. zwischen der Personalaktivierung (Zuführung neuer Potenziale) und der Personallenkung (Verengung und Steuerung der vorhandenen Potenziale) stattfindet, da sonst im Unternehmen gegensätzliche Strömungen von den Mitarbeitern als nicht vereinbar empfunden werden. Wenn beispielsweise neue Mitarbeiter für den Bereich der interaktiven Medien akquiriert werden und gleichzeitig eine Schrumpfung etablierter Kernbereiche eines Verlags stattfinden, entstehen selbst bei guter Abstimmung im Rahmen des Personalmanagements ausreichend Spannungsfelder, die einen besonders intensiven Einsatz der Instumente der Personallenkung und Personalbindung erforderlich machen.

Mehrfachfunktionen einzelner Aufgabenbereiche

Abstrakt gesprochen gibt es eine Reihe von »polyvalenten« Personalfunktionen, die neben ihrer primären Zuordnung zu einer Personalfunktion auch noch in einer Art Doppelfunktion mindestens einer weiteren Funktion zugeordnet werden können. Die Personaleinsatzfunktion, hat nicht nur die bereits dargestellt Bedeutung für die Personalaktivierung, sondern auch im zweiten Schritt eine Funktion im Bereich der Personallenkung, wenn beispielsweise das neue Einsatzgebiet eines Mitarbeiters nicht nur das Qualifikationsprofil des Mitarbeiters beeinflusst, sondern auch die Motivationsstruktur verändert. Die Personalentwicklung beeinflusst letztlich alle Funktionsbereiche. Personalentwicklung gehört sicherlich primär zum Bereich der Aktivierung. Wenn jedoch beispielsweise Training on-the-job im Medienunternehmen etabliert wird, hat ein solches Programm auch nachhaltigen Einfluss auf die Sozialisation der Mitarbeiter, weshalb auch die Personallenkung durch ein solches Programm beeinflusst wird. Gleichzeitig kann die vertiefte Weiterentwicklung der Mitarbeiterqualifikation durch betriebspezifische Schulungen die Bindung des Mitarbeiters an das Unternehmen erhöhen, da zusätzliches unternehmensbezogenes Fachwissen aufgebaut wird. Damit kommt in einer weiteren Nebenfunktion der Personalentwicklung auch ein Einfluss auf die Personalbindung zu.

4.7.6 Unternehmensphasen und Personalmanagement

Analog zu den im Vorausgehenden Kapitel beschriebenen Phasen im Unternehmenslebenszyklus gibt es auch im Rahmen der Personalarbeit charakteristische Phasen, die auf den Unternehmenswandel zurückzuführen sind. Wenn ein Unternehmen sich in der Phase der Innovation befindet (z.B. eine neugegründete Division oder ein junges Unternehmen), dominieren die Funktionen der Personalaktivierung; die Personallenkung erfolgt dagegen eher ungesteuert und informell. Dies ist auch der Grund, weshalb beispielsweise die Abteilungen für den Online-Sektor in vielen traditionellen Medienunternehmen eher als Fremdkörper empfunden wurden, da die im Mutterhaus etablierten Spielregeln, die auch Teil der Personallenkung sind, hier nicht eins-zu-eins umgesetzt werden konnten. Das Element der Personalbindung steht in dieser Phase noch absolut im Hintergrund. In der Aufbau-Phase eines Unternehmens gewinnt die Lenkung an Bedeutung, das Unternehmen versucht durch die Steuerung (z.B. durch Anreizsysteme, wie Unternehmensbeteiligungen) in einem dynamischen Markt Fuß zu fassen. Die Elemente der Bindung gewinnen erste Konturen und das Unternehmen geht allmählich in die Konsolidierungsphase über, wo vor allem Stabilität gefragt ist. Typisch hierfür sind bereits größere Organisationen mit geringer Umweltkomplexität. Diese Merkmale sowohl extern als auch intern lassen sich beispielsweise bei einigen regionalen Zeitungsverlagen mit Alleinstellung im Markt festestellen. Die Bindungsfunktion wird dominant, die Veränderungsbereitschaft schwindet, so dass je nach Marktsituation eine Revitalisierung erforderlich wird, um zum Beispiel bei einer akuten Unternehmenskrise die Gesamtorganisation neu am Markt auszurichten. Beispielhaft hierfür wäre ein Regionalverlag, der sich mit starkem intermedialen Wettbewerbern z.B. aus dem Segment der neuen Medien oder Gratiszeitungen auseinandersetzen muss. Dass die geschilderte Abfolge unterschiedlicher Unternehmensphasen und deren Schlussfolgerungen für das Personalmanagement keine Naturgesetzlichkeit darstellt, dürfte aus dem in Kapitel 4.6 bereits gesagtem deutlich geworden sein. Dennoch möchten wir an dieser Stelle noch einmal darauf hinweisen, dass insbesondere bei Medienprojekten im B2C-Markt des Internet eine Reihe von Unternehmen nicht über die Phase der Dominanz der Personalaktivierung hinausgekommen sind. Da das Wachstum nicht zu entsprechenden Strukturen im Bereich der Personallenkung und Personalbindung geführt hatte, wurde im Krisenszenario statt der Personalbeschaffung lediglich eine Überführung in die Personalfreisetzung vollzogen.

4.7.7 Literatur

Becker, Fred G. (1994): Lexikon des Personalmanagements. München: Beck

Deters, Jürgen (2000): Medienmanagement als Personal- und Organisationsmanagement. In: Karmasin; Matthias / Carsten, Winter: Grundlagen des Medienmanagements. München: Wilhelm Fink, S. 93-113

Drumm, Hans Jürgen (1995): Personalwirtschaftlehre. Berlin, Heidelberg: Springer

Enquete Kommission Zukunft der Medien in Wirtschaft und Gesellschaft Deutschlands Weg in die Informationsgesellschaft. Deutscher Bundestag (Hrsg.) (1997): Zur Ökonomie der Informationsgesellschaft. Bonn ZV Zeitungs-Verlag Service

Klimecki, Rüdiger / Gmürr, Markus (1998): Personalmanagement: Funktionen – Strategien – Entwicklungsperspektiven. Stuttgart: Lucius & Lucius

Klimmt, Tibor (2001): Marktentwicklung und Beschäftigung im Multimediasektor. In: Media Perspektiven 11/2001. S. 564 -575

Leidig, Guido (2001): Personal-Risikomanagement. bvdm-Informationen III/2001. Wiesbaden: Bundesverband Druck und Medien

Raulf, Holger (1997): Anforderungen an Nachwuchskräften in Verlagen. In: Deters, Jürgen / Winter, Carsten (Hrsg.): Karriere in der Medienbranche: Anforderungen, Schlüsselqualifikationen, Ausbildungssituation. Frankfurt a.M.: Campus

4.8 Technologie- und Innovationsmanagement

Unter Technologie versteht man »das Wissen um naturwissenschaftlich-technische Zusammenhänge, (...) soweit (sie) Anwendung bei der Lösung technischer Probleme finden« [Bullinger 1994, S. 33 f.]. Unter Technologiemanagement versteht man die »integrierte Planung, Gestaltung, Optimierung, Einsatz und Bewertung von technischen Produkten und Prozessen aus der Perspektive von Mensch, Organisation und Umwelt« [Bullinger 1994, S. 39].

Bereits an dieser allgemeingültigen Definition lässt sich die Bedeutung dieses Themengebiets für Medienunternehmen ableiten. Die Vergangenheit im Medienbereich war vor allem durch eine Technologieabhängigkeit der Prozesse geprägt. Deren Verbesserung wurde als Managementaufgabe wahrgenommen. Mit der Digitalisierung von Informationen hat eine starke Technisierung der Produkte begonnen. Dadurch steigt die Relevanz des Technologiemanagements im Rahmen des gesamten Managementprozesses von Medienunternehmen. Die technologischen Änderungen haben insbesondere bei der Entwicklung der Märkte – Aufstieg und Fall einzelner Medienprodukte – in vielen Fällen die entscheidende Funktion inne. Schon dies ist Grund genug, im Folgenden die Basisprinzipien und Methoden des Technologiemanagements darzustellen und deren Einsatzfelder im Medienbereich beispielhaft aufzuzeigen.

4.8.1 Technologie und Innovation

Da Technologien sowohl bei Prozessen als auch bei Produkten lediglich eine dienende Funktion einnehmen, erklärt sich ihre Bedeutung für den Managementprozess erst durch die Fähigkeit, Neuerungen auszulösen, weshalb zunächst der Themenbereich der Innovation einer näheren Analyse bedarf. Während unter dem Begriff der Invention lediglich die »technische Realisierung neuer wissenschaftlicher Erkenntnisse« [Bullinger 1994, S. 35] verstanden wird, wie beispielsweise die erste Datenübertragung über Glasfaser, kennzeichnet die Innovation die »erstmalige wirtschaftliche Anwendung von Inventionen« [Bullinger 1994, S. 35]

Invention und Innovation

wie beispielsweise den Ausbau des TV-Kabelnetzes auf Glasfaserbasis. Generell werden unter dem Begriff der Innovation auch erstmalige wirtschaftliche Anwendungen von Neuerungen beschrieben, die aus methodischen, sozialen, ökonomischen Neuerungen hervorgehen, d.h. eine Innovation setzt nicht immer eine technologische Wurzel für die Neuerungen voraus. Damit können beispielsweise neue Serviceseiten bei Zeitungen oder neue Gameshow-Formate im TV mit Recht als Innovation gekennzeichnet werden, um den Fortschritts- und Neuheitscharakter zu betonen, ohne dass hierbei besondere Technologien zum Einsatz kommen.

Produkt- und Prozessinnovation   Für die detaillierte Diskussion der technologieorientierten Innovationsschritte im Mediensektor ist die klare Trennung zwischen Produkt- und Prozessinnovation hilfreich. Während bei der technologiebedingten Produktinnovation die neuen Technologien in das Produkt selbst Eingang finden und für eine neue Wertigkeit des Produkts sorgen, ist bei der technologiebedingten Prozessinnovation lediglich die Wertschöpfung mit Hilfe neuer Technologien verändert worden. Beispielhaft lässt sich diese Unterscheidung beim Themenfeld »Electronic Publishing« aufzeigen. Im ersten Schritt wurde unter elektronischem Publizieren im Buch-, Zeitschriften- und Zeitungsbereich der Einsatz von Desktop-Publishing-Systemen verstanden. Mit dieser neuen Technologie wurde es Mitte der 80er Jahre möglich, mit Hilfe von PCs (zum Einsatz kamen vorwiegend Apple Macintosh) Manuskripte satzreif zu erstellen und einfache Layoutarbeiten vorzunehmen. Damit ergaben sich signifikante Veränderungen im Ablauf der Druckvorstufe: Der Satzvorgang lies sich auf die Autoren und Redakteure verlagern, die Layout- und Reproarbeiten wurden zusehends auf die elektronischen Systeme verlagert. Der Workflow, die Kostenstruktur und in Zusammenarbeit mit externen Dienstleistern (wie Satzstudios) und damit die Wertschöpfungskette waren dem Wandel unterworfen. Die Ebene der Prozesse veränderte sich also während die Ebene der Produkte unverändert blieb. Auf Basis der Prozessinnovation dieser Form von »Electronic Publishing« wurden die Bücher, Zeitschriften, Zeitungen in einer gleichbleibenden Produktform vermarktet. Ein Buch, eine Zeitung oder eine Zeitschrift sah kaum anders aus als vor dem Einsatz des »Electronic Publishing«. Eine Produktinnovation entstand erst mit der Ausdehnung des »Electronic Publishing« auf interaktive Produktformen wie CD-ROM oder Online-Angebote. Hier wurde die neue Technologie in die Produkte selbst integriert. Obwohl der Innovationsbegriff sich am einfachsten bei grundlegenden Veränderungen veranschaulichen lässt, unabhängig davon, ob man sich auf den Produkt- oder Prozessbereich konzentriert, so gab es in den vergangenen Jahrzehnten doch einen grundlegenden Wandel in der organisatorischen Behandlung und operativen Umsetzung von Innovationen. Wurde früher der »große Wurf«, d.h. die spektakuläre Neuerung als Ziel anvisiert, haben sich in der Zwischenzeit durch neue Managementansätze wie Kaizen oder KVP (Kontinuierlicher Verbesserungs Prozess) auch inkrementale Veränderungen als Zielsetzung durchgesetzt, die mittlerweile das Innovationsmanagement dominieren.

Innovation ist nach diesen Konzepten nicht mehr nur eine Managementaufgabe der Führungsebene, sondern ein ständiger Prozess der alle Unternehmensbereiche und alle Mitarbeiter umfasst und betrifft. Diesen »demokratischen« Ansatz der inkrementalen Innovation auf breiter Fläche lässt sich auch sehr gut an der Entwicklung der Internet-Technologie darstellen. Als Mitte der neunziger Jahre das World Wide Web, der Hypertextdienst des Internet eine erste Verbreitung fand, hatte sich das unter Federführung des Burda-Verlags entstandene Medienkonsortium »Europe Online« bei der Wahl der Technologie für den geplanten proprietären paneuropäischen Online-Dienst für die technische Plattform von AT&T-Interchange entschieden. Zu Beginn des Jahres 1995 hatte diese Technologie noch zahlreiche Vorteile: Sie war im Ziff-Davis-Network in den USA erprobt, während das WWW noch mit dem Image der unzuverlässigen Hochschulentwicklung in Verbindung gebracht wurde. Im Unterschied zur proprietären, privatwirtschaftlich entwickelten Technologie waren die Grundlagen des Hypertexdienstes des Internet jedoch öffentlich zugänglich und eine ganze Reihe von Entwicklern arbeiteten weltweit unabhängig voneinander an kleinen Fortschritten, so dass sehr schnell eine Reihe weiterer Browser-Generationen zur Verfügung standen, die in der Technologie der proprietären Technik von AT&T-Interchange überlegen waren, die nur von wenigen Entwicklern weiter vorangetrieben wurde.

Inkrementale Veränderungen im Innovationsprozess

Vor allem im Bereich des Produktmanagements im Rahmen des Marketing-Mix hat sich die inkrementale Innovation im Sinne einer Produktpflege durchgesetzt. Neben den im Sinne des Technologiemanagements neuen Produkten, bei denen auch neue Technologien im Produkt selbst zum Einsatz kommen (z.B. CD-ROM statt Jahrgangsband einer Zeitschrift), werden basierend auf der bereits vorhandenen und eingesetzten Technologie neue Produkte entwickelt. Diese Produkte sollen häufig als neue Version bereits eingeführter Produkte als sogenannte Nachfolgeprodukte den mittel- bzw. langfristigen Markterfolg sichern. Ausgangspunkt dieser Innovationsbestrebungen, die nicht nur auf

Produktpflege als Bestandteil des Marketing-Mix

	Innovation »alter Art«	Innovation »neuer Art«
Effekt	Kurzfristig, aber dramatisch	Langfristig und andauerd, aber undramatisch
Tempo	Große Schritte	Kleine Schritte
Protagonisten	Wenige Auserwählte, Geschäftsleitung und Mitarbeiterstab	Jeder Firmenangestellte, interfunktionelle Organisation
Vorgehensweisen	»Ellenbogenverfahren«, individuelle Ideen und Anstrengungen	Kollegtivgeist, Gruppenarbeit, Systematik
Devise	Abbruch und Neuaufbau	Erhaltung und Verbesserung
ERfolgsrezept	Technologische Errungenschaften, neue Erfindungen, neue Theorien	Konventionelles Know-how und jeweiliger Stand der Technik
Führungsgrundsatz	Spezialistenorientiert	Generalistenorientiert
Informationsaustausch	Geheim und intern	Öffentlich und gemeinsam
Feedback	Eingeschänkt	Umfassend und intensiv

Tabelle 1: Alte und neue Innovationskultur [Bullinger 1994, S. 37]

Technologie basieren, ist die Idee des Produktlebenszyklusses, der am Beispiel einer Zeitschrift verdeutlicht wird.

Innovationen in Abhängigkeit vom Lebenszyklus des Produkts

Produkte besitzen in ihrer Einführungsphase einen geringen Umsatz, verursachen jedoch durch den v.a. bei Medien hohen Fixkostenblock sehr hohe Kosten, was zu einem negativen Deckungsbeitrag führt. Eine weitverbreitete Analysemethode, die vom amerikanischen Beratungsunternehmen Boston Consulting Group (BCG) aus der Wertpapieranalyse abgeleitet wurde, zeigt den Stellenwert von Produkten in Abhängigkeit vom eigenen Marktanteil und dem Marktwachstum des Marktsegments (Marktanteils-Markt-Wachstums-Portfolio). Eine Zeitschrift startet im Regelfall während ein Marktbereich boomt (z.B. Themenbereich Wellness o.ä.). Zu diesem Zeitpunkt ist – durch die bereits bestehende Titelvielzahl aus angrenzenden Themebereichen des Freizeit- und Gesundheitsbereichs – der eigene Marktanteil nur gering. Der Titel ist in der Anfangsphase ein typisches »Fragezeichen«. Im Zuge der Markteinführung steigt der Umsatz und lässt ab einer gewissen Marktdurchdringung des Zeitschriftentitels einen positiven Deckungsbeitrag zu, da die Fixkosten auf eine höhere Auflage verteilt werden, dic höhere Erlöse im Vertriebs- und Anzeigensektor ermöglicht (Umsatzanstieg). Ziel ist es nun, den relativen Marktanteil zu erhöhen. In dieser Phase verschiebt sich die Positionierung des ursrpünglich mit hohem Marktwachstum, aber niedrigem Marktanteil gestarteten Titels vom Feld »Fragezeichen«, in der Potentialbetrachtung in das nächste Feld und hat aufgrund des hohen Marktanteils als »Star« die besten Perspektiven. Der Markt und damit die Auflage, wächst (noch immer) und der relative Marktanteil ist hoch. Im Laufe der Marktentwicklung wird das Marktsegment unserer neuen Zeitschrift wettbewerbsintensiver. Deshalb ist es wichtig, möglichst früh einen hohen Marktanteil zu erreichen. In diesem reifen Stadium sind sowohl Umsatz als auch Deckungsbeitrag maximal entwickelt, bedingt durch die Marktsättigung gibt es in dieser Phase gegen Ende erste Umsatzrückgänge und eine Rückentwicklung der Deckungsbeiträge zu verzeichnen. In der Portfolio-Betrachtung handelt es sich um das Stadium mit hohem Marktanteil, jedoch gesättigtem Wachstum. Diese »Cash-Cows« sind in erheblichem Maße dafür verantwortlich, positive Deckungsbeiträge für das Medienunternehmen insgesamt zu liefern und dadurch die Finanzierung neuer Projekte, die anfangs ebenfalls als kostspielege Fragezeichen starten, zu ermöglichen. Aus Sicht des Unternehmens stellt sich jetzt die Frage, ob man den beginnenden Niedergang des Produkts akzeptiert und im Rahmen einer Desinvestitionsstrategie versucht, die Ressourcen an anderer Stelle künftig zu konzentrieren und in der anschließenden Phase der Marktdegeneration die beste Kosten-Nutzen-Relation zu erzielen. Obwohl letztendlich alle Produkte in ihrer ersten Version die Phase der Marktdegeneration erleben und in dieser Phase des sinkenden Umsatzes und Deckungsbeitrages verbunden mit sinkendem Marktanteil und niedrigem Marktwachstum man diese »Poor Dogs« in der Portfolio-Betrachtung sehr kritisch auf ihre Existenzberechtigung hin überprüfen muss, ist die Deinvesititon und Produkteinstellung nicht die einzige Alternative. Zum einen kann es notwendig sein, aus übergeordneten Gründen im Rahmen der Sortimentspolitik ein für sich genommen unrentables Produkt dennoch beizubehalten. Ein Beispiel hierfür sind z.B. Buchverlage, die im Rahmen ihrer Programmpolitik einen bestimmten Themenbereich komplett abdecken möchten, und im Interesse des Images einer Gesamtreihe (z.B. BWL) auch unrentable Einzeltitel (z.B. spezielle Controlling-Aspekte) beibehalten. Zm andern wird durch permanente Innovationsprozesse im Rahmen der Produktpolitik versucht, der »Überalterung« und dem bevorstehenden Niedergang des Marktes entgegenzuwirken. Im Bereich der Zeitschriften sind Faceliftings (kleinere optische Korrekturen) und Relaunches (Neukonzeption ggf. mit begleitender Marketingkampagne) sowie eine ständige Überprüfung der Inhalte ebenso üblich, wie die kritische Überprüfung der Programmformate im TV. Die Märkte mit dem derzeit höchsten Innovationsdruck, der sich in permanenten Innovationen niederschlägt, sind der Musik- und Online-Markt. Während in ersterem die Technologie bei den Innovationsprozessen meist lediglich als Vehikel der Künstler eine Rolle spielt, sind die Bestandteile der Relaunches im Online-Sektor sehr viel technologiezentrierter, wie besipielsweise neue Such- und Navigationselemente eines Infoportals auf Basis einer neuen Datenbankanbindung.

Abweichend von diesem idealtypischen Verlauf eines Produktlebenszyklusses gibt es in Theorie und Praxis eine Vielzahl von Sonderformen und Abweichungen. So kann die erste Variation auf der Zeitachse entstehen, wenn der Lebenszyklus in einer der Phasen verzögert oder verfrüht eintritt (z.b. schnelleres Wachstum bis zur Reife) oder die Reifephase mündet in ein längere Zeit andauerndes Plateau bzw. nach Rückgang und Nidergang wird (z.B. durch einen Relaunch) ein Niveau knapp unterhalb des ursprünglichen Levels erreicht [vgl. dazu Höft 1992, S. 24 f.].

4.8.2 Strategisches Technologiemanagement

Die Hauptaufgabe des strategischen Technologiemanagements ist es, die zu sehr technologieorientierte Denk- und Arbeitsweise der meisten Entwicklungsteams auf die Wettbewerbsaspekte und Marktfolgen hin zu untersuchen und damit eine integrierte Betrachtungsweise sicherzustellen, bei der die Folgen von neuen Entwicklungen auf das Unternehmen und die Unternehmensumwelt hin untersucht werden und damit die »Schaffung und Steuerung von technologischen und marktorientierten Erfolgspositionen« [Bullinger 1994, S. 85] möglich wird.

Technologie und
Marktrelevanz

Um strategisches Technologiemanagement betreiben zu können, muss der Lebenszyklus und die Bedeutung der in Frage kommenden Technologie mit der Strategie des Unternehmens im vorgesehenen Segment in Einklang gebracht werden. Für die Analyse der Bedeutung einzelner Technologien hat das Beratungsunternehmen Arthur D. Little (ADL) in den 80iger Jahren das Konzept des Technologielebenszyklus entwickelt. Entsprechend dem in Abschnitt 4.7.1 beschriebenen Lebenszykluskonzept für Produkte und Märkte, gliedert ADL den Technologielebenszyklus in die Phasen: Entstehung, Wachstum, Reife und Alter [vgl. Höft 1992, S. 77 f.]. Dabei reduziert sich mit zunehmender Reife der Technologie die Unsicherheit und das Investitionsvolumen, gleichzeitig sinkt jedoch auch die Zugangsbarriere und damit der Marktvorteil, der durch die Nutzung der Technologie entsteht. Entsprechend unterschiedlich ist bei der

Anwendung der Technologien im Innovationsprozess daher der Umgang mit der neuen Technologie. Das Beratungsunternehmen Booz, Allen & Hamilton hat hierbei auf die Bedeutung des Innovationstimings verwiesen [Perillieux 1991, S. 24 ff.]. Neben der Phase der Technologie innerhalb des Technolgielebenszyklusses, kommt es aus Sicht des Unternehmens auf die Marktbedetung der Technologien an, die trotz technologischer Reife sehr unterschiedlich ausgeprägt sein kann. So haben die vor zehn Jahren aufkommenden elektronischen Bücher (electronic Bookplayer, Rocket e-book etc.) bereits Ende der neunziger Jahre ein hohes Maß an technischer Perfektion verkörpern können, ohne jedoch in der Marktbedeutung die ursprünglich angestrebte Dimension auch nur annähernd erreichen zu können. Bezogen auf das Potential der Technologie hat sich im Zuge der Entwicklung des Technologielebenszyklusmodells folgende Unterteilung durchgesetzt:

- *Neue Technologie:*
  Technologie in der Frühphase des Lebenszyklus, deren wettbewerbstrategische Dimenstion aufgrund der vielen Unsicherheiten noch unklar bleibt.
- *Schrittmachertechnologie:*
  Technologie soll künftig einen großen Einfluss auf die Wettbewerbssituation nehmen, da das Potential bereits in der Entwicklungsphase erkennbar ist.
- *Schlüsseltechnologie:*
  Mit zunehmender Reife entwickeln sich die Schrittmachertechnologien zur Schlüsseltechnologie. Sie besitzen einen signifikanten Einfluss auf die gegenwärtige Wettbewerbsfähigkeit in der Branche bzw. im betreffenden Marktsegement. Die Technologie ist in der Branche fest verankert, jedoch nicht gleichermaßen allen Marktteilnehmern zugänglich, so dass die Beherrschung der Technologie noch Auswirkungen auf die Marktsituation des einzelnen Unternehmens besitzt.
- *Basistechnologie:*
  Mit zunehmender Verbreitung der Technologie nimmt die wettbewerbsstrategische Bedeutung der Technologie selbst ab, da sie allen Marktpartnern in ähnlichem Umfang zur Verfügung steht und somit nicht mehr zur Differenzierung beiträgt, da sie als Allgemeingut, die Voraussetzung für eine Teilnahme am Markt darstellt.
- *Verdrängte Technologie:*
  In einer späteren Phase kann die Technologie durch einen Innovationsprozess mit Hilfe einer alternativen Technologie substituiert werden.

Technolgoieführer und -folger

Diese Phasen im Rahmen eines Technologielebenszyklus können höchst unterschiedliche Gestalt annehmen, da durch ihre Abhängigkeit von den beiden Komponenten: technologische Stabilität und Marktbedeutung zahlreiche Variationen möglich sind. Wenn der skizzierte Ablauf die Regel darstellt, könnte man bei einer ersten Anlayse zu dem Schluss kommen, dass bei einer Relevanz der Technologie im eigenen Marktsegment auf jeden Fall die Technologieführerschaft angestrebt werden sollte, um in der Phase der bestehenden Wettbewerbsdifferenzierung durch die Beherrschung von Schlüsseltechnologien einen entsprechenden Marktvorteil zu erzielen und umzusetzen. Hiergegen können jedoch einige Gegenargumente in das Feld geführt werden. Der Technologieführerschaft stehen hohe Kosten für den Forschungs- und Entwicklungsaufwand entgegen. Gleichzeitig trägt der Technologieführer auch ein hohes Risiko, falls die von ihm forcierte Entwicklung nicht die prognostizierte Stellung einer Schlüsseltechnologie einnehmen kann.

Push-Technologie als Trend in den neunziger Jahren

So war es für einige Medienanbieter vor einigen Jahren »absehbar«, dass sich statt des nutzerinduzierten Abrufs im Internet profilabhängige Pushdienste durchsetzen werden, die es dem Nutzer gestatten, bequem mit für ihn interessanten Inhalten und Neuigkeiten versorgt zu werden. Die dafür benötigte Technologie wurde von einigen Spezialanbietern zur Verfügung gestellt und gestattete beispielsweise dem Medienanbieter, aktuelle Nachrichten (z.B. aus dem Wirtschafts- oder Medienbereich) direkt auf den Desktop des PCs des einzelnen Nutzers auszuliefern und in aktuelle Büroanwendungsprogramme z.B. als Laufband zu integrieren. Für viele Medienunternehmen (v.a. Presseverlage und Rundfunkanbieter) war der Zugang zu dieser Technologie bedeutsam und der amerikanische Softwareriese Microsoft versuchte im Rahmen seiner »Channel-Strategie« die besten Plätze auf den Windows-Oberflächen zu verkaufen bzw. für Content-Kooperationspartner zu reservieren. Beide Konzepte konnten nicht die angestrebte Nutzerakzeptanz finden und die Technologien konnten nicht den angestrebten Charakter einer Schlüsseltechnologie erreichen.

Problem der Endgeräte im Mediensektor

Ebenfalls riskant aus Sicht des Technologieführers sind die Markteröffnungskosten, wie z.B. bei den Pionieren der UMTS-Technologie für mobile Endgeräte, sowie der Nachteil, der durch Produkte voller »Kinderkrankheiten« für den Technologieführer entstehen kann. Diese Form der Kinderkrankheiten aus technologieorientierten Neuerungen ist im Medienbereich häufig auf der Ebene der Endgeräte bei elektronischen Medien, wie z.B. DAB-Empfangsgeräten o.ä. zu beobachten. Ebenfalls ungewiss für den Technologieführer ist die Frage, ob sich die technologisch beste Lösung tatsächlich als Industriestandard durchsetzen lässt.

Beispielhaft ist die Auseinandersetzung zwischen den Abspiel-modi BETA und VHS im Bereich der Video-Aufnahmen, die in den 80er Jahren VHS als das technisch schwächere System dennoch für sich entscheiden konnte.

Den Risiken der Technologieführerstrategie stehen jedoch auch Risiken der Technologiefolgerstrategie gegenüber. Wer später in einen neuen Markt eintritt, hat während der Marktbearbeitung den Nachteil, dass er im Rahmen des Marktlebenszykluskonzepts mit einer sehr viel kürzeren Phase der rentablen Marktangebote leben muss. Dies trifft insbesondere für schnellebige Konsumgüter zu. Wer beispielsweise im Bereich preiswerter Unterhaltungselektronik für Kinder und Jugendliche kurzfristige Trends der Technologieanwendung versäumt, kann unter Umständen Mühe haben, überhaupt noch eine Phase der Marktausschöpfung nutzen zu können. Beispielhaft sei hier auf späte Imitate des elektronischen Haustiers »Tamagochi« verwiesen, die teilweise im Stadium des allgemeinen rapiden Marktrückgangs erstmalig angeboten wurden. Bei langfristig angelegten Technologietrends kann das Problem des Technologiefolgers im Überwinden der Eintrittsbarrieren selbst liegen. Dies macht sich auch dann bemerkbar, wenn auf Basis der Pionieranwendungen Erfahrungen für verbesserte Produktkonzeptionen in den technologieführenden Unternehmen entstehen. So waren die Ansprüche der Internet-Nutzer im Jahr 1995 gegenüber den ersten Medienangeboten im Internet noch vergleichsweise bescheiden. Die Tatsache, dass verlässliche redaktionelle Inhalte der bekannten Marken kostenlos im Netz zu finden waren, genügte, um für Akzeptanz zu sorgen. Spätere Marktzutritte mussten sich jedoch mit den inzwischen gereiften Anbietern messen lassen. Es genügte nicht mehr, lediglich ein »Me-too-Produkt« in den Markt zu bringen. Erschwerend kam in dieser Situation für den Tetchnologiefolger zum Tragen, dass auf Kundenseite durch den Imagegewinn des Innovators eine Präferenz für den Technologie- und Innovationsführer besteht. Aus diesem Grund haben sich beide Strategien (Führer- und Folgerstrategien) mit unterschiedlichen kurz- und langfristigen Zielsetzungen im Rahmen des Technologie- und Innovationsmanagments etablieren können.

Beide Strategien besitzen spezifische Vor- und Nachteile

Um im jeweiligen Einzelfall auf die Ebene der strategischen Grundsatzentscheidung Technologiefolger oder -führer zu kommen, müssen bei einem integrierten strategischen Technologiemanagement eine Reihe von Entscheidungen vorab gefällt werden. Im Rahmen der Unternehmenspolitik bedarf es einer grundsätzlichen Bewertung des Stellenwerts von Forschungs- und Entwicklungsaktivitäten im Unternehmen. Dabei ist auffallend, dass im Medienunternehmen im Vergleich zu anderen

Grundsatzentscheidung im Rahmen des integrierten Technologiemanagements

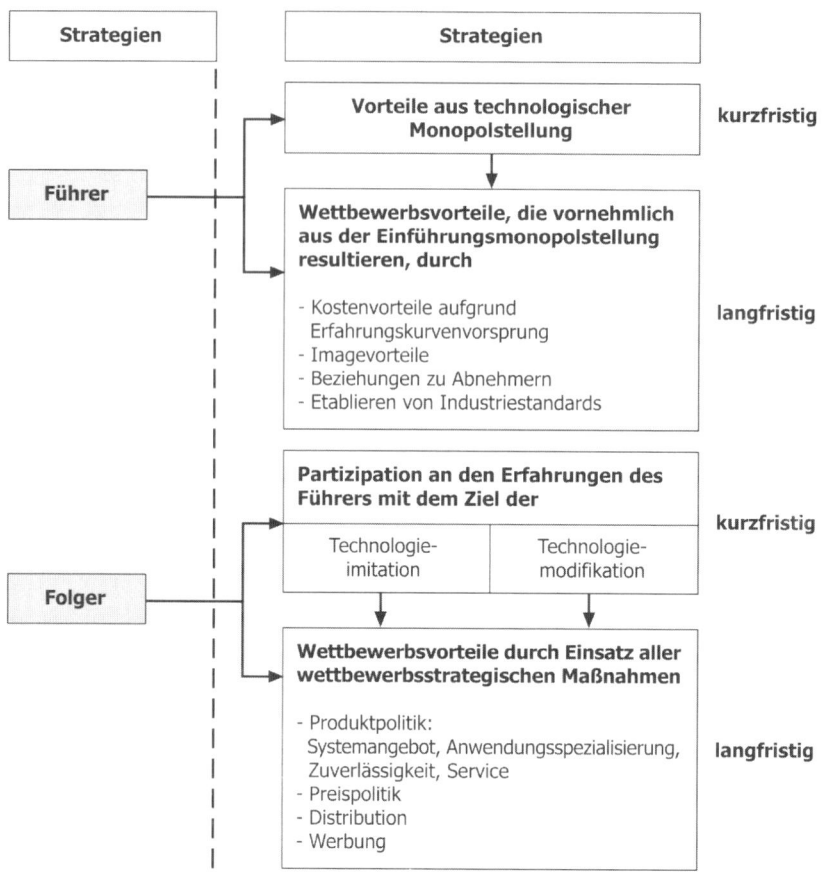

Abbildung 2: Zielsetzungen Führer- und Folger-Strategien [Perillieux 1991, S. 34]

Branchen häufig keine eigenen Funktionsbereiche für For-
schungs- und Entwicklugsarbeiten bestehen. Mittelgroße Ver-
laugshäuser beispielsweise haben hierfür keine eigene Infrastruktur. Die Forschungsabteilung konzentriert sich mit ihren
Aktivitäten (z.B. Markt-Media-Studien oder Copy-Tests) in erster Linie auf die Vermarktung. Bestenfalls gibt es Studien zur
Verbesserung der bestehenden Produkte (z.B. Zeitschrift oder
Nachrichtensendung). Die Abteilungen für neue Medien beschäftigen sich mit der Anwendung neuer technologieabhäniger Produktformen, ohne deren Entwicklung ursächlich mitzube-
stimmen oder mitgeprägt zu haben. Entsprechend ist das Ent-
scheidungssystem der Planung und Kontrolle, bei dem es darum
geht, Entscheidungen über Selektion, Kompetenz, Technologie-
quellen und Timing zu treffen, in vielen Fällen unterentwickelt.

Unternehmenspolitik
F&E Politik
<ul><li>F&E Grundsätze</li><li>Orientierung</li><li>Personalpolitik</li><li>Finanzpolitik</li><li>Patentpolitik</li><li>Stellung der F&E in der Gesamtorganistation</li></ul>
Planung und Kontrolle
Selektion von Technologiefeldern
<ul><li>Definition von Betätigungsfeldern</li><li>Strukturierung der technologischen Basis des Unternehmens</li></ul>
Kompetenz in Technologieentwicklungseinheiten
<ul><li>Outputbezogen - Know-how-Breite bzw.-Tiefe innerhalb eines Technologiefeldes - Anwendungreife der Technologie - Anwendungsgrad in Produktion und Prozessen</li><li>Prozessbezogen - Beherschung des Technologietransfers - Entwicklungs-Timing - Entwicklungsgeschwindigkeit - Qualitätsniveau</li></ul>
Quellenentscheidungen / Quellenselektion
<ul><li>Quellenkompetenz</li><li>Quellenkapazität</li><li>Vertragliche Bindungsart (Lizenz, Patent, ...)</li></ul>
Timing
<ul><li>Technologie-Timing</li><li>Innovations-Timing</li></ul>
Organisation und Führung der F&E
<ul><li>Aufbauoganistion</li><li>Ablauforganisation</li><li>Planungs- und Kontrollsysteme</li><li>Führungsstil</li><li>Motivations- und Anreizsysteme</li></ul>

Tabelle 3: Entscheidungsfelder des Strategischen Technologiemanagements [Bullinger 1994, S. 87]

Bei der Selektion der Technologiefelder, legt das Unternehmen fest, in welchen Technologiebereichen (z.B. mobile Internet-Dienste) Kompetenz aufgebaut werden soll. Diese Grundsatzentscheidung erfährt im Rahmen der Kompetenzentscheidung eine Präzisierung durch qualitative und quantitative Parameter. Anschließend wird im Rahmen der Quellenselektion definiert, wo-

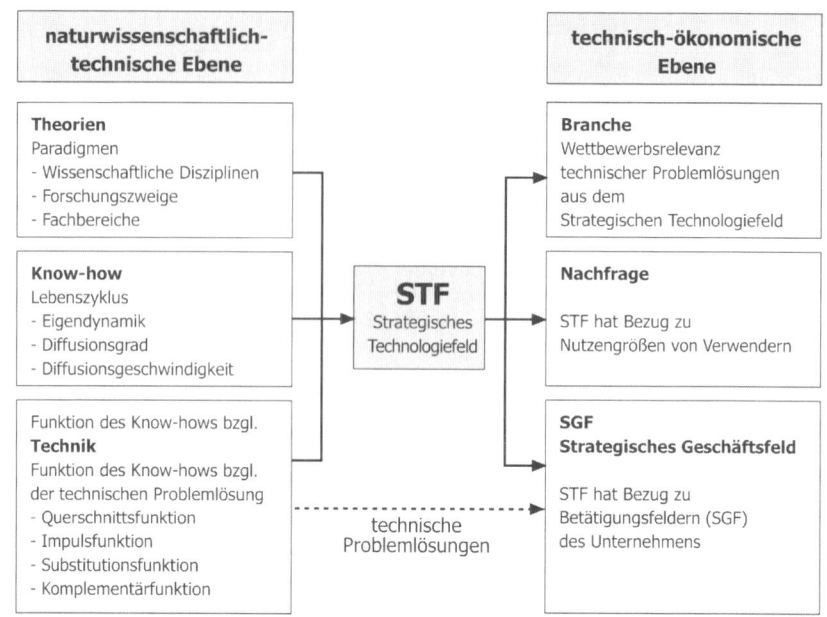

Abbildung 4: Charakteristiken von Technologiefeldern [nach Bullinger 1994, S. 95]

her der technologische Input stammen soll (interne Eigenentwicklung oder externe Beschaffung via Kauf, Hochschulkooperation etc.). Abschließend wird im Rahmen des Timings versucht, die technologischen und marktbezogenen Lebensphasen bei der Erstellung des eigenen Zeitplans zu berücksichtigen, wobei sich das Technologie-Timing auf die naturwissenschaftlichtechnischen und das Innovationstiming auf die marktbezogenen Ebenen bezieht. Um die Umsetzung der Technologiemanagement-Prozesse leisten zu können, muss die Organisation auf die Anforderungen eingerichtet sein.

Strategische Technologieeinheiten (STE) und strategische Technologiefelder (STF)

Wenn die Entscheidungsvoraussetzungen grundsätzlich getroffen sind, wie im Rahmen des strategischen Technologiemanagements mit den Innovationen verfahren werden soll, steht eine vertiefte Analayse im Rahmen der einzelnen Geschäftsfelder noch aus. Analog zur umwelt- bzw. unternehmensbezogenen Definition strategischer Geschäftsfelder bzw. strategischer Geschäftseinheiten im Rahmen des Marketing geht es darum, strategische Technologiefelder (STF) bzw. strategische Technologieeinheiten (STE) zu definieren, um die aktuellen und potenziellen Aktionsfelder festzulegen und einzugrenzen. Dabei lassen sich die Bereiche auf der naturwissenschaftlich-technischen und technisch-ökonomischen Ebene definieren.

Dabei übernimmt die strategische Technologieeinheit die Umsetzung der Technologiestrategie im Unternehmen auf Basis einzelner Technologieentwicklungseinheiten. Medienunternehmen führen diese Analyseschritte meist nur in verkürzter Form durch, indem – ausgehend von der Information über neue Technologien von Seiten der Zulieferer (z.b. neue Drucktechnologien oder neue Möglichkeiten der Datenübertragung auf mobile Endgeräte) – versucht wird, Schlussfolgerungen für den Markt zu ziehen. Die Möglichkeit zur Investition in eine Zehn-Farben-Druckmaschine liefert dabei jedoch keinen Hinweis dafür, dass im Leser- oder Anzeigenmarkt ein Bedarf nach höherer Farbigkeit besteht und die Tatsache, dass WAP (Wireless Application Protocol) Informationsdienste auf »portable devices« realisierbar machte, bedeutete noch nicht, dass hierbei tatsächlich aus Marktperspektive tragfähige Produkte entstehen. Dabei sind Innovationen im Mediensektor jedoch besonders dadurch geprägt, dass ähnlich wie beispielsweise bei der Entwicklung des »Walkman« ein Bedarf im Sinne eines vom Nutzer artikulierten Wunsches nach Mehrwert im Vorfeld der Innovation häufig nicht verlässlich festgestellt werden kann. Die meisten Neuerungen versuchen, aufgrund des Charakters des »Neuartigen« einen Nutzen zu beschreiben, der erst mit Vorliegen der ersten Anwendungen vom Nutzer so nachvollzogen werden kann. Diese Vorgehensweise birgt das Risiko in sich, dass der vom Hersteller in das Auge gefasste Mehrwert vom Nutzer nicht in gewünschtem Maße wahrgenommen wird. Beispielhaft für die Unsicherheit bei dieser Form der vollständigen Innovation sind die unterschiedlichen Prognosen über die Akzeptanz von UMTS-Diensten. Die Widersprüchlichkeit der Marktforschungsdaten zeigt, wie schwierig es ist, tatsächlich verlässliche Daten über unklare Zukunftsszenarien zu erhalten. Die Befragten können sich den Produktnutzen nur begrenzt im Rahmen der Umfrage vorstellen, so dass die Unsicherheit bleibt, ob die User nicht doch in erster Linie v.a. Telefongespräche mit ihren Handys führen wollen.

Verkürzte Analyse im Praxisalltag der Medienunternehmen

Um voreilige Fehlschlüsse zu Gunsten oder zu Lasten einer neuen Technologie zu vermeiden, empfiehlt sich daher die Kombination der strategischen Geschäftsfelder mit den strategischen Technologiefeldern eines Unternehmens im Rahmen einer Verflechtungsmatrix, damit die aus unternehmerischer Sicht entscheidende Einheit von Markt- und Technologiesicht gewährleistet ist. So lassen sich nach einem Ansatz von Arthur D. Little [Sommerlatte / Walsh 1983] die stragegischen Geschäfelder in einer Matrix den strategischen Technolgiefeldern gegenüberstellen.

Kombination strategischer Geschäftsfelder mit strategischen Technologiefeldern soll Marktakzeptanz sicherstellen

4.8.3 Analyse und Prognosemethoden

Bedarfsinduzierte technische Lösungen

Nutzerfeedback

Die bedarfsinduzierte technische Lösung beschreibt einen Mangel, der im Markt entsteht und wahrgenommen wird und aufgrund des Feedbacks der Nutzer von der Anbieterseite behoben wird. Diese Wirkung lässt sich beispielsweise bei der inkrementalen Innovation im Bereich von Software-Lösungen oder Online-Angebote zeigen. Wichtig für den richtigen Umgang eines Medienunternehmens mit nutzerinduzierten Innovationsprozessen ist einerseits die Schaffung eines geeigneten Rückkanals vom Nutzer zum Anbieter und andererseits die richtige Gewichtung der Anregungen. Unabhängig davon, ob es um technologie- oder inhaltezentrierte Innovationsprozesse geht, muss deren tatsächliche Durchführbarkeit und Marktrelevanz abgeschätzt werden. Gerade bei Nutzerfeedbacks aus dem Werbemarkt werden rasch technologisch hoch-innovative Werbeformen eingefordert, deren Anwendung bzw. Finanzierung nach erfolgtem Angebot von Seiten der Medien zunächst offen bleibt.

Technikinduzierte Lösungen (Technology-Push-Analyse)

Kombination unterschiedlicher Technologiefelder

Dies beschreibt das Phänemen, dass die Verfügbarkeit von Technologien allein bereits technologische Innovationen auslösen kann. Im Sinne der oben dargestellten Verflechtungsmatrix erhält man diese Dimension, wenn man die strategischen Ge-

Strategische Felder			Strategische Geschäftsfelder				
			aktuelle		potentielle		
			Zeitung	Online	pers. Info	geo. Dienst	Technol. -Relevanz-Analyse
strateg. Technologie-felder	aktuelle	print					
		online				interakt. regioguide	
		portables					
	potenzielle	e-ink	interakt. e-ink-paper				
		dig. Farbdruck*	Kleinstausgaben		pers. Print-Zeitung		
		dezentr. Druck*					
Technology-push-Analyse							

Abbildung 5: Strategische Verflechtungsmatrix am Beispiel eines Zeitungsverlags
* Digitaldruck zu konkurrenzfähigen Kosten in wettbewerbsfähiger Qualität

schäftsfelder in vertikaler Richtung mit den strategischen Technologiefeldern kombiniert und dabei die möglichen Erfolgspotentiale und Mehrwerte der dabei möglichen Lösungen analysiert. Beispielsweise kann auf Basis der bestehenden Zeitungsinhalte mit Hilfe neuer Bildschirmtechnologien eine drahtlose elektronische Zeitung erstellt werden, die jedoch ohne weitere Innovationsschritte lediglich einen begrenzten Mehrwert bietet.

Innovationsfeldanalyse

Hierbei wird eine gleichzeitige Bewertung der Technik- und Marktdimension vorgenommen, was zu der Fragestellung führt, welche neuen strategischen Geschäftsfelder durch eine Markt-Technologiekombination entstehen kann. Im Sinne unseres Beispiels kann dies die Integration personalisierter Inhalte- und Servicefunktionen im Rahmen eines auf »elektronischer Tinte« basierten Informationsdienstes sein.

Bewertung von Technik und Markt

Technologierelevanzanalyse

Bei der Technologierelevanzanalyse geht es um die Frage, welche technischen Lösungsansätze bereits bekannter Technologien durch die Verknüpfung mit neuen strategischen Geschäftsfeldern neue Produkt-Technologiekombinationen bewirken. In der Verflechtungsmatrix entspricht dies einer horizontalen Vorgehensweise. Beispielsweise kann die Technologie des Digitaldrucks in Verbindung mit den Online-Angeboten eines Verlags zum Angebot von Printing-On-Demand-Diensten führen, bei denen beispielsweise individuell konifgurierte Bücher mit Archivinhalten anlässlich von Geburtstagen oder regionalen Vorlieben erstellt werden. Die Vermarktung erfolgt dabei online.

Kombinationen aus Produkten und Technologien

Grundsätzlich sollte bei einer Analyse der strategischen Technologieentwicklung berücksichtigt werden, dass die bei Anwendung jeglicher Prognosemethoden erzielten Schlussfolgerungen immer mit Unsicherheiten behaftet sind, da beispielsweise die Marktreife einer extern entwickelten Technolgie sehr viel rascher oder langsamer erreicht werden kann, als dies auf Basis der bisherigen Forschungsergebnisse absehbar war. Dennoch kann mit einer Systematisierung der Analyse die Unsicherheit reduziert werde, was für eine zunehmend technologieabhängige Branche wie die Medienindustrie geboten erscheint.

Ein Beispiel für das Zusammenspiel von Technology-Push und Market Pull für die Entwicklung von neuen Medienformen geben Zerdick et al. [1999, vgl. Abbildung 6].

Technology Push

- Digitalisierung
- Leistungssteigerung im
  Preis-Leistungs-Vergleich
- Miniaturisierung
- Standardisierung

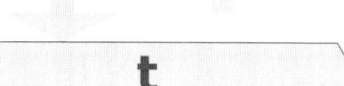

Market Pull

- Interaktivität – Individualisierung
- Unmittelbarkeit des Zugriffs
- Senkung von Transaktionskosten
- Multimediale Angebotsform

Abbildung 6: Technology Push und Market Pull im Zusammenspiel
[Zerdick et al. 1999, S. 146]

4.8.4 Umsetzung des Innovations- und Technologiemanagements

Institutionalisierung des Technologie- und Innovationsmanagements

Bei der operativen Umsetzung des Technologiemanagements in Medienunternehmen ist es zunächst notwendig, die Verantwortlichkeiten für diesen Aufgabenbereich festzulegen. Problematisch ist hierbei der bereits skizzierte Umstand, dass es im Regelfall keine auf Technologie- und Innovationsmanagement ausgerichtete Fachabteilung wie in anderen Branchen, z.B. der Chemieindustrie, gibt. Es handelt sich daher zunächst um eine Aufgabe der Unternehmensleitung, die als Unterstützung hierfür im Regelfall ab einer bestimmten Unternehmensgröße auf Stabsabteilungen zurückgreifen kann. Wie bei allen komplexen Unternehmensaufgaben, kann das Technologiemanagement sich jedoch nicht als Teilbereich der Unternehmensleitung erschöpfen. In der Wissenschaft und Praxis besteht Einigkeit, dass hierfür die Einbindung der Organisation insgesamt erforderlich ist. Neben einem »innovationsorientierten Klima« [Ewald 1989, S. 275] geht es bei Medienunternehmen insbesondere darum, der Interdisziplinarität des Themenbereichs Technologiemanagement gerecht zu werden. Dies macht eine Kobination der Kopetenzen in technischen, betriebswirtschaftlichen und inhaltlichen sowie gestalterischen Bereichen erforderlich, damit bei der Abschätzung von Potenzialen und Innovationtionsfeldern tatsächlich alle relevanten Dimensionen Berücksichtigung finden [vgl. dazu Nausner 2000, S. 110].

Zur operativen Umsetzung empfiehlt sich daher die Schaffung vertikal gegliederter Projektgruppen, die mit der Kompetenz unterschiedlicher Funktionsbereiche (z.b. Marktforschung, Anzeigen, Redaktion, Vertrieb, Technik) ausgestattet sind. Dabei können zur Vorbereitung der übergreifenden Abstimmungsprozesse Untergremien installiert werden, die beispielsweise den »geschäftsorientierten Zweig« und den »technologieorientierten Zweig« [Ewald 1989, S. 282] repräsentieren, wobei ersterer die jeweiligen Verantwortlichen der Geschäftsbereiche (z.b. Zeitungen, Anzeigenblätter, Zeitschriften, Online-Medien, TV-Produktionen) und letztgenannter die Experten aus Technik und Marktforschung umfassen kann. Wie bei den meisten Managementfeldern geht es auch hier darum, ein ausgewogenes Verhältnis von Top-Down- und Bottom-Up-Strategien zu finden. Bereits die Integration der Internet-Technologie bei vielen kleineren und mittleren Verlagshäusern hatte gezeigt, dass bei einer mangelhaften Einbindung der Mitarbeiter im Rahmen eines vorwiegend top-down-orientierten Technologie- und Innovationsmanagements negative Konsequenzen für den Aufbau neuer und die Weiterführung alter Geschäftsfelder besitzt. Zum einen wird nur ein Bruchteil der vorhandenen Potenziale für die Umsetzung von Innovationen tatsächlich genutzt.

Einbindung der Mitarbeiter in die Diskussion und Planung

Die Innovation kann unter Einbindung der Fachleute aus den Bereichen Redaktion / Produktion und Werbevermarktung rascher und unter Nutzung eines höheren Synergiepotentials umgesetzt werden, als dies bei einem einsamen Vorgehen der Unternehmensleitung (ggf. in Zusammenarbeit mit Assistenz- oder Stabsbereichen) möglich ist. Zum andern entstanden gerade bei dem Neuaufbau von Internet-Kompetenzen in klassischen Medienhäusern häufig Unsicherheiten der Mitarbeiter in den »alten« Funktionsbereichen. In einer Branche, die bei der Innovation im Bereich der Prozesstechnologie mit einem Schlag den Bereich der Setzereien überflüssig machen konnte und eine Straffung des Workflows und der Wertschöpfungskette erreichte, werden Innovationen von Seiten der Mitarbeiter auch stets unter dem Blickwinkel der Auswirkungen auf die Marktbedeutung des eigenen Qualifikationsprofils analysiert. Hier wurden von vielen Betroffenen ebenso negative Konsequenzen befürchtet, wie bei den Substitutionsbeziehungen zwischen alten und neuen Produkten. Abhilfe schafft hier ein offener Innovationsprozess, der neben der stufenweisen Steuerung von oben auch die Einbringung der Mitarbeiter vorsieht.

Einbindung der Fachabteilungen erhöht die Synergien

Um tatsächlich als Medienunternehmen den Puls der Zeit wahrzunehmen, kommt der organisatorischen Absicherung der Technologiefrüherkennung eine entscheidende Bedeutung zu.

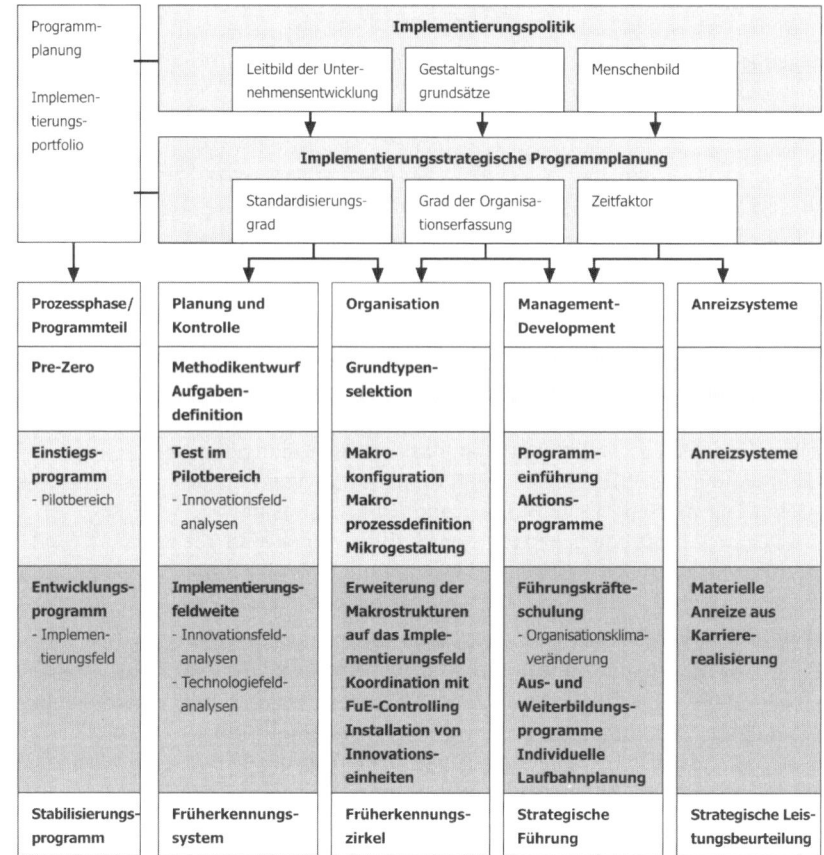

Abbildung 7: Implementierung des Strategischen Technolgoiemanagements [in Anlehnung an Ewald 1989, S. 299]

Hierfür haben sich sogenannte »Früherkennungszirkel« als funktionsübergreifende Gremien durchgesetzt, die auf der Ebene der Sekundärorganisation eigens zur Erkennung und Analyse von »schwachen Signalen« bevorstehender Veränderungen einberufen werden [vgl. Ewald 1989, S. 286]. Während es für rein technologieabhängige Industrieunternehmen ausreichend ist, den Innovationsprozess durch die Implementierung von Tehcnologiemanagementsystemen abzusichern (siehe Abbildung 7), kommt bei Medienunternehmen noch eine Erweiterung des Innovationsfokus hinzu.

Medienunternehmen haben die Grundfunktion »Innovationen zu entwickeln, um Aufmerksamkeit zu verkaufen« [Nausner 2000, S. 122], weshalb der markt- oder contentinduzierten Innovation, z.B. durch Schaffung neuer Fernsehformate die gleiche

Bedeutung zur Steuerung der Lebenskurve des Hauptprodukts (Zeitschriftenartikel, TV-Programm o.ä.) zukommt, wie der technologiezentrierten Innovation. Die Medienunternehmen müssen daher den Ansatz des Technologiemanagements um ein Technologie- und Innovationsmanagement erweitern, das im Rahmen der Projektteams neben der Analyse der technologischen Neuerungen auch alle anderen Innovationsformen einschließt. Somit kommt insbesondere den Kompetenzen und Erfahrungen der Marktforscher, Marketingfachleute und Redakteure eine zentrale Bedeutung zu.

4.8.5 Literatur

Bullinger, Hans-Jörg (1994): Technologiemanagement. Stuttgart: Teubner

Ewald, Arnold (1989): Organisation des strategischen Technologie-Managements: Stufenkonzept zur Implementierung einer integrierten Technologie- und Marktplanung. Berlin: Erich Schmidt

Höft, Uwe; (1992): Lebenszykluskonzepte: Grundlage für das strategische Marketing- und Technologiemanagement. Berlin: Erich Schmidt

Nausner, Peter (2000): Medienmanagement als Entwicklungs- und Innovationsmanagement. In: Karmasin, Mathias / Winter, Carsten (Hrsg.) (2000): Grundlagen des Medienmanagements. München: Fink, S. 115- 147

Perrillieux, René (1991): Strategisches Timing von F&E und Markteintritt bei innovativen Produkten; in: Booz, Allen & Hamilton (Hrsg.) (1991): Integriertes Technologie- und Innovationsmanagement: Konzepte zur Stärkung der Wettbewerbskraft von High-Tech-Unternehmen. Berlin 1991: Erich Schmidt, S. 23-48

Sommerlatte, Tom / Walsh, Ian (1983): Das strategische Management von Technologie. In: Töpfer, Armin (Hrsg.): Praxis der strategischen Unternehmensplanung. Frankfurt am Main: Metzler

Zerdick, Axel et al. (1999): Die Internet-Ökonomie: Strategien für die digitale Wirtschaft (European Communication Council). Berlin: Springer

4.9 Qualitätsmanagement

Der Themenbereich des Qualitätsmanagements gehört mittlerweile zum Standardrepertoire der betriebswirtschaftlichen Instrumentariums. Dennoch ist es einer der umstrittensten Themenkomplexe. Aufgrund der unterschiedlichen historischen Einsatzbereiche unterschiedlicher Konzepte und Techniken gibt es eine verwirrende Begriffsvielfalt, die häufig zudem widersprüchlich definiert und damit mit unterschiedlichen praktischen Inhalten verbunden wird. Wir werden uns daher zunächst den einzelnen Verfahren widmen, deren Vorteile und Grenzen aufzeigen, damit wir im Folgenden von einheitlichen Basisdefinitionen ausgehen können.

Anschließend widmen wir uns der Anwendung der Qualitätsmanagementkonzepte in Medienunternehmen. Dabei empfiehlt sich eine Trennung zwischen den übergeordneten Managementkonzepten und der im Medienbereich vorrangigen Diskussion über die Produktqualität, die sich in den meisten Fällen auf die Analyse redaktioneller Qualität zurückführen lässt. Zum Abschluss werden wir anhand praktischer Beispiele aus dem Medienbereich die operative Umsetzung der Qualitätsmanagementkonzepte darstellen.

4.9.1 Vielschichtigkeit des Qualitätsbegriffs

Qualität ist nicht nur im Kreise der Experten ein vielschichtiges Phänomen; der Themenkreis ist darüber hinaus auch mit einem Alltagsvertsändnis belegt, der in der praktischen Umsetzung als Ausgangsbasis der Diskussion mit den Mitarbeitern und externen Partnern von Bedeutung ist. Qualität wird in diesem Zusammenhang häufig mit »Güte« gleichgesetzt. Das heisst, Qualität stellt nach dieser Auffassung ein Werturteil an sich dar, während in der Fachdiskussion klar ist, dass Qualität und Qualitätsanforderungen keineswegs etwas über die Höhe von Qualitätsanvorstellungen aussagt [Adams / Wolf 1996]. Auch ein sehr niedriges »Qualitätsniveau« für bestimmte Leistungsbereiche kann Teil der Unternehmenspolitik sein, hier bildet der Medienbereich kei-

Qualität bezieht sich auf Anforderungen

ne Ausnahme. Qualität ist also etwas relatives, dass immer in Bezug zu einer Qualitätsvorgabe gesetzt werden muss. Dabei wird die Anwendung des Qualitätsbegriffs dadurch erschwert, dass die Vorgaben und Anforderungen teilweise in der Unternehmenspolitik oder von externen Instanzen explizit ausformuliert werden, in vielen Fällen jedoch nur implizit stillschweigend vorausgesetzt werden. Entsprechend wird in der DIN-Reihe Qualität wie folgt definiert:

> »Qualität ist die Gesamtheit aller Merkmale und Eigenschaften eines Produktes oder einer Dienstleistung, die sich auf die Fähigkeit beziehen, festgelegte oder stillschweigend unterstellte Anforderungen zu erfüllen.« (DIN EN ISO 8402 1995)

4.9.2 Von der Qualitätsendkontrolle zum TQM

Herkunft aus der technischen Qualitätssicherung – Entwicklung zum Managementthema

Der Begriff der Qualität wurde im Rahmen der Entwicklung der Industriebetriebslehre und der dazugehörigen Methodik früh mit dem Begriff der Qualitätssicherung verknüpft. Dabei wurde zunächst die Qualitätssicherung als Oberbegriff für Maßnahmen zur Einhaltung eines vorgegebene Produktsstandards aufgefasst. Auf Basis der in Produktionsbetrieben üblichen Endkontrolle vor Übergang in den nächsten Prozessabschnitt wurden im Rahmen der Qualitätsicherung technische Parameter als Produktanforderungen definiert. Dies war auch in Medienunternehmen wie beispielsweise Verlagen in den 80er Jahren die vorherrschende Herangehensweise. Trotz der im Alltag vorherrschenden Diskussion über die inhaltliche »Qualität« von Titeln und Sendungen beherrschte das technische Verständnis von Qualitätssicherung die Diskussion innerhalb der Medienproduktion. Dabei war es bereits ein Fortschritt, dass die Prozesse innerhalb der Medienunternehmen in Teilprozesse zerlegt wurden und die jeweiligen Teilabschnitte einer einzelnen Qualitätsprüfung unterzogen wurden. Statt der anfänglich üblichen Qualitätsendkontrolle, bei der beispielsweise in der Zeitschriftenproduktion lediglich das Endprodukt auf die Erreichung der technischen Qualitätsvorgaben überprüft wurde, wird im Rahmen der technischen Qualitätssicherung jeder einzelne Arbeitsschritt vor Eintritt in die nächste Produktionsphase überprüft, unabhängig davon, ob die Teilprozesse innerhalb ein und des selben Unternehmens stattfinden oder zwischen unterschiedlichen Partnerbetrieben aufgeteilt sind. Fehler in Satz oder Reproduktion bei der Zeitschriftenproduktion wurden somit bereits im Bereich der Druckvorstufe abgefangen und nicht erst nach Plattenkopie, Druck und Weiterverarbeitung am Endprodukt festgestellt. Am Beispiel der Printprodukte wird sicherlich am einfachsten deutlich, wie wichtig diese Zerlegung in Teilprozesse ist. So wird durch die frühzeitige Fehlerkorrektur vermieden, dass durch schwerwiegende Fehler in vorgelagerten Bereichen beispielsweise der Druck lediglich dazu führt, auf Basis der Fehler teures Papier in technisch perfekter Druckumsetzung in Makulatur zu verwandeln. Aufgrund der sehr stark technikgeprägten Herangehensweise wird heute meist nicht mehr von Qualitätssicherung gesprochen, um falsche Assoziationen zu vermeiden.

Im Verhältnis zum Themenkomplex Qualitätsmanagement hat sich die Begriffshierarchie durchgesetzt, wonach Qualitätsmanagement der Oberbegriff ist und Qualitätssicherung lediglich einen Teilbereich der Qualitätsmangementmaßnahmen umfasst. Die Qualitätssicherung lässt sich dabei noch in interne und externe Qualitätssicherung unterteilen. Interne Qualitätssicherung beschreibt die Maßnahmen, die das Unternehmen aus eigenem Antrieb entwickelt, um eigene Qualitätsvorgaben zu erreichen und zu überprüfen. Dieser Bereich dominiert bei den meisten Aspekten der Umsetzung von Qualitätsmanagement in Medienunternehmen, da im Regelfall unternehmensspezifische Vorgaben als Basis für die Qualitätsbewertung herangezogen werden. Im Unterschied zur internen Qualitätssicherung wird bei der externen Qualitätsicherung die Steuerung und Kontrolle der Qualität auf Basis externer Vorgaben vorgenommen. Staatliche Vorgaben durch Gesetze und Verordnungen sind verpflichtende externe Qualitätssicherungsmaßnahmen, jedoch im Medienbereich kaum in branchenspezifischer Ausprägung vorhanden. Freiwillige externe Qualitätssicherung umfasst beispielsweise Bestrebungen eines Medienunternehmens zum bestehen eines externen Audits auf Basis der DIN EN ISO 9000 ff. Vorgaben oder eine anderweitige Kontrolle durch externe Prüfer, beispielsweise auf Wunsch eines Kunden.

Begriffshierarchie: Qualitätsmanagement als Ober- und Qualitätssicherung als Unterbegriff

4.9.2.1 Total Quality Management (TQM)

Umfassendes Qualitätsmanagement (Total Quality Management) ist ein ganzheitlicher Ansatz, der das Ziel hat, alle Aktivitäten und Abläufe eines Unternehmens kundenorientiert auszurichten und zu optimieren. Damit wird bereits deutlich, dass der umfassende Ansatz tatsächlich den Rang eines Managementansatzes besitzt und neben den technischen Bedingungen der Umsetzung die organisatorischen Rahmenbedingungen in den Vordergrund rückt und somit erstmalig auch die Einbeziehung von Dienstleistungsunternehmen gestattet.[1] Letzteres wurde in den neunziger Jahren forciert, so dass nun aus Sicht der Medienbranche wichtige Randbereiche wie beispielsweise das

TQM: ganzheitlicher Managementansatz

Agenturgeschäft mit in den Komplex des Qualitätsmanagements einbezogen werden konnten. Viele Teilfunktionen der Medienunternehmen im kaufmännisch-organisatorischen Bereich, die aus ökonomischer Sicht zentral sind, konnten erst durch die Ausweitung des Blickwinkels auf ein ganzheitliches Qualitätsmanagement mit erfasst werden. Beispielhaft hierfür ist die Berücksichtigung der Ansprüche der Werbekunden bei der Produktentwicklung von neuen Zeitschriftentiteln oder TV-Formaten. Gleichzeitig zeigt dieses Beispiel auch die Nähe zu dem Kerninhalt des Marketing-Managements, der Ausrichtung aller Unternehmensprozesse am Absatzmarkt und damit an den Kundenwünschen [vgl. z.B. Kotler / Bliemel 2001].

- »*Total*« bedeutet bei TQM die Einbeziehung aller Bereiche, Produkte und Dienstleistungen eines Unternehmens über die komplette Wertschöpfungskette hinweg. Dies deutet bereits den größten Unterschied zum zuvor beschriebenen Bereich der Qualitätssicherung an.
- »*Quality*« steht wie bei allen anderen Qualitätskonzepten für die Erfüllung der Kundenerwartungen (s.o.), fehlerfreie Produkte und Dienstleistungen und den »richtig-beim-ersten-Mal-Grundsatz« sowie die kontinuierliche Verbesserung der Prozesse und Dienstleistungen.
- »*Management*« adressiert die Zielsetzung die auf Basis der Unternehmensführung ein konsistentes Vorgehen, die Orientierung an Spitzenleistungen, Initiative und Mitarbeiterverantwortung mit einschließt.

In der an Porter angelehnten TQM-Architektur wird das an den Kundenerwartungen orientierte Unternehmensmodell als Regelkreis dargestellt. Für alle Bereiche werden dabei die Managementaspekte, erwartete Resultate (Ziele, Messgrößen und Vorgaben), Wertsysteme (Grundsätze und Einstellungen), Arbeitsweisen (Methoden, Techniken und Organisationsformen) sowie die Wechselwirkungen (Abhängigkeiten und Einflüsse) definiert [vgl. Jedlicka 1992]. Im Unterschied zum reinen Qualitätsmanagement werden bei TQM-Modellen nicht nur alle Bereiche der Organisation sondern darüber hinaus auch alle Stakeholder (Management, Mitarbeiter, Kunden, Lieferanten, Kapitalgeber, Um-

---

1. Zurecht wird in der Literatur immer wieder darauf verwiesen, dass aufgrund der gestiegenen Bedeutung der Dienstleistungs- und Softwarebranche nicht-stoffliche Produkte im Bereich der Qualitätsmanagement-Diskussion einen besonders hohen Stellenwert besitzen sollten [vgl. Geiger 1994, S. 766 ff.].

weltvertreter etc.) gleichermaßen in das Managementkonzept einbezogen. Das Qualitätsmanagement und die Qualitätssicherung sind somit Teil des Gesamtkontexts.

Im Einzelnen beinhaltet TQM folgende Grundsätze:

- Kundenorientierte Ausrichtung aller Mitarbeiter und Unternehmensbereiche
- Verantwortung des Top-Managements und Verpflichtung der Führungskräfte
- Qualitätsdaten sind Grundlage des Verbesserungsprozesses
- Jeder ist für Qualität verantwortlich
- Ständiges Lernen und kontinuierliche Verbesserung
- Prozessorientierung: Bereichsübergreifende Zusammenarbeit zum Kundennutzen
- Präventionsorientierung: Vorbeugen statt Fehlersuche / Fehlerfrei von Anfang an
- Fehler nicht verleugnen, sondern offen diskutieren
- Der nächste Prozess ist der Kunde
- Training und Kommunikation mit allen Mitarbeitern
- Einbeziehung von Kunden, Händlern, Zulieferern und logistischen Dienstleistern [vgl. Thienel 1997, S. 14]

Die in Deutschland derzeit vorherrschenden Ansätze zur Umsetzung des TQM-Gedankens beruhen auf der Weiterentwicklung des DIN EN ISO 9000ff. Gedankens und des Modells der European Foundation for Quality Management (EFQM), weshalb wir beide Grundmodelle im Folgenden kurz charakterisieren.

4.9.2.2 DIN EN ISO 9000 ff.

Ausgehend vom Anspruch ein Qualitätssicherungssystem aufzubauen, hat sich durch die gestiegenen Anforderungen der Anwender das ISO-System zu einem Kernbestandteil eines TQM-Systems entwickelt, wobei in der Literatur unterschiedlich beurteilt wird, ob es sich hierbei um ein TQM-System oder lediglich ein Normset zur Durchführung von Qualitätssicherungsmaßnahmen handelt. Aus praktischer Sicht bildet die Normreihe trotz ihrer ursprünglich technischen Herkunft und der damit vorherrschenden Sichtweise der technischen Qualitätssicherung einen guten Ausgangspunkt für die Einführung eines TQM-Systems.

Internationale Normen als Einstieg in TQM

Dabei umfasst die im Rahmen der Normreihe DIN EN ISO 9001 festgelegte Normreihe die nachfolgend aufgeführten 20 Elemente, die auch als Einzelkapitel in einem normgerechten

Qualitätssicherungshandbuch enthalten sind [Döttinger / Klaiber 1994, S. 262]:

1. Verantwortung der obersten Leitung
2. Qualitätsmangementsystem
3. Vertragsprüfung
4. Designlenkung
5. Lenkung der Dokumente
6. Beschaffung
7. Vom Auftraggeber bereitgestellte Produkte
8. Identifikation und Rückverfolgbarkeit
9. Prozesslenkung
10. Prüfungen
11. Prüfmittel
12. Prüfstatus
13. Lenkung fehlerhafter Produkte
14. Korrekturmaßnahmen
15. Handhabung, Lagerung, Transport
16. Qualitätsaufzeichungen
17. Interne Qualitätsaudits
18. Kundendienst
19. Schulung
20. Statistische Methoden

Die Einführung eines QM-Systems auf Basis der DIN/EN/ISO-Normreihe ist nur dann sinnvoll, wenn als Ergebnis durchschaubare und nachvollziehbare Abläufe im Unternehmen festgelegt und dokumentiert werden. Durch diese Dokumentation wird ein schneller Informationszugriff und damit eine rasche Fehlerbehbung ermöglicht [vgl. Pfeifer 1996, S. 232].

4.9.2.3 EFQM-Modell für Excellence

EFQM: Modell zur TQM-Einführung auf Basis von Selbstbewertungen

Die European Foundation for Quality Management (EFQM) wurde 1988 mit Unterstützung der EU-Kommission von 14 namhaften Unternehmen gegründet und besteht zwischenzeitlich aus über 750 europäischen Mitgliedsorganisationen, die sich zum Ziel gesetzt haben, ein Qualitätsmangement auf Basis des Wettbewerbs der erfolgreichen Strategien und beispielhafter Lösungen im Sinne eines Benchmarkings umzusetzen. Im Zusammenhang mit der Etablierung des EFQM-Modells wurde zwar in Anlehnung an den Malcolm Baldridge National Quality Award (USA 1988) und dem Deming Application Price (Japan 1951) der European Quality Award (EQA) 1992 erstmalig verliehen, jedoch handelt es sich bei dem Modell nicht in erster Linie um ein Regularium zur Preisverleihung, sondern um ein Zielsystem zur

Einführung von TQM in Unternehmen. Dabei handelt es sich nicht um ein starres Normensystem wie bei DIN EN ISO, sondern um ein Modell zur Selbstbewertung, das sicherstellen soll, das jedes Unternehmen seinen eigenen organisationsspezifischen Weg zur Einführung von TQM finden soll und dadurch eine Analyse der Stärken und Schwachstellen der Organisation unter Einbeziehung aller Organisationsteilnehmer (Medienschaffende und Publikum etc.) bzw. Stakeholder durchführen kann. Dies entspricht auch dem in der heutigen Managementwissenschaft vorherrschenden Bild der lernenden Organisation, da die wesentlichen Elemente vom Unternehmen selbst erfahren werden im Rahmen der Selbstbewertung, jedoch darüber hinaus durch EFQM-Assessoren eine externe Beratung und Bewertung möglich ist.

4.9.2.4 Die acht Konzepte des EFQM-Modells

Um dem umfassenden Anspruch gerecht werden zu können, besitzt das EFQM-Modell eine offene Grundstruktur um unterschiedliche Ansätze zur Erreichung von Excellence zur unterstützen. Das Modell stützt sich dabei auf acht unterschiedliche Konzepte [EFQM 1999a, S. 6 ff.]:

- Ergebnisorientierung:
  Beim Stichwort der Ergebnisorientierung wird der Ansatz zusammengefasst, alle relevanten Interessengruppen in ein ausgewogenes Verhältnis zu bringen und dabei alle Stakeholder zu berücksichtigen. Da Medienunternehmen sehr stark im Fokus unterschiedlicher Interessengruppen stehen, ist die in der Ergebnisorientierung enthaltene Betonung des Beziehungsmanagements für die spezifischen Bedürfnisse der Medienbranche sehr hilfreich.

- Kundenorientierung:
  Die Kerngedanken des Marketingmanagements, d.h. die Ausrichtung des gesamten Unternehmens am Absatzmarkt und damit am Kunden ist eine der Voraussetzungen für langfristigen Unternehmenserfolg. Gerade im Mediensektor, wo die Ausrichtung des Produkts am Nutzer eine der elementaren Voraussetzungen für den Erfolg sowohl im Nutzer- als auch Werbemarkt darstellt, müssen die marktbezogenen Parameter (Reichweite, Kundenloyalität, Kundenbindung, Marktanteile im Werbemarkt) im Qualitätsmanagement verankert werden.

- Führung und Zielkonsequenz:
Das Führungskonzept soll den Mitarbeitern die Möglichkeit geben, überragende Leistungen zu erbringen und das Engagement der Mitarbeiter sicherstellen. Dies setzt voraus, dass in der Organisation Klarheit über die Ausrichtung besteht und die Stoßrichtung akzeptiert wird. Gerade in den immer enger werdenden Medienmärkten ist dies ein wichtiger Faktor zum Erhalt der Wettbewerbsfähigkeit einer Organisation.

- Management mit Prozesssen und Fakten:
Die Kontrolle der Abweichungen gegenüber den Qualitätsvorgaben muss auf Basis der Faktenlage erfolgen und stellt damit die Grundlage für ein systematisches Management des Unternehmens dar. Hierzu gehört auch das systematische Management der interdependenten Aktivitäten.

- Mitarbeiterentwicklung und -beteiligung:
Dieses Konzept konzentriert sich auf die Nutzung des Potentials der Mitarbeiter. Dies erfordert die langfristige Orientierung der Mitarbeiterentwicklung an dem Hauptziel der Ermächtigung der Mitarbeiter zu eigenverantwortlichem Handeln. Die hierbei angeführten Elemente Arbeitsmoral, Bindung der Mitarbeiter an das Unternehmen und effektives Wissensmanagement haben gerade für die personalabhängige Medien- und Informationsindustrie eine besondere Bedeutung.

- Kontinuierliches Lernen, Innovation und Verbesserung:
Der im obigen Konzept bereits aufgeführte Nutzen des Wissensaustauschs steht bei diesem Konzept explizit im Vordergrund. Das Wissensmanagement erfordert eine Umgebung des kontinuierlichen Lernens, um den vollen Nutzen im Unternehmen sicherzustellen. Dies entspricht den Umfeldbedingungen des lernenden Unternehmens, das wiederum eine der Organisationsformen darstellt, die speziell auf Unternehmensumfeldbedingungen eingerichtet sind, die starkem Wechsel unterliegen.

- Aufbau von Partnerschaften:
Dieses Konzept betont den Nutzen von Win-Win-Situationen, d.h. langfristigen Partnerschaften, die zum beiderseitigen Nutzen angelegt sind. Um neben dem reinen Leistungsaustausch auch tatsächlich einen Wissensaustausch zu ermöglichen, ist Vertrauen eine notwendige Basis. Gerade bei der Organisation der

Medienproduktion im Multimedia- und TV-Bereich mit Hilfe zahlreicher Outsourcing-Partner ist es wichtig, langfristige Partnerschaften anzustreben, die die Nutzung von Synergieeffekten ermöglichen.

- Verantwortung gegenüber der Öffentlichkeit:
Gerade für Medienunternehmen, wie Zeitungsverlage und TV-Sender ist es wichtig, dass das ethische Vorgehen nicht nur dem Minimalkonsens entspricht sondern eine breite Wertschätzung des Unternehmens in der Öffentlichkeit ermöglicht wird. Dies ist für einen Großteil der Medienunternehmen eine wichtige Voraussetzung für den mittel- und langfristigen Unternehmenserfolg.

- Das EFQM-Modell:
Im Rahmen der offenen Struktur des EFQM-Modells werden die acht Konzepte durch neun Kriterien umgesetzt. Die ersten fünf Kriterien stellen die sogenannten »Befähiger«, die vier weiteren Kriterien die »Ergebnisse« dar. Dabei wird von der folgenden Prämisse ausgegangen: »Exzellente Ergebnisse im Himblick auf Leistung, Kunden, Mitarbeiter und Gesellschaft werden durch eine Führung erzielt, welche Politik, Strategie, Mitarbeiter, Partnerschaften und Ressourcen sowie Prozesse auf eine hohes Niveau vorantreibt« [EFQM 1999b, S.9].

Neben den neun Kriterien gibt es als zentrales Element des Modells die sogenannte RADAR-Logik. Dieses Akronym steht für

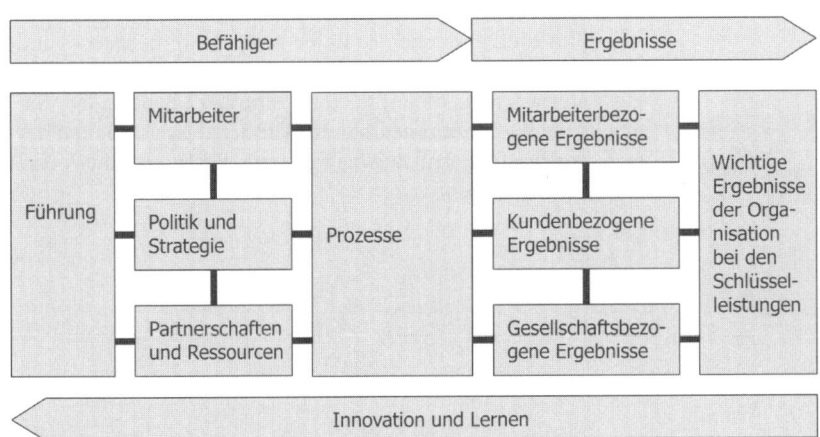

Abbildung 1: EFQM-Modell für Excellence [EFQM 1999c, S. 7]

die Elemente: Results (Ergebnisse), Approach (Vorgehen), Deployment (Umsetzung), Assessment (Bewertung), und Review (Überprüfung). Dabei wird der Steuerungskreislauf des Qualitätsmanagements betont, wonach die Unternehmen in ihrem Politik- und Strategieprozess die Ergebnisse bestimmen, die angestrebt werden. Die im Modell enthaltene Dynamik soll im offiziellen Chart der Kriterien durch die Pfeile zum Ausdruck gebracht werden.

4.9.3 EFQM-Kriterien im Überblick

Die fünf Befähiger-Kriterien:

- Führung:
  [a] Die Führungskräfte erarbeiten die Mission, die Vision und die Werte und agieren als Vorbilder für eine Kultur des Excellence.
  [b] Die Führungskräfte stellen durch persönliche Mitwirkung sicher, dass das Managementsystem der Organisation entwickelt, eingeführt und kontinuierich verbessert wird.
  [c] Führungskräfte bemühen sich um Kunden, Partner und Vertreter der Gesellschaft.
  [d] Führungskräfte motivieren und unterstützen die Mitarbeiter der Organisation und erkennen ihre Leistung an [vgl. EFQM 1999b, S. 12 ff.].

Dieses Kriterium betont den im TQM-Ansatz verankerten Grundsatz der Vorbildfunktion der obersten Führungsebene bei dem Bestreben, ein QM-System innerhalb des Unternehmens zu leben. Im Medienbereich ist es bei vielen Unternehmens- und Organisationsformen, wie beispielsweise in mittelständischen Verlagsunternehmen ohnehin von zentraler Bedeutung für die Schaffung von organisationalem Wandel, dass von Seiten der Unternehmensspitze (im Beispielfall vom Verleger) eine Vorreiterrolle eingenommen wird.

- Politik und Strategie:
  [a] Politik und Strategie beruhen auf den gegenwärtigen und zukünftigen Bedürfnissen und Erwartungen der Interessengruppen.
  [b] Politik und Strategie beruhen auf Informationen von Leistungsmessungen, Marktforschung, sowie lernorientierten und kreativen Aktiviäten.
  [c] Politik und Strategie werden entwickelt, überprüft und aktualisiert.
  [d] Politik und Strategie weden durch eine Struktur von Schlüsselprozessen umgesetzt.
  [e] Politik und Strategie werden kommuniziert und eingeführt.

Dieses langfristig orientierte Kriterium wird bei den mittleren und größeren Medienunternehmen meist bereits seit längerem umgesetzt. Insbesondere die Ausrichtung der Strategie an Marktforschungsergebnissen ist beispielsweise bei der Entwicklung neuer Titel und Formate durchaus üblich.

- Mitarbeiter:
  [a] Mitarbeiterressourcen werden geplant gemanagt[2] und verbessert.
  [b] Das Wissen und die Kompetenzen der Mitarbeiter werden ermittelt, aufgebaut und aufrechterhalten
  [c] Mitarbeiter sind beteiligt und zu selbständigem Handeln ermächtigt.
  [d] Die Mitarbeiter und die Organisation führen einen Dialog.
  [e] Mitarbeiter werden belohnt, anerkannt und man kümmert sich um sie.

Dieses Befähigerkriterium ist das Pendant zum Ergebniskriterium »Mitarbeiterbezogene Ergebnisse«. In Medienunternehmen und im Dienstlesitungssektor, wo die Ressource Personal zu einem der zentralen Wettbewerbselemente gehört, ist die Mitarbeiterorientierung von zentraler Bedeutung. Dennoch darf man nicht davon ausgehen, dass dieses Kriterium in den meisten Organisationen, als lang erkanntes Feld befriedigend umgesetz ist.

- Partnerschaften und Ressourcen:
  [a] Externe Partnerschaften werden gemanagt
  [b] Finanzen werden gemanagt

---

2. Das offizielle Vokabular der EFQM ist leider auch nach der ersten Etablierungsphase der Institution immer noch von zahlreichen auffälligen Anglizismen wie z.B. »gemanagt« geprägt.

[c] Gebäude, Einrichtungen und Material werden gemanagt

[d] Technologie wird gemanagt

[e] Informationen und Wissen werden gemanagt

Gerade im Mediensektor, wo die zahlreichen internen und externen Ressourcen immer häufiger der make-or-buy-Entscheidung unterworfen werden, die Qualität der eingebrachten Leistung jedoch von zentraler Bedeutung für den Untenehmenserfolg ist, ist es wichtig, die Langfristigkeit von Partnerschaften zu betonen und das notwendige Management der Ressourcen gemeinsam durchzuführen.

- Prozesse:
  [a] Prozesse werden systematisch gestaltet und gemanagt

  [b] Prozesse werden, wenn nötig, verbessert, wobei Innovation eingesetzt wird, um Kunden und andere Interessengruppen vollumfänglich zufriedenzustellen und die Wertschöpfung zu steigern.

  [c] Produkte und Dienstleistungen werden anhand der Bedürfnisse und Erwartungen von Kunden entworfen und entwickelt.

  [d] Produkte und Dienstleistungen werden hergestellt, geliefert und gewartet.

  [e] Kundenbeziehungen werden gemanagt und vertieft.

Prozesse aus Kundensicht stellen das Pendant zur kundenspezifischen Sichtweise bei den Ergebniskriterien dar. Selbst in Märkten mit »Alleinstellung«, wie z.B. einigen lokalen Zeitungsmärkten, ist die Kundenorientierung vorrangig notwendig, um das Überleben des Produkts zu gewährleisten.

Neben den fünf Befähiger-Kriterien, existieren vier Ergebnis-Kriterien, die das Modell komplettieren:

- Kundenbezogene Ergebnisse:
  [a] Messergebnisse aus Sicht der Kunden
  [b] Leistungsindikatoren

Dieses zentrale Kriterium für die Messung des Erfolgs eines Mediums wird im Bereich der Massenmedium sehr genau erhoben, um neben der Eigeninformation über die Akzeptanz und den Leistungsstand aus Nutzersicht, Daten für die Vermarktung im Werbemarkt zu besitzen.

- Mitarbeiterbezogene Ergebnisse:
  [a] Messergebnisse aus Sicht der Mitarbeiter
  [b] Leistungsindikatoren

Die leistungsbezogene Analyse der Ergebnisse der Mitarbeiter ist meist nicht unumstritten; sie ist jedoch das zentrale Element für die strategische Ausrichtung des Unternehmens, um einerseits das Leistungsvermögen der Mitarbeiter adäquat einzuschätzen und beispielsweise anhand von Fluktuation und Krankenstand rechtzeitig gegensteuern zu können.

- Gesellschaftsbezogene Ergebnisse:
  [a] Messergebnisse aus Sicht der Gesellschaft
  [b] Leistungsindikatoren

Die Ergebnisse des Unternehmens aus der Sicht der interessierten Kreise (Stakeholder), führen gerade bei Medienunternehmen zu einem komplexen Bild konkurrierenderAnsprüche. Die Zahl der im Medienbereich relevanten gesellschaftlichen Kräfte lässt sich anhand der Mitgliedsstruktur der Beiräte im öffentlich-rechtlichen Rundfunk analysieren.

- Wichtige Ergebnisse der Organisationen bei den Schlüsselleistungen:
  [a] Wichtige leistungsbezogene Ergebnisse bei den Schlüsselleistungen
  [b] Wichtige leistungsbezogene Indikatoren bei den Schlüsselleistungen

Hier ist es vor allem wichtig, je nach Art und Geschäftsfeld des Unternehmens, eigene geeignete Indikatoren zu entwickeln. Medienunternehmen definieren die Schlüsselleistungen meist direkt mit der Festlegung der einzelnen Produkte und Geschäftsfelder.

4.9.4 Qualität von Medien

Die Darstellungen über Qualitätsmanagement im Medienbereich konzentrieren sich meist auf die Definition von redaktioneller Qualität und Systeme zu deren Messung, Steuerung und Verbesserung [vgl. Wyss, 2000]. Dies liegt daran, dass Medienunternehmen, insbesondere die Produzenten und Anbieter von medialen Masseninformationen im Zeitungs, Zeitschriften und TV-Sektor von Seiten der Öffentlichkeit (der Nutzer), sowie von Seiten spezifischer Interessengruppen (z.B. politische oder religiöse Gruppierungen) auf ihre »Qualität« hin untersucht und beurteilt werden. Dabei liegt diesen Beurteilungen und Diskussionen meist ein Alltagsverständnis von Qualität zu Grunde, dass dem Charakter der »Güte«, das heißt dem Werturteil an sich sehr nahe kommt. Auch im Kreis der Medienschaffenden selbst wird die qualitative Leistung der Kollegen und Wettbewerber kritisch gewürdigt, so dass eine Verdichtung des Themenkomplexes Quali-

Öffentliche Funktion der Medien steigert Relevanz der Qualitätsdiskussion

tätsmanagement auf die publizistischen, redaktionellen Aspekte naheliegend erscheint.

Medien als Vertrauens-
und Erfahrungsgüter

Diese Konzentration auf die publizistische Dimension des Qualitätsbegriffs in Medienunternehmen liegt auch darin begründet, dass im Medienbereich eine Informationsasymetrie zwischen Anbieter und Nachfrager zu Lasten der Nachfrager und Nutzer besteht. Die Qualität der redaktionellen und publizistischen Leistung kann nur teilweise ex post, nach dem Medienkonsum, beurteilt werden (z.b. bei Unterhaltungssendungen), sie lässt sich jedoch im Vorfeld lediglich aufgrund der Markenbildung bzw. auf Basis gezielter Kommunikationsmaßnahmen vermuten [vgl. Heinrich 1999, S. 39 ff.]. In diesem Zusammenhang wird deutlich, dass es sich bei Medien um Vertrauensgüter und in den Fällen der möglichen ex post-Beurteilung um Erfahrungsgüter handelt.

Trennung von Qualität
und Niveau

Während der ökonomische Qualitätsbegriff auch im Medienbereich davon ausgeht, sich auf die Anforderungen der Nutzer zu konzentrieren, wird im Mediensektor versucht, mit Hilfe der publizistischen Qualität ein absolutes Maß zu finden, das als Korrektiv zur reinen Marktentwicklung dienen kann. Begründet werden diese Bemühungen damit, dass ökonomische Qualität als Nutzererwartung auch zu einer Verschlechterung der »Qualität« im Sinne einer »Güte« führen kann, da beispielsweise der Nutzer nicht für den Mehraufwand an Kosten bei einer genaueren Recherche aufkommen möchte. Für die Definition solcher absoluten Qualitätsmaße schlägt Heinrich, in Anlehnung an vorausgehende Arbeiten die Kriterien Aktualität, Relevanz, Richtigkeit, Rechtmäßigkeit, Professionalität und Schönheit vor [Heinrich 1999, S. 23]. Da es sich bei redaktioneller Qualität letztlich um ein Phänomen handelt, das vom Genre, Medium etc. und der jeweiligen Zielsetzung abhängig ist, kann sie nur als abhängige Variable beschrieben werden.

Obwohl im Kreise der Experten auf Basis der oben dargestellten Kriterien recht klare Aussagen zur Beurteilung journalistischer Qualität gefunden werden können, liefert eine derartige Analyse noch keine Aussage über die Qualität als Erfüllung der Nutzererwartungen im betriebswirtschaftlichen Sinne. Es besteht daher ohnehin die Gefahr, dass der Begriff der Qualität überstrapaziert wird, weshalb Heinrich die Trennung in die Dimension publizistische Qualität und publizisitsches Niveau empfiehlt [vgl. Heinrich 1999, S. 23], wobei Niveau den Rang innerhalb der publizistischen Produktion verdeutlicht (d.h. allein die Themensetzung im Bereich der »Philosophie« als wertvoller erachtet wird als die Behandlung von Themen aus dem Bereich der »Pornograhie«). Heinrich gibt für die Unterscheidung zwischen Qualität und Niveau auch ein Beispiel, indem er feststellt, dass die Wochenzeitung »Die Zeit« ein publizistisches Niveau besitzt, dass ihre publizistische Qualität übersteigt, während sich der Sachverhalt bei der »Bild-Zeitung« genau andersherum verhält.

Eine besonders intensive Diskussion der publizistischen Qualität ist bei den Programmen des öffentlich-rechtlichen Rundfunks typisch. Der Auftrag der Grundversorgung, wie er vom Bundesverfassungsgericht immer wieder bestätigt und ausgeführt wurde, schließt eine Verpflichtung zur Qualitätsproduktion mit ein. Dabei kann der Erfolg zwar anhand von Kennziffern dokumentiert werden, der Stellenwert im Markt und die Notwendigkeit des öffentliche-rechtlichen »Qualitätsangebots« angesichts der Konkurrenz privater Anbieter bleibt jedoch nach wie vor umstritten. Bei der Beschreibung des Total Quality Managements (TQM) hatten wir bereits dargestellt, dass ein umfassendes Qualitätsmanagement alle Partner eines Unternehmens vom Kunden, Lieferanten, Mitarbeiter bis hin zur Öffentlichkeit und Kapitalgebern mit ihren Erwartungen und Interessen berücksichtigen muss. Auch in dieser Beziehung spielt der öffentlich-rechtliche Rundfunk eine Sonderrolle, da die politischen und inhaltlichen Anforderungen dazu geführt haben, dass nahezu alle Stakeholder zumindest über die Repräsentanz der gesellschaftlich relevanten Gruppen in den Rundfunkräten Einfluss nehmen können.

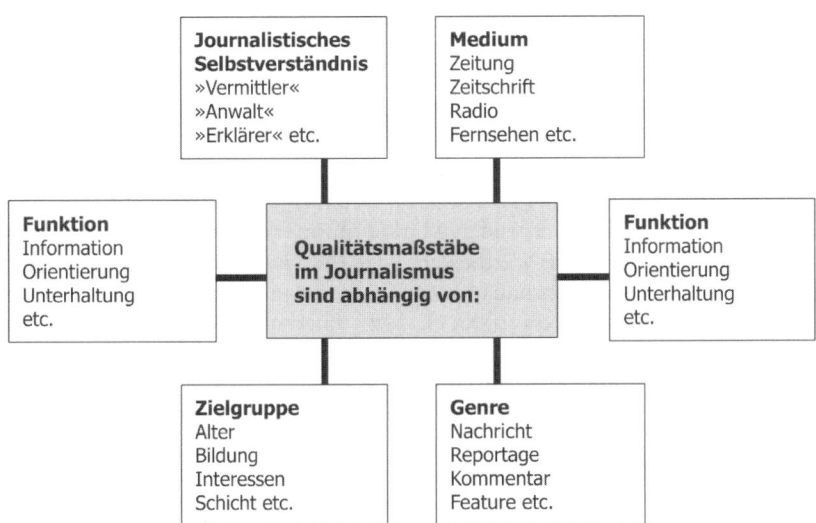

Abbildung 2: Qualitätsmaßstäbe im Journalismus als abhängige Variable [Wyss 2000, S. 152 in Anlehnung an Ruß-Mohl]

Qualität als
sensibles Problemfeld
im Internet

Die in diesem Abschnitt eingangs getroffene Feststellung, dass gerade die Unschärfe der Qualitätsvorstellungen im Medienbereich dazu führt, dass das Qualitätsmanagement von besonders großer Bedeutung für die Mehrzahl der Medienunternehmen ist, lässt sich auch auf neuere Medienformen anwenden. Gerade das Internet mit seiner heterogenen Informationsarchitektur hat dazu geführt, dass die Qualität im Sinne der oben angeführten Kriterien zum entscheidenden Faktor des Informationssuchenden geworden ist. Die paradoxe Unwissenheit des Informationssuchenden gegenüber der Vielfalt der Anbieter hat hier eine völlig neue Dimension erreicht. Von der objektiv falschen Darstellung von Sachverhalten über Mutmaßungen bis zur exakt recherchierten Information findet sich im Internet alles. Ebenso von der mäßig gepflegten Hobby-Website bis zur professionell gemanagten Website ausgebildeter Online-Journalisten, Techniker und Web-Designer. Hier ist die Qualität des Produkts sicherlich ein wesentlicher Faktor, um mittel- und langfristigen Markenaufbau im Nutzermarkt betreiben zu können, der wiederum die Voraussetzung für die notwendigen Vermarktungsmöglichkeiten beiwpielsweise durch Online-Werbung oder das Transaktionsgeschäft (E-Commerce) darstellt.

Ausgangspunkt
bei Medien:
Produktqualität

Dass aus der Notwendigkeit der Qualitätsevaluation im Produktbereich sich auch die Notwendigkeit zur Einführung eines umfassenden Qualitätsmanagements ergibt, mag von vielen als selbstverständlich betrachtet werden. Hier kann jedoch zunächst aus der Erfahrung heraus das Gegenargument angeführt werden, dass die Marktunvollkommenheit im Mediensektor, die im wesentlichen auf der mangelnden Möglichkeit der Qualitätsbeurteilung durch das Publikum beruht, dazu geführt hat, dass in vielen Bereichen, z.B. im Rundfunkmarkt, statt des Qualitätswettbewerbs ein reiner Kostenwettbewerb Einzug gehalten hat [vgl. Heinrich 1999, S. 537]. Dennoch stimmt die Annahme, dass die enger werdenden Märkte im intermedialen und teilweise intramedialen Wettbewerb dazu führen werden, dass ein umfassendes Qualitätsmanagement in Medienunternehmen notwendig wird [vgl. Wyss 2000, S. 149]. Hierbei muss jedoch sichergesetellt sein, dass TQM tatsächlich als umfassender Managementansatz verstanden wird und keine Reduktion auf den Bereich der redaktionellen bzw. publizistischen Qualität stattfindet. So ist es zwar wichtig, in Medienunternehmen, wie auch in allen anderen Branchen eine Umsetzung der Qualitätsmanagementmodelle auf einzelne Bereich vorzunehmen. Hier spielt der Bereich der Inhalteproduktion natürlich eine besondere Rolle, so dass Darstellungen wie beispielsweise die Umsetzung des EFQM-Modells im redaktionellen Qualitätsmanagement sicherlich eines der

Abbildung 3: EFQM-Modell für Qualitätsmanagement in Redaktion [Wyss 2000, S. 164]

Herzstücke des Qualitätsmanagements in Medienunternehmen beschreibt.

Um jedoch auf Basis eines TQM-Ansatzes langfristig erfolgreich zu sein, muss innerhalb des Medienunternehmens klar sein, dass tatsächlich alle Produkte und Dienstleistungen aller Unternehmensbereiche und damit alle Prozesse in die Betrachtungen einbezogen werden müssen. Um es deutlich zu machen, möchten wir ein paar Beispiele geben. Die Art wie der Leitartikel einer überregionalen Zeitung Themen wie beispielsweise Deutschlands Rolle in der Außenpolitik thematisiert, ist sicherlich entscheidend für die Produktqualität im engeren Sinne. Wenn der Zusteller, als meist eher mäßig bezahltes Glied in der Wertschöpfungskette die Zeitung jedoch durchnässt oder zu spät zustellt, hilft auch das beste Qualitätsmanagement in der Redaktion nicht weiter, der Leser ist unzufrieden und wird sich, sollte der Mangel nicht behoben werden können, neu orientieren. Im Bereich des Anzeigenmanagements muss beispielsweise die ordnungsgemäße Weiterverarbeitung digitaler Anzeigenübertragungen sicher gestellt werden, um im Sinne des umfassenden Qualitätsmanagements den Kundenerwartungen zu entsprechen. Dass es hierbei häufig um reine Managementthemen geht, die kaum mehr mit dem Technikbezug früherer Qualitätssicherungsdebatten in Verbindung stehen, zeigt beispielsweise das Problem einiger Zeitungsverlage, die ihre Werbekunden mit Belegexemplaren aus der Anlaufmakulatur des Drucks versorgen. Diese Exemplare sind zwar ohnehin nicht mehr verwertbar für den Leser und damit ist ein neuer Verwendungszweck zunächst eine Kostenersparnis. Für den Werbekunden ist es jedoch sicherlich kein Pluspunkt, wenn die Tatsache, dass seine Werbung geschaltet wurde mit einem Exemplar dokumentiert wird, bei dem zum Beispiel die Farbe der

Alle Abteilungen sind qualitätsverantwortlich

Anzeige noch nicht richtig »steht«. Die daraus resultierenden Folgekosten durch stillschweigende Kundenunzufriedenheit oder offene Reklamation übersteigen die Herstellungskosten einer einzelnen Zeitungsausgabe sicherlich um ein Vielfaches. Dieses simple Beispiel zeigt einmal mehr, dass tatsächlich alle Unternehmensbereiche und alle Prozesse mit in die Betrachtung einfließen müssen. Ebenso ist die Fähigkeit des Werbevermarkters einer TV-Gruppe, langfristige tragfähige Kundenbeziehungen zu Alt- und Neukunden aufzubauen, ein wesentlicher Garant für den künftigen Markterfolg des Unternehmens, der nicht mit redaktionellem Qualitätsmanagement allein unterstützt wird. Auf welche Art sich Medienunternehmen dem Thema Qualitätsmanagement annähern, wird im nächsten Abschnitt anhand einiger Fälle aus dem Print- und TV-Sektor beschrieben.

4.9.5 Fallbeispiele

4.9.5.1 Zeitungsbranche

Zeitungen: Kundenorientierung der Abläufe ist entscheidend

Bereits 1995 hat die Stuttgarter Unternehmensberatung »Management Partner« eine Studie über den Stand des Qualitätsmanagements in deutschen Zeitungsverlagen veröffentlicht [Management Partner 1995], aus der hervorgeht, dass der Themenbereich Qualitätsmanagement zum damaligen Zeitpunkt von einem Großteil der Verlage als strategische Aufgabenstellung erkannt wird, die Umsetzung jedoch häufig hinter den Erwartungen und Vorstellungen zurückblieb. Qualitätsziele wurden für das Gesamtunternehmen zwar von Seiten der Verlagsleitungen vorgegeben, sie waren aber nicht dokumentiert und nicht ausreichend im Unternehmen bekannt bzw. verankert. Die Qualität wurde gemessen, jedoch häufig nicht mit geeigneten Mitteln. Am besten war und ist die Zeitungsbranche offenbar bei der Messung der Kundenbedürfnisse im Leser- und Anzeigenmarkt auf Basis der klassischen Marktforschung aufgestellt. Hier wird mit Befragungen und Copytests eine erste Basis für das Qualitätsmanagement geschaffen. Auch die Tatsache, dass innerhalb der Branche bereits zu diesem Zeitpunkt der Konsens herrschte, dass die komplette Unternehmung mit allen Teilen in die Betrachtung einbezogen werden muss, bildet sicherlich ein gutes Fundament für das weitere Vorgehen. Typischerweise liegt das Problem der Zeitungsverlage in den meisten Fällen nach wie vor bei der kundenorientierten Gestaltung der Prozesse der Ablauforganisation, die anschließend zu einer Transformation der Aufbauorganisation führen muss. Die internen Abläufe sind noch nicht durchgehend am Kundennutzen ausgerichtet, da sie traditionell aufgrund der Spezialisierung der einzelnen Mitarbeiter im Rahmen eines funktional gegliederten Unternehmens ausgeführt werden. Mitarbeiter im Anzeigenbereich sind beispielsweise in die Anzeigenabteilung eingegliedert. Die Probleme eines lokalen Anzeigenkunden vor Ort mit dem mangelhaften Vertrieb im Lesermarkt oder die geplante Außenaktion im Rahmen eines Tages der offenen Tür eines lokalen Handelskunden können jedoch nur über die Abteilungsgrenzen hinweg gelöst werden, so dass hier eine Neuausrichtung der Prozesse und der Organisation notwendig ist.

4.9.5.2 Öffentlich-rechtlicher Rundfunk

Im öffentlich-rechtlichen Rundfunk findet die Qualitätsmanagementdiskussion in erster Linie vor derm Hintergrund der Frage nach der Existenzberechtigung des öffentlich-rechtlichen Rundunksystems statt. Ein gebührenfinanzierter Rundfunk wird langfristig nur dann Bestand haben können, wenn er sich qualitativ positiv vom privaten Wettbewerb unterscheidet und als gesellschaftlich notwendig empfunden wird. Daher konzentrieren sich die Qualitätsmanagementbemühungen des öffentlich-rechtlichen Rundfunks auf die Produktqualität im engeren Sinne, d.h. die redaktionelle Qualität, deren Erfassung, Steuerung und Verbesserung. Sie wurde in der jüngsten Zeit vor allem im Rahmen von Reorganisationsprojekten einem Qualitätsmanagement unterzogen. Der WDR hat vor dem Hintergrund sinkender Marktanteile in Nordrhein-Westfalen und einer dadurch notwendigen Neupositionierung begonnen, im Rahmen des Programmcontrollings neben den Paramtern Akzeptanz und Kosten die Qualität als dritten Baustein in den Controlling-Prozess einzubinden. [Tebert 2000]. Die Dreiteilung wurde als notwendig erkannt, da Akzeptanz allein von zu vielen externen Faktoren abhängig ist, die nicht dem Einfluss der Produktionsverantwortlichen unterliegen. So ist das Genre allein schon ausschlaggebend für die Grundakzeptanz (56 % der Zuschauer interessieren sich für Kultur, während 82 % Interesse an Spielfilmen bekunden). Darüber hinaus ist die Akzeptanz auch von der Quote des Vorläufers, der Begleitpromotion und den Aktivitäten der konkurrierenden Programme abhängig. Sie wurde daher als nicht ausreichend befunden, um die qualitative Leistung im Rahmen des öffentlich-rechtlichen Programmauftrags zu beurteilen. Analog zu einem Pilotprojekt des Schweizerischen Fernsehens DRS wurde ein Qualitätsindex ermittelt, mit dessen Hilfe im Rahmen der Zielvereinbarungsgespräche für alle WDR-Sendeplätze mit Ausnah-

Problem: Qualitätsindikator für den TV-Sektor

me der Übernahmen und Wiederholungen Qualitätsziele zwischen Redaktion, Programmleitung und Controlling vereinbart werden, deren Einhaltung anschließend im Controlling-Prozess durch ein internes Monitoring (8 WDR-Mitarbeiter) und ein externes Monitoring (Befragung von 60 Zuschauern der Zielgruppe) überprüft wird. Dabei werden allgemein folgende übergeordneten Qualitätskriterien zu Grunde gelegt:

- Verständlichkeit
- Informationswert
- Unterhaltungswert
- Glaubwürdigkeit
- Servicewert (Nutzwert)
- Vielfalt
- Relevanz
- Dramaturgie
- Besonderheit/Uniqueness
- Professsionalität
- Erfüllung des Programmauftrags
- Resonanz
- Repertoirefähigkeit (Wiederholbarkeit) [Tebert 2000]

Die einzelnen Kriterien werden individuell je nach Sendung festgelegt und ergänzen den allgemeinen Kriterienkatalog, so dass nach der Gewichtung der Kriterien eine möglichst exakte Beschreibung der Qualitätsanforderungen möglich wird. Ein ähnliches Vorgehen wurde beim SWR etabliert, hier jedoch nicht in erster Linie vor dem Hintergrund der Marktanteilsentwicklung sondern vor dem Hintergrund der Fusion von SWF und SDR, die eine Neuorganisation des Programmgeschäfts erforderlich machte. Ziel des Qualitätsmanagements ist hier in erster Linie eine Systematisierung, um nicht nur punktuell auf Basis einzelner Interventionen an der Qualitätsverbesserung zu arbeiten. In diesem Sinne wurde ein »Prozess der kontinuierlichen Selbstoptimierung« initiert [vgl. Blumers 2000, S. 201]. Ein ähnliches Vorgehen umfasst auch die Qualitätssteuerung des hessen fernsehens, allerdings wird hier auf ein umfassendes Modell im Sinne des Qualitätsmanagements verzichtet, die Durchführung obliegt auch nicht dem Controlling sondern der Programmentwicklung. Ziel ist es hier, den Prozess zu unterstützen, der mit entsprechenden Programmveränderungen der Überalterung der Zuschauerklientel entgegenwirken soll [Metzger / Oehmichen 2000]. Die hierbei aufgeführten Initiativen des öffentlich-rechtlichen Rundfunks sind Teil einer eng begrenzten Auffassung von Qualitätsmanagement, da sie sich auf die Programmqualität konzentrieren und nicht im Sinne eines umfassenden Qualitätsmanagements

(TQM) alle Unternehmensbereich mit einbeziehen. Hier wird in Zukunft bei allen Mediengattungen ein Umdenken erforderlich werden, um die Unternehmen zukunftssicher am Kundeninteresse auszurichten.

4.9.6 Literatur

Adams, Heinz W. / Wolf, Guido (1996): Unternehmen mit einem Managementsystem führen. In: Blick durch die Wirtschaft; 17. Mai 1996, S. 11

Blumers, Marianne (2000): Qualitätskontrolle beim SWR: Ein theoretisches Modell auf dem Weg in den Redaktionsalltag. In: Media Perspektiven 5/2000, S. 201-206

Döttinger, Karlheinz / Klaiber, Edgar (1994): Realisierung eines wirksamen Qualitätsmanagemnsystems im Sinne des Total Quality Managements. In: Stauss, Bernd (Hrsg.); Qualitätsmangement und Zertifizierung. Wiesbaden: Gabler, S. 255-276

EFQM (Hrsg.) (1999a): Die acht Eckpfeiler der Excellence: Die grundlegenden Konzepte der EFQM und ihr Nutzen. Brüssel

EFQM (Hrsg.) (1999b): Das EFQM Modell für Excellence 1999. Brüssel

EFQM (Hrsg.) (1999c): Das EFQM-Modell für Excellence Änderungen. Brüssel

Geiger, Walter (1994): Qualitätsmanagement bei immateriellen Produkten In: Masing, Walter: Handbuch Qualitätsmanagement. München: Hanser, S. 767-786

Heinrich, Jürgen (1999): Medienökonomie: Band 2: Hörfunk und Fernsehen. Opladen/Wiesbaden: Westdeutscher Verlag

Jedlicka, Michael (1992): Total Quality Management – Paradigmenwechsel für Spitzenunternehmen. In: Zsifkovits, H. (Hrsg.): Total Quality Management (TQM) als Strategie im internationalen Wettbewerb. Köln: Verlag TÜV Rheinland

Kottler, Phillip / Bliemel, Friedhelm (2001): Marketing-Managment. Stuttgart: Schäffer-Poeschel (10. Aufl.)

Management Partner (1995): Qualitätsmanagement in Tageszeitungsverlagen: Modewort oder Herausforderung? Stuttgart: Management Partner

Metzger, Jan / Oehmichen, Ekkehardt (2000): Qualitätssteuerung im hessen fernsehen: Strategie, Verfahren und erste Erfahrungen. In: Media Perspektiven 5/2000, S. 207-212

Pfeifer, Tilo (1996): Praxishandbuch Qualitätsmanagement. München: Hanser

Tebert, Miriam (2000): Erfolg durch Qualiät: Programmcontrolling beim WDR Fernsehen. In: Media Perspektiven 1/ 2000, S. 85-93

Thienel, Albert (1997) Professionelles Dienstleistungsmanagement auf der Basis von TQM und DIN/ISO 9000ff. In: Thienel, Albert (Hrsg.): Professionelles Qualitätsmanagement in Dienstleistungsunternehmen. Berlin: Beuth, S. 14

Wyss, Vinzent (2000): Medienmanagement als Qualitätsmanagement. In: Karmasin, Matthias / Winter, Carsten (Hrsg.): Grundlagen des Medienmanagments. München: Fink, S. 149 - 171

4.10 Vom Workflow zum Newsflow

Die Veränderungen der technologischen Bedingungen [vgl. 4.8] und der Wandel der Markterfordernisse haben dazu geführt, dass sich in vielen Bereichen der Medienindustrie der Leistungserstellungsprozess in einem großen Wandel befindet. Dieser bezieht alle Ebenen der betriebswirtschaftlichen Kategorisierung mit ein. Letztlich wird es zu einer Neuorientierung in organisatorischer und technologischer Hinsicht kommen. Wir werden im Folgenden die Veränderungen beschreiben, indem wir zunächst die Wertschöpfungsprozesse klassischer Medienunternehmen und deren Ausprägungsformen in der Ablauforganisation darstellen. Darauf folgt die Analyse des gerade stattfindenden Wandels und der künftigen Ausprägungen im Rahmen einer informationsorientierten Neugestaltung des Produktionsprozesses der Medien – dem Newsflow.

4.10.1 Wertschöpfungsprozesse und Workflow

Bei der Diskussion zur den Veränderungen in der Medienbrache wird mit sogenannten »Wertschöpfungsketten« argumentiert. Das Ziel ist dabei, die komplette Arbeitskette von der Rohstoffgewinnung bis zum Handel unter Einschluss aller Ressourcen (Mitarbeiter, Maschinen, Anlagen, Werkstoffe, Systeme) transparent zu machen [vgl. Staehle 1991, S. 607]. Es geht dabei darum, in Situationen, die keinen Ausgleich interner Ressourcenvergeudung durch allgemeines Marktwachstum, Marktausweitung etc. gestatten, mit Hilfe einer kritischen Analyse Rationalisierungspotentiale im Rahmen des aktuellen Wertschöpfungsprozesses zu lokalisieren. Darüber hinaus lässt sich in einem direkten Vergleich der Wertschöpfungskette unterschiedlicher Marktteilnehmer auch die Basis für die Marktposition des einzelnen Unternehmens ableiten. Am Beispiel der Print- und TV-Medien läst sich die Wertschöpfungskette wie in Abbildung 1 beschreiben.

Wertschöpfungskette liefert Hinweise auf Resourcenschwerpunkte

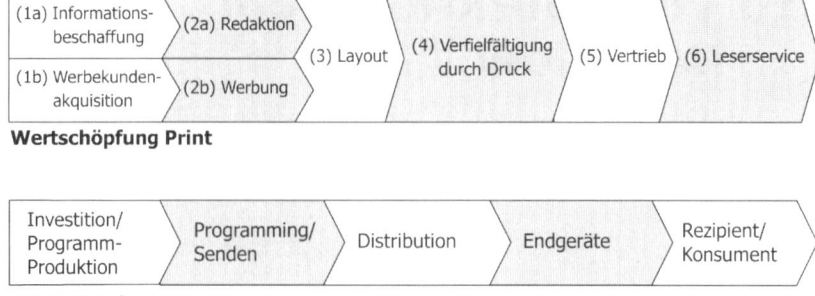

Wertschöpfung Print

Wertschöpfung TV

Abbildung 1: Wertschöpfungsketten klassischer Medien [Zerdick et al. 1999, S. 50 & 55]

Ineinandergreifen betriebswirtschaftlicher Funktionen

Während die Wertschöpfungskette in Form dieser exemplarischen Grobgliederung unterschiedliche betriebswirtschaftliche Funktionen im Rahmen der Erstellung von Medienprodukten bzw. Mediendienstleistungen beschreibt, besteht in der Realität jede betriebswirtschaftliche Funktion selbst wiederum aus einer Reihe von Teilfunktionen. Das Ineinandergreifen dieser Teilfunktionen wird im Grundsatz durch die Elemente der Ablauforganisation verdeutlicht, die unter Berücksichtigung von Raum, Zeit, Sachmitteln und Personen den detaillierten Ressourceneinsatz im Rahmen der Prozesse (Workflow) beschreiben [vgl. Jung 2000, S. 272]. Die dabei zu berücksichtigenden Einflussgrößen sind sowohl interner als auch externer Natur. Intern können sie durch das Medienunternehmen selbst bestimmt werden, extern unterliegen sie dem Einfluss der Unternehmensumwelt.

Interne Einflussgrößen

- *Art und Umfang der zu erstellenden Leistung (Produktionsprogramm):* Bereits anhand der beiden Wertschöpfungskettendarstellungen wurde deutlich, dass die TV-Produktion andere Prozesse erfordert, als die Produktion einer Zeitschrift.

- *Potenzial des Unternehmens:* Die Qualifikation der Mitarbeiter und die Ausstattung mit Arbeitsmitteln und Infrastruktur prägt den Ablaufprozess (z.B. voll digitalisierte Druckvorstufe mit entsprechend ausgebildetem Personal).

- *Management- und Informationssystem:* Das Managementsystem prägt die Vorgehensweise wie beispielsweise bei der Zentralisierung oder Dezentralisierung kritischer Prozesse (z.B. Redaktionsarbeit). Ebenfalls entscheidend für die Möglichkeiten, Arbeitsprozesse zu strukturieren und zu Flexibilisieren ist das Informationssystem, das sowohl die unternehmensinterne Kommunikation in jeglicher Form als auch das EDV-System umfasst.

Externe Einflussgrößen

- *Rechtliche Normen:* Neben den üblichen arbeits- und tarifrechtlichen Bestimmungen sind vom Wandel in der Medienbranche u.a. auch Urheberrecht, Datenschutz, Datensicherheit, Kartellrecht von der Änderung der Arbeitsorganisation betroffen [vgl. hierzu Booz Allen & Hamilton 1995, S. 120].

- *Soziale Normen:* Dies umfasst die Erwartungen der Mitarbeiter und Führungskräfte an die Strukturierung der Prozesse. Hier ist gerade beim Einsatz neuer Medienformen und der Integration neuer Mitarbeiter in den Arbeitsprozess klassischer Medienhäuser feststellbar gewesen, dass von Seiten der neuen meist jüngeren Mitarbeiter etablierte Arbeitsstrukturen nicht immer als im Einklang mit ihrem Normgefüge empfunden wurden. Flexibilisierung von Arbeitszeit und Arbeitsort (z.B. auch Elemente der Telearbeit) können hier künftig eine Antwort sein [vgl. Kap. 4.7].

- *Technologie:* Die eingesetzte Technologie prägt gerade in der Medienbranche entscheidend die aktuellen und künftigen Strukturen der Prozesse. Die Übernahme von Satz- und Layoutfunktionen der Journalisten bei der Print-Produktion als Folge der Digitalisierung und die Möglichkeit der direkten Plattenerstellung (Computer-to-plate) sind hierfür ein typisches Beispiel.

- *Marktteilnehmer:* Die Reaktionen und Marktstrategien der Wettbewerber prägen die Gestaltung der eigenen Prozesse, da beispielsweise der späte Redaktionsschluss eines Wettbewerbers neue zeitsparende Produktionsprozesse im eigenen Haus erforderlich macht, um wettbewerbsfähig zu bleiben.

Für die Medienbranche gilt, dass die letzten Jahre und die mittelfristige Perspektive nicht nur dadurch geprägt sind, dass die großen Blöcke der betriebswirtschaftlichen Funktionen einer Wandlung unterliegen, sondern dass Veränderungen in der Unternehmensumwelt (v.a. Markt und Technologie) auch zu einer Verän-

Veränderungen in der Unternehmensumwelt der Medienunternehmen

derung der Einzelprozesse führen. Dabei ist die Grenze zwischen unternehmensinternen Prozessen und Prozessen vor- oder nachgelagerter Leistungsstufen (Lieferanten oder Kunden) fließend. Im Rahmen der allfälligen make or buy-Entscheidungen wird die Entscheidung selbst, natürlich neben strategischen Erwägungen (Erhaltung der Kernkompetenzen, z.B. im redaktionellen Bereich), entscheidend durch die Kostenstruktur geprägt, die wiederum von der Gestaltung der Prozesse abhängt. Der Trend zur Beschränkung auf das eigene Kerngeschäft und das Outsourcing von Randbereichen wird durch den Gegentrend begrenzt, Full-Service aus einer Hand anzubieten und Probleme im Bereich der eigenen Leistungserstellung durch größere »Leistungspakete« auszugleichen. Die Zulieferer der Kommunikationsbranche, wie beispielsweise Druck- und Mediendienstleister haben auf die Schwierigkeiten bei der reinen Zulieferung (Druck, Filmproduktion) reagiert und bieten im Rahmen von Wertschöpfungspartnerschaften komplette Services (inklusive Agenturdienstleistungen) aus einer Hand an.

4.10.2 Veränderung durch Digitalisierung

Digitalisierung verändert auf zwei Ebenen: Wertschöpfung und Workflow

Durch die Digitalisierung der Daten hat sich in vielen Märkten der Medien die Wertschöpfungskette verändert, indem neben den etablierten Medienformen, neue komplementäre Digitalprodukte entstanden sind, deren Substitutionspotential gegenüber den herkömmlichen Medienformen von Fall zu Fall überprüft werden muss. Beispielhaft ist das Profitwindow des Filmgeschäfts, das sich durch die gestaffelte zeitliche Abfolge von US-Kino, über Kino Übersee, Video, Pay-TV Erstausstrahlung Free-TV, Zweitausstrahlung (jeweils US-Markt und Übersee) über einen Zeitraum von bis zu 6 Jahren erstreckt [vgl. Heinrich 1999, S. 168]. Hier kommen unter dem Schlagwort »Merchandising« immer neue zusätzliche Elemente hinzu. Früher waren es neben den Standard-Merchandisingartikeln wie Plüschfiguren in der Hauptsache Bücher und Soundtracks, die jeweils zum Film vermarktet wurden, heute nimmt das Merchandising mit Computerspielen und weitere Computerprodukten einen noch breiteren Raum bei der Refinanzierungsstrategie ein. Die Planungen führen mittlerweile so weit, dass Kinofilme serial geplant werden. Wenn der neue Star Wars im Kino anläuft, kommen die bisherigen Folgen im Fernsehen etc. In diese Verwertungsabfolge, die die Grundlage für vertikal integrierte Konzerne im Filmgeschäft liefert, greift nun die Digitalisierung neuer Produktstufen ein. Ziel ist es, weiterhin auf Basis zeitlicher Segmentierung der Märkte mehrerer Erlösstufen in der Wertschöpfungskette zu rea-

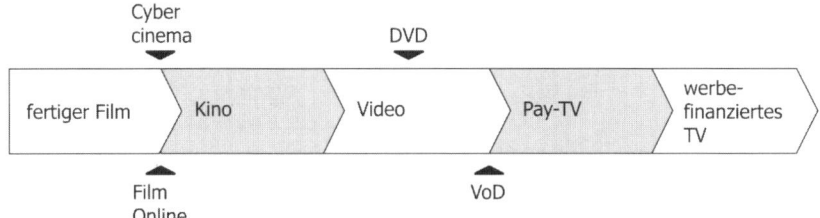

Abbildung 2: Neue Verwertungsstufen im Film- und Fernsehmarkt [Zerdick et al. 1999, S. 60]

lisieren, dies ist nur dann möglich, wenn Substitutions- bzw. Kannibalisierungseffekte zwischen den einzelnen Verwertungsstufen vermieden werden, d.h. die künstliche zeitliche Distanz vom Markt als ausreichend empfunden wird. Die Digitalisierung bringt hier eine Erweiterung der Wertschöpfungsstufen (siehe Abbildung 2), wobei einige neue Technologien wie etwa die Digital Versatile Disc (DVD) ein klares Substitutionsprodukt darstellen, da 2001 erstmals im Videomarkt mehr DVDs als herkömmliche Videokassetten verkauft wurden.

Die nächste Stufe der Veränderungsprozesse in der Wertschöpfungskette sind durch Ausschöpfung des Rationalisierungspotentials auf der Ebene des Workflows gekennzeichnet. Beispielhaft hierfür ist die Veränderung der Druckindustrie, wo sich im Bereich der Zeitungsverlage der Trend zur digitalisierte Druckvorstufe mit neuen Produktionsverfahren, wie z.B. Computer-to-plate etabliert haben [vgl. Breyer-Mayländer 2001b, S. 1751 f.]. Wenngleich eine solche Verkürzung des Workflows nicht unerhebliche positive Auswirkungen auf die Kostenstruktur hat, so ist er doch Teil eines inkrementalen Verbesserungsprozesses, der mangels direkter Auswirkungen auf die Produktstruktur außerhalb der Branche kaum wahrgenommen wird. Auf Basis der neuen Technologien sind jedoch eine Reihe neuer Produkterweiterungen möglich, die als Ergänzung der traditionellen Wertschöpfungskette auch auf Produktebene für Diversifikation sorgen. So gestattet die Benutzung des Digitaldrucks eine Individualisierung jeder einzelnen Ausgabe, die im Rahmen des Versionings auf spezielle Zielgruppen oder im Rahmen des Customizings für Einzelpersonen konzipiert werden können. Unter der Voraussetzung des zielgenauen Vertriebs ist somit die individuelle Zeitung kein Privileg der elektronischen Medien mehr. Die Stufe Vertrieb selbst erfährt durch die neue Technologie eine Veränderung, da spezielle Ausgaben von Zeitungen oder Zeitschriften als PDF-Files ins Ausland übertragen und vor Ort beim Kunden z.B. im Hotel ausgedruckt werden [vgl. Seckendorf

Rationalisierungspotential nutzen

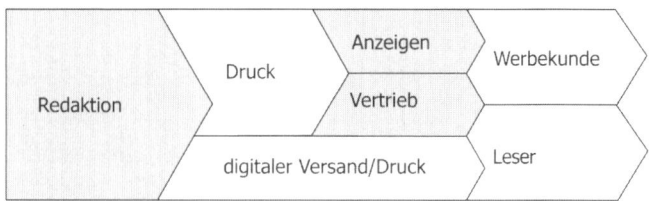

Abbildung 3: Wertschöpfungskette Print

2001]. Die Wertschöpfungskette Print sieht daher wie in Abbildung 3 aus.

Konvergenz in der   Auf den Medienmarkt insgesamt wirkt sich die Digitalisie-
Wertschöpfung   rung in der zweiten Stufe auf Eben der Wertschöpfungskette aus,
da unterschiedliche Produkte und Marktfunktionen auf Basis der
selben Technologie arbeiten und dadurch zu einer großen integrierten Wertschöpfungskette verschmelzen können, die die bislang stärker isolierten Märkte, wie Netzinfrastruktur, Inhalte
und Endgeräte in einen engeren Prozesse einbindet [vgl. Booz Allen & Hamilton 1995, S. 39]. Seit einigen Jahren werden Konzepte der Konvergenz, d.h. das Zusammenwachsen der
unterschiedlichen Produkte und Marktfunktionen aufgrund der
gemeinsamen digitalen Basis, diskutiert. Analog lässt sich eine
Verschmelzung der Marktfunktionen ableiten. Statt der bisherigen Gliederung in Medien, Telekommunikation, Informationstechnologie findet eine neue Gliederung Anwendung. Produkte
und Dienstleistungen im Markt der Inhalte werden in Konfektio-
nieren (Packaging), Übertragung, Navigation, Mehrwertdienste
und den Sektor der Engeräte eingeteilt.

skalierbare Netzwerk-   Darüber hinaus gestattet die Digitalisierung eine »Virtualisi-
organisation   serung« der Wertschöpfungskette. So lassen sich auf Basis der In-
ternet-Kooperation Netzwerke in Form »virtueller Wertschöp-
fungsketten« bilden, die »eine virtuelle Zusammenarbeit verschiedener Partner unter Wahrung der jeweiligen Stärken (den
sog. Kernkompetenzen) erlauben« [Bullinger 1997, S. 105]. Die
bei Kooperationen hinderlichen Transaktionskosten werden
durch IT-Systeme reduziert, die den Informations- und Kon-
trollaufwand reduzieren und somit auf Basis der fehlenden
Transportkostenproblematik vor allem bei der Entwicklung neuer Medien vergleichbare Bedingungen für Kooperation im Vergleich zu integrierten Großunternehmen schaffen können. Die
Unternehmen selbst befinden sich damit aus Sicht der Organisa-
tionswissenschaft auf dem Weg zur Netzwerkorganisation. Der
Organisationskern hat mehr und mehr die Aufgabe, die externen
Kooperationspartner zu koordinieren, die die Produktionsdaten
und Informationen mit Hilfe einer gemeinsamen Datenbasis tei-

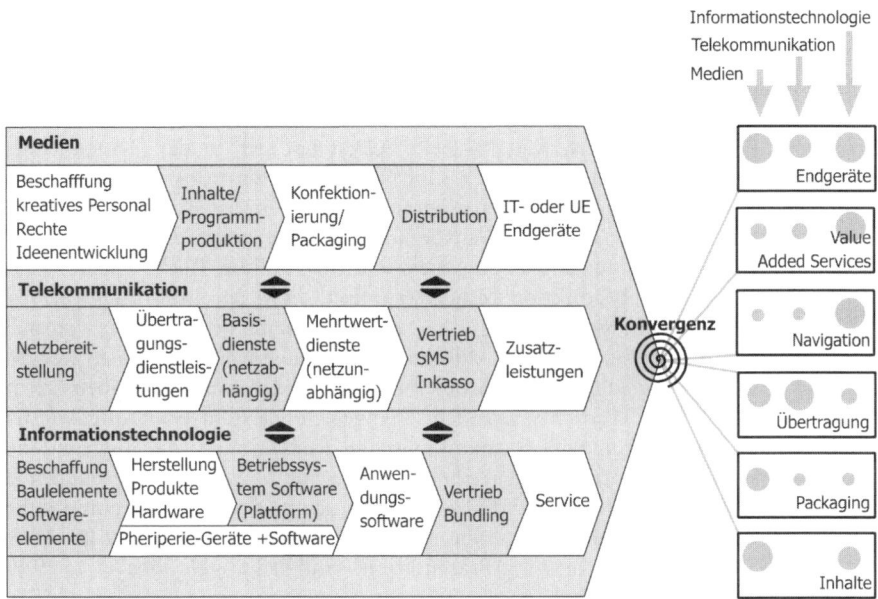

Abbildung 4: Die Entstehung der Multimediamarktes aus den drei Medien- und Kommunikationssektoren [Zerdick et al. 1999, S. 134]

len. Beispielhaft hierfür sind Unternehmen, wie DELL, bei denen die Fertigung der PCs lediglich koordiniert wird, um anschließend Vermarktung und Versand zu organisieren. Der größte Vorteil dieser Organisationsform, die in der Kommunikationsbranche bei Werbe- und New Media-Agenturen am weitesten entwickelt ist, ist die Skalierbarkeit des Unternehmens, das durch Integration neuer Partner bis hin zum globalen Wettbewerb bestehen kann. Entsprechend der Kombination unterschiedlicher Kernkompetenzen der Partner ist darüber hinaus eine Flexibilisierung der Arbeitsleistung möglich, die durch eine Verringerung der Overheadkosten für die Verwaltung ergänzt wird. Problematisch ist dagegen die Qualitätssicherung, da im Rahmen der virtuellen Wertschöpfungskette die Kontrolle Vor-Ort erschwert wird. Die Probleme einzelner Partner können später erkannt werden. Wenn beispielsweise die gelieferten Grafiken zur Erstellung einer Website nicht dem vereinbarten Standard entsprechen, kann sich die Erstellung des kompletten Objekts entsprechend verzögern. Teile der Organisation können somit ihr Eigenleben führen; auch für die Mitarbeiter in traditionellen Medienunternehmen, wie etwa Verlage, ist die Umstellung des Arbeitsablaufs häufig ein Schritt zur Entfremdung innerhalb der eigenen Arbeitsumgebung.

4.10.3 Newsflow

Spezialisisierung der
Redaktionsarbeit

Neben der Neuordnung der Wertschöpfungskette und des Workflows bei der Erstellung medialer Endprodukte hat die Digitalisierung vor allem die Erstellung der redaktionellen Leistungen verändert. Redaktionelle Arbeit hat sich in der Vergangenheit vorwiegend an den klassischen Organisationsprinzipien orientiert. In Deutschland herrscht dabei vorwiegend die zentralisierte redaktionelle Arbeitsorganisation vor, nach der ein Journalist alle redaktionellen Arbeitsschritte (Planung, Recherche, Redaktion, Produktion und Präsentation) selbst durchführt. Dies ermöglicht positiv formuliert eine ganzheitliche Aufgabenwahrnehmung, da alle Produktionsstufen selbst wahrgenommen werden, die Schnittstellenprobleme zwischen den einzelnen Arbeitsschritten werden vermieden. Demgegenüber steht eine Aufgaben-teilung in vielen amerikanischen Redaktionen, die aufgrund der dezentralisierten Arbeitsorganisation (die einzelnen redaktionellen Arbeitsschritte werden von verschiedenen Redakteuren wahrgenommen) ein höhere Spezialisierung des einzelnen z.B. auf die Recherche oder Präsentation ermöglicht [vgl. Meckel 1999, S. 70 f.].

Die neuen Möglichkeiten der einheitlichen Datengrundlage redaktioneller Informationen ermöglicht eine grundsätzlich produkt- und plattformunabhängige Datenhaltung, die in allen Mediengattungen (vom Buch bis zum TV) in den letzten Jahren angestrebt wurde. Auf Basis dieser produktunabhängigen Speicher- und Produktionstechnologie haben sich in verschiedenen Umfeldern bereits Arbeitsorganisationen durchgesetzt, die versuchen unterschiedliche Medienformen aus einer einheitlichen redaktionellen Ressource zu versorgen. Ende des Jahres 2001 beschloss beispielsweise der Axel Springer Verlag, alle redaktionellen Angebote im Berliner Online-Markt mit einer Online-Redaktion zu versorgen.

Newsdesks und All-
round-Journalisten

Spektakulärer war in diesem Zusammenhang die Nachricht aus dem Axel Springer Verlag, dass auch zwischen so unterschiedlichen Zeitungen wie der »Berliner Morgenpost« und der überregionalen Tageszeitung »Die Welt« eine enge Verzahnung der Redaktionsarbeit erfolgen soll. Sind dies alles noch Beispiele, wie unterschiedliche Formate ein und derselben Mediengattung aus einem zentralen Content-Pool beschickt werden, so gibt es vor allem in ausländischen Medienhäusern bereits seit längerem Organisationsstrukturen, die die Herstellung unterschiedlicher Medien durch ein und dieselbe Redaktion vorsehen. So ist bei dem schwedischen Verlag Aftonbladet und der Chicago Tribune ein »Newsdesk«-Konzept etabliert, wonach die einzelnen Redakteure ihre Themen für Print-, Online-, Hörfunk- oder TV-Versio-

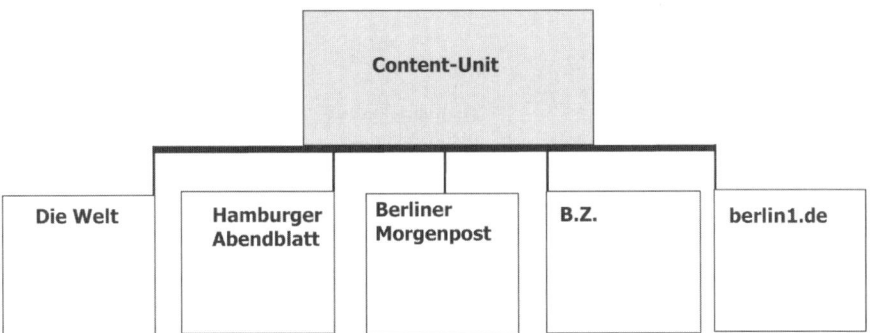

Abbildung 5: Online-Redaktionskonzept des Axel Springer Verlags [eigene Darstellung, Informationen aus: BDZV Intern 15.11.2001, S. 10]

nen aufbereiten müssen [Tyner 2001, Tidblad 2001]. War bei dem oben geschilderten Ansatz der dezentralen Redaktionsorganisation noch eine tiefere Spezialisierung der redaktionellen Arbeit zu sehen, führt diese Art der Organisation zur Etablierung des Allround-Journalisten. Die aus betriebswirtschaftlicher Sicht höchst interessanten Synergieeffekte bei einer klaren Themenspezialisierung der Journalisten, die ihre redaktionellen Ergebnisse für alle Medienformen nutzbar machen, können letztlich nur realisiert werden, wenn auch eine ausreichende Bereitschaft und Qualifikation auf Seiten der Redakteure vorhanden ist, um die Anforderungen unterschiedlicher Medienformen zu bewältigen.

Einer der Hauptnachteile dieser Organisationsform ist die Reduktion von Angebotsvielfalt. Dabei handelt es sich um ein Faktor, der einerseits betriebswirtschaftlich betrachtet zu negativen Konsequenzen im Markt führen kann und andererseits zu publizistisch negativer Reduktion von Vielfalt führen kann. Dabei kann die Finanzierung der Content-Erstellung durch unterschiedliche Medien- und Produktformen wiederum zu einer positiven Stabilisierung der Qualität führen. *Nachteil: Reduktion der Angebotsvielfalt*

Neben der Nutzung von einheitlichem Nachrichten- und Bildmaterial innerhalb der Mediengruppe (Verlag oder Senderfamilie) lässt sich auch eine intermediale Cross-Promotion als redaktionelles Marketing durchführen. Dies kann innerhalb der Mediengruppe oder zwischen befreundeten Mediengruppen stattfinden, wie z.B. die Promotion für redaktionelle Beiträge des »Premiere World Experten« H.J. Stuck in der »Bild«-Zeitung, bei der im Printprodukt ein entsprechendes Labeling stattfindet und im TV als On-Air-Promotion auf die Kommentare in Print hingewiesen wird.

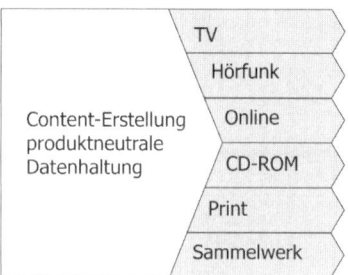

Abbildung 6: Produktneutrale Content-Produktion

Qualifizierung der Mit-
arbeiter und produkt-
neutrale Datenhaltung
für Multi-Channel-
Publishing

Die Nutzung des Potenzials erfordert neben einer entsprechenden Auswahl und Qualifizierung der Mitarbeiter auch eine organisatorisch-technische Produktionsumgebung, die eine marktnahe Erstellung der unterschiedlichen Medienformen unterstützt. Neben der Speicherung der Produktionsdaten in relationalen Datenbanken und der klaren Trennung zwischen inhaltlicher Logik der Daten und redaktioneller Form, kommt vor allem dem Wissensmanagement eine zentrale Bedeutung zu. Aftonbladet arbeitet für dieses Aufgabenfeld mit einer zentralen Datenbank (»Bjanux«), die durch die Integration von Aufsichtsvorlagen Manuskripten, Fotodatenbanken für die Printproduktion, Video- und Audio-Dateien hilft, das angestrebte »Multi-Channel-Publishing« zu ermöglichen [vgl. Tidblad 2001]. Die unterschiedlich bearbeiteten Content-Dateien werden anschließend im Internet, Hörfunk, TV oder der gedruckten Zeitung publiziert. Dabei ist noch nicht die Frage nach dem »Wissen« der Organisation und der kontextspezifischen Nutzung dieses Wissens beantwortet. Neben der technisch-organisatorischen workflow-gerechten produktunabhängigen Datenhaltung geht es hierbei um einen Managementansatz, der die bessere Nutzung von Wissen und Informationen ermöglicht und damit hilft, nicht nur im Sinne des Workflows als Newsflow die redaktionellen Inhalte, die in das Produkt Eingang finden, zu organisieren, sondern auch Hilfestellung bietet, wenn es darum geht, Meta-Informationen über das Produkt den Mitarbeitern des Medienunternehmens zugänglich zu machen. Einfache Schritte in dieser Richtung sind beispielsweise Meta-Informationen in Form sogenannter »Jobtickets«, die gewissermaßen als »elektronische Lauftasche« die Anzeigendaten bei der elektronischen Anzeigenübertragung im Print-Markt begleiten. Die Meta-Informationen können jedoch neben den schlichten Begleitdaten auch noch weitergehende Informationen beinhalten, die sich beispielsweise auf Bewertungen der Marktsituation o.ä. stützen. Hierfür steht am Anfang für das Medienunternehmen die Definition der Wissensziele, die die Voraussetzung für das folgende operative Wissensmanagement-System bilden und gleichzeitig den Auftrag des Systems definieren. Neben dem Zuwachs an Wissen der Organisation, den Wissenserwerb, geht es bei Medienunternehmen vor allem um eine Verbesserung der Wissensnutzung, d.h. des Wirkungsgrads des bereits innerhalb der Organisation vorhandenen Know-hows [vgl. dazu Probst et al. 1999]. Gerade die Produktion von Medien insbesondere Online-Medien ist in hohem Maße von dem Know-how der Mitarbeiter und dem Wissen der Organsiation insgesamt abhängig. Um Wissensmanagement hier jedoch erfolgreich inezusetzen, müssen auch die Voraussetzungen innerhalb der Organisation (Managementsystem, Arbeitsklima und Vertrauensbasis) vorhanden sein [vgl. Schenkel 2002].

Einerseits müssen im Rahmen der Organisationsgliederung die Zuständigkeiten für die einzelnen Themengebiete klar festgelegt sein, so dass kein marktrelevantes Thema aufgrund von Schnittstellenproblemen in der Redaktion unerledigt bleibt. Andererseits soll die Recherche innerhalb der Redaktion dadurch unterstützt werden, dass wichtige Informationen mit Hilfe hauseigener Recherche-Tools gegengecheckt werden können. Die Abfragen externer Fachdatenbanken wie z.B. Munzinger-Archiv oder fachspezifische Datenbanken kommerzieller Hosts wie Genios können bei modernen hauseigenen Rechercheprogrammen verschlagwortet werden und sind damit ebenso einer Recherche von Kollegen zugänglich, wie die Meldungen der Nachrichtenagenturen. Dabei kann die Kommunikation über elektronische Wege (Workflow-System, Intranet, Mail etc.) nicht die Probleme der operativen redaktionellen Zusammenarbeit lösen, die sehr stark auf interpersoneller Kommunikation beruhen [vgl. dazu Pink 2000].

Schnittstellen innerhalb der Redaktionsarbeit

Im Rahmen eines DFG-Projekts »Vernetzte Content Produktion für das digitale Fernsehen« wurde bei der Analyse der vorherrschenden Produktionsformen des Online-Contents eine Dominanz hierarchisch organisierter Eigenproduktionen der TV-Sender festgestellt [vgl. Lutz 2001]. Die beiden alternativen Wege wären einerseits die über den Markt koordinierte Produktion durch externe Dienstleister (z.B. Multimedia-Agenturen) bzw. andererseits die Produktion im Rahmen von Projektnetzwerken (z.B. durch die TV-Auftragsproduzenten). Für die im TV-Bereich hohe Eigenproduktionsquote im Internet-Sektor von ca. 80 % wurden eigens größere Personalkapazitäten aufgebaut (Spitzenreiter ist hier die Pro 7-Gruppe mit ca. 60 festangestellten Redakteuren und ebenso vielen Grafikern und Programmierern), die sich auf die inhaltlich bedeutsamen aber programmiertechnisch weniger anspruchsvollen Parts konzentrieren. Externe Dienstleister werden bei Neukonzeptionen (z.b. Pro 7) oder aufwändigeren Programmier-Projekten wie z.b. Gewinnspiele (z.b. »Wetten dass..?« ZDF) herangezogen.

Strategische Bedeutung von Online-Know-how

Einer der ausschlaggebenden Punkte für diese derzeitige Dominanz der hauseigenen Internet-Produktion ist die Tatsache, dass in der Startphase des Marktes der Aufbau von Produktions-Know-how als strategisch wichtige Zukunftsqualifikation des Senders eingeschätzt wird. Mit der Zunahme komplexer Anwendungen und Programmieraufgaben und neuen Anforderungen bezüglich des Umfangs und der Aktualität redaktioneller Inhalte kann jedoch eine Hinwendung zu Projektnetzwerken festgestellt werden. So wird im Rahmen des Newsflows nicht nur auf Agenturmeldungen der Nachrichtenagenturen zurückgegriffen, sondern auch die im festgelegten Zeitrhythmus von anderen Content-Providern (Agenturen, Zeitungsverlage etc.) gelieferten Inhalte nehmen in der jüngsten Zeit zu. Problematisch für einen TV-Sender ist in diesem Zusammenhang die Erhaltung der eigenen Kompetenz und des inhaltlichen Profils im Sinne einer Unique Content Proposition (UCP) [vgl. dazu Bachem 2001, S. 100].

Synergien bei der Conent-Erstellung

Im Zuge der Weiterentwicklung der Aktivitäten werden von vielen Sendern zunehmend die TV-Auftragsproduzenten im Sinne einer langfristigen Wertschöpfungspartnerschaft in die Produktion des Internetauftritts mit einbezogen. Damit wird ein Optimum an Synergien genutzt, da bislang das Bildmaterial der Produzenten dem Sender zur Verfügung gestellt wurde, der damit neben der eigentlichen Film-/Sendungsausstrahlung auch das Online-Angebot anfüttern musste. Einige Sender hatten dafür sogar eigene Mitarbeiter bei ihren Dienstleistern platziert. Bei der neuen Form der Organisation in Projektnetzwerken findet auch für die Online-Aufgaben eine Zulieferung durch den externen Dienstleister statt, mit Ausnahme der Sendungen bzw. Formate, bei denen der TV-Auftragsproduzent die Websites zur Sendung auf eigene Rechnung erstellt und vermarktet und damit gewissermaßen in Konkurrenz zu seinem Kunden, dem Sender steht (Beispiele hierfür waren »TV Total« und »Liebe Sünde« von der Fa. Brainpool).

Interne und externe Kooperationen

Bisher haben wir bei der Suche nach Synergieeffekten die hausinterne Kooperation und Koproduktion beschrieben. Es können allerdings auch unabhängig von der Unternehmensgröße Wege der überbetrieblichen Zusammenarbeit für eine weitere Entspannung auf der Kostenseite sorgen. Beispielhaft für solche Planungen war die angestrebte Zusammenarbeit zwischen dem Kölner Verlagshaus M. DuMont Schauberg und der Zeitungssparte von Gruner + Jahr Ende der neunziger Jahre zur Produktion von Boulevard-Zeitungen mit Hilfe eines gemeinsamen Redaktionspools. Hier liefert die Digitalisierung der Daten die technische Grundlage für neue Kooperationsüberlegungen, da die Kommunikation über größere Distanzen im Vergleich zu früheren Koproduktionsmodellen keinen nennenswerten zusätzlichen Aufwand mehr verursacht. Die Auswirkung dieser Tatsache kann man bei neuen dezentralen Produktionsstandorten im Tageszeitungsbereich sehen, die aufgrund der günstigen digitalen Kommunikation eine dezentrale Produktion überregionaler Tageszeitungen ermöglicht. Dadurch wird ein späterer Redaktionsschluss realisierbar, was der intra- und intermedialen Wettbewerbsfähigkeit dieser Titel entgegenkommt. Daneben werden auf dieser Basis zahlreiche Produktinnovationen zur dezentralen Kommunikation, wie etwa Zeitungsausgaben für ICE-Züge, Hotels in beliebten Urlaubsregionen oder als Nachmittagsausgabe für die Lufthansa-Business Class überhaupt erst ermöglicht.

Die überbetriebliche Kooperation spielt jedoch nicht nur bei der Produktion selbst eine große Rolle, sie wird im Rahmen der Hinterfragung üblicher Wertschöpfungsprozesse auch bei der wirtschaftlichen Ausgestaltung der Recherche zunehmend in Betracht gezogen. Der Spiegel, der in Deutschland das umfassendste Archiv besitzt und den größten Aufwand für die Verifizierung der Inhalte (»Fact-Checking«) einsetzt [vgl. dazu Meckel 1999, S. 72 f.], bildet hierbei die Ausnahme, da er in seiner Recherchekapazität einen Teil seines USP (Unique Selling Proposition) sieht und dieses Alleinstellungsmerkmal nicht mit Wettbewerbern teilen möchte [vgl. Kuhlen 1995, S. 410]. Bei anderen Medienunternehmen wie z.B. Gruner + Jahr findet eine Öffnung der Archive für die entgeltliche Nutzung durch die Fachöffentlichkeit statt, bis hin zu Konzepten über eine gemeinsame Archivfunktion unterschiedlicher Medienhäuser, die durch eine gemeinsame Datenhaltung eine Reduzierung der Kosten pro teilnehmenden Verlag / Sender ermöglichen würde.

4.10.4 Literatur

Bachem, Christian (2001): Mediaplanung im Online-Markt. In: Breyer-Mayländer, Thomas / Fuhrmann, Hans-Joachim (Hrsg.) (2001): Erfolg im neuen Markt: Online-Strategien für Zeitungsverlage. Berlin: ZV GmbH, Seite 93-112

Booz Allen & Hamilton (Hrsg.) (1995): Zukunft Multimedia: Grundlagen, Märkte und Perspektiven in Deutschland. Frankfurt: IMK

Breyer-Mayländer, Thomas (2001b): Auswirkungen der Digitaltechnik auf die technische Weiterentwicklung von Zeitungen und Zeitschriften. In: Leonhard, Joachim-Felix et al.; Medienwissenschaft: Ein Handbuch zur Entwicklung der Medien und Kommunikationsformen. 2. Teilband. Berlin: De Gruyter, S. 1751-1755

Bullinger, Hans-Jörg (1997): Wirtschaft 21: Perspektiven, Prognosen, Vissionen. in: Enquete Kommission »Zukunft der Medien in Wirtschaft und Gesellschaft – Deutschlands Weg in die Informationsgesellschaft«. Deutscher Bundestag (Hrsg.): Zur Ökonomie der Informationsgesellschaft: Perspektiven, Prognosen, Visionen. Bonn ZV GmbH, S. 69 - 149

Heinrich, Jürgen (1999): Medienökonomie: Band 2: Hörfunk und Fernsehen. Opladen/Wiesbaden: Westdeutscher Verlag

Jung, Hans (2000): Allgemeine Betriebswirtschaftslehre. München: Oldenbourg

Kuhlen, Rainer (1995): Informationsmarkt: Chancen und Risiken der Kommerzialisierung von Wissen. Konstanz: UVK

Lutz, Anja (2001): Content-Produktion für den Internetauftritt von Fernsehsendern: Experimente mit verschiedenen Organisationsformen. In: zfo 5/2001, S. 301 - 308

Meckel, Miriam (1999): Redaktionsmanagement: Ansätze aus Theorie und Praxis. Opladen: Westdeutscher Verlag

Pink, Ruth (2000): Kommunikation in Redaktionen: Ein Ratgeber für die Praxis. Berlin: ZV GmbH

Probst, Gilbert / Raub, Steffen / Romhardt, Kai (1999): Wissen managen: Wie Unternehmen ihre wertvollste Ressource optimal nutzen. Frankfurt: IMK

Schenkel, Michaela (2002): Konzeption und Umsetzung einer Knowledge Management Strategie für eine Multimediaagentur anhand der a.f.i.m. gmbh. Offenburg: Diplomarbeit FH Offenburg Studiengang Medien und Informationswesen

Seckendorf, Klaus von (2001): Jede Seite ein Original. In: print process 15/01, S. 19

Staehle, Wolfgang (1991): Management. München: Vahlen (6. Aufl.)

Tidblad, Bella (2001): Multi Chanel Publishing – The Aftonbladet Model. In: BDZV, IFRA (Hrsg.): Zeitung online 2001 – Die Multimediakonferenz. Berlin 2001

Tyner, Howard A.; Keynote (2001): »Vom Zeitungsverlag zur Multimedia-Company. In: BDZV, IFRA (Hrsg.): Zeitung online 2001 – Die Multimediakonferenz. Berlin 2001

Zerdick, Axel et al. (1999): Die Internet-Ökonomie: Strategien für die digitale Wirtschaft (European Communication Council). Berlin: Springer

5. Medien im Informationsmarkt

5.1 Informationsmarkt

Medien wurden in den vergangenen Jahren zum Wachstums-
markt erklärt, in den in Hinblick auf Beschäftigungsmöglichkei-
ten große Hoffnungen von Absolventen, Hochschulen und
Politik gesetzt werden. Dies hat in erster Linie damit zu tun, dass
Medien als Teil des Informationsmarktes betrachtet werden können, der als neuer Wachstumszweig nach dem Dienstleistungsbe-
reich erkannt wurde. Wir werden in diesem Kapitel den Stellenwert der Medien im Informationssektor untersuchen und eine
Trennung gegenüber den angrenzenden Bereichen durchführen.
Ebenfalls Gegenstand dieses Kapitels sind die Besonderheiten des
Informationsmarktes, die wir sowohl im Hinblick auf die ökonomische Funktionsweise als auch die künftigen Aussichten analysieren werden.

Nach wie vor ist die Diskussion der Wissenschaft um die exakte Zuordnung der Medien in den Rahmen des Informationsmarktes oder Informationssektor von einer Reihe unterschiedlicher Definitionen geprägt. Wir wollen in diesem Abschnitt eine Reihe von Grunddefinitionen und Begriffshierarchi-
en klären und das jeweils zugeordnete Marktvolumen verdeutlichen.

Vielfältige Begriffe zur Beschreibung des Informationsmarktes

5.1.1 Informationssektor

Wenn wir uns dem Themenbereich des Informationsmarktes nä-
hern, ist es zunächst hilfreich den Begriff der Information zu klären, der bei den folgenden Begriffshierarchien eine Rolle spielt.
Nach der informationswissenschaftlichen Definition von »Information« handelt es sich um handlungsrelevantes Wissen, oder
wie Kuhlen formuliert »Information ist Wissen in Aktion« [Kuh-
len 1995, S. 34]. Damit schaffen wir bereits die Abgrenzung zum
Themenbereich des Wissens und Wissensmanagement, indem im
Kontext des Informationsbegriffs nur die Bestandteile des Wissens Eingang finden, die für späteres Handeln (Planen und Entscheiden) notwendig sind.

Information ist Wissen in Aktion

Aus ökonomischer Sicht muss der auf Informationen fixierte Blickwinkel, der in der Regel Ausgangspunkt einer vertieften Diskussion des sogenannten Fachinformationsmarktes bildet, jedoch erweitert werden. Die Erweiterung muss die Bereiche umfassen, die die aus dem Blickwinkel der Publizistik relevante Marktsegmente des Informationssektors beschreiben, die mit Massenmedien oder Unterhaltungsmedien in Verbindung stehen.

Der Informationssektor als volkswirtschaftlich eigenständiger Bereich würde bei einer getrennten Erfassung der erfolgten Wertschöpfung und des Ressourcenverbrauchs demzufolge neben den klassischen Mediensparten die Informationsvermittlung und -aufbereitung, die Informationsnutzung in Wirtschaft und Gesellschaft und die dabei zum Einsatz kommende Infrastruktur (Hard-, Software, Netzwerke) umfassen. Obwohl die nationalen und internationalen Statistiken nicht dafür ausgelegt sind, die Informatisierung weiter Teile der Freizeit und des Arbeitslebens zu dokumentieren und daher beispielsweise die Darstellung des Informationsanteils bei der Herstellung und Vermarktung von Hamburgern sehr schwierig ist, gibt es immer wieder statistische Modellrechnungen und Schätzungen des Informationssektors [vgl. Gries 1996, S. 16]. Wenngleich die Größenordnungen des Informationssektors im Detail zwischen den einzelnen Studien umstritten sind, so herrscht doch Einigkeit, dass sich die deutsche Gesellschaft von der Industrie- zur Dienstleistungsgesellschaft gewandelt hat, die nun in die Informationsgesellschaft mündet, so dass der Informationssektor als künftig dominierender Wirtschafts- und Gesellschaftsbereich beschrieben wird. Glotz spricht in diesem Zusammenhang vom »digitalen Kapitalismus« [Glotz 1999], da die digitale Datengrundlage die Basis für den Produktivitätsschub bildet. Die Bestandteile des Informationssektors sind:

- Konsumelektronik (z.B. TV-Geräte)
- Computer-Industrie (Hardware, Software, Service)
- Business-Services
- Distribution
- Telekommunikation
- Medien (Druckmedien, elektronische Medien)
  [Gries 1996]

Eine Studie des Instituts für Arbeitsmarkt- und Berufsforschung der Bundesanstalt für Arbeit (IAB) legt eine beeindruckende Prognose für die Bedeutung des Informationssektors vor [vgl. Abbildung 1].

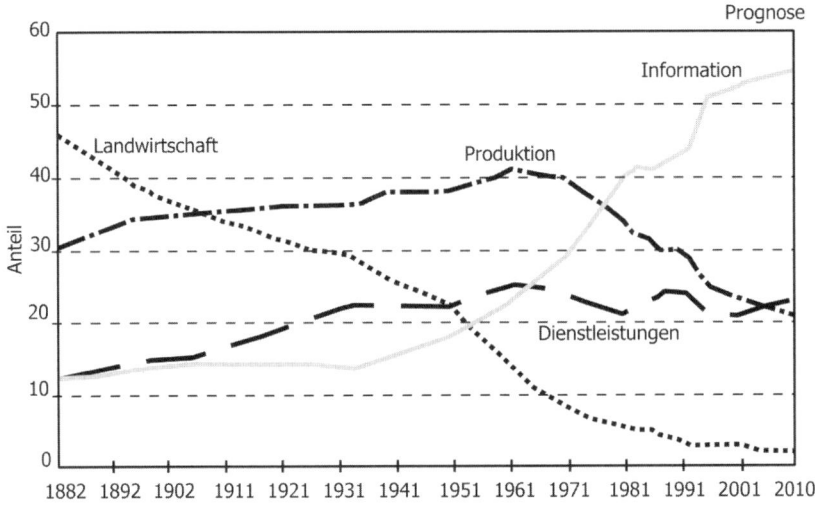

Abbildung 1: IAB-Prognose des Informationssektors [Dostal 2001, S. 4]

5.1.2 Informationsgesellschaft

Häufig werden im Zusammenhang mit den obigen Überlegungen zwei Themenfelder vertieft diskutiert. Die Informationsgesellschaft unter dem Hinblick auf die gesellschaftlichen Folgen ist das eine, die Auswirkungen auf die Beschäftigungssituation das andere Themenfeld.

Angesichts der Tatsache, dass die Möglichkeit und Fähigkeit der Informationsrecherche mit neuen Medien, seien es nun Off- oder Online-Medien, immer mehr die Position im Bildungs- und Berufsmarkt bestimmt, gewinnt die in der Publizistik bereits seit langem bekannte Diskussion um die zunehmende Wissenskluft innerhalb unserer Gesellschaft eine neue Bedeutung [vgl. Bonfadelli 1994]. Die Diskussion im nationalen Kontext ist vor allem durch die Befürchtung geprägt, dass Personen mit schwachem Sozialstatus von wichtigen gesellschaftlich, politisch und beruflich bedeutsamen Informationen ausgeschlossen werden und dadurch bereits signifikante Nachteile erleiden, was wiederum zu Lasten ihres Sozialstatus geht, so dass die Schere zwischen »Information rich« und »Information poor« immer größer wird. Diese Diskussion verbindet sich im Zusammenhang mit der Diskussion der Informationsgesellschaft mit der Sorge der Informationswissenschaft, wie aus der Informationsgesellschaft eine informierte Gesellschaft entstehen kann [vgl. Kuhlen 1995, S. 29]. Bei beiden Diskussionsansätzen kommen den Medien, als

Gefahr der Wissenskluft

den zentralen Vermittlungsinstanzen von Informationen eine entscheidende Rolle zu, die sich jedoch zugleich unter dem Aufkommen neuer Medienformen wandelt, wenn z.B. die gemeinsame Basis der Information durch eine »Hauptnachrichtensendung« um 20:00 Uhr dadurch verringert wird, dass alternative Sendungen ebenfalls signifikante Marktanteile erringen konnten und neue Medienformen wie z.B. das Internet gerade im Bereich der Information von vielen Nutzern als vorteilhaft beurteilt werden [vgl. Ridder 2002].

Diskussion über Beschäftigungsvorteile im Informationsmarkt

Die zweite Diskussionsrichtung über die Ausprägungen der künftigen Informationsgesellschaft versucht zu ergründen, ob im Zuge der Etablierung der Informationsgesellschaft künftig mit einem Beschäftigungszuwachs zu rechnen ist, oder ob die Rationalisierungseffekte durch den Einsatz moderner Informations- und Kommunikationssysteme nicht sogar dazu führen kann, dass ein negativer Beschäftigungssaldo entsteht. Mittlerweile hat sich bei den meisten Experten die Annahme durchgesetzt, dass die im Rahmen des neuen Branchenwachstums entstandenen Arbeitsplätze durch Rationalisierungen kompensiert werden, die Flexibilität und die Fähigkeit zur Etablierung neuer Beschäftigungsverhältnisse jedoch entscheidend sein wird, damit ein Land wie z.B. Deutschland vom Arbeitsplatzzuwachs in einzelnen Informationsbereichen überhaupt profitiert [vgl. Berger 1997, S. 37 ff. sowie Glotz 1999]. Der Medienindustrie fällt im Umfeld dieser Diskussion immer wieder die Rolle der erwarteten Jobmaschine zu. Während in den neu liberalisierten Zweigen der Informationsgesellschaft, wie beispielsweise dem Telekommunikations- oder Postmarkt auf lange Sicht einschneidende Arbeitsplatzrückgänge erwartet werden, da die neue Ausrichtung der Organisationen auf den Markt hin und die Abkehr vom rein staatlichen Infrastrukturauftrag ein hohes Rationalisierungspotential freisetzt, sollen die Medien in den meisten politisch motivierten Darstellungen hier in die Bresche springen und aufgrund der neuen Möglichkeiten der Kommerzialisierung neuer Technologien und Medienbereiche für ein Plus an Arbeitsplätzen sorgen. Dass diese Erwartungshaltung angesichts der enger werdenden Märkte im Nutzer- und Werbemarkt durch die Zunahme der inter- und intramedialen Konkurrenz keinesfalls die Realität widerspiegeln muss, dürfte aus den vorausgehenden Kapiteln bereits deutlich geworden sein. Dementsprechend gaben beispielsweise die Verlegerverbände bei der Jahresumfrage des Instituts der deutschen Wirtschaft stets verhaltene Arbeitsmarktprognosen für das folgende Jahr ab, da auch in den Zeiten, in denen für den Aufbau der neuen Geschäftsfelder im Multimediamarkt neue Personalressourcen benötigt wurden, war auch bei guter Konjunktur im

Stammgeschäft ein Trend zur Straffung der Organisationen sichtbar.

5.1.3 Informationsökonomie

Gerne wird im Zusammenhang mit der künftigen wirtschaftlichen Rolle der einzelnen Branchen des Informationssektors die »Informationsökonomie« zitiert. Darunter ist strenggenommen ein Teilgebiet der Volkswirtschaftslehre zu verstehen, dass nicht primär mit dem Themengebiet des Informationsmarktes und der Informationsgesellschaft verbunden ist. Es geht bei der klassischen Definition der Informationsökonomie um eine Teildisziplin der theoretischen Ökonomie, die sich mit den Vorteilen des Informiertseins und den dafür aufzuwendenden Kosten beschäftigt [vgl. Franck 1998]. Die Untersuchungsgegenstände sind dementsprechend die Rolle der Informationen in unterschiedlichen Märkten und Situationen, wie z.B. Qualitätsinformationen, Kredit- und Versicherungsmärkte, sowie der Principal-Agent-Ansatz oder die problematischen Auswirkungen unvollständiger Preisinformationen. Selbstverständlich werden auch diese Themengebiete durch die aufkommende Informationsgesellschaft beeinflusst, da die Informationssituation in vielen Märkten durch das Internet und die darin abgebildeten Marktplätze und Branchenplattformen nachhaltig zugunsten einer größeren Transparenz für Käufer und Verkäufer verändert wird. Trotz der Distanz, die die Informationsökonomie im klassischen Sinne zu den hier diskutierten Themen besitzt, wird sie doch häufig als Begriff herangezogen, um die ökonomischen Effekte und Merkmale der Informationsgesellschaft zu beschreiben [vgl. Kuhlen 1995, S. 52 ff.]. Obwohl dies strenggenommen eine unzulässige Verkürzung des Begriffs der Informationsökonomie darstellt, wollen wir im folgenden davon ausgehen, dass damit die ökonomische Seite der Informationsgesellschaft charakterisiert wird. In diesem Zusammenhang geht es u.a. um die Merkmale der häufig zitierten Internet-Ökonomie [vgl. Zerdick et al. 1999, sowie Kapitel 6 in diesem Band], von denen wir im übernächsten Abschnitt die Netzeffekte herausgreifen und etwas näher untersuchen werden. Damit übernehmen wir das in der Informationswissenschaft gängige Inklusionsverhältnis von Informationsgesellschaft, Informationsökonomie und Informationsmarkt.

Klassische Definition der Informationsökonomie wird verengt

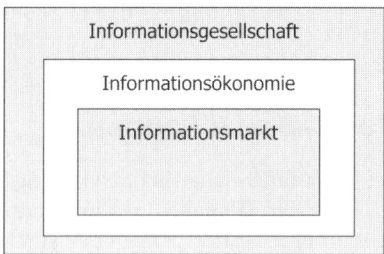

Abbildung 2: Hierarchie der Informations-Begriffe [vgl. Kuhlen 1995, S. 44]

5.1.4 Informationsmarkt

Informationsmarkt als umfassender Begriff, der die Medienteilmärkte mit umschließt

Der Informationsmarkt stellt somit der Teilbereich der Informationsökonomie (im Sinne der o.g. Ökonomie der Informationsgesellschaft) dar, der sich mit der Existenz informationszentrierter Märkte befasst. Lediglich bei der Definition des Umfangs des Informationsmarktes plädieren wir für eine etwas weitere Sichtweise als es traditionell von Seiten der Informationswissenschaft vorgenommen wird. In der Informationswissenschaft gilt die größte Aufmerksamkeit traditionell dem Markt der elektronischen Fachkommunikation aus dem heraus sich die meisten Zweige dieser Disziplin entwickeln konnten. Daneben werden die elektronische Geschäftskommunikation, die Verwaltungskommunikation, elektronische Publikumsmärkte und elektronische Individualmärkte als Teilbereiche des Informationsmarktes definiert [vgl. Kuhlen 1995, S. 73 ff.]. Diesem Modell zu Folge gehören also online verbreitete Informationen einer Publikumszeitschrift zum Informationsmarkt während die nicht-elektronische Verbreitung derselben Informationen (oder Meinungen) diesen Markt nicht berühren. Noch krasser wären bei einer zu engen Anwendung des Begriffs des Informationsmarkts die Auswirkungen beim intermedialen Vergleich der Massenmedien. Fernsehen als elektronisches Medium würde dem Informationsmarkt hinzugerechnet, während beispielsweise die Tageszeitung mit einem sehr oft hohen Anteil an »handlungsrelevantem Wissen« (Information) außen vor bliebe.

Allein da zwischen den Medienformen Print und Online im Bereich der von uns vorrangig behandelten Publikumsmedien meist entweder eine Substitutions- oder eine Komplementärbeziehung vorliegt, erscheint uns diese Gliederung nicht konsequent, so dass wir den gesamten Medienbereich im Sinne der Publizistik und Kommunikationswissenschaft dem Informationsmarkt zuordnen, so dass bei Verwendung eigener Begrifflichkeiten und -hierarchien folgende Gliederung entsteht:[1]

- Markt der Fachkommunikation
- E-Business (E-Commerce, E-Government)
- Medienmärkte
- Elektronische Individualmärkte

Innerhalb der oben dargestellten Teilmärkte des Informationsmarktes kommt den Medien sicherlich ökonomisch wie auch gesellschaftlich eine entscheidende Funktion zu. Da der Medienmarkt auch einen Großteil der kommerziellen Kommunikation
im Sinne der Werbung auf sich vereint, geht die wirtschaftliche
Bedeutung über die reine Konsumtion von Mediengütern hinaus.
Gesellschaftlich schaffen die Medien im Gegensatz zu den übrigen Teilmärkten des Informationsmarktes eine Plattform für die
vermittelte Information der Bürgerinnen und Bürger (ein Anspruch, den auch die mit Hilfe von Vermittlern vereinfachte
Form der klassischen Fachkommunikation im Sinne einer Recherche in Fachdatenbanken nicht einzulösen vermag). Durch die
Darstellung im obigen Schaubild wird bereits deutlich, dass Medien eingebettet in die Märkte des Informationsmarktes im Zuge
des Wandels des Informationsmarktes mit einem sich ständig
verändernden Wettbewerbsumfeld rechnen müssen, da neue Ko-
operations- und Konkurrenzbeziehungen entstehen, wenn entweder Medienunternehmen in die benachbarten Märkte hin-
eindiversifizieren oder Player der Nachbarmärkte sich durch Diversifikation oder lediglich Schwerpunktänderungen zu Wettbewerbern im Mediensektor werden. Um den Wandel im
Konkurrenzumfeld der Medienmärkte deutlich zu machen, ist
eine Konzentration auf die Teilmärkte des Informationsmarktes
nicht ausreichend, weshalb wir im folgenden den Fokus nochmals weiten wollen.

*Medien im wandeln-
dem Umfeld des Infor-
mationsmarkts*

---

1. Diese erweiterte Sicht des Informationsmarktes deckt sich auch mit
   dem Ansatz, den Beispielsweise das Bundesministerium für Wirtschaft
   und Technologie (BMWi) mit dem Monitoring Informationswirtschaft betreibt [vgl. NFO Infratest / Institute for Information Economics 2002]

5.2 Medien als Kernpunkt der »TIME«-Branchen

Unter den TIME-Branchen werden die Branchen Telekommunikation, Informationstechnologie, Medien und Entertainment zusammengefasst. Damit wird klar, dass im Gegensatz zur oberen marktorientierten Definition der Teilmärkte des Informationsmarktes auch die Informationstechnologie selbst und die Telekommunikation in die Analyse mit einbezogen werden. Beide neu hinzugekommenen Teilbranchen liefern gewissermaßen die Basistechnologie für die Informationsgesellschaft und deren Märkte.

5.2.1 Der Markt der Informationstechnologie

Die Fortschritte der Informationstechnologie bilden den Hintergrund für die gemeinsame digitale Datenbasis der unterschiedlichen Medienformen, die damit in einem Konvergenzprozess einerseits einen Wachstumsschub im Gesamtmarkt auslösen konnten und andererseits eine neue Aufteilung der Kräfte ermöglichten. Dies ist Grund genug, diesen Markt in eine kurze Analyse mit einzubeziehen. In den gängigen Marktbeschreibungen und Statistiken wird der Informationstechnologiemarkt in die drei Hauptbereiche Hardware, Software und Services untergliedert, die wiederum weiter unterteilt werden können:

■ Hardware:
  - Personal Computer
  - Server
  - Workstation
  - Peripheriegeräte für PCs und Workstations
  - Datenkommunikation
  - Bürokommunikation
■ Software:
  - Systemsoftware
  - Anwendungen

- Services:
  - Operations-Management
  - System-Integration
  - Support services
  - Consulting [Zerdick et al. 1999, S. 103]

IT-Bereich als Schnitt-stell der Konvergenz

Das Marktvolumen der Informationstechnologie hat für 2001 ein Europa rund 260 Mrd. Euro betragen, wobei Deutschland in diesem Segment ein Volumen von 72 Mrd. Euro verzeichnen konnte [EITO 2001; BITKOM 2002]. Kennzeichnend für die Entwicklung, die dieser Markt in den vergangenen Jahrzehnten durchlaufen hatte, ist der lineare Preisverfall für Rechenkapazität, der nach Moore´s Law in eine Verdoppelung der Rechenleistung bei gleichbleibendem Kosten- / Preisniveau mündet. Erst durch diese Ausweitung der bezahlbaren Rechenkapazität wurden die heute gängigen Anwendungen als Enduser-Produkte möglich. Für den Erfolg der einzelnen Marktteilnehmer ist in allen Segmenten (v.a. Hard- und Software) die rechtzeitige Erkennung von Trends in Anwendung und Standardisierung entscheidend. Daher lassen sich die bekannten Misserfolge und Erfolgsgeschichten meist auf strategische (Fehl-)Einschätzungen hinsichtlich der faktischen Normierungskraft einzelner Produkte oder Produktbestandteile zurückführen. Im Hinblick auf die Nutzung der Informationstechnologie auf Nutzerseite zur Durchführung des Medienkonsums, lassen sich derzeit noch zwei Trends erkennen, die bereits seit einigen Jahren diskutiert werden, ohne nennenswerte Marktvolumina während der Erprobungsphase zu generieren. Eine Diskussionsrichtung ist nach wie vor das Network-Computing, das mit Hilfe von spezialisierten Dienstleistern dazu führen soll, dass der Nutzer mit Hilfe eines vergleichsweise bescheiden ausgestatteten Netzwerkrechners in der Lage ist, alle notwendigen Anwendungen durchzuführen. Hierfür stellen ihm sogenannte Application Service Provider (ASP) Anwendungen zur Nutzung via Internet zur Verfügung. Obwohl die Vorteile dieser Entwicklung, wie etwa die gezielte Nutzung von Anwendungen auf der Hand liegen und dem ASP-Bereich auch große Wachstumschancen vorausgesagt werden, steht der endgültige Siegeszug des Netzrechners noch aus. Der zweite Trend, der die Medienmärkte massiv beeinflusst, ist die Diskussion über die Möglichkeit der Nutzung kombinierter Endgeräte, die der Konvergenz zwischen PC und TV Rechnung tragen. Trotz des Angebots erster preiswerterer Modelle haben derartige Hybridgeräte bislang keinen nennenswerten Marktanteil erzielen können. Kritiker dieser Entwicklungsrichtung weisen im Zusammenhang mit dem technisch machbaren darauf hin, dass TV und PC unterschiedliche Nutzanwendungen auf sich vereinen, die in punkto Ausstattung der Geräte, wie z.B. gewünschter Sitzabstand zu unterschiedlichen Formen von Endgeräten führen, die nur schwer ohne Änderung des Nutzansatzes in ein gemeinsames Endgerät überführt werden können.

5.2.2 Der Telekommunikationsmarkt

Der Telekommunikationsmarkt ist in Europa erst vor einigen Jahren als liberalisierter Markt entstanden. Grundlage war der Beschluss der Europäischen Kommission am 17.11.1994 sämtliche Bereich des Telekommunikationssektors bis zum 1.1.1998 zu öffnen. Im Zuge der Digitalisierung und den damit einhergehenden verbesserten Übertragungsverfahren wurden eine neue Generation an Diensten entwickelt, die im Zuge der Liberalisierung des Marktes als Wettbewerbsinstrument zum Einsatz kommen. Grundsätzlich ist unter Telekommunikation die Übertragung von Daten jeglicher Form (Grafiken, Stimme, Text, Audio, Video) zu verstehen. Damit wird bereits deutlich, dass der Telekommunikationsbereich einer der Schlüsselbereiche für die meisten Mediengattungen (TV, Hörfunk, Online, Prozesstechnologie für die Printproduktion) darstellt. Die Leistungen im Telekommunikationsmarkt und die hinter diesen Produkten stehenden Marktteilnehmer lassen sich für unsere Betrachtungsweise in Netze, Endgeräte und Services unterteilen.

TK-Markt als Markt der Produkt- und Prozesstechnologie des Medienmarktes

Der Bereich der Netze lässt sich wiederum unterteilen in leitungsgebundene Netze und leitungslose Netze. Für unseren Untersuchungszweck ist es jedoch anschaulicher zwischen den für einseitige 1:n-Kommunikation, d.h. die massenmediale Verbreitung ein und derselben Inhalte gedachten Netzen (Koaxial, Satelliten und terrestrische Rundfunknetze) und den für den für Telekommunikationsanwendungen im alltagssprachlichen bzw. engeren Sinne ausgelegten Netzen, die keine Massenverbreitung, statt dessen jedoch eine gegenseitige Kommunikation 1:1 oder in kleinen Gruppen gestatten (Kupferdoppelader, Glasfaser, terrestrischer Mobilfunk) zu trennen. An dieser Stelle folgt ein Gesamtüberblick der Telekommunikationsnetze:

Netze: leitungsgebunden oder leitungslos – Massen- und Individualkommunikation

- Broadcast-Netze:
  - Kupfer-Koaxial (Kabel-TV)
  - Terrestrischer Rundfunk
  - Satellit (Satelliten-TV)

- Telekommunikationsnetze im engeren Sinn:
  - Kupfer-Doppelader (Telefon, ISDN)
  - Glasfaser (Breitbandiger Datentransfer
  - Terrestrischer Mobilfunk

- Stromnetze (im Versuchsstadium für Daten- und Te-
lefondienste)

Der Markt der Telefonendgeräte entstand im eigentlichen Sinne
erst mit der Liberalisierung des Marktes. Die engen Bestimmungen, die beispielsweise im Deutschen Markt bis dahin von der
Deutschen Bundespost den Herstellern auferlegt wurden, führten
zu einer nur geringen Innovationsrate, die einem Wachstum des
Marktes entgegenstand. Mit dem Aufkommen des Mobilfunks
Gewann der Endgerätemarkt aufgrund der subventionierten
Kombiangebote zusätzlich an Dynamik. Für das Jahr 2001 wurde in Deutschland, wie auch in ganz Europa ein Rückgang im
Markt der Endgeräte verzeichnet, während die Investitionen in
die Netzinfrastruktur auf europäischer Ebene sowohl 2001 als
auch 2002 Steigerungen verzeichnen können [EITO 2001, BIT-
KOM 2002]. Der gesamte Telekommunikationsmarkt konnte
2001 in Westeuropa rund 350 Mrd. Euro und in Deutschland
rund 68 Mrd. Euro an Umsatz verbuchen.

Neben der reinen Datenübertragungsleistung, die bereits seit
Jahrzehnten von den Telefongesellschaften in ausgereifter Form
erbracht wird, ist im Zuge der Liberalisierung und des technologischen Fortschritts die Service-Ebene in den Vordergrund gerückt. Unter den Diensten versteht man Basisdienste, netzab-
hängige und netzunabhängige Mehrwertdienste, aber auch die
Rechnungstellung und Kundenbetreuung bietet einen ausreichenden Spielraum für Differenzierungen zwischen den Marktteilnehmern.

Unter den Marktteilnehmern im TK-Netzmarkt lassen sich
drei Hauptgruppen ausmachen [vgl. Bronner / Mellewigt 2001,
S. 729]:

- *Internationale TK-Gesellschaften*, die nach regionaler
  Erweiterung streben

- *Mobilfunk-/Corporate Network* (CN)-Betreiber (z.B.
  Mannesmann Mobilfunk), die in den TK-Kernmarkt
  eindringen wollen

- *Versorgungsunternehmen* (RWE, VIAG) mit Zugang
  zu TK-Infrastruktur

Allianzen prägen den Markt   Da allen Marktteilnehmern zwar eine Reihe von Ressourcen und
Kompetenzen zur Verfügung stehen (z.B. Kenntnis des interna-
tionalen Telefongeschäfts bei AT&T), aber wichtige Schlüssel-
kompetenzen für den Markteinstieg fehlen (z.B. Kenntnis des
regionalen Marktes), bietet sich die Kooperation zwischen den
unterschiedlichen Marktpartnern an. Dabei lassen sich neben
den horizontalen Allianzen zwischen unterschiedlichen Markt-

partnern der Netzinfrastruktur drei Schwerpunkte in der vertikalen bzw. lateralen Kooperationspraxis ausmachen [vgl. hierzu Bronner / Mellewigt 2001, S. 729 und 747]:

- *Kooperation zwischen TK-Unternehmen und TK-Endgeräteherstellern*: Ziel ist hier vor allem die Entwicklung neuer Gerätegenerationen für den Mobilfunk bzw. M-Commerce. Standen hier früher v.a. WAP-Anwendungen im Vordergrund geht es seit der Vergabe der UMTS-Lizenzen v.a. um die Vorbereitung des UMTS-Marktes [vgl. 5.2.5].

- *Kooperationen zwischen TK-Unternehmen und Finanzdienstleistungsunternehmen*: Hier kommen neben den reinen TK-Unternehmen (z.b. Kooperation Frankfurter Sparkasse mit VIAG Interkom) v.a. die Betreiber von Online-Mehrwertdiensten in Frage, da sie den Zugang der Finanzdienstleister zum Online-Banking erleichtern können (weitere Beispiele sind die Kooperationen zwischen AOL / Mannesmann und Deutsche Bank oder Comdirekt-Bank mit T-Online).

- *Kooperation zwischen TK-Unternehmen und Medienunternehmen*: Hier geht es um die Kombination aus Netzinfrastruktur und Online-Infrastruktur auf der einen Seite und Zugang zu Content auf der anderen Seite, so dass eine Ergänzung der Ressourcen und Kompetenzen vorteilhaft erscheint. Diese Kooperationen, die einerseits im Bereich des TV-Kabelnetzes und der TV-Gruppen (z.B. Kirch) immer wieder diskutiert wurden, werden auch bei der Weiterentwicklung der telefonnahen Mehrwertdienste (z.B. bei UMTS) eine Rolle spielen.

5.2.3 Der Bereich Entertainment

Auf den ersten Blick mag bei der Auflösung des Akronyms TIME der Bereich Entertainment wie ein Teilbereich der Medien und damit wie eine wenig ergiebige Dopplung wirken. Was sich jedoch hinter dem Anspruch Entertainment verbirgt ist keineswegs nur die medial vermittelte Unterhaltung sondern auch der Gesamtmarkt der Freizeit- und Unterhaltungsbranche. Diese Branche wird man zwar nicht komplett dem TIME-Segment zurechnen, für eine Analyse der Positionierung der Medienbranche ist es jedoch notwendig zu erkennen, dass beim Wettbewerb um das Geld- und Zeitbudget der Nutzer viele Mediengattungen direkt im Wettbewerb zu nicht-medialen Angeboten des Freizeit-

Entertainment konkurriert in Finanz- und Zeitbudget mit Medien marktes im weitesten Sinne stehen. Der Gang ins Kino konkurriert sicherlich mit kulturellen Veranstaltungen wie Oper oder Theater ebenso wie mit dem schlichten Essen gehen. So können beispielsweise bei der Abfrage der beliebtesten Freizeitaktivitäten im Rahmen der Verbraucheranalyse unter den ersten zehn Aktivitäten fünf Aktivitäten identifiziert werden, die nichts mit Medienkonsum zu tun haben, von denen wiederum drei im weitesten Sinne dem Entertainment-Sektor zugerechnet werden können.

Steigendes Zeit-, problematisches Finanzbudget

Die Aufmerksamkeit, die dem Entertainmentbereich in den letzten Jahren zu kommt, hängt mit dem gestiegenen Zeitbudget der Bundesbürger zusammen. Aufgrund der zunehmenden Verdichtung der im Beruf verbrachten Zeit im Rahmen der Arbeitszeitverkürzung wird die Strukturierung der Freizeit für viele zu einer komplexen Aufgabe, die zu einer Marktausweitung aus Sicht der betroffenen Branche führt. Diese hoffnungsvolle Entwicklung im Laufe der letzten Jahre darf jedoch nicht darüber hinwegtäuschen, dass die Marktentwicklung insgesamt sehr konjunkturabhängig ist, da die zweite Hürde für eine Ausdehnung der Spendings im Medien- und Freizeitsektor durch den Finanzrahmen der privaten Haushalte gegeben ist, die beispielsweise in den letzten Jahrzehnten einen immer höheren Anteil ihres Einkommens für Wohnen aufwenden mussten. Vergleicht man die Preisindizes des Statistischen Bundesamts, so zeigt sich, dass in der Zeitspanne von 1995 bis 2001 vor allem die Medien eine überdurchschnittliche Preisentwicklung durchsetzen konnten, während sich der Freizeit und Unterhaltungsbereich unterdurchschnittlich entwickelt hat, was umso bemerkenswerter ist, da in die Bildung des Gesamtindex auch die Preisentwicklung im PC-Markt repräsentiert ist, d.h. auch Märkte mit signifikanten Preisrückgängen enthalten sind [vgl. Statistisches Bundesamt, zitiert nach: Media Perspektiven Basisdaten 2001, S. 91]

5.2.4 Medienbranche und TIME-Märkte

Angrenzende TIME-Märkte wirken auf Medienmarkt ein

Aus den oben dargestellten Branchenbeschreibungen der angrenzenden TIME-Märkte wurde bereits an vielen Stellen die Beziehung der Branche zum Medienmarkt angesprochen. In diesem Abschnitt wollen wir diesen Zusammenhang zwischen TIME-Branchen und dem Mediensektor nochmals zusammenfassen, bevor wir im nächsten Abschnitt ein Produkt-/Marktbeispiel herausgreifen.

Beispielhafte Rolle der IT-Technologie und -Industrie

Die Informationstechnologie und ihre Entwicklung hat zentrale Auswirkungen auf die Weiterentwicklung der Medienlandschaft, da sie je nach Ausprägung derzeit Basis- und Schlüsseltechnologie zugleich ist. Aus der Perspektive der Medienbranche

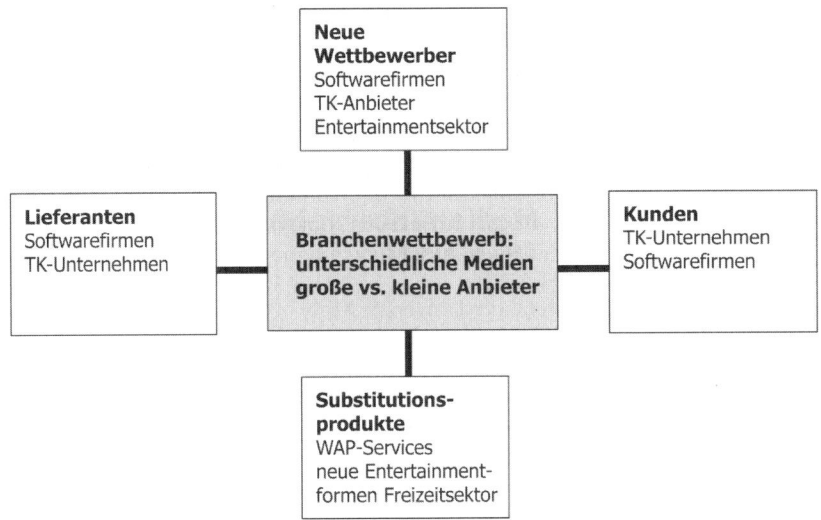

Abbildung 1: TIME-Branchen und ihre Stellung zur Medienbranche

handelt es sich bei den Firmen der Informationstechnologie in erster Linie um Lieferanten, wenngleich die Abnehmerschaft in Sachen Werbeträgerleistung auch zunehmend an Bedeutung gewinnt. Der Markt der Telekommunikation ist aus Sicht der Medienbranche wesentlich komplexer. Einerseits sind die Telekommunikations-Anbieter klassische Lieferanten, die die technische Infrastruktur für zahlreiche Medienprodukte bzw. deren Erstellung zum Wertschöpfungsprozess beisteuern. Andererseits sind Telekommunikationsunternehmen auch neuerdings verstärkt Abnehmer von Medienleistungen, indem beispielsweise Content für eigene Services (z.B. WAP-Portal) eingekauft wird. Dieses Engagement im mediennahen Bereich führt dazu, dass Telekommunikationsdienstleister darüber hinaus auch potenzielle Wettbewerber der Medienunternehmen sind, da ihre Produkte und Services die Produktpalette der Medienunternehmen zumindest in Teilen substituieren kann. Der Sektor der Unterhaltungsindustrie hingegen ist vorwiegend als potenzieller Wettbewerber und seine Produkte sind vorrangig als potenzielle Ersatzprodukte zu sehen.

Wenn man die Einordnung der angrenzenden TIME-Branchen nach den fünf Marktkräfren (Five-Forces) von Michael E. Porter [vgl. Porter 1992, S. 26] vornimmt, entsteht daher das in Abbildung 1 beschriebene Bild. Diese generalisierende Darstellung soll lediglich die Komplexität der Beziehung veranschaulichen. Wie bereits angedeutet, können Unternehmen der Informationstechnologie beispielsweise auch als Kunden in Frage kommen oder durch Diversifikation z.B. in den Online-Markt auch zu Wettbewerbern werden. Die Grafik stellt lediglich vereinfachend die typischen Zusammenhänge dar.

5.2.5 Medienunternehmen in neuen TK-Märkten

UMTS: Übertragungs-technologie der 3. Generation

UMTS steht für Universal Mobile Telecommunications System und ist eines der führenden Telekommunikationssysteme für mobile Kommunikation der dritten Generation (3G). Es gestattet Übertragungen von einer Geschwindigkeit bis zu 2 Mbps (unter guten Bedingungen) und ermöglicht damit die Übertragung von Bildern, Grafiken, Video und anderen anspruchsvollen Anwendungen, wie auch die Voice und Datenübertragung der herkömmlichen Mobiltelefonie. Im Gegensatz zu den jüngsten aus Medienperspektive diskutierten Neuerungen der Mobiltelefonie geht es nicht nur um neue Protokolle wie WAP (Wireless Application Protocol), die neue Anwendungsformen auf alten Übertragungstechnologien schaffen sollen, sondern um eine eigenständige Übertragungsform von Mobilfunkdaten, die das bisherige Nadelöhr Übertragungsrate beseitigen soll und damit eine Fülle neuer Anwendungen und Einsatzgebiete nach sich ziehen

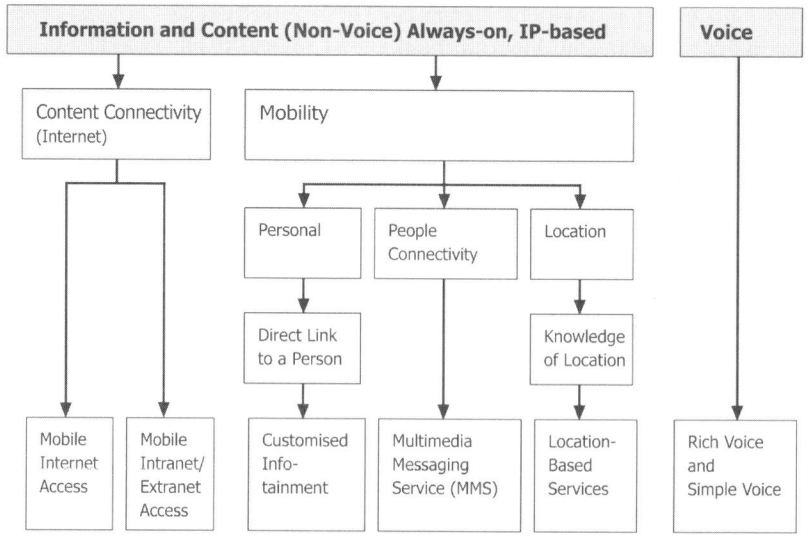

Abbildung 3: Gliederung der künftigen UMTS-Mobilfunkdienste [UMTS Forum 2000, S. 21]

Service Name	Service Description	Market Segment Analysed
Mobile Intranet / Extranet Access	A business 3G service that provides secure mobile access to corporate Local Area Networks (LANs), Virtual Private Networks (VPNs), and the Internet.	Business
Customised Infotainment	A consumer 3G service that provides device-indpendent access to personal content anywhere, anytime via structured-access mechanisms based on mobile portals.	Consumer
Multimedia Messaging Service	A consumer 3G service, that offers non-real-time, multimedia messaging with always-on capabillities allowing the provision of instant meassaging. Targeted at closed user goups that can beservice provider- or user-defined.	Consumer
Mobile Internet Access	A 3G service that offers mobile access to full fixed ISP services with near-wireline transmission quality and functionallity. It includes full Web access to the Internet as well as file transfer, email, and streaming video / audio capability.	Consumer
Multimedia Messaging Service (Business)	A business 3G service, that offers non-real-time, multimedia messaging with always-on capabillities, personalisation, and user-to-user networking and allows the provision of instant messaging. Targeted at closed business communities that can be service provider or user defined.	Business
Location-Based Services	A business an consumer 3G service that enables users to find other people, vehicles, resources, services or machines. It also enables others to find users, as well as enabling users to identify their location via terminal or vehicle identification.	Consumer and Business
Rich Voice and Simple Voice	A 3G service that is real-time and two-way. It provides advanced voice capabilities (such as voice over IP (VoIP), voice advanced net access, and Web-initiated voice-calls), while still offering traditional mobile features (such as operator service, directory assistance and roaming). As the Service matures, it will include mobile videophone and multimedia communications.	Consumer and Business

Tabelle 2: Kurzcharakteristik der UMTS-Dienste [UMTS Forum Report No. 13 2001, S. 11]

soll. Das UMTS-Forum, ein Industrie-Forum, das die Einführung dieses Mobilfunks der dritten Generation vorbereiten soll, sieht künftig vor allem die folgenden neuen Anwendungsbereiche:

- mobiler Internetzugang,
- mobiler Intra- und Extranetzugang
- auf den Kunden zugeschnittene Infotainmentanwendungen
- Multimedia Messaging Dienste
- Dienste basierend auf Ortsbestimmung
  [UMTS Forum 2000, S. 21]

Dabei lassen sich die Anwendungen noch nach den betroffenen Märkten der Endverbraucher oder Geschäftskunden gliedern, was nicht nur in der Vermarktung der UMTS-Services eine Rolle spielt, sondern sich immer wieder in den Marktprognosen der optimistischen oder skeptischen Expertenurteile niederschlägt.

Der gegenwärtige Markt der Mobilfunkanwendungen wird durch drei grundsätzliche Marktteilnehmergruppen geprägt [vgl. Useche / Fawaz 2002, S. 9 ff.]:

- Netzbetreiber
- Service-Provider
- Hardware Hersteller und Lieferanten

Die Netzbetreiber besitzen die technische Infrastruktur [vgl. 5.2.2] während die Service-Provider Inhalte und Mehrwertdienste anbieten und die Hardware-Hersteller die notwendigen Empfangsgeräte fertigen und vertreiben. Die gegenwärtige Marktsituation führt zu einer Dominanz der Netzbetreiber, da der gegenwärtig dominierende Bereich der Voice-Telefonie kaum Spielraum für Zusatzdienste bietet und zudem die Preisstrategie der Netzbetreiber kaum Möglichkeiten der aktiven Preisgestaltung auf Seiten der Service-Provider zulässt. Da mit der Etablierung der neuen Technologie gerade den nicht sprachgebundenen Datendiensten große Marktvolumina vorhergesagt werden, ist mit einer Zunahme des Markteinflusses der Service Provider zu rechnen. Der Content als Rohstoff gewinnt den Prognosen zu Folge

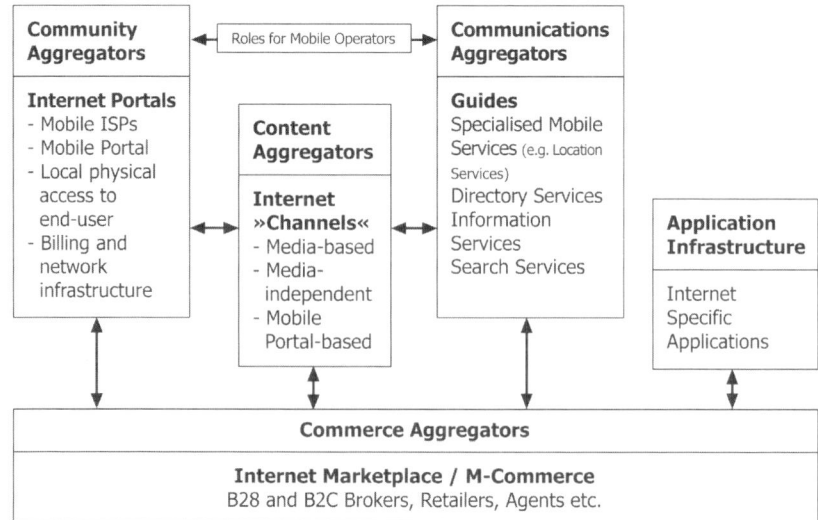

Abbildung 4: Mobile Service-Provider im Internet-Markt [UMTS Forum 2000, S. 47]

an Bedeutung und wird über »Content-Packager« aggregiert, was in einer direkten Kundenbeziehung zwischen Abonnent eines Dienstes und dem »Value Added Service Provider« seinen Niederschlag findet. Diese gestiegene Bedeutung der eigentlich fremden Dienstleistungen aus dem Content-Segment hat dazu geführt, dass zahlreiche Netzbetreiber im Vorfeld der Marktentwicklung den Kontakt zu inhaltestarken Marktpartnern suchen. Medienunternehmen werden daher als potenzielle Content-Lieferanten hofiert, haben jedoch ohne den Aufbau einer strategischen Allianz kaum Möglichkeiten die Marktentwicklung zu beeinflussen.

Aus Perspektive der Medienunternehmen geht es bei UMTS viel stärker als bei den vorhergehenden Portalen im Mobilfunkbereich (z.B. WAP-Portale der Netzbetreiber) darum, den Zugang zum Publikum sicherzustellen. Was bei der gegenwärtigen Dominanz der Sprachtelefonie noch wie ein Randmarkt anmutet, kann künftig auch ein im Sinne der Kommunikationsfreiheit sowie natürlich im Sinne des wirtschaftlichen Marktzugangs entscheidender Schritt sein. Dabei werden bei den Zukunftsprognosen große Hoffnungen auf die Internet-basierten Datendienste gesetzt, so dass diesem Marktbereich und seinen Vertretern eine besondere Bedeutung in der Diskussion über die Marktperspektiven zukommt. Hier zeigt sich jedoch auch am deutlichsten wie sehr die Geschäftsmodelle im UMTS-Markt an der Kernaufgabe der Medienunternehmen rührt, geht es doch im wesentlichen um die Aggregation und Strukturierung von Inhalten und Dienstleistungen auf einer medialen Plattform. Ob UMTS tatsächlich in der von UMTS-Protagonisten beschriebenen Form im Markt Einzug halten wird, darf getrost bezweifelt werden.[2] Letztlich herrscht Einigkeit, dass die gegenseitige Abhängigkeit von technischen Funktion und inhaltlichen Funktionen (Bündelung und Produktion von Inhalten) mit neuen Breitbanddienste zunehmen wird [Cap Gemini Ernst & Young 2002].

Content erhält zentrale Rolle bei Markteintritt

---

2. In kommerziellen Anwendungsbereichen, wie etwa der Nutzung mobiler Internet-Endgeräte an zentralen Stellen der Großstädte (z.B. Hotels, Flughafen, Bahnhof etc.) scheint vieles gegen UMTS-Dienste und für W-LAN (Wireless Local Area Network) zu sprechen [vgl. Behrend et al. 2002].

5.2.6 Integrierte Medienhäuser am Beispiel Bertelsmann

Integration des The-
menbereichs Online-
Medien im Konzern

Wenn im vorausgehenden Beispiel der Eindruck entstanden sein sollte, dass für alle Medienunternehmen nur der Weg der Kooperation bleibt, um in einzelnen Marktsegmenten Fuß zu fassen, so soll an dieser Stelle natürlich nicht verschwiegen werden, dass sich alternativ dazu bei entsprechender Größe des Unternehmens die Integration unterschiedlicher Geschäftsfelder innerhalb eines Medienkonzerns anbietet, um von den bei den Kooperationen erhofften Synergieeffekten profitieren zu können. Medienkonzerne wie Bertelsmann haben bereits lange vor der Diskussion um die »neuen Medien« mit dem Aufbau eines integrierten Medienhauses begonnen, das alle Felder der Wertschöpfungskette abdeckt. Bei Bertelsmann lässt sich dies besonders gut am Buchgeschäft darstellen, wo vom Buchverlag, über die Druckerei, die Verlagsauslieferung, der Buchhandel und das Buchclubgeschäft alle Stufen der Wertschöpfungskette im eigenen Haus vorhanden sind. Folgerichtig fand in den vergangenen fünf Jahren bei Bertelsmann wie auch bei anderen größeren Medienhäusern die Integration der neuen Geschäftsfelder des Internet und der damit verbundenen Zusatzdienstleistungen statt. Wie die Selbstdarstellungen des Unternehmens anlässlich der Wirtschaftspressekonferenz 2001 zeigen, hat diese Strategie dazu beigetragen, dass die Geschäftsfelder außerhalb des Content-Sektors weiter an Bedeutung gewonnen haben. Typischerweise ist die Bündelung der Inhalte das Geschäftsfeld Nummer eins, das Traditionsgeschäftsfeld Druck wurde bei Bertelsmann bereits in den Bereich Medien-Service eingegliedert und umfasst mit Datenmanagement CRM-Systemen und Distribution und Fullfilment Dienstleistungen, die gerade im Umfeld der neuen Medien und damit verbundenen Geschäftsfelder (z.B. E-Commerce) an Bedeutung gewinnen.

Dass es für ein Großunternehmen wie Bertelsmann dennoch keinesfalls leichter ist, den richtigen Weg und das richtige Maß an Investitionen im Internet-Geschäft zu finden, zeigt der verspätete Einstieg in den Online-Buchhandel, der bilanziell jedoch durch das erfolgreiche Investment und Desinvestment bei AOL bei weitem ausgeglichen wird. Das zu Anfang starke Engagement im Technologie- und Access-Geschäft wurde 2001 angesichts der Konjunkturlage im Internet-Bereich wie auch in den Hauptmärkten des Konzerns reduziert. Trotz der Stärkung der Marken der Stammprodukte im Multimediageschäft hat Bertelsmann mit zahlreichen Beteiligungen im Online-Markt und mit der Verlagerung des Access-Geschäft in das Beteiligungsunternehmen Lycos nach wie vor ein starkes Standbein in der Internet-Technologie und Infrastruktur. Das Engagement in dem rechtlich und ökono-

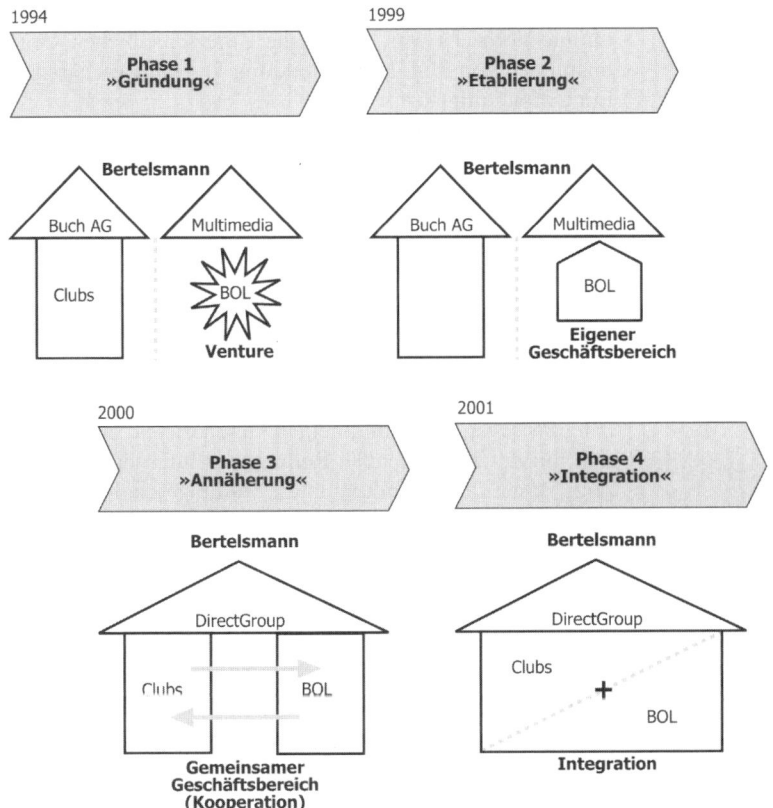

Abbildung 5: Beispielhafte Integration von BOL in die Stammgeschäftsfelder von Bertelsmann [Hutzschenreuter 2001, S. 212]

misch noch schwer abschätzbaren Segment der Peer-to-Peer-Plattformen für den Musikmarkt zeigt, dass die ursprünglich auch bei anderen Mediengattungen begonnene Integrationsstrategie fortgesetzt werden sollte. Die Trendwende nach dem Abgang des Vorstandsvorsitzenden Dr. Thomas Middelhoff zeigt, dass die Frage, wie ein Haus von der Größe des Medienunternehmens Bertelsmann den Chancen und Risiken des Internet-Geschäfts mit seiner eigenen Organisation und Organisationsform gerecht wird, noch keineswegs abgeschlossen ist. Während die Eigenbeurteilung des Internetengagements der Bertelsmann AG im Jahr 2001 noch große Zukunft in diesem Geschäftsfeld inklusive der Peer-to-Peer-Plattformen vorhersah [Middelhoff 2001, S. 21] sind Ende 2002 die Hoffnungen in diesem Geschäftsfeld wesentlich gedämpfter. Wie schwer ausgerechnet im Kompetenzbereich Buchgeschäft der Aufbau und die Integration des Buch-Online-Vertriebs war, zeigen die Unterschiedlichen Organisationsphasen von BOL (vgl. Abbildung 5) – ein Geschäftszweig der Ende 2002 aufgelöst wurde.

Das Internet-Engagement von Bertelsmann ist tatsächlich in unterschiedlichen Phasen entwickelt worden. In der ersten Phase (Aufbauphase) wurden eigenständige Unternehmen aufgebaut bzw. Beteiligungen eingegangen [vgl. Hutzschenreuter 2001, S. 211 f.]. Ziel war der schnelle Aufbau neuer Geschäftsfelder bzw. der rasche Zugang zu neuem Know-how. Erst in einem späteren Stadium fand eine erste Einbindung der neuen Geschäftsfelder in das etablierte Produktspektrum des Unternehmens. War es zu Beginn sicherlich einfacher neue Geschäftsfelder zu besetzen, ohne zunächst den Managementaufwand der internen Vernetzung zwischen altem und neuem Geschäftsfeld zu leisten, so hat sich mit der zunehmenden Reifung der Internetengagements gezeigt, dass eine Einbindung in die Stammgeschäftsfelder hilfreich ist, um die Kompetenzen und Ressourcen der alten und neuen Bereiche zu poolen und die Synergieeffekte zu mobilisieren. Dies zeigt sich in der dritten Phase bei der Integration von Buchclubgeschäft und BOL, womit die Integration, die beispielsweise zwischen der Musiktauschbörse Napster, dem CD-Versender CD now und den Musikclubs notwendig wurde, auf alle Geschäftsfelder des Konzern ausgedehnt wurde.

5.3 Netzeffekte und Internetökonomie

Eines der ökonomischen Phänomene, das die Wirtschaftsweise von Medienunternehmen im Internet-Markt am stärksten beeinflusst und das Wettbewerbsumfeld in der Dynamik des Wettbewerbs prägt ist das Thema der Netzeffekte. Netzeffekte oder Netzwerkexternalitäten beschreiben den Nutzenzuwachs eines Gutes mit der Zahl der Nutzer bzw. Käufer. Dabei muss zwischen direkten Netzeffekten und indirekten Netzeffekten unterschieden werden [vgl. Zerdick et al. 1999, S. 155 ff.]. Direkte Netzeffekte bestehen gemäß Metcalfe´s Gesetz dann, wenn der Nutzen durch die Zahl der direkt angeschlossenen Nutzer und Kunden steigt [vgl. Wahrenburg / Miehe-Nordmeyer / Fabel 2000, S. 6]. Telefon, Telefax und E-Mail sind hierfür die bekanntesten Beispiele. Die Diffusion der Telefaxanschlüsse unter Privathaushalten ging anfangs eher schleppend von statten, da ein Faxgerät erst dann Sinn macht, wenn ich meine potenziellen Kontaktpersonen mit diesem Medium erreichen kann. Der eigentliche Nutzen des Produkts ist bei Netzprodukten nicht in erster Linie von der perfekten Funktionsweise sondern von seiner Verbreitung abhängig. Im Gegensatz zu den direkten Netzeffekten entstehen die indirekten Netzeffekte durch das Phänomen des Systemguts, d.h. Güter bei denen die Systemarchitektur bereits vorgibt, welche Systemkomponenten für den Anwender überhaupt in Frage kommen. Die erste Entscheidung aus Käufersicht fällt in diesen Fällen für die Architektur und anschließend als Folgeentscheidung für die Komponenten. Die prominentesten Beispiele hierfür sind Betriebssysteme, die stets unter dem Gesichtspunkt der Verfügbarkeit von Anwendersoftware beurteilt werden. Auch das WWW mit den jeweiligen Browsertechnologien trägt Züge eines Systemguts mit den entsprechenden Schlussfolgerungen für das Marketing solcher Produkte bzw. die Entscheidungsfindung der Nutzer [vgl. Clement / Litfin / Peters 2001, S. 103]. Insgesamt dürften jedoch für die Medienunternehmen die Auswirkungen direkter Netzeffekte im Markt die dominierende Herausforderung darstellen. Wenngleich die indirekten Netzeffekte von Systemgütern bereits im Rahmen des Technolo-

Direkte und indirekte Netzeffekte

giemanagements und Produktmanagements berücksichtigt werden müssen.

Rasche Diffusion und positive Feedbacks

Das besondere an Netzeffekten ist die Auswirkung auf die Diffusion von Produkten im Markt [vgl. Clement / Litfin / Peters 2001, S. 104]. Für alle Netzprodukte gemeinsam gilt, dass sie eine rasche Diffusion benötigen, um die notwendige kritische Masse zu erreichen und die positiven Feedbacks in Gang zu setzen. Der Marktführer hat das Privileg den größten Nutzen für seine Kunden zu stiften, weshalb seine Marktposition (v.a. bei Systemgütern mit hohem Lock-in-Effekt, d.h. einer Bindung der Nutzer an ihre ursprüngliche Entscheidung) auf den ersten Blick eine große Stabilität besitzt. Wird allerdings durch einen Wettbewerber die Anlaufschwelle zur Schaffung ausreichender kritischer Masse für ein Wettbewerbsprodukt überwunden, kommt es v.a. bei den Systemprodukten zu einer verstärkten Abwanderung der Kunden, den sogenannten Bandwaggoneffekt, der das Kollabieren des alten Systems beschreibt. Beispiele hierfür aus dem Medienbereich sind die Abspielplattformen für Audio- oder Videodaten; der Markt der Langspielplatten wurde nach zögerlichem Start der CD sehr rasch ausgetrocknet.

Markteintritt mit Gratisangeboten

Für den Markteintritt von Medien in der Internetökonomie hat dies vor allem zur Folge, dass der Aspekt »Time-to-market« eine noch größere Bedeutung besitzt als in anderen Märkten. Die Chance als erster im Markt präsent zu sein ist eine wichtige Vorraussetzung um die kritische Masse an Nutzern erreichen zu können. Damit bleibt bei vielen Geschäftsmodellen insbesondere aus der Schnittstelle Internet-Angebot / E-Commerce die langsame Diffusion und das organische Wachstum der Organisation den Marktneulingen verwehrt, weshalb überdimensional hohe Ressourcen in der Startphase des Produkts und ggf. des Unternehmens benötigt werden, was zu dem bereits in Kapitel 4.6 beschriebenen Bedarf an Wagniskapital führt. Um den raschen Markteintritt und die Generierung von kritischer Masse sicherzustellen hat sich im Bereich der Internet-Ökonomie das Prinzip »Follow the free« etabliert [vgl. Zerdick et al. 1999, S. 190 ff.]. Ziel ist es, in einer Weiterführung klassischer Penetrations-Preisstrategien durch die kostenlose Abgabe von Produkten eine rasche Marktdiffusion und damit ausreichende kritische Masse sicherzustellen. Diese kritische Masse führt dann aufgrund der Netzeffekte zu einem erhöhten Nutzen des Produkts, so dass anschließend – zumindest der Theorie nach – in Phase II (nach dem Anlocken der Nutzer in Phase I) die Zahl der kostenlosen Nutzer dazu benutzt werden kann, um zumindest einen Teil der Nutzer in Kunden eines bezahlten Services überzuführen. Um diesen Schritt zu erreichen, muss der Nutzen groß genug und kommunizierbar sein oder ein Lock-in-Effekt besteht, um eine Bezahlung zu rechtfertigen. Die ersten Jahre Erfahrung mit der Internet-Ökonomie haben bislang gezeigt, dass es insbesondere im Mediensektor sehr schwierig ist, den Übergang von Phase I (kostenlose Abgabe) zu Phase II (kostenpflichtiges Produkt) zu bewerkstelligen. Neben den Problemen der Kommunikation eines solchen Strategiewechsels gegenüber den Kunden hat sich insbesondere im Content-Geschäft bislang die Schwierigkeit ergeben, dass der harte Wettbewerb mit kostenfreien Angeboten bei den meisten Anbietern keine Finanzierung durch den Nutzer ermöglichte. Auch die Börsenentwicklung der jungen Internetfirmen im neuen Markt wurde durch diese Problematik geprägt. So lange Kundenkontakte den Maßstab für die Zukunftsbewertung eines Unternehmens darstellten, war die Phase I ausreichend, um vertrauensvolle Ratings von den Investmentexperten zu erhalten. Je mehr Unternehmen jedoch Probleme hatten, in ihrem Geschäftsfeld Phase II zu erreichen, desto kritischer gingen die Anleger mit den neuen Geschäftsmodellen um, was zu einer Abkehr von den Unternehmen führte, deren Business-Modelle auf problematischen Annahmen über das künftige Marktverhalten beruhte. Ein entscheidender Faktor für die Funktionsfähigkeit des Follow-the-free-Prinzips ist die auf dieser Basis erreichte Wettbewerbsposition. In diesem Zusammenhang wird von Seiten der Wissenschaft gerne auf die Bedeutung der Kundenbindung (»Kundenbindung als strategischer Imperativ der Internetökonomie« [Wirtz / Lihotzky 2001, S. 285]) hingewiesen, was jedoch nur in Teilen das Problem des erfolgreichen Abschöpfens in Phase II löst. Nur dann, wenn das Geschäftsmodell gleichzeitig ausreichend hohe Markteintrittsbarrieren für Wettbewerber vorsieht, besteht eine Chance, in einer späteren Phase von diesen ersten Markterfolgen zu profitieren. Aber nicht nur der komplett kostenlose Vertrieb des Produktes in der Anfangsphase hat sich in den letzten Jahren etabliert, sondern auch der Verkauf unterhalb der eigenen Kosten. Selbst dann, wenn das Produkt nicht in wettbewerbsrechtlich problematischer Form unter Einstandskosten abgegeben wird, sondern nur interne Kosten nicht berücksichtigt werden, ist eine solche Strategie problematisch, wenn nicht klar ist wie und wann Phase II eingeleitet werden soll. Oder wie es von Seiten der Venture Capital-Geber häufig drastisch beschrieben wird: Langfristig macht es keinen Sinn Geschäftsmodelle zu fördern, bei denen ein Dollar für 98 Cent verkauft wird und der Betreiber sich über das stetige Wachstum seines Kundenstamms freut.

Das oben bereits geschilderte Problem, der Bewertung von Unternehmen, deren Geschäftsfeld sehr stark von Netzeffekten berührt wird und deren endgültiger Markterfolg noch nicht absehbar ist, wird im Rahmen der Internetökonomie noch durch ein zweites Merkmal verstärkt. Neben einigen anderen Phänomenen, die mitunter der Internetökonomie zugeordnet werden, ist es für Unternehmen in diesem Markt typisch, dass eine sehr starke Vernetzung zwischen den Unternehmen stattfindet [vgl. Zerdick et al. 1999, S. 213]. Dies ermöglicht zum Beispiel die nahezu stufenlose Skalierung, die es auch kleineren Marktteilnehmern ermöglicht größere Projekte in Angriff zu nehmen, sowie die flexible projektgebundene Gruppierung von Ressourcen. Neben den internen Herausforderungen einer solchen virtuellen Wertschöpfungspartnerschaft [vgl. Steven 2001] bildet die Zahl der Netzwerkkontakte ein wesentlicher Bestandteil für die Bewertung eines Unternehmens, unabhängig davon, ob es sich um vernetzte Unternehmen mit Ihren Kontakten in die Unternehmensumwelt oder ein Netzwerk von Einzelunternehmen handelt [vgl. Katzy et al. 2001 sowie Hess / Wohlgemuth / Schlembach 2001].

5.3.1 Literatur

Behrend, T. et al. (2002): Mobilfunk. Günstig, gefahrlos, schnell. In: Focus 34/2002, S. 145 ff.

Berger, Roland (1997): Zehn Thesen zur Ökonomie der Informationsgesellschaft am Standort Deutschland im 21. Jahrhundert. in: Enquete Kommission Zukunft der Medien in Wirtschaft und Gesellschaft Deutschlands Weg in die Informationsgesellschaft, Deutscher Bundestag (Hrsg.): Zur Ökonomie der Informationsgesellschaft: Perspektiven, Prognosen, Visionen. Bonn ZV GmbH, S. 15-68

BITKOM -Pressemeldung (2002): Informations- und Kommunikationswirtschaft mit 2% Wachstum in 2001. Bundesverband Informationswirtschaft, Telekommunikation und neue Medien (BITKOM): Berlin 24.01.2002

Bonfadelli, Heinz (1994): Die Wissensklusft-Perspektive: Massenmedien und gesellschaftliche Information. Konstanz: UVK

Bronner, Rolf / Mellewigt, Thomas (2001): Entstehen und Scheitern Strategischer Allianzen in der Telekommunikationsbranche. In: zfbf 53, S. 728 - 751

Cap Gemini Ernst & Young (2002): Chancen breitbandiger Distributionsmedien. Breitband Medienstudie 2002. Sulzbach

Clement, Michel / Litfin, Thorsten / Peters, Kay (2001): Netzeffekte und Kritische Masse. In: Albers, Sönke / Clement, Michel / Peters, Kay / Skiera, Bernd: Marketing mit Interaktiven Medien. Frankfurt: IMK. S. 101-115

Dostal, Werner (2001): Neue Herausforderungen an Qualifikation und Weiterbildung im Zeitalter der Globalisierung – Kurzgutachten für die Enquete-Kommission »Globalisierung der Weltwirtschaft. AU Stud 14/19: Institut für Arbeitsmarkt- und Berufsforschung, Bereich 4: Berufs- und Qualifikationsforschung, Nürnberg 12. November 2001

EITO (European Information Technology Observatory) (2001): nach: BITKOM-Pressemeldung: Europäischer Markt für Informationstechnik und Telekommunikation wächst um 6,8%, Berlin 11.10.2001

Franck, Georg (1998): Ökonomie der Aufmerksamkeit. München: Hanser

Glotz, Peter (1999): Trends im Informationsmarkt; in: Informationen à la carte?!: Informationsmanagement im Spiegel der Branchen. 13. IK-Symposium 5. November 1999 Frankfurt am Main (Informationsring Kreditwirtschaft)

Gries, Werner (1996): Zukunftssicherung durch Innovation: Perspektiven für den Wirtschafts- und Wissenschaftsstandort Deutschland. In: Börsenverein des Deutschen Buchhandels (Hrsg.): Digitale Information in Wissenschaft, Verlag und Bibliothek. Wiesbaden: Harrassowitz, S. 9 - 24

Hess, Thomas / Wohlgemuth, Oliver / Schlembach, Hans-Günter (2001): Bewertung von Unternehmensnetzwerken. In: zfo 70. Jg., Heft 2, S. 68 - 74

Hutzschenreuter, Thomas (2001): Organisation von Internet-Aktivitäten in etablierten Mehrproduktunternehmen. In: zfo 70. Jg., Heft 4, S. 206 - 212

Katzy, Bernhard Robert / Sydow, Jörg / Aston, Down / Helin, Ralf (2001): Zur Bewertung vernetzter Unternehmen. In: zfo 70. Jg., Heft 2, S. 99 - 107

Kuhlen, Rainer (1995): Informationsmarkt: Chancen und Risiken der Kommerzialisierung von Wissen. Konstanz: UVK

Middelhoff, Thomas (2001): Präsentation zur Wirtschaftspressekonferenz 2001 der Bertelsmann AG, 27.9.2001

NFO Infratest (Germany) / Institute for Information Economy 8IIE) (2002): Monitoring Informationswirtschaft. 4. Faktenband 2002. 2. Trendbereich 2002im Auftrag des BMWi. München Februar 2002 (www.bmwi.de/Homepage/Politikfelder/Informationsquelle/Monitoring.jsp)

Porter, Michael E. (1992): Wettbewerbsstrategie. Frankfurt: Campus

Ridder, Christa-Maria (2002): ARD/ZDF-Online-Studie: Online-Nutzung in Deutschland. In: Media Perspektiven 3/2002, S. 121 - 131

Steven, Marion (2001): Produktionsmanagement in virtuellen Unternehmen. In: zfo 70. Jg., Heft 2, S. 86 - 92

UMTS Forum (Hrsg.): The UMTS Third Generation Market – Structuring the Service Revenues Opportunities, Report Nr. 9; Oktober 2000

UMTS Forum (Hrsg.) (2001): The UMTS Third Generation Market – Phase II: Structuring the Service Revenue Opportunities, Report Nr. 13, April 2001

Useche, Carlos Felipe / Fawaz, Nidal (2002): UMTS-Market Development. report in »Organization and Markets« Communication and Media Engineering (CME), University of Applied Sciences, Fachhochschule Offenburg; Januar 2002

Wahrenburg, Mark / Miehe-Nordmeyer, Gesa / Fabel, Oliver (2000): New Economy. Arbeitspapier der Friedrich-Ebert-Stiftung. November 2000. Goethe-Universität Frankfurt

Wirtz, Bernd W. / Lihotzky, Nikolai (2001): Internetökonomie, Kundenbindung und Portalstrategien. In: Die Betriebswirtschaft (DBW) 61/3, S. 285-303

Zerdick, Axel et al. (1999): Die Internet-Ökonomie: Strategien für die digitale Wirtschaft (European Communication Council). Berlin: Springer

6. Erlösquellen der Internet-Ökononomie

6.1 Werbefinanzierung

In der Internet-Ökonomie gibt es nicht nur von Medienunternehmen betriebene Werbeträger. Auch Reiseveranstalter, Online-Broker und andere Unternehmen nehmen Fremdwerbung auf ihre Websites, um das Engagement zu refinanzieren. Die Werbefinanzierung wird auch auf absehbare Zeit die wichtigste Re-Finanzierungsquelle für das Engagement mit Inhalten im WWW sein.

6.1.1 Entwicklung des Werbemarktes

Für die Werbebranche war das Online-Geschäft besonders im Jahr 2000 eine Wachstumsmotor. 2001 kam nach einem stark überdurchschnittlichen Anstieg von jährlich jeweils etwa 100 Prozent zwischen 1996 und 2000 ein Einbruch im Wachstum. Die (Netto-)Online-Werbeausgaben lagen 2000 nach Angaben des ZAW bei 153,39 Mio Euro. Der ZAW veröffentlichte eine Zahl von 185 Mio. Euro als Nettowerbeumsatz der Online-Werbung für das Jahr 2001. Für das Jahr 2001 blieb also nur die etwa 20-prozentige Steigerung, die auch das Schweizer Prognos-Institut feststellte. Damit liegen die Einnahmen aus Online-Werbung über den Werbeeinnahmen der Filmtheater, die nach Angaben des ZAW 2001 etwa 170 Mio. Euro Werbeinnahmen verbuchen konnten. Allerdings soll sich Online-Werbung – nach Einschätzung des Prognos-Instituts – bis 2005 als Werbeträger weiter etablieren und auch noch Hörfunk- sowie Außenwerbung übertreffen. Bis zum Jahr 2005 sind für das Internet Werbeeinnahmen von rund 990 Mio. Euro prognostiziert. Das entspricht einem Marktanteil von 3,5 Prozent, nachdem der Marktanteil 2001 bei etwa einem Prozent lag. Inzwischen ist AC Nielsen auch in der Erfassung der Online-Werbeumsätze eingestiegen. Für das erste Halbjahr 2002 wurden bei 26 Vermarktern Bruttowerbeumsätze in Höhe von 114 Mio. Euro ermittelt. Es wurde geschätzt, dass damit 70 bis 80 Prozent des Marktes erfasst wurden.

Das Schweizer Prognos-Institut gibt immer wieder Schätzungen für die Entwicklung des Werbemarktes ab. 2001 wurde diese

Positive Entwicklung trotz Werbeflaute

Mittelfristig 3,5 Prozent Marktanteil

Schätzung im Auftrag von SevenOne Media durchgeführt. Grob gesagt gehen die Forscher davon aus, dass der Einbruch des Werbemarktes 2001 nach dem Boomjahr 2000 dazu führte, dass die Entwicklung im Bereich der Online-Werbung verzögert wird. Allerdings wird für 2011 ein Anteil am gesamten Werbekuchen von 5,4 % erwartet. 2000 wurde noch von einem Anteil von 6,6 % im Jahr 2010 ausgegangen. Auch der Langfristoptimismus ist also etwas zurückgegangen. Die Rücknahme der Erwartung hat auch damit zu tun, dass viele hoffnungsvoll gestarteten Unternehmen ihre Aktivitäten deutlich zurückschrauben und tendenziell konservativ werben.

Phase drei: Kommerzialisierung   Die Internet-Branche befindet sich damit zur Zeit in Phase drei ihrer Geschichte: nach Jahren der Euphorie, nach Jahren der Professionalisierung folgen jetzt die Jahre der Kommerzialisierung. Die gewachsenen Ansprüche der User (mehr Information, mehr Navigation) und der Werbekunden (mehr Daten, mehr Kontinuität) erfordern eine realistische Aufarbeitung der Konzepte von Plattform- oder Portalbetreibern.

6.1.2 Werbeformen

Dimensionen   Seit dem entstehen des kommerziellen Internet gibt es Formen der Internet-Werbung. Die Premiere erlebte das Banner – die erste graphische und anklickbare Online-Werbeform – im Oktober 1994 mit dem Lanch von Hotwired.com, einem Online-Ableger der Szenezeitschrift Wired. Diese Banner hatte eine graphische Ausdehnung von 468*60 Pixeln (Bildpunkten) und setzte damit den ersten Standard für Online-Werbung auf dem WWW. Allerdings hat sich die Zahl der Internet-Werbeformen seit dem ersten Banner vervielfacht. Diese Werbeformen lassen sich entsprechend der folgenden Dimensionen charakterisieren:

- Graphische Ausdehnung
- Dateiformat
- Animationsweise
- Präsentationsweise

6.1.2.1 Graphische Ausdehnung

Die Fläche   Internet-Werbung ist in den meisten Fällen in die einzelnen Seiten einer Website integriert. Damit diese Seiten nach festen Satzprinzipien aufgebaut werden können, muss Werbung in vielen Ausprägungen standardisierte Größen haben. Dies muss vor allem auch deshalb so sein, weil bei Online-Werbung Kontaktsummen und nicht Ausgaben einer Zeitschrift oder Zeitung gebucht werden, das heißt auf dem gleichen Werbeplatz können bei aufeinanderfolgenden Abrufen unterschiedliche Werbemittel präsenttiert werden. Vom amerikanischen Internet Advertising Bureau (IAB) [www.iab.net] stammten die gängigen Formate. Davon setzten sich das Anfangsformat 468*60 Pixel am stärksten durch. Die vertikale Ausdehnung von 60 Pixeln hatte auch für den deutschen Markt entscheidende Bedeutung. Mit den Formaten 256*60 Pixel und 156*60 Pixel etablierten sich zwei weitere Formate fest auf dem Deutschen Markt. In den USA sind noch die Formate 120*90 Pixel und 125*125 Pixel relativ stark verbreitet.

Mit diesen Ausdehnungen wurde nur eine geringe Fläche der Werbeträger mit Werbung belegt, die nur in ganz seltenen Fällen zur Refinanzierung ausreichte. Größere Werbeformate wurden eingeführt, die eine größere Werbewirksamkeit sichern sollten [vgl. Werner 2003]. Es handelt sich dabei einerseits um größere rechteckige Formate, die direkt in die Seite eingebunden werden und auch als Pop-up verwendung finden sollen. Andererseits handelt es sich um hochformatige Ausdehnungen, die auch in Deutschland mit dem Begriff »Skyscraper« (Wolkenkratzer) umschrieben werden. Folgende Formate wurden in den USA eingeführt:

Höhere Werbewirkung durch größere Fläche

- 120*600 Skyscraper (Wolkenkratzer)
- 160*600 Wide Skyscraper (großer Wolkenkratzer)
- 180*150 Rectangle (Rechteck)
- 300*250 Medium Rectangle (mittleres Rechteck)
- 336*280 Large Rectangle (großes Rechteck)
- 240*400 Vertical Rectangle (vertikales Rechteck)
- 250*250 Square Pop-up (quadratisches Pop-up)

Auf diesen Ausdehnungen können unterschiedlichste Werbeinhalte erscheinen. An dieser Stelle wurde lediglich die Ausdenhung auf der Ebene der einzelnen Seite (einzelnes HTML-Dokument) beschrieben.

6.1.2.2 Dateiformate

Die eben beschriebene Fläche muss natürlich mit Inhalt gefüllt werden, der einerseits aus dem Dateiformat, das hier besprochen wird, und andererseits aus Animationsweisen, die im nächsten Abschnitt besprochen werden, bestehen kann. Das am meisten gebräuchliche Dateiformat ist das Graphics Interchange Format (GIF). Damit lassen einfache Animationen darstellen und es ist problemlos in jede Website einbindbar. Ein weiteres weit verbreitetes Format ist »Flash«. Dabei handelt es sind um das Graphikformat des Softwareproduzenten Macromedia. Es läßt hochwertige Animationen mit relativ geringen Datenmengen zu. Zu-

Dateiformate bestimmen mögliche Animationsweisen

dem können diese Dateinen mit Interaktivität versehen werden. Etwas Interaktivität ist auch mit sogennanten »HTML-Bannern« bzw. mit anderen Ausdehnungen im HTML-Format möglich. Dabei handelt es sich um das Standarddateiformat von HTML-Dokumenten. Auf der Ausdehnung ist also alles möglich, das auf einer Website mit HTML möglich ist, wie beispielsweise Auswahllisten. Für Audio- und Videospots gibt es zum jetzigen Zeitpunkt noch keinen Standard. Sie müssen, wie im klassischen Mediageschäft zum Werbeträger bzw. Vermarkter verschickt werden, der diese dann in internetfähige Formate für seine Website verwandelt. Es gibt noch einige weitere Dateiformate, die Agenturen selbständig programmieren können, die von Werbeträgern in Websites eingebunden werden. Daneben gibt es Service-Anbieter, die Formate mit besonderen Eigenschaften anbieten, beispielsweise Unicasts Superstitial [vgl. www.unicast.com].

Besondere Formate akzeptiernen nicht alle Werbeträger. Dies ist vergleichbar mit Sonderformaten in der Zeitschriftenproduktion. Nicht alle Zeitschriften drucken beispielsweise teillackierte Anzeigen.

6.1.2.3 Animationsweise

Für den Verkauf wichtige Bezeichnungen

Online-Werbemittel sind in den meisten Fällen animiert. Die Möglichkeiten der Animation werden dabei vom verwendeten Dateiformat und von den Bedingungen der Werbeträger bestimmt. Das am meisten verwendete Format, das GIF, lässt Animationsweisen vergleichbar einem Daumenkino zu. Flash ist ebenfalls als Dateiformat sehr verbreitet. Seine Möglichkeiten wurden oben beschrieben. Darüber hinaus gibt es noch eine Reihe weiterer Dateiformate, die jeweils eigene Animationsweisen zulassen. Diese werden dann von Werbeträgern oft mit eigenen Namen belegt, ob die Besonderheit der Möglichkeiten herauszustellen. Daneben gibt es Animationen, die durch die Möglichkeiten der Website entstehen. Ein Beispiel für diese Animation ist das sogenannte »Sticky Ad«. Dabei handelt es sich um ein beliebiges Werbemittel, das seine Position beibehält, auch wenn der Nutzer scrollt. Damit diese Funktion dem Nutzer stärker auffällt, lässt man das Werbemittel oft zusätzlich vertikal schwingen, wenn eine Scroll-Bewegung abgeschlossen ist.

6.1.2.4 Präsentationsweise

Wie erscheinen die Werbemittel?

Die meisten Online-Werbemittel werden direkt in eine HTML-Seite eingebunden. Dies ist die Standard-Präsentationsweise. Eine wichtige Nebenbedingung für Online-Werbeträger besteht darin, die Werbemittel im direkt sichtbaren Browser-Bereich erscheinen zu lassen, so dass der Nutzer nicht scrollen muss. Eine weite wichtige Form der Einbindung ist der sogenannte Interstitial (Unterbrecherwerbung). Am verbreitetsten ist dabei das sogenannte Pop-up. Ein Werbefenster, das partiell über das geöffnete Browser-Fenster gelegt wird. Daneben gibt es vereinzelt Full-Screen-Interstitials, die sich vor den Aufbau des abgerufenen Dokuments schieben.

6.1.3 Abrechnung

Während in der klassischen Werbung Festpreise (abzüglich Rabatten) beispielsweise pro Insertion einer Vierfarb 1/1-Seite verlangt werden oder für das Zeigen eines 20-sekündigen Spots zu einer bestimmten Uhrzeit auf einem bestimmten Fernsehsender, erfolgt die Abrechnung von Online-Werbung meist entsprechend eines Tauend-Kontakte-Preises (TKP) [vgl. »Preisbildende Faktoren«, S. 196]. Dabei muss in der Regel eine wertmäßige Mindestmenge (z.B. 500 Euro) pro Woche gebucht werden. Die gebuchte Kontaktmenge wird dann auf den Insertionszeitraum, der normalerweise eine Kalenderwoche von Montag bis Sonntag ist, verteilt.

Meist nach Tausend-Kontakte-Preis (TKP)

Alternativ wird auch entsprechend erfolgsabhängiger Kenngrößen abgerechnet. Darunter wird in erster Linie die Zahl der Klicks auf die Werbemittel verstanden. Während der die Abrechnung entsprechend der Sichtkontakte in den Mediaunterlagen als tausenderpreis verzeichnet wird.

Auch erfolgsabhängige Abrechnung möglich

Neben dieses Basisprinzipien gibt es noch eine Reihe weiterer Faktoren die für die Abrechnung relevant sind. Es können kürzere Buchungszeiträume, mitunter können bestimmte Tageszeiten (z.B. Geschäftszeiten) gebucht werden. Diese und andere Sonderleistungen werden nach Aufwand oder durch einen erhöhten Stückpreis berechnet. Solche Sonderleistungen bestehen beispielsweise im sogenanten »Targeting«. Unter Targeting versteht man die individuelle Zuweisung von Werbemittel an technisch bestimmbare Teilzielgruppen. Diese Teilzielgruppen eines Werbeträgers können entweder durch technische Variablen der Internet-Protokolle (dann z.B. Betriebssystem oder Land etc.) oder bei personalisierten Diensten nach den jeweils erhobenen Daten (z.B. Alter, Geschlecht, Hobby etc.) sein.

Die Preisstruktur der Internet-Werbung ist etwa vergleichbar dem Zeitschriftenmarkt. General Interest ist billiger als Special Interest. Da im Internet jedoch dezidierte Inhaltsbereiche verkauft werden, konkurrieren beispielsweise die Wirtschaftsseiten eines General Interest-Angebots direkt mit vergleichbaren Inhal-

Preisstruktur der Internet-Werbung

ten spezialisierter Anbieter – und das auch auf der Ebene des Preises.

6.1.4 Vermarktung

Eigen- oder Fremdvermarktung?

Bei der Vermarktung von Internet-Werbung sind grundsätzlich zwei verschiedene Herangehensweisen zu unterscheiden: Die Eigenvermarktung und die Vertrieb über Vermarkter. Daneben gibt es beliebige Mischformen. Die Eigenvermarktung hat den Vorteil, dass kein Vermarkter entlohnt werden muss. Diese verlangen bis zu 50 Prozent des Nettoumsatzes für ihre Leistung. Zudem lassen sich Kunden so besser an ein spezifisches Objekt binden. Dies hat auch Vorteile, wenn neben der reinen Internet-Werbung noch weitere Einnahmen in anderen Bereichen (z.B. Sponsoring) erzielt werden sollen. Allerdings sind der alleinigen Eigenvermarktung im Internet enge Grenzen gesetzt. Für ein General Interest-Angebot ist beispielsweise ein größeres Verkaufsteam notwendig als für ein Special Interest-Angebot (z.B. eine Finanz-Website), da für sie im Personengeschäft Werbung weitaus mehr Kontakte gepflegt werden müssen.

Die Leistung der Vermarkter besteht darin, Volumina zu bündeln und für ihr Angebot zu bewerben, Kontakte zu pflegen, Werbeformen (in Kooperation mit den Werbeträgern) zu entwickeln und für das Inkasso zu sorgen und nicht zuletzt für die Einbindung der Werbemitten in die Website zu sorgen (mittels AdServer). Für diese Leistung muss der Werbeträger auf einen nicht unbeträchtlichen Teil der Nettoeinnahmen verzichten.

6.2 Sponsoring & Kooperation

Zunächst wurde Banner-Werbung als Site-Sponsoring bezeichnet. Die Ausdehnung der Werbung auf Websites war anfangs – also 1995 oder 1996 – auch nicht viel größer als die bekannten Sponsorenhinweise in der nicht-virtuellen Welt. Banner-Werbung wurde auch pauschal ohne direktes Leistungskriterium verkauft. Allerdings ist mittlerweile die Abrechnung der Online-Werbung nach Kontaktmengen üblich. Deshalb lässt sich jedoch nur schwerlich von Sponsoring sprechen. Beim Sponsoring werden zwar Gegenleistungen erwartet, die sich auch qualifizieren lassen und gewissen quantitativen Anforderungen unterliegen [vgl. beispielsweise Meffert 2000, Bruhn 1997], in Abgrenzung zur Mediawerbung sollten sie jedoch nicht Abrechnungsmodalitäten unterliegen, die genau diesem Bereich entstammen. Gemeint ist die übliche Abrechnung von Online-Werbung nach Tausend-Kontakte-Preisen (TKPs). Im Internet kommt es dennoch zu Sponsorhips. Dies geschieht recht oft, wenn bestimmte Aktionen unterstützt werden oder wenn z.B. eine Online-Zeitung einem Verein die Möglichkeit gibt eine eigene Site kostenlos ins WWW zu stellen. Oft wird der Verein in solchen Fällen noch praktisch unterstützt. Als Gegenleistung erscheint das Logo der Zeitung in dezenter Form auf der Site. Die wird in diesem Falle von der Zeitung als Instrument der Kundenbindung und aus Promotionzwecken genutzt. Tatsächliche Einnahmen die als Sponsiring deklariert werden können sind indes selten. Sponsoring bietet sich allerdings an, um Kosten zu reduzieren. So werden die Bereitsteller technischer Dientleistungen auf dem Werbeträger gennannt und dezent bewerben.

Mit Kooperation ist eine tiefgreifende Form einer Zusammenarbeit zwischen einer redaktionellen Website und einem Werbekunden gemeint. Diese ist auf mindestens sechs Monate – oft auch auf einige Jahre – angelegt. Der redaktioelle Werbeträger bindet in den meisten Fällen Inhalte oder Funktionalitäten in seine Website ein, die der Kooperationspartner liefert. So bekommt der Werbeträger Inhalte, die seine Website bereichern und der Kooperationspartner bezahlt noch dazu dafür, weil er einen po-

Tiefgreifende Zusammenarbeit zwischen einem Werbekunden und einem redaktionellen Werbeträger

sitiven Nettoeffekt auf seiner Seite verspürt. So kann es beispielsweise für eine Immobilienplattform durchaus sinnvoll sein, die Angebote seiner Kunden auf anderen Portalen zu promoten, um den eigenen Kunden eine größere Zahl von Interessenten zu vermitteln. Dies ist genau dann möglich, wenn der zu integrierende Inhalt nicht mit den eigenen Interessen und den Interessen der Kunden des Kooperationsnehmers, also der Website, die die Inhalte interiert, kollidiert [ausführlich dazu Werner 2003].

6.3 E-Commerce

Mit E-Commerce als Einnahmequelle von Medienunternehmen im Internet wird folgender Sachverhalt bezeichnet: Medienunternehmen treten dabei mitunter zwar selbst als Händler auf indem sie Güter auf eigene Rechnung verkaufen. Dieses Verfahren gibt es auch im klassischen Medienbereich recht oft, aber weitgehend auf den Bereich Merchandising beschränkt. Durch den mitunter recht hohen Verkehr, den eine redaktionelle Website generiert, sehen Medienunternehmen deshalb die Möglichkeit darüber hinaus selbst – wenn auch nur in eingeschränktem Maß – als Händler aufzutreten. Abgesehen davon, dass das Engagement in einem fremden Markt nicht mit unerheblichen Risiken und hohem Aufwand (beispielsweise für den Aufbau von Lagerkapazitäten und Logistik) verbunden ist, handelt es sich dabei nicht um die verbreitetste Form des elektronischen Handels, den Medienunternehmen online betreiben. In der Regel werden sie entweder direkt in fremdem Namen aktiv das ist der Fall, wenn auf Websites beispielsweise Bücher angeboten werden, die bei einem Online-Buchhändler bestellt werden können. Dieser Fall wird auch als Affiliate bezeichnet. Alternativ kann der Betreiber auch Leistungen in eigenem Namen anbieten, die dieser allerdings auf fremde Rechnung verkauft. Bei Reisen ist dies beispielsweise häufig der Fall.

Güter auf eigene Rechnung verkaufen

Das wohl bekannteste Affiliate-Programm wurde vom Internet-Buchhändler Amazon aufgelegt. Dort kann sich jede Website registrieren, die Links aufnehmen möchte über die Bücher bestellbar sind. Wird über diese Links ein Buch bestellt erhält die Website, die den Link eingebunden hat – beispielsweise am Ende einer Buchbesprechung – eine Provision. Dieses Verfahren ist jedoch nicht völlig Risikofrei. Als die New York Times einen entsprechenden Vertrag mit Amazons Konkurrenten Barnes & Noble einging und entsprechende Links in ihrem Buch-Bereich präsentierte, protestierten die Leser. Anbietern von Reiseinformation im Netz sollte es beispielsweise dagegen keine Schwierigkeiten bereiten, neben Berichten zu bestimmten Reisezielen noch Flüge, Mietwagen, Hotels, Reiseliteratur etc. in einem Affilate-Programm oder sogar in eigenem Namen anzubieten.

Affiliate-Programme

In diesem Fall bindet die Website ähnlich der oben beschrieben Kooperation, die Datenbank eines fremden Anbieters in seine Website ein und verkauft Leistungen in eigenem Namen,
während kein Aufwand für Lagerhaltung und Logistik auftritt,
weil diese vom Partner übernommen wird.

6.4 Paid Content, Syndication & Bezahldienste

Das Finanzierungskonzept bzw. Erlöskonzept der Anbieter von Inhalten, Anwendungen und Dienste im Internet sieht im Normalfall mehrere der in diesem Kapitel vorgestellten Optionen vor. Werbung als alleinige Einnahmequelle ist nur möglich, wenn die Produktion mit geringen Kosten zu bewerkstelligen ist. Traditionellerweise werden neben Werbeerlösen noch Erlöse aus dem Verkauf von Inhalten erzielt, wie beispielsweise bei Zeitungen und Zeitschriften durch den Copy-Preis. Im Internet war es zunächst schwierig, von den Nutzern Geld für Inhalte zu verlangen. Es mangelte an Konzepten für die dies bereit waren, Geld zu bezahlen und bleichzeitig an entsprechenden Abrechnungsmechanismen für Kleinbetrage.

6.4.1 Paid Content

Bei »Paid Content« handelt es sich um Inhalte (nicht Dienste oder Anwendungen), die von Endnutzern einzeln oder im Abonnement online und in digitaler Form erworben werden. Sowohl Abruf- als auch Versandmodelle sind möglich. Diese durchaus enge Definition des Begriffs ist in Deutschland vor allem deshalb

Bei »Paid Content« handelt es sich um Inhalte

	Rundfunk	Presse	Internet
Werbung & Sponsoring	Privatfernsehen, Hörfunk	Publikumszeitschriften, Regionalzeitungen	Verlagswebsites, Suchhilfen
Inhalteverkauf	Premiere	Printprodukte mit Copy-Preis	z.B. GENIOS, elektronische Pressespiegel für professionellen Anwender, Syndication
Sonsiges	z.B. Programmlizenzen, Merchandizing	z.B. Fremdbeilagen, Lizenzen	z.B. E-Commerce

Tabelle 1: Einordnung des Inhalteverkaufs

üblich, weil der Verband Deutscher Zeitschriftenverleger 2001 mit einem zentral koordinierten Projekt begann den Weg für Bezahlinhalte zu ebnen. Davor wurden Inhalte an professionelle Nutzer beispielsweise über Datenbanken, wie GENIOS angeboten. Von der Presse-Monitor Deutschland GmbH werden elektronische Pressespiegel angeboten, die weitgend von Organistationen genutzt werden. GENIOS bietet unter Content4Portals maßgescheiderten Inhalt an, der aus den Inhaltes von Lieferanten für fremde Websites geschneidert wird. Xipolis tut mit Tanto das gleiche. Die Zielgruppe waren bisher v.a. Geschäftskunden bzw. Zwischenhändler. Mit Paid Content soll nun der Privatnutzer bezahlen.

»Inhalt« auf Online-Versionen Zeitungs- und Zeitschriftenartikeln oder Videomaterial bezogen

Im allgemeinen wird der Begriff »Inhalt« bei Paid Content auf Online-Versionen Zeitungs- und Zeitschriftenartikeln oder Videomaterial bezogen. Musik (einzelne Stücke im Download) wird üblicherweise nicht unter den Begriff subsummiert, obwohl diese natürlich auch verkauft werden. Im Unterschied zu Zeitschriften- und Zeitungsartikeln wurde Musik bisher nur in seltenen Fällen in hoher Qualität kostenlos abgegeben.

Eine bezahlter E-Mail-Dienst (wie Sonderleistungen von GMX oder FreeMail) ist nicht Inhalt sondern Dienst bzw. Anwendung. Die Vermarktung folgt in diesen Fällen jedoch weitgehend den gleichen Prinzipien. Wir gehen weiter unten gesondert hierauf ein.

Der Begriff »Paid Content« setzt keinerlei Grenzen hinsichtlich der Anzahl, der Frequenz oder der Formen des Vertriebs des digitalen Inhalts. Üblich sind

- Einzelverkauf
- Abonnement
- Archivdienstleistungen

In Deutschland ist zum jetzigen Zeitpunkt der Einzelverkauf bzw. der Verkauf von Artikelbündeln weit verbreitet. Der VDZ sieht eine mögliche Migration zu Abonnements.

6.4.1.1 Verkaufbarer Inhalt

Exklusiver Inhalt

Inhalt, der von anderen Anbietern zum gleichen Zeitpunkt bei ähnlicher Aufbereitung kostenlos angeboten wird, ist wenig geeignet für den Verkauf. Bei »Paid Content« handelt es sich um exklusiven Inhalt, der im englischen Sprachraum auch häufig mit dem Label »Premium« belegt wird. Die Exklusivität kennzeichnet sich unter anderem dadurch, dass das Material durch eigene Recherche generiert wurde oder Exklusivitätsrechte am Material bestehen. Ein weiteres Kennzeichen der Exklusivität ist ein früherer Zugang zum Inhalt, als dies bei kostenlosen Diensten der Fall ist. Beispiele für dieses Prinzip gibt es vielfältige auf Medienmärkten. Filme werden zunächst im Kino gezeigt, dann erscheinen sie als Leihvideo / -DVD etc. Paid Content ist aus dieser Sicht Bestandteil einer Verwertungskette. Ein Beispiel für dieses Vorgehen findet sich beim Spiegel, der schon samstags Artikel der kommenden Ausgabe gegen Gebühr zugänglich macht. Ähnliches gilt für SMS-Services. Hier sind die Empfänger bereit für Informationsbruchstücke zu bezahlen, weil sie diese schnell und an beliebigen Orten empfangen können. Für den Anbieter ist in diesem Fall auch die Abrechnung einfach. Sie erfolgt über die Telefonrechnung des Kunden. Auch besondere Zusammenstellungen – beispielsweise Dossiers – fallen in diese Inhaltsklasse. So bietet beispielsweise Focus auf seiner Website unter dem Label »Fakten auf Abruf« Ratgeber für verschiedene Problemlagen (z.B. Kündigung von Arbeits- oder Mietverträgen, Krankheitsbilder) entsprechende Zusammenstellungen an.

Ein weiterer wichtiger Faktor ist die Zeitersparnis, die Nutzer durch den Kauf von Inhalten erfahren. Durch recherchierbare Archive erübrigt sich beispielsweise das Sammeln von Zeitungsausschnitten. Durch die Besonderheit der Zusammenstellung erübrigt es sich für den Kunden lange im Netz nach einer kostenlosen Alternative zu suchen. Zeit ersparen sich Nutzer beispielsweise auch durch werbefreie Umfelder. Dies ist nicht nur der Fall, weil der Download der Inhalte dann schneller funktioniert. Ein Film wird durch die Werbeunterbrechung im Fernsehen auch länger und der Genuß des Zuschauers wird unter Umständen geringer sein als bei der werbefreien Alternative. So führte die Online-Spiele-Plattform K1010 die Option eines Freikaufens von Werbeunterbrechungen zwischen den verschiedenen Spielstufen ein. *Zeitersparnis*

Für die Nutzer ist allerdings eines von enormer Bedeutung: Die Bezahlung muss einfach möglich sein. Würde beispielsweise die erreichte Zeitersparnis durch einen komplexen Bezahlmechanismus überkompensiert, so arbeitet das System kontraproduktiv. Im nächsten Abschnitt gehen wir auf die Konzepte verschiedener Bezahlsysteme ein. *Einfache Bezahlung*

6.4.1.2 Bezahlsysteme für Kleinbeträge

Die zum Verkauf angebotenen Inhalte sollen natürlich auch bezahlt werden. Die üblichen Abrechnungsmechanismen in weiten Teilen des E-Commerce eignen sich nicht für Einzel- oder Bündelverkäufe. Nachnahme ist teuer und funktioniert nicht, weil die Lieferung der Inhalte direkt durch das Netz erfolgt. Die Lieferung auf Rechnung ist ebenfalls zu teuer und zu unsicher. Die Ko- *Rentabele Bezahlsysteme für Beträge unter fünf Euro* sten für die Keditkartenbezahlung sind bei Preisen von 50 Cent bis unter fünf Euro ebenfals nicht rentabel.

Bezahlmechanismen der Provider

Als es noch T-Online als Anbieter eines proprietären Dienstes mit einem eigenen Protokoll gab, gab es auch einen Abrechnungsmechanismuss. Die Anbieter von Inhalten innerhalb dieses Dienstes konnten Doument- oder Minutenpreise verlangen. Im Internet funktionierte das anfangs nicht mehr. Mittlerweile bieten T-Online und AOL entsprechende Lösungen an. Bei T-Online erfolgt die Abrechnung über die Telefonrechnung oder durch Abbuchung vom Girokonto. T-Onlines Net900 ist in der Basisversion vergleichbar der Dialer-Technik (dabei wird eine andere, kostenplichtige Nummer angewählt, mit der der Anbieter seine Einnahmen generiert). In Netzwerken (v.a. in Unternehmen) und bei DSL-Technik etc. funktioniert diese Technik deshalb nicht. Dafür wurde von T-Online »Kontopass« entwickelt.

Prepaid Cards

Daneben gibt es Prepaid Cards, die meist in der Form von Rubbelkarten vertrieben werden. Wenn der Nutzer bezahlen will, muss er einen Zahlencode freirubbeln, mit dessen Hilfe er anonym bezahlen kann. Die Motivation einen bis zu 16-stelligen Code einzugeben, muss entsprechend groß sein, damit dem Nutzer seine Anonymität derart wichtig ist. Bei seriösen Anbietern sind solche Verfahren kaum ratsam, auch wenn die Paysafe Crad mit der Commerzbank einen seriösen Partner zur Seite hat. Für Erotikanbieter ist das die Verfahren durchaus sinnvoll. Eine weitere Zielgruppe sind Personen, die (noch) über keine eigene Kreditkarte verfügen, also Jugendliche, die mit der Karte und entsprechender Ausgabenbegrenzung Klingeltöne und Logos im Internet kaufen. Eine Variante, die für Erotikanbieter und Wettangebote gesperrt ist, ist verfügbar. Die Karten werden beispielsweise über die Niederlassungen der Bertelsmann Clubs (Paysafe), Telefonläden, über den Bahnhofsbuchhandel, Tankstellen etc. vertrieben.

Benutzerkonten

T-Onlines »Kontopass« fällt auch in die Klasse der Benutzerkonten bzw. Inkassoverfahren. Das verbreitetste und von den Mitgliedern des VDZ am häufigsten eingesetzte Verfahren ist die Lösung von »Firstgate«. Dabei eröffnet der Nutzer ein Konto und der Verkäufer indiziert seine Inhalte. Die Abrechnung erfolgt monatlich.

Dialer, Mobiltelefon etc.

Neben diesen Verfahren gibt es noch einige weitere Verfahren. Die bereits oben angesprochenen Dialer werden vor allem von Erotikanbietern benutzt. Einen Medienbruch erfordern Verfahren bei denen der Bezahlwillige zunächst eine kostenpflichtige Nummer anrufen muss, um einen oder mehrere Freischaltcodes zu erhalten. Ein weiteres Verfahren erlaubt das Bezahlen mit dem

Mobiltelefon – Paybox. Es ist ebenfalls ein Medienbruch erforderlich.

6.4.2 Syndication

Content-Syndicatoren sind Unternehmen, die Inhalte aus verschiedensten Quellen bündeln, um damit für ihre Kunden maßgeschneiderte redaktionelle Inhalte zu kreieren. Dabei bekommt der Kunde, seine Inhalte so, dass er sich nicht mehr um die aktualisierung seiner Website bezüglich der gekauften Inhalte kümmern muss. Diese werden automatisch eingebunden. Der Lieferant bekommt eine Vergütung für die jeweils verkauften Inhalte.

Maßgescheiderte redaktionelle Inhalte für Business-Kunden

Die Aufgabe des Syndicators besteht darin, entsprechende Lieferanten für Inhalte zu finden und die durch diesen Vorgang generierten Inhalte auf ein einheitliches Format zu bringen, das die direkte Einbindung in fremde Websites erlaubt. Dieses Vorgehen lässt sich in vier Schritte einteilen:

- *Einsammeln der Inhalte*: Dabei werden originäre Inhalte der Content-Partner von denen Website oder direkt aus deren Redaktionssystemen zum Content-Syndicator übertragen.
- *Analyse der Inhalte*: In der Regel gibt es schon verschiedene Metainformationen zu den eingesammelten Artikeln (beispielsweise die Rubrikinformation »Wirtschaft« etc.). Dennoch ist es notwendig die generierten Inhalte genauer zu analysieren, damit beispielsweise nicht nur die Hauptkategorie »Wirtschaft« sondern auch noch Subkategorien, wie z.B. »Dienstleistungen« und daneben noch Unternehmenensnamen etc. indziert werden können.
- *Content-Management*: Unternehmen, die bei einem Syndicator Inhalte kaufen, möchten meist nicht einfach nur schlecht aufbereitete Texte und Bilder bekommen. Sie möchten wohl strukturierten Inhalt bekommen, der Fexibel und professionell in ihre Website eingebunden werden kann.
- *Content-Lieferung*: Hier gibt es zwei grundsätzlich verschiedene Vorgehensweisen. Moderne Content-Syndicatoren halten ihre Inhalte normalerweise in XML bereit. Diese können dann entweder in das Content-Managmenet-System (Redaktionssystem) des Kunden übertragen werden oder drirekt (ohne den mitunter notwendigen Umweg über das Redaktionssystem) in desen Website eingebunden werden.

Für den Kunden bietet die Zusammenarbeit mit *Reduktion der Lieferan-* Syndicator die Möglichkeit maßgeschneiderte *tienbeziehungen für* Website zu bekommen, ohne mit verschiedenster *den Kunden* ten verhandeln zu müssen. Das hat freilich den Nachteil, dass auf seiner Website Inhalte auftauchen können die es in gleicher oder ähnlicher Form vielfach im Internet gibt. Für die Lieferanten der Inhalte bietet die Syndication einen kleinen Ausgleich für den großen Aufwand eigen generierter Inhalte. Der Aufwand zur Vermarktung der Inhalte reduziert sich und durch das Einschalten des Syndicators steigen die Chancen auf zusätzliche – wenn auch nur geringe – Einnahmen.

6.4.3 Bezahldienste

Kostenloser Basisdienst: Erweiterungen müssen bezahlt werden

Bezahldienste sind mittlerweile weit verbreitet. Es handelt sich dabei beispielsweise um E-Mail-Dienste, die ihren Basisdienst kostenlos zur Verfügung stellen, für Zusatzleistungen jedoch Geld verlangen. Diese Zusatzleistungen können beispielsweise wie folgt aussehen:

- größere Mailbox
- Versand großvolumiger E-Mails erlaubt
- eigener Domainname
- Verwendbarkeit von Aliasen
- Werbefreiheit
- SMS-Benachrichtigung
- Kalenderanwendungen
- Unified Messaging

Es gibt noch eine Reihe weiterer Möglichkeiten, die im Umfeld des Angebots von E-Mail- oder Unified Messaging-Diensten liegen. E-Mail-Dienste mit entsprechenden Zusatzleistungen werden normalerweise im Monatsabonnement verkauft.

Spieleanbieter gehen beispielsweise dazu über – je nach Art der Spiele – entweder die Eingangsspielstufen kostenlos anzubieten und das Weiterspielen für das entsprechende Spiel nur gegen Bezahlung zu gestatten. Eine andere Möglichkeit, die auch verwendet wird, besteht darin, gegen Bezahlung die Werbeeinblendung zwischen den einzelnen Spielstufen zu unterlassen. Dieses Modell wird im Monats- bzw. Jahresabonnement eingesetzt.

Die Voraussetzungen für das Anbieten eines solchen Dienstes besehten darin, eine Leistung zur Verfügung zu stellen, die der Kunde regelmäßig zu nutzen beabsichtigt und die kostenlos in dieser Form nicht verfügbar ist. Es handelt sich dabei nicht um Inhalte sondern um Funktionalitäten, wie die Beispiele E-Mail und Spiele verdeutlichen.

6.4.4 Literatur

Bruhn, Manfed (1997): Kommunikationspolitik: Bedeutung, Strategien, Instrumente. München: Vahlen

Meffert, Heribert (2000): Marketing. Wiesbaden: Gabler (8. Aufl.)

Werner, Andreas (2003): Marketing-Instrument Internet. Heidelberg: dpunkt (3. Aufl.)

Werner, Andreas (2000): Site Promotion. Werbung auf dem WWW. Heidelberg: dpunkt (2. Aufl.)

Literatur

Adams, Heinz W. / Wolf, Guido (1996): Unternehmen mit einem Managementsystem führen. In: Blick durch die Wirtschaft, 17. Mai 1996, S. 11

Arbeitsgemeinschaft der Landesrundfunkanstalten (2000): Privater Rundfunk in Deutschland. Jahrbuch der Landesmedienanstalten 1999/2000. München: Reinhard Fischer

Arnold, Bernd-Peter (1999): ABC des Hörfunks. Konstanz: UVK Medien (2. Aufl.)

Bachem, Christian (2001): Mediaplanung im Online-Markt. In: Breyer-Mayländer, Thomas/ Fuhrmann, Hans-Joachim (Hrsg.) (2001): Erfolg im neuen Markt: Online-Strategien für Zeitungsverlage. Berlin: ZV GmbH, Seite 93-112

Backhaus, Klaus / Erichson, Bernd / Plinke, Wulff (2000): Multivariate Analysemethoden. Heidelberg: Springer (9. Aufl.)

Baier, Wolfgang / Pleschak, Franz (1996): Marketing und Finanzierung junger Technologieunternehmen. Wiesbaden: Gabler

BDZV (Hrsg.) (2002): Zeitungen 2002. Berlin: ZV GmbH

BDZV (Hrsg.) (2001): Zeitungen 2001. Berlin: ZV GmbH

Beck, Hanno (2002): Medienökonomie: Print, Fernsehen und Multimedia. Berlin: Springer

Becker, Fred G. (1994): Lexikon des Personalmanagements. München: Beck

Becker, Jochen (1998): Marketing-Konzeption. Grundlagen des strategischen und operativen Marketing-Managements. München: Vahlen (6. Aufl.)

Behrend, T. et al. (2002): Mobilfunk. Günstig, gefahrlos, schnell. In: Focus 34/2002, S. 145 ff.

Benjamin, Walter (1963): Das Kunstwerk im Zeitalter seiner technischen Reproduzierbarkeit: Drei Studien zur Kunstsoziologie. Frankfurt am Main: Suhrkamp

Berekoven, Ludwig / Eckert, Werner / Ellenrieder, Peter (2001): Marktforschung. Methodische Grundlagen und praktische Anwendung. Wiesbaden: Gabler (9. Aufl.)

Berger, Roland (1997): Zehn Thesen zur Ökonomie der Informationsgesellschaft am Standort Deutschland im 21. Jahrhundert. in: Enquete Kommission Zukunft der Medien in Wirtschaft und Gesellschaft Deutschlands Weg in die Informationsgesellschaft, Deutscher Bundestag (Hrsg.): Zur Ökonomie der Informationsgesellschaft: Perspektiven, Prognosen, Visionen. Bonn ZV GmbH, S. 15-68

BITKOM (2002): Informations- und Kommunikationswirtschaft mit 2% Wachstum in 2001. Bundesverband Informationswirtschaft, Telekommunikation und neue Medien (BITKOM): Berlin (Pressemitteilung vom 24.01.2002)

Blumers, Marianne (2000) Qualitätskontrolle beim SWR: Ein theoretisches Modell auf dem Weg in den Redaktionsalltag. In: Media Perspektiven 5/2000, S. 201-206

Bonfadelli, Heinz (1994): Die Wissenskluft-Perspektive: Massenmedien und gesellschaftliche Information. Konstanz: UVK

Booz Allen & Hamilton (Hrsg.) (1995): Zukunft Multimedia: Grundlagen, Märkte und Perspektiven in Deutschland. Frankfurt: IMK

Börsenverein des Deutschen Buchhandels (Hrsg.) (2001): Buch und Buchhandel in Zahlen 2001 (fortl. Jg.). Frankfurt: Buchhändler-Vereinigung

Brand, Peter / Schulze, Volker (1993): Die Zeitung. Frankfurt: Hahner V.-G.

Breyer-Mayländer, Thomas (2001): Auswirkungen der Digitaltechnik auf die technische Weiterentwicklung von Zeitungen und Zeitschriften. In: Leonhard, Joachim-Felix et al.; Medienwissenschaft: Ein Handbuch zur Entwicklung der Medien und Kommunikationsformen. 2. Teilband. Berlin: De Gruyter, S. 1751-1755

Breyer-Mayländer, Thomas (2000): Von der Rubrikanzeige zum E-Commerce: Neue Partner in der Wertschöpfungskette. In: BDZV (Hrsg.): Zeitungen 2000. Berlin: ZV GmbH, S. 187-197

Breyer-Mayländer, Thomas u.a. (2001): Wirtschaftsunternehmen Verlag: Buch-, Zeitschriften- und Zeitungsverlage. Frankfurt: Bramann (2. Aufl.)

Bronner, Rolf / Mellewigt, Thomas (2001): Entstehen und Scheitern Strategischer Allianzen in der Telekommunikationsbranche. In: zfbf 53, S. 728 - 751

Bruhn, Manfed (1997): Kommunikationspolitik: Bedeutung, Strategien, Instrumente. München: Vahlen

Bücher, Karl (1903): Der deutsche Buchhandel und die Wissenschaft. Leipzig: Teubner

Bullinger, Hans-Jörg (1997): Wirtschaft 21: Perspektiven, Prognosen, Visionen. in: Enquete Kommission »Zukunft der Medien in Wirtschaft und Gesellschaft – Deutschlands Weg in die Informationsgesellschaft«. Deutscher Bundestag (Hrsg.): Zur Ökonomie der Informationsgesellschaft: Perspektiven, Prognosen, Visionen. Bonn ZV GmbH, S. 69 -149

Bullinger, Hans-Jörg (1994): Technologiemanagement. Stuttgart: Teubner

Bundesverband Audiovisuelle Medien (2002): Broschüre zum Videomarkt. Hamburg: Bundesverband Audiovisuelle Medien

Bundesverband der Phonographischen Wirtschaft (2002): Jahreswirtschaftsbericht 2001. Hamburg: Bundesverband Phono [Daten auch unter www.ifpi.de]

BVDA (Hrsg.) (1998): AQ 98: Anzeigenblatt-Qualität: Eine repräsentative Studie zur Medialeistung der Anzeigenblätter in Deutschland. Bonn BVDA

BVDA (Hrsg.) (2001): Daten und Fakten: Wissenswertes rund um ein marktgerechtes Medium. Bonn: BVDA

Cap Gemini Ernst & Young (2002): Chancen breitbandiger Distributionsmedien. Breitband Medienstudie 2002. Sulzbach

Clark, Thomas (2002): Bertelsmann verzichtet auf Großeinkäufe. In: Financial Times Deutschland vom 13.9.2002

Clement, Michel / Litfin, Thorsten / Peters, Kay (2001): Netzeffekte und Kritische Masse. In: Albers, Sönke / Clement, Michel / Peters, Kay / Skiera, Bernd: Marketing mit Interaktiven Medien. Frankfurt: IMK. S. 101-115

Daft, Richard (1999): Management. Fort Worth: Dryden Press

Deters, Jürgen (2000): Medienmanagement als Personal- und Organisationsmanagement. In: Karmasin; Matthias / Carsten, Winter: Grundlagen des Medienmanagements. München: Wilhelm Fink, S. 93-113

Deutsches Institut für Wirtschaftsforschung (2002): Beschäftigte und wirtschaftliche Lage des Rundfunks in Deutschland 1999 / 2000. Berlin: DIW

DGPuK (2001): Die Mediengesellschaft und ihre Wissenschaft. Herausforderungen für die Kommunikations- und Medienwissenschaft als akademische Disziplin. München: DGPuK

Direktorenkonferenz der Landesmedienanstalten (DLM) (2002a): Film- und Fernsehwirtschaft in Deutschland 2000/2001. Beschäftigte, wirtschaftliche Lage und Struktur der Produktionsunternehmen. Berlin: Vistas

Direktorenkonferenz der Landesmedienanstalten (DLM) (2002b): DLM-Studie zur Film und Fernsehwirtschaft in Deutschland 2000/2001. Düsseldorf: DLM (Pressemitteilung vom 11. September 2002)

Dostal, Werner (2001): Neue Herausforderungen an Qualifikation und Weiterbildung im Zeitalter der Globalisierung – Kurzgutachten für die Enquete-Kommission »Globalisierung der Weltwirtschaft. AU Stud 14/19: Institut für Arbeitsmarkt- und Berufsforschung, Bereich 4: Berufs- und Qualifikationsforschung, Nürnberg 12. November 2001

Döttingcr, Karlheinz / Klaiber, Edgar (1994): Realisierung eines wirksamen Qualitätsmanagemnsystems im Sinne des Total Quality Managements. In: Stauss, Bernd (Hrsg.); Qualitätsmangement und Zertifizierung. Wiesbaden: Gabler, S. 255-276

Drumm, Hans Jürgen (1995): Personalwirtschaftlehre. Berlin, Heidelberg: Springer

EFQM (Hrsg.) (1999a): Die acht Eckpfeiler der Excellence: Die grundlegenden Konzepte der EFQM und ihr Nutzen; Brüssel

EFQM (Hrsg.) (1999b): Das EFQM Modell für Excellence 1999. Brüssel

EFQM (Hrsg.) (1999c): Das EFQM-Modell für Excellence Änderungen. Brüssel

Eichhorn, Peter / von Loesch, Achim (Hrsg.) (1983): Rundfunkökonomie. Baden-Baden: Nomos

EITO (European Information Technology Observatory) (2001): nach: BITKOM-Pressemeldung: Europäischer Markt für Informationstechnik und Telekommunikation wächst um 6,8%. Berlin, 11.10.2001

Enquete Kommission Zukunft der Medien in Wirtschaft und Gesellschaft Deutschlands Weg in die Informationsgesellschaft. Deutscher Bundestag (Hrsg.) (1997): Zur Ökonomie der Informationsgesellschaft. Bonn ZV Zeitungs-Verlag Service

Erdmann, Georg / Fritsch, Bruno (1990): Zeitungsvielfalt im Vergleich: Das Angebot an Tageszeitungen in Europa. Mainz: v. Hase & Koehler Verlag

Ewald, Arnold (1989): Organisation des strategischen Technologie-Managements: Stufenkonzept zur Implementierung einer integrierten Technologie- und Marktplanung. Berlin: Erich Schmidt

Faulstich, Werner (Hrsg.) (2000): Grundwissen Medien. München: Fink

Fechner, Frank (2001): Medienrecht. Tübingen: UTB

Flimförderanstalt FFA [2002a]: Das offizielle Kinojahresergebnis 2001. In: FFA info 1/2002, S. 1

Flimförderanstalt FFA [2002b]: Filmbezogenes Besucherverhalten 2001. In: FFA info 2/2002, S. 6 - 9

Franck, Georg (1998): Ökonomie der Aufmerksamkeit. München: Hanser

Frank, Bernward / Maletzke, Gerhard / Müller-Sachse, Karl H. (1991): Kultur und Medien: Angebote – Interessen – Verhalten. Eine Studie der ARD / ZDF-Medienkommission. Baden-Baden: Nomos

Früh, Werner (1998): Inhaltsanalyse: Theorie und Praxis. Konstanz: UVK-Medien (4. Aufl.)

Geiger, Walter (1994): Qualitätsmanagement bei immateriellen Produkten In: Masing, Walter: Handbuch Qualitätsmanagement. München: Hanser, S. 767-786

GEM – Gesellschaft zur Erforschung des Markenwesens (2001): Markendialog 2001 – E-Communication und Marken. Wiesbaden: GEM-Eigenverlag

Gent, Siegrid (1992): Die Taschenbuchfibel. Frankfurt: Buchhändler-Vereinigung

Glotz, Peter (1999): Trends im Informationsmarkt; in: Informationen à la carte?!: Informationsmanagement im Spiegel der Branchen. 13. IK-Symposium 5. November 1999 Frankfurt am Main (Informationsring Kreditwirtschaft)

Gösche, Axel (1994): Nachfolgeproblematik im Mittelstand. Wiesbaden: Bundesverband Druck

Goslich, Lorenz (1987): Zeitungs-Innovationen. München: K.G. Saur

Gommlich, Florian / Tieftrunk, Andreas (2000): Internet Aktien: Erfolgreich investieren in die New Economy – Die profitablen Player erkennen. Niedernhausen/Ts.: Falken

Grabherr, Oliver (2001): Risikokapitalinstrumente im unternehmerischen Wachstumszyklus. In: Stadler, Wilfried (Hrsg.) (2001): Venture Capital und Private Equity: Erfolgreich wachsen mit Beteiligungskapital. Köln: Deutscher Wirtschaftdienst, S. 29 - 41

Gries, Werner (1996): Zukunftssicherung durch Innovation: Perspektiven für den Wirtschafts- und Wissenschaftsstandort Deutschland. In: Börsenverein des Deutschen Buchhandels (Hrsg.): Digitale Information in Wissenschaft, Verlag und Bibliothek. Wiesbaden: Harrassowitz, S. 9 - 24

Hadzic, Edin (2001): Die Herausforderung der Unabhängigkeit;. In: Horizont 46/2001: Frankfurt 15.11.2001, S. 64

Hamann, G. / Heuser, U.J. (2002): »Führen heißt behüten«. In: Die Zeit, 1. August 2002, S. 19

Heinold, Erhardt (Hrsg.) (2001): Bücher und Büchermacher; Heidelberg: UTB

Heinrich, Jürgen (2001): Medienökonomie Band 1: Mediensystem, Zeitung, Zeitschrift, Anzeigenblatt. Wiesbaden: Westdeutscher Verlag (2. Aufl.)

Heinrich, Jürgen (1999): Medienökonomie: Band 2: Hörfunk und Fernsehen. Opladen/Wiesbaden: Westdeutscher Verlag

Heinrich, Jürgen (1994): Medienökonomie. Band 1: Mediensystem Zeitung, Zeitschrift, Anzeigenblatt. Opladen: Westdeutscher Verlag

Hess, Thomas / Tzouvaras, Antonios (2001): Books-on-Demand: Ansatz und strategische Implikationen. In: zfo 4/2001, S. 239-246

Hess, Thomas / Wohlgemuth, Oliver / Schlembach, Hans-Günter (2001): Bewertung von Unternehmensnetzwerken. In: zfo 70. Jg., Heft 2, S. 68 - 74

Höft, Uwe; (1992): Lebenszykluskonzepte: Grundlage für das strategische Marketing- und Technologiemanagement. Berlin: Erich Schmidt

Hutzschenreuter, Thomas (2001): Organisation von Internet-Aktivitäten in etablierten Mehrproduktunternehmen. In: zfo 70. Jg., Heft 4, S. 206 - 212

IP Deutschland (Hrsg.) (2002a): Der Werbewirkungskompass: Methodik und Ergebnisse. Köln: IP Deutschland

IP Deutschland (Hrsg.) (2002b): Medien im Tagesablauf 2002. Köln: IP Deutschland

Jedlicka, Michael (1992): Total Quality Management – Paradigmenwechsel für Spitzenunternehmen. In: Zsifkovits, H. (Hrsg.): Total Quality Management (TQM) als Strategie im internationalen Wettbewerb. Köln: Verlag TÜV Rheinland

Jung, Hans (2000): Allgemeine Betriebswirtschaftslehre. München: Oldenbourg

Karmasin, Matthias / Winter, Carsten (Hrsg.) (2000): Grundlagen des Medienmanagments. München: Fink

Karmasin, Matthias / Winter, Carsten (2000a): Kontexte und Aufgabenfelder von Medienmanagement. In: Karmasin, Matthias / Winter, Carsten (Hrsg.): Grundlagen des Medienmanagments. München: Fink, S. 15 - 39

Karstens, Eric / Schütte, Jörg (1999): Firma Fernsehen. Wie TV-Sender arbeiten. Reinbek bei Hamburg: Rowolt

Kasper, Helmut / Mayrhofer, Wolfgang (Hrsg.) (1993): Organisation. Wien: Überreuter

Kasper, Helmut / Heimerl-Wagner, Peter (1993): Organisation. In: Kaper, Helmut / Mayrhofer, Wolfgang (Hrsg.): Organisation. Wien: Ueberreuter

Katzy, Bernhard Robert / Sydow, Jörg / Aston, Down / Helin, Ralf (2001): Zur Bewertung vernetzter Unternehmen. In: zfo 70. Jg., Heft 2, S. 99 - 107

Kebbel, Gerhard (2001): Die Kunden neu entdecken: CRM als Wachstumschance für Zeitungsverlage; BCG-Arbeitspapier Frankfurt Juni 2001

Kiefer, Marie Luise (2001): Medienökonomik. Einführung in eine ökonomische Theorie der Medien. München: Oldenbourg

Kieser, Alfred (2001): Organisationstheorien. Stuttgart: Kohlhammer

Klimecki, Rüdiger / Gmürr, Markus (1998): Personalmanagement: Funktionen – Strategien – Entwicklungsperspektiven. Stuttgart: Lucius & Lucius

Klimmt, Tibor (2001): Marktentwicklung und Beschäftigung im Multimediasektor. In: Media Perspektiven 11/2001. S. 564 -575

Kieser, Alfred / Kubicek, Herbert (1992): Organisation. Berlin: de Gruyter (3. Aufl.)

Koschnik, Wolfgang (1995): Standard- Lexikon für Mediaplanung und Mediaforschung in Deutschland. Stuttgart: Schäffer

Kottler, Phillip / Bliemel, Friedhelm (2001): Marketing-Managment. Stuttgart: Schäffer-Poeschel (10. Aufl.)

Krasilovsky, M. William / Shemel, Sidney (2000): This business of music: the definitive guide to the music industry. New York: Billboard Books (8th ed.)

Kübler, Friedrich (1992): Postzeitungsdienst und Verfassung: Schriften zum öffentlichen Recht. Bd. 623. Berlin: Ducker & Humblodt

Kuhlen, Rainer (1995): Informationsmarkt: Chancen und Risiken der Kommerzialisierung von Wissen. Konstanz: UVK

Leidig, Guido (2001): Personal-Risikomanagement. bvdm-Informationen III/2001. Wiesbaden: Bundesverband Druck und Medien

Lesch, Helwin (2001): Was man in DAB außer Radio machen kann. In: Ory, Stephan / Bauer, Helbut G. (Hrsg.): Hörfunk-Jahrbuch 2000 / 2001. Berlin: Vistas, S. 161 - 170

Lutz, Anja (2001): Content-Produktion für den Internetauftritt von Fernsehsendern: Experimente mit verschiedenen Organisationsformen. In: zfo 5/2001, S. 301 - 308

Management Partner (1995): Qualitätsmanagement in Tageszeitungsverlagen: Modewort oder Herausforderung? Stuttgart: Management Partner

Martius, Philip von (2001): Marketing von DAB / DIDITAL RADIO: Ein Lösbares Dilemma. In: Ory, Stephan / Bauer, Helbut G. (Hrsg.): Hörfunk-Jahrbuch 2000 / 2001. Berlin: Vistas, S. 145 - 154

McQuail, Denis (1994): Mass Communication Theory. An Introduction. London: Sage (3rd Ed.)

Media Perspektiven Basisdaten (2001): Daten zur Mediensituation in Deutschland 2001. Frankfurt am Main: Arbeitsgemeinschaft der ARD-Werbegesellschaften

Meckel, Miriam (1999): Redaktionsmanagement: Ansätze aus Theorie und Praxis. Opladen: Westdeutscher Verlag

Menche, Birgit (2002): Das neue Buchpreisbindungsgesetz. Leitfaden für Verlage und den verbreitenden Buchhandel. Frankfurt am Main: Börsenverein des Deutschen Buchhandels

Meyer, Friedrich / Stopp Udo (1991): Betriebliche Organisationslehre: Unternehmensaufbau – Arbeitsablauf. Stuttgart: Taylorix

Michalowski, Bernhard (1993): Stichwort: Buchhandel und Verlage. München: Heyne

Meffert, Heribert (2000): Marketing. Wiesbaden: Gabler (8. Aufl.)

Merten, Klaus (1977): Kommunikation. Eine Begriffs- und Prozeßanalyse. Opladen: Westdeutscher Verlag

Metzger, Jan / Oehmichen, Ekkehardt (2000): Qualitätssteuerung im hessen fernsehen: Strategie, Verfahren und erste Erfahrungen. In: Media Perspektiven 5/2000, S. 207-212

Middelhoff, Thomas (2001): Präsentation zur Wirtschaftspressekonferenz 2001 der Bertelsmann AG, 27.9.2001

Monaco, James (2002): Film verstehen. Kunst, Technik, Sprache, Geschichte und Theorie des Films und der Medien. Reinbek bei Hamburg: Rowohlt

Nausner, Peter (2000): Medienmanagement als Entwicklungs- und Innovationsmanagement. In: Karmasin, Mathias / Winter, Carsten (Hrsg.) (2000): Grundlagen des Medienmanagements. München: Fink, S. 115- 147

Nebl, Theodor (2001): Produktionswirtschaft. Müchen: Oldenbourg (4. Aufl.)

NFO Infratest (Germany) / Institute for Information Economy (IIE) (2002): Monitoring Informationswirtschaft. 4. Faktenband 2002. 2. Trendbereicht 2002im Auftrag des BMWi. München Februar 2002 (www.bmwi.de/Homepage/Politikfelder/Informationsquelle/Monitoring.jsp)

Nieschlag, Robert / Dichtl, Erwin / Hörschgen, Hans (1994): Marketing. Berlin: Duncker & Humbolt (17. Aufl.)

Noelle-Neumann, Elisabeth / Petersen, Thomas (1996): Alle, nicht jeder. Einführung in die Methoden der Demoskopie. München: dtv

Noelle-Neumann, Elisabeth / Schulz, Wilfried / Wilke Jürgen (2000): Publizisitk Massenkommunikation – Das Fischer Lexikon. Frankfurt: Fischer

o.V. (2001): Aus für Season. In: text intern 53/2001, S. 6

Paschke, Marian (1993): Medienrecht. Berlin: Springer

Pfeifer, Tilo (1996): Praxishandbuch Qualitätsmanagement. München: Hanser

Picard, Robert (1989): Media Economics. Concepts and Issues. Newbury Park, CA: Sage

Pink, Ruth (2000): Kommunikation in Redaktionen: Ein Ratgeber für die Praxis. Berlin: ZV GmbH

Perrillieux, René (1991): Strategisches Timing von F&E und Markteintritt bei innovativen Produkten; in: Booz, Allen & Hamilton (Hrsg.) (1991): Integriertes Technologie- und Innovationsmanagement: Konzepte zur Stärkung der Wettbewerbskraft von High-Tech-Unternehmen. Berlin 1991: Erich Schmidt; S. 23-48

Plüskow, Hans-Joachim von (2001): Im Schatten der Überväter. In: Impulse Juni 2001, S. 39 ff.

Porter, Michael E. (1992): Wettbewerbsstrategie. Frankfurt: Campus

Probst, Gilbert / Raub, Steffen / Romhardt, Kai (1999): Wissen managen: Wie Unternehmen ihre wertvollste Ressource optimal nutzen. Frankfurt: IMK

Pross, Harry (1972): Medienforschung: Film, Funk, Presse, Fernsehen. Darmsadt: Habel

Pürer, Heinz / Raabe, Johannes (1996): Medien in Deutschland – Band 1: Presse. Konstanz: UVK

Raulf, Holger (1997): Anforderungen an Nachwuchskräften in Verlagen. In: Deters, Jürgen / Winter, Carsten (Hrsg.): Karriere in der Medienbranche: Anforderungen, Schlüsselqualifikationen, Ausbildungssituation. Frankfurt a.M.: Campus

Ridder, Christa-Maria (2002): ARD/ZDF-Online-Studie: Online-Nutzung in Deutschland. In: Media Perspektiven 3/2002, S. 121 - 131

Riepl, Wolfgang (1913): Das Nachrichtenwesen des Altertums. Berlin: Teubner

Röper, Horst (2002): Formationen deutscher Medienmultis 2002. In: Media Perspektiven 9/2002, S. 406 - 432

Rössler, Patrick (Hrsg.) (1998): Online-Kommunikation. Beiträge zur Nutzung und Wirkung. Opladen / Wiesbaden: Westdeutscher Verlag

Schenk, Michael / Hensel, Matthias (1987): Medienökonomie – Forschungsgegenstand und Aufgabe. In: Rundfunk und Fernsehen 35 / 4, S. 535-547

Schenkel, Michaela (2002): Konzeption und Umsetzung einer Knowledge Management Strategie für eine Multimediaagentur anhand der a.f.i.m. gmbh. Offenburg: Diplomarbeit FH Offenburg Studiengang Medien und Informationswesen

Schierenbeck, Henner (2000): Grundzüge der Betriebswirtschaftlsehre. München: Oldenbourg (15. Aufl.)

Schmitz-Vianden, Wolfgang (2002): Imagegewinn durch Cross-Media-Engagement, Frankfurt: ZMG-Infotag Crossmedia 19.7.2002

Schneeweiß, Christoph (2001): Einführung in die Produktionswirtschaft. Heidelberg: Springer (8. Aufl.)

Schnell, Rainer / Hill, Paul B. / Esser, Elke (1999): Methoden der empirischen Sozialforschung. München / Wien: Oldenbourg

Schönstedt; Eduard (1999): Der Buchverlag: Geschichte, Aufbau, Wirtschaftsprinzipien, Kalkulation und Marketing. Stuttgart: J. B. Metzler

Schrape, Klaus (1995): Digitales Fernsehen – Marktchancen und ordnungspolitischer Regelungsbedarf. München: Reinhard Fischer

Schühsler, Helmut (2001): Tipps für erfolgreiche Kapitalbeschaffung – Erfolgskriterien für High Tech Venture-Finanzierungen. In: Stadler, Wilfried (Hrsg.) (2001): Venture Capital und Private Equity: Erfolgreich wachsen mit Beteiligungskapital. Köln: Deutscher Wirtschaftdienst, S. 217-223

Schumann, Matthias / Hess, Thomas (2000): Grundfragen der Medienwirtschaft. Berlin: Springer

Schütz, Walter J. (2001): Deutsche Tagespresse 2001. In: Media Perspektiven 12/ 2001, S. 602 - 632

Seckendorff, Klaus von (2001): Bücher ohne Ballast. In: Print Process 15/2001, S. 14

Seckendorff, Klaus von (2001): Jede Seite ein Original. In: Print Process 15/2001, S. 19

SevenOne media (2001): Werbemarkt 2011. Unterföhring: Seven One media

Statistisches Bundesamt (Hrsg.) (1996): Pressestatistik 1994. Wiesbaden, Stuttgart: Kohlhammer

Staehle, Wolfgang (1999): Managment. München: Vahlen (8. Aufl.)

Staehle, Wolfgang (1991): Managment. München: Vahlen (6. Aufl.)

Steven, Marion (2001): Produktionsmanagement in virtuellen Unternehmen. In: zfo 70. Jg., Heft 2, S. 86 - 92

Stiftung Lesen (Hrsg.) (2000): Leseverhalten in Deutschland im neuen Jahrtausend. Mainz: Stiftung Lesen

Stiftung Lesen (Hrsg.) (2001): Leseverhalten in Deutschland im neuen Jahrtausend. Mainz: Stiftung Lesen. (Schriftenreihe »Lesewelten« Band 3)

Stolze, Rüdiger (2001): Mehrwertradio – Programmliche Nutzung von DAB. In: Ory, Stephan / Bauer, Helbut G. (Hrsg.): Hörfunk-Jahrbuch 2000 / 2001. Berlin: Vistas, S. 131 - 143

Strascheg, Falk F. (2001): Die Venture-Capital-Praxis. In: Stadler, Wilfried (Hrsg.) (2001): Venture Capital und Private Equity: Erfolgreich wachsen mit Beteiligungskapital. Köln: Deutscher Wirtschaftdienst, S. 89-96

Sturm, Robert / Zirbik Jürgen (1999): Die Radio-Station. Ein Leitfaden für den privaten Hörfunk. Konstanz: UVK Medien

Tebert, Miriam (2000): Erfolg durch Qualiät: Programmcontrolling beim WDR Fernsehen. In: Media Perspektiven 1/2000, S. 85 - 93

Thienel, Albert (1997) Professionelles Dienstleistungsmanagement auf der Basis von TQM und DIN/ISO 9000ff. In: Thienel, Albert (Hrsg.): Professionelles Qualitätsmanagement in Dienstleistungsunternehmen. Berlin: Beuth, S. 14

Theurer, Marcus (2002): Spiel mir das Lied vom Tod. In: Frankfurter Allgemeine Sonntagszeitung vom 13. Oktober 2002, S. 36

Tidblad, Bella (2001): Multi Chanel Publishing – The Aftonbladet Model. In: BDZV, IFRA (Hrsg.): Zeitung online 2001 – Die Multimediakonferenz. Berlin 2001

Tyner, Howard A.; Keynote (2001): »Vom Zeitungsverlag zur Multimedia-Company. In: BDZV, IFRA (Hrsg.): Zeitung online 2001 – Die Multimediakonferenz. Berlin 2001

UMTS Forum (Hrsg.): The UMTS Third Generation Market – Structuring the Service Revenues Opportunities, Report Nr. 9; Oktober 2000

UMTS Forum (Hrsg.) (2001): The UMTS Third Generation Market – Phase II: Structuring the Service Revenue Opportunities, Report Nr. 13, April 2001

Useche, Carlos Felipe / Fawaz, Nidal (2002): UMTS-Market Development. report in »Organization and Markets« Communication and Media Engineering (CME), University of Applied Sciences, Fachhochschule Offenburg; Januar 2002

VDZ (2001): Stefan Kappers und die Zeitschriften: Ein Experiment zur Wirksamkeit von Printwerbung. Berlin: VDZ

Vogel, Andreas (2001): Die tägliche Gratispresse. In: Media Perspektiven 11/2001, S. 576 - 584

Wantzen, Stephan (2002): Betriebswritschaft für Verlagspraktiker. Jahresabschluss. Kalkulation. Erfolgssteuerung. Frankfurt: Bramann

Wahrenburg, Mark / Miehe-Nordmeyer, Gesa / Fabel, Oliver (2000): New Economy. Arbeitspapier der Friedrich-Ebert- Stiftung. November 2000. Goethe-Universität Frankfurt

Weber, Max (1972): Wirtschaft und Gesellschaft: Grundriss der verstehenden Soziologie. Tübingen: Mohr (5. Aufl.)

Werner, Andreas (2003): Marketing-Instrument Internet. Heiderberg: dpunkt (3. Aufl.)

Werner, Andreas (2000): Site Promotion. Werbung auf dem WWW. Heidelberg: dpunkt (2. Aufl.)

Winkler, Dennis (2001): Profi-Handbuch Multimedia- und Hightech-Aktien. Regensburg: Walhalla

Wirtz, Bernd W. (2000): Medien- und Internetmanagement. Wiesbaden: Gabler

Wirtz, Bernd W. / Lihotzky, Nikolai (2001): Internetökonomie, Kundenbindung und Portalstrategien. In: Die Betriebswirtschaft (DBW) 61/3, S. 285-303

Wöhe, Günter (2000): Einführung in die allgemeine Betriebswirtschaftslehre. München: Vahlen (20. Aufl.)

Wöhe, Günter (1996): Einführung in die Allgemeine Betriebswirtschaftslehre. München: Vahlen (19. Aufl.)

Wyss, Vinzent (2000): Medienmanagement als Qualitätsmanagement. In: Karmasin, Matthias / Winter, Carsten (Hrsg.): Grundlagen des Medienmanagments. München: Fink, S. 149-171

Yagapen, Markus (2001): Filmgeschäftsführung. Gerlingen: Bleicher

ZAW (Hrsg.) (2002): Werbung in Deutschland 2002. Bonn: edition ZAW (fortlaufende Jahrgänge)

ZAW (Hrsg.) (2001): Werbung in Deutschland 2001. Bonn: edition ZAW

Zentralverband der deutschen Werbewirtschaft (1994): ZAW-Rahmenschema für Werbeträger-Analysen. Bonn: edition ZAW

Zerdick, Axel et al. (1999): Die Internet-Ökonomie: Strategien für die digitale Wirtschaft (European Communication Council). Berlin: Springer

Zimmer, Jochen (1998): Fernsehempfang: In Zukunft Satellit vor Kabel. In: Media Perspektiven 7/1998; S. 352-366

ZMG (Hrsg.) (1998): Zeitungen und Anzeigenblätter – Ein Intermediavergleich. Frankfurt a.M.: ZMG (2. Aufl.)

Index